楚系簡帛字形合編系列五種

俞紹宏　主編

郭店楚簡
字形合編

劉洪濤　李芳梅　編著

上海古籍出版社

國家社科基金重大項目“楚系簡帛文字職用研究與字詞合編”
（20&ZD310，校編號 KW2023001）

集美大學科研啓動金項目“楚簡字形合編、引得與《古文字字形譜》編撰”
（C622154）

國家級青年人才計劃支持項目（2021）

江蘇省第六期“333 人才”培養支持資助項目（2022）

古文字與中華文明傳承發展工程”規劃項目“楚簡綜合研究”（G3444）

主编簡介

俞紹宏，安徽巢湖人，集美大學文法學院教授。

作者簡介

劉洪濤，男，1983 年 2 月生，黑龍江省望奎縣人。江蘇師範大學語言科學與藝術學院教授，山東大學文學院兼職傑出中青年學者，復旦大學出土文獻與古文字研究中心特聘研究員。主要致力於古文字釋讀與古文字學理論等本體研究，同時關注利用出土文獻與古文字進行上古漢語辭彙、古文獻新證等研究。在《中國語文》《史語所集刊》等期刊上發表論文 70 餘篇，出版著作 2 部，主持國家社科基金項目 4 項。成果獲江蘇省哲學社會科學優秀成果獎一等獎、北京大學王力語言學獎二等獎，入選國家級青年人才計劃、江蘇省“333 高層次人才工程”第二層次培養對象。

李芳梅，女，1997 年 7 月生，山西省天鎮縣人。復旦大學出土文獻與古文字研究中心 2023 級博士生。研究方向爲出土文獻與古文字學，主要致力於戰國楚簡帛字詞釋讀與文本復原研究。在《簡帛》《戰國文字研究》等期刊上發表論文 3 篇，1 篇被人大複印資料《語言文字學》全文轉載，參與國家社科基金項目 1 項。

楚系簡帛字形合編系列五種
編寫説明

　　楚系簡帛材料具有很高的學術價值，爲了方便學者查檢、使用楚系簡帛資料，我們擬編撰叢書"楚系簡帛字形合編"。考慮到包山簡已經有了比較完善的《包山楚墓文字全編》，清華簡、安大簡正陸續刊佈，不僅所出各册自帶字表，其整理團隊還會編纂多種字形合編，我們選擇2022 年以前公佈的上述三種之外的楚系簡帛材料，包括上海博物館藏楚簡、郭店楚簡、曾侯乙墓簡、新蔡葛陵簡、信陽長臺關簡，以及湘鄂兩省所出楚系簡帛，編成《楚系簡帛字形合編系列五種》。

　　曾侯乙墓竹簡國别屬於曾國，時代屬於戰國早期，相對於楚系其他簡牘，其字形具有一定的特殊性，故單獨編成《曾侯乙墓竹簡字形合編》。新蔡、信陽地處故楚國北界，現在又同屬河南省，故合編成《豫出楚簡字形合編》。湘鄂所出楚系簡帛二十五種多爲零散竹簡，每種字數不多，故合編成《湘鄂所出楚系簡帛字形合編(二十五種)》。郭店楚簡、上海博物館藏楚簡分別編成《郭店楚簡字形合編》與《上海博物館藏楚簡字形合編》。

　　儘管已刊的楚系簡帛文字材料大多數都有了字編，但或多或少地存在以下不足：或爲摹本而字形走樣，或爲選編而收録不全，或不附帶文例，或集成度不高，或因時代較早而誤釋較多，等等。我們力爭避免這些問題，力求窮盡地收録相關簡帛材料字形打造出字形全編，力求吸收文字考釋新成果、提高釋字準確率與可靠性，並附列出處與文例。

　　本叢書系列五種同已有的《包山楚墓文字全編》和清華簡、安大簡各册自帶字編一起，涵蓋了已刊的楚系簡帛材料字形。這些字形編在目前尚無收集材料比較齊全的楚系簡帛文字引得類工具書的情況下，擔當了"引得"的功能。在楚系簡帛成爲學術研究熱點的今天，這無疑會更加便利學者查檢、使用楚系簡帛材料。

　　由於我們學識所限，本叢書缺點與不當之處在所難免，真誠歡迎讀者朋友們批評指正。

主編　俞紹宏

2023 年 12 月 6 日

凡　例

一、字編

1. 本編收録郭店簡全部字形，包括《郭店楚墓竹簡》（荆門市博物館編，文物出版社，1998年）一書中所公布的字形、後續公布的一枚遺簡中的字形以及後續公布的部分竹簡簡背上的字形。分編單字、合文、存疑字三部分。

2. 單字字條按《説文》分卷分部排次。《説文》所無者，附列於《説文》中所見的同部字之後，並按筆畫數由少到多依次排列。筆畫數相同者，再按首筆筆順（一、丨、丿、丶、乛）排列，以此類推。合文按筆畫數由少到多排列順序。筆畫數相同者，再按首筆筆順排列，以此類推。簡背數字合文按數值從小到大排序。存疑字按其所在篇目、簡號排序，篇目順序採用《郭店楚墓竹簡》一書的順序。

3. 字條分爲兩級，第一級爲字種，每一字種條目下列出二級條目字位以統轄不同的字形。二級字位在字頭中體現，如“一（一、弌）”。若該字條只有一個字位且與字頭相同，則字頭不再括注字位。字位下所統字形按“用法→字形小類→正體→省體→重文→訛字→殘字”的順序分級排列。用法按“本用→借用”的順序排列，字形小類按形體發展演變順序排列。

4. 古今用字無變化的不再標注用法，古字和今字都是本字的在字形後標注“今作某”，古字是本字或假借字但今字是假借字的在字形後標注“通作某”，古字是假借字今字是本字的在字形後標注“用作某”，不能確定用法者在字形後標注“存疑”。

5. 字形標注出處，包括篇名、簡號、文例（寬式），格式如“老甲 1/……”。篇名採用簡稱，《老子》三篇分別簡稱爲“老甲”“老乙”“老丙”，《語叢》四篇分別簡稱爲“語一”“語二”“語三”“語四”，其餘篇目取篇題首字爲簡稱，殘簡簡稱爲“殘”。篇題採用《郭店楚墓竹簡》一書所擬篇題。在具體字形所附的文例中，該字形所代表的詞用“～”表示。部分字條及字形加案語。

6. 省形之字未單列字位者或以“（省）”注明，或以“（省作某）”注明，情況複雜者或加案語説明。

7. 重文字形保留重文符號，並以“（重文）”注明。

8. 訛字收録於所訛之字的字頭下，如 a 訛爲 b，則將 b 收録於 a 字條下，並以“（訛）”或

"（訛作 b）"注明。

9. 殘字以"（殘）"注明。

10. 後續公佈的部分竹簡簡背數字因字間粘連緊密，按合文處理（單字除外）。

二、字詞關係表與詞字關係表

1. 兩表按音序排列。

2. 字詞關係表體現字種、字位，詞字關係表只體現字位，不體現字種。

3. 詞字關係表不體現用法存疑之字。

4. 重文、合文及出現次數在"頻次"中注出。

三、釋文 A

1. 根據文字的具體職用，釋文直接轉寫成現在的通行繁體字，職用不明且難以釋寫的字形存原篆。

2. 釋文中所補的缺損文字，處於簡首的置於上簡序號後，處於簡末的置於下簡序號前。

3. 符號使用。

〔　〕括注因簡殘而缺失的文字及原簡脫文。

〈　〉括注衍文。

☑　表示竹簡此處殘斷。

□　表示缺失且難以補出的及因字殘或字跡模糊不清而難以隸定的文字。

…　表示文義未完但前或後一枚竹簡未有所接的簡文。

四、釋文 B

1. 嚴格釋寫字形，根據其具體用法，在其後括注現在通行的繁體字。保留原簡重文、合文符號（一橫的用＿，兩橫的用＝，均置於文字的右下角）。

2. 釋文中所補的缺損文字，處於簡首的置於上簡序號後，處於簡末的置於下簡序號前。

3. 除與釋文 A 相同的符號之外，釋文 B 還有以下符號：

（　）括注字所表示的詞。

〈　〉括注訛字之正字。

下劃線"＿"表示因竹簡折斷而字形有所殘缺的字。

目　　録

卷　一

一　部

一（一、弌）

一

老甲 22/國中有四大焉王處～焉

太 1/太～生水

太 1/水反薄太～是以成天

太 1/天反薄太～是以成地

太 6/天地者太～之所生也

太 6/是故太～藏於水行於時

緇 5/唯尹允及湯咸有～德

緇 13/～人有慶萬民賴之

成 7/君袗冕而立於阼～宮之人不勝其敬

成 8/君衰絰而處位～宮之人不勝其〔其哀〕

成 9/〔君冠胄帶甲而立於軍〕～軍之人不勝其勇

語一 75/𣓏逾𨟙不逮從～道

語二 40/正～以失其他者也

語四 21/善使其民者若四時～逝一來而民弗害也

語四 21/善使其民者若四時一逝～來而民弗害也

語四 26/三雄～雌

語四 26/三瓱～葚

語四 26/～王母保三嬰婗

弍

緇 17/長民者衣服不改從容有常則民德～

緇 39/淑人君子其儀～也

窮 14/德行～也譽毀在旁聽之置〔之〕

性 9/四海之内其性～也

六 39/君子不啻明乎民微而已又以知其～矣

六 40/君子於此～業者亡所廢

六 43/能守～曲焉可以違其惡

天

老甲 4/～下樂進而弗厭

老甲 15/～下皆知美之爲美也惡已

老甲 19/～地相合也以揄甘露

老甲 22/～大地大道大王亦大

老甲 23/～地之間其猶橐籥歟

老乙 8/〔故貴以身〕爲天下若可以宅～下矣

老乙 8/愛以身爲～下若可以去天下矣

老乙 8/愛以身爲天下若可以去～下矣

唐 1/堯舜之王利～下而弗利也

唐 2/利～下而弗利也仁之至也

唐 4/夫聖人上事～教民有尊也

唐 5/太學之中～子親齒教民悌也

唐 7/孝之殺愛～下之民

唐 14/古者堯生於～子而有天下

唐 14/古者堯生於天子而有～下

唐 15/傍於大時神明將從～地佑之

唐 16/登爲～子而不驕

唐 17/登爲～子而不驕不繼也

唐 18/君民而不驕卒王～下而不喜

唐 19/及其有～下也不以天下爲重

唐 19/及其有天下也不以～下爲重

唐 19/有天下弗能益亡～下弗能損

唐 20/極仁之至利～下而弗利也

唐 20/上德則～下有君而世明

唐 22/知〔性命〕之正者能以～下禪矣

唐 22/聞舜孝知其能養～下之老也

唐 23/聞舜悌知其能治～下之長也

唐 24/堯禪～下而授之

唐 25/南面而王～下而甚君

唐 26/五十而治～下

唐 26/禪～下而授賢

唐 28/聖者不在上～下必壞

忠 5/不期而可要者～也

忠 5/配～地也者忠信之謂些

成 33/舍兹宅～心

成 33/蓋此言也言舍之此而宅於～心也

成 38/蓋言慎求之於己而可以至順～常矣

成 40/是故君子慎六位以嗣～常

 (重文)老甲 23/地瀽～～瀽道

 老甲 5/以其不爭也故～下莫能與之爭

 老甲 7/以道佐人主者不欲以兵強於～下

 老甲 18/樸雖細～地弗敢臣

 老甲 20/譬道之在～下也猶小谷之與江海

 老甲 21/有狀融成先～地生

 老甲 21/邀穆獨立不孩可以爲～下母

 老甲 24/～道雲雲各復其根

 老甲 29/故爲～下貴

 老甲 30/以亡事取～下

 老甲 30/夫～多期違而民彌叛

 老甲 37/～下之物生於有有生於亡

 老甲 39/功遂身退～之道也

 老乙 1/治人事～莫若嗇

 老乙 8/〔故貴以身〕爲～下若可以宅天下矣

 老乙 15/燥勝寒清勝熱清靜爲～下正

老乙 17/修之～下〔其德乃溥〕

老乙 18/以～下觀天下

老乙 18/以天下觀～下

老乙 18/吾何以知～〔下然哉〕

老丙 4/設大象～下往

老丙 8/夫樂〔殺不可〕以得志於～下

太 1/～地〔復相薄〕也是以成神明

太 5/神明者～地之所生也

太 5/～地者太一之所生也

太 7/此～之所不能殺

太 9/～道貴弱

太 10/上氣也而謂之～

太 12/～地名字並立

窮 1/有～有人天人有分

窮 1/有天有人～人有分

窮 1/察～人之分而知所行矣

窮 3/立而爲～子遇堯也

 窮 4/釋板築而佐～子遇武丁也

窮 5/興而爲～子師遇周文也

 窮 11/遇不遇～也

 五 5/德～道也

 五 20/德～道〔也〕

 五 26/聖人知～道也

 五 30/文〔王在上於昭〕于～

 五 48/幾而知之～也

 五 48/大施諸其人～也

 唐 19/有～下弗能益亡天下弗能損

 成 31/～格大常以理人倫

 成 32/是故小人亂～常以逆大道

 成 33/君子治人倫以順～德

 成 37/聖人～德

 性 3/命自～降

 語三 17/～刑成人與物斯理

 語三 68 上/有～有命有…

 （重文）太 1/是以成～～反薄太一

 （殘）殘 7/義～道☒

 語一 2/有～有命有物有名

 語一 3/～生倫人生卯

 語一 12/有～有命有地有形

 語一 29/知～所爲知人所爲

 語一 36/易所以會～道人道也

 語一 68/察～道以化民氣

 （訛）語一 18/～生百物人爲貴

 （殘）殘 23/☒～下 ☒

 用作大 老乙 12/～象亡形

上　部

上（上、走）

上

 老乙 9/～士聞道僅能行於其中

老乙 11/～德如谷

太 10/～氣也而謂之天

唐 4/夫聖人～事天教民有尊也

唐 20/禪也者～德授賢之謂也

唐 20/～德則天下有君而世明

唐 28/聖者不在～天下必壞

語一 65/～下皆得其所之謂信

語 69 一/父子至～下也

老甲 3/其在民～也以言下之

老甲 4/其在民～也民弗厚也

老丙 1/太～下知有之

老丙 7/銛鎩爲～弗美也

老丙 9/是以偏將軍居左～將軍居右

太 13/地不足於東南其～〔高以強〕

太 14/不足於下者有餘於～

緇 3/爲～可望而知也爲下可類而志也

緇 5/～人疑則百姓惑下難知則君長勞

緇 7/～帝板板下民卒癉

緇 10/～好仁則下之爲仁也爭先

緇 11/則民至行己以悅～

緇 14/下之事～也不從其所以命而從其所行

緇 14/～好此物也下必有甚焉者矣

緇 15/故～之好惡不可不慎也民之表也

緇 28/故～不可以褻刑而輕爵

緇 37/昔在～帝蓋申觀文王德

五 26/明明在下赫赫在～

五 48/～帝臨汝毋貳尔心

成 2/民不從～之命不信其言而能含德者

成 12/君～享成不唯本功〔弗成矣〕

成 15/～不以其道民之從之也難

成 18/貴而一讓則民欲其貴之～也

成 24/是以～之恆務在信於衆

成 34/君子簟席之～讓而受幽

尊 1/去忿怨改忌勝爲人～者之務也

尊 11/善取人能從之～也

尊 36/下之事～也不從其所命而從其所行

尊 36/～好是物也下必有甚焉者

性 56/～交近事君

六 22/子也者會融長材以事～

六 22/～共下之義以奉社稷

語四 18/善事其～者若齒之事舌而終弗噬

殘 24/囗而～有囗賞慶焉知其以有所歸也

（重文）性 55/聞道反～～～交者也

通作尚　老丙 8/故吉事～左喪事尚右

通作尚　老丙 8/故吉事尚左喪事～右

走

 成 6/是故威服刑罰之屢行也由～之弗身也

 成 7/是故～苟身服之則民必有甚焉者

 成 9/～苟倡之則民鮮不從矣

 （殘）尊 18/～思則□□

帝

 唐 9/忠事～堯乃式其臣

 緇 7/上～板板下民卒癉

 緇 37/昔在上～蓋申觀文王德

 五 48/上～臨汝毋貳尔心

 唐 8/六～興於古皆由此也

 用作啻　六 38/君子不～明乎民微而已又以知其一矣

下

下　老甲 4/其在民上也以言～之

下　老甲 4/天～樂進而弗厭

下　老甲 15/天～皆知美之爲美也惡已

下　老甲 16/高～之相呈也

下　老乙 6/寵爲～也

下　老乙 8/〔故貴以身〕爲天～若可以宅天下矣

下　老乙 8/〔故貴以身〕爲天下若可以宅天～矣

下　老乙 15/燥勝寒清勝熱清靜爲天～正

下　老乙 18/以天下觀天～

下　唐 1/堯舜之王利天～而弗利也

下　唐 2/利天～而弗利也仁之至也

下　唐 4/～事地教民有親也

下　唐 7/孝之殺愛天～之民

下　唐 14/古者堯生於天子而有天～

下　唐 18/君民而不驕卒王天～而不喜

下　唐 18/方在～位不以匹夫爲輕

下　唐 19/及其有天～也不以天下爲重

下　唐 19/及其有天下也不以天～爲重

唐 19/有天下弗能益亡天～弗能損

唐 20/極仁之至利天～而弗利也

唐 20/上德則天～有君而世明

唐 22/知〔性命〕之正者能以天～禪矣

唐 22/聞舜孝知其能養天～之老也

唐 23/聞舜悌知其能治天～之長也

唐 24/堯禪天～而授之

唐 25/南面而王天～而甚君

唐 26/五十而治天～

唐 26/禪天～而授賢

唐 28/聖者不在上天～必壞

性 56/～交得衆近從政

六 22/上共～之義以奉社稷

老甲 3/江海所以爲百谷王以其能爲百谷～

老甲 5/以其不爭也故天～莫能與之爭

老甲 7/以道佐人主者不欲以兵強於天～

老甲 20/譬道之在天～也猶小谷之與江海

老甲 21/邋穆獨立不孩可以爲天～母

老甲 27/〔千里之行始於〕足～

老甲 29/故爲天～貴

老甲 30/以亡事取天～

老甲 37/天～之物生於有有生於亡

老乙 8/愛以身爲天～若可以去天下矣

老乙 8/愛以身爲天下若可以去天～矣

老乙 9/～士聞道大笑之

老乙 18/以天～觀天下

老丙 1/太上～知有之

老丙 4/設大象天～往

老丙 8/夫樂〔殺不可〕以得志於天～

太 10/～土也而謂之地

太 13/〔天不足〕於西北其～高以強

太 14/〔不足於上〕者有餘於～

太 14/不足於～者有餘於上

緇 3/爲上可望而知也爲～可類而志也

緇 5/上人疑則百姓惑～難知則君長勞

緇 7/上帝板板～民卒癉

緇 10/上好仁則～之爲仁也爭先

緇 13/成王之孚～土之式

 緇 14/～之事上也不從其所以命而從其所行

 緇 15/上好此物也～必有甚焉者矣

 五 25/明明在～赫赫在上

 唐 19/有天～弗能益亡天下弗能損

 尊 36/～之事上也不從其所命而從其所行

 尊 37/上好是物也～必有甚焉者

 六 41/～修其本可以斷獄

 語一 65/上～皆得其所之謂信

 語一 69/父子至上～也

 語四 17/善使其～若蚨蚕之足衆而不割割而不仆

 殘 23/☒天～◹☒

 (重文)性 56/聞道反～～交者也

(殘)老乙 17/修之天～〔其德乃溥〕

示　部

福(畐)

畐

 尊 2/賞與刑禍～之旗也或延之者矣

 語四 3/三世之～不足以出亡

 性 52/未賞而民勸含～者也

 用作富 老甲 38/貴～驕自遺咎也

 用作富 成 17/～而分賤則民欲其富之大也

用作富 成 18/富而分賤則民欲其～之大也

 (重文)用作富 尊 27/善者民必～～未必和

神

 太 5/陰陽者～明之所生也

 太 5/～明者天地之所生也

 (重文)太 2/是以成～明～明復相薄也

 唐 15/傍於大時～明將從天地佑之

祭(祭)

祭

 老乙 16/子孫以其～祀不輟

 性 66/～祀之禮必有夫齊齊之敬

祀

 老乙 16/子孫以其祭～不輟

 性 66/祭～之禮必有夫齊齊之敬

禍(祟)

祟

 尊 2/賞與刑～福之旗也或延之者矣

昃

 用作同 老甲 34/和曰～

裳

 通作常 緇 16/長民者衣服不改從容
有～則民德一

 通作常 成 31/天格大～以理人倫

 通作常 成 32/是故小人亂天～以逆大道

 通作常 成 38/蓋言慎求之於己而可以
至順天～矣

 通作常 成 39/蓋此言也言不奉大～者
文王之刑莫重焉

 通作常 成 40/是故君子慎六位以嗣
天～
案：常法之“常”本字。

襛

用作冕 成 7/君衲～而立於阼一宮之
人不勝其敬

三　部

三

老甲 1/～言以爲使不足

緇 12/禹立～年百姓以仁導

緇 47/二十又～

窮 8/孫叔～舍期思少司馬

忠 6/～者忠人弗作信人弗爲也

成 30/喬木～年不必爲邦旗

語三 2/其弗惡也猶～軍之旌也正也

語三 41/～踊文也

語四 26/～雄一雌

語四 26/～瓶一莖

語四 27 正上/一王母保～嬰婗

王　部

王

老甲 2/江海所以爲百谷～以其能爲
百谷下

老甲 3/是以能爲百谷～

老甲 13/侯～能守之而萬物將自化

老甲 18/侯～如能守之萬物將自眞

老甲 22/天大地大道大～亦大

老甲 22/國中有四大焉～處一焉

緇 2/儀型文～萬邦作孚

緇 8/非其止之恭唯～恭

緇 13/成～之孚下土之式

緇 29/～言如絲其出如綸

緇 29/～言如索其出如綍

緇 34/穆穆文～於緝熙敬止

緇 37/昔在上帝蓋申觀文～德

五 29/文～之視也如此

唐 1/堯舜之～利天下而弗利也

唐 18/君民而不驕卒～天下而不喜

唐 25/南面而～天下而甚君

成 38/不率大戛文～作罰

成 39/蓋此言也言不奉大常者文～之
刑莫重焉

六 39/是故先～之教民也始於孝悌

六 41/是故先～之教民也

語四 26/一～母保三嬰婗

皇

通作況 緇 46/龜筮猶弗知而～於人乎

用作誑 忠 3/故不～生不倍死也

玉　部

玉

老甲 38/金～盈室莫能守也

五 19/金聲而～振之有德者也

五 19/～音聖也

五 20/唯有德者然後能金聲而～振之

語四 24/金～盈室不如謀

(重文)五 13/愛則～色～色則形

(重文)五 14/視賢人則～色～色則形

(重文)五 15/聞君子道則～音～音
則形

珬(砧)

砧

緇 36/此言之～不可爲也

（省作石）緇 35/白珪之～尚可磨也

气　部

气（槩、槩）

槩

通作氣 老甲 35/心使～曰強

通作氣 太 10/上～也而謂之天

通作氣 性 2/喜怒哀悲之～性也

通作氣 性 44/鬱陶之～也人不難爲之死

通作氣 語一 48/其體有容有色有聲有臭有味有～有志

通作氣 語一 52/～容司也

通作氣 語一 68/察天道以化民～

通作氣 語一 45/凡有血～者皆有喜有怒有慎有莊

槩

通作氣 唐 11/順乎脂膚血～之情養性命之正
案："槩"爲氣力之"氣"專字。

士　部

士

士 老甲 8/古之善爲～者必微妙玄達深不可志

士 老乙 9/上～聞道僅能行於其中

士 老乙 9/中～聞道若聞若亡

士 老乙 9/下～聞道大笑之

士 緇 23/毋以嬖～疾大夫卿士

士 五 7/士有志於君子道謂之志～

士 五 44/後～之尊賢者也

士 成 13/～成言不行名弗得矣

士 語四 8/諸侯之門義～之所存

士 語四 22/～亡友不可

士 語四 23/～有謀友則言談不弱

士 （殘）五 7/～有志於君子道謂之志士

壯

用作狀 窮 10/非亡體～也

通作莊 尊 20 下/尊仁親忠敬～歸禮

通作莊 性 63/貌欲～而毋拔

Ｉ 部

中（中、串、審、忠）

中

 語一 19/或由～出或由外入

 語一 21/由～出者仁忠信

串

 語三 33/兼行則治者～

 唐 5/太學之～天子親齒教民悌也

 唐 16/夫古者舜居於草茅之～而不憂

 唐 16/居草茅之～而不憂知命也

 老甲 22/國～有四大焉王處一焉

 老甲 24/守～篤也

 成 26/聖人之性與～人之性其生而未有非之

 （重文）老乙 9/僅能行於其～～士聞道

 用作沖 老乙 14/大盈若～其用不窮

審

 五 5/君子亡～心之憂則亡中心之智

 五 32/以其～心與人交悦也

 五 32/～心悦滰遷於兄弟戚也

 五 33/～心辨然而正行之直也

 成 24/形於～發於色其審也固矣

 性 18/教所以生德于～者也

 六 12/人之雖在草茅之～苟賢☒

 （重文）五 5/君子亡中心之憂則亡～心之智亡～心之智則亡中心〔之悦〕

 （重文）五 5/亡中心之智則亡～心〔之悦〕亡～心〔之悦則不〕安

忠

 尊 30/或由～出或設之外

中 部

屯

 用作純 老甲 9/～乎其如樸

 通作頓 緇 1/則民咸飭而刑不～

艸　部

艸(屮)

屮

 通作草　六12/人之雛在～茅之中苟賢☒

莊(牂、妝、戕)

牂

 語三9/與～者處益

妝

 緇23/毋以嬖御疾～后

戕

 語一46/凡有血氣者皆有喜有怒有慎有～
案：“妝”“戕”爲莊重、莊敬之“莊”本字。

莒(苣)

苣

 （殘）窮12/～〔蘭生於幽谷不爲無人〕嗅而不芳

荅

 用作璐　窮13/璑～瑾瑜包山石不爲〔無人佩而〕不理

茅(芔)

芔

 六12/人之雛在草～之中苟賢☒

葛(蓋)

蓋

 窮3/傅説衣枲～帽絰蒙巾

芒(屵)

屵

 通作亡　語四3/三世之福不足以出～

 通作亡　語四6/破邦～家事乃有假

 通作亡　緇9/故心以體廢君以民～
案：也可能是“亡”字異體。

兹

 用作緇　緇1/好美如好～衣惡惡如惡巷伯

芳

窮13/莒〔蘭生於幽谷不爲無人〕嗅而不～

蓏(蘁)

蘁

緇21/此以大臣不可不敬民之～也

性13/義也者群善之～也

若

老甲38/持而盈之不{不}～已

老乙 1/治人事天莫～嗇

 成 35/津梁爭舟其先也不～其後也

 成 36/言語較之其勝也不～其已也

 老乙 4/美與惡相去何～

 老乙 5/人寵辱～榮貴大患若身

 老乙 5/人寵辱若榮貴大患～身

 老乙 6/得之～榮失之若榮

 老乙 6/得之若榮失之～榮

 老乙 7/〔何謂貴大患〕～身

 老乙 9/中士聞道～聞若亡

 老乙 9/中士聞道若聞～亡

 老乙 11/〔進〕道～退

 老乙 13/大成～缺其用不敝

 老乙 14/大盈～沖其用不窮

 老乙 14/大巧～拙

 老乙 14/大成～屈

 老乙 15/大直～詘

老丙 12/慎終～始則無敗事矣

尊 23 下/可教也而不可～也

語四 17/善使其下～蚑蛩之足衆而不割割而不仆

語四 19/善事其上者～齒之事舌而終弗噬

語四 20/善□□□者～兩輪之相轉而終不相敗

語四 21/善使其民者～四時一逝一來而民弗害也

老乙 8/〔故貴以身〕爲天下～可以宅天下矣

老乙 8/愛以身爲天下～可以去天下矣

蓙

語四 26/三瓶一～

折（斲、斮、檅）

斲

語四 16/利木陰者不～其枝

用作制 老甲 19/始～有名

用作制 成 31/～爲君臣之義

用作制 性 19/當事因方而～之

用作制 六 2/作禮樂～刑澭

斱

用作制　緇 26/非用靈～以刑唯作五虐之刑曰濾

橴

性 59/門外之治欲其～也

菫

用作筋　老甲 33/骨弱～柔而捉固

用作瑾　窮 13/瓃璐～瑜包山石不爲〔無人佩而〕不理

春(旾)

旾

六 25/觀諸易～秋則亦在矣

語一 40/～秋所以會古今之事也

語三 20/～秋亡不以其生也亡耳

藏(贀、寽)

贀

老甲 36/甚愛必大費厚～必多亡

太 6/是故太一～於水行於時

寽

語四 7/時至而～流澤而行

苲(岸)

岸

用作作　語一 73/悲～其所也亡非是
案：也可能是"乍"字異體。

兆

通作兆　老甲 25/其未～也易謀也

荃

用作鮛　語四 10/車轍之～鮪不見江湖之水

菁

用作喟　性 26/㡞思而動心～如也

蓑(菁)

菁

通作衰　語四 22/城無～則陟

蕇(㡞)

㡞

用作襲　尊 39/重義～理
案：也可能是"集"字異體。

茻　部

莫

老甲 5/以其不爭也故天下～能與
之爭

老甲 5/罪～重乎甚欲

老甲 5/咎～憯乎欲得

老甲 6/禍～大乎不知足

老甲 19/民～之命而自均焉

老甲 38/金玉盈室～能守也

老乙 1/治人事天～若嗇

窮 12/〔隱非〕爲名也故～之知而不閔

五 45/心曰唯～敢不唯

五 45/諾～敢不諾

五 46/進～敢不進

五 46/後～敢不後

五 46/深～敢不深

五 46/淺～敢不淺

成 39/蓋此言也言不奉大常者文王之
刑～重焉

尊 7/～不有道焉人道爲近

尊 29/明德者且～大乎禮樂

性 48/僞斯隱矣隱斯慮矣慮斯～與之
結矣

六 3/教此民尔使之有向也非聖智
者～之能也

六 4/寢四鄰之殃虐非仁義者～之
能也

六 5/足此民尔生死之用非忠信者～
之能也

(重文) 老乙 2/〔亡〕不克則～知其極～
知其極

語三 47/～得善其所

用作蓴 成 28/此以民皆有性而聖人不
可～也

卷 二

小 部

少

老甲 2/視素保樸～私寡欲

窮 8/孫叔三舍期思～司馬

今作小 老甲 14/大～之多易必多難

今作小 老甲 20/譬道之在天下也猶～谷之與江海

今作小 尊 15/教以技則民～以吝

今作小 尊 37/有是施～有利遷而大有害者有之

今作小 尊 38/有是施～有害遷而大有利者有之

今作小 性 61/苟毋大害～枉納之可也

今作小 六 14/大材設諸大官～材設諸小官

今作小 六 14/大材設諸大官小材設諸～官

今作小 六 32/暱之爲言也猶暱暱也～而軫多也

今作小 六 47/～者以修其身

今作小 語三遺簡/從所～好與所小樂損

今作小 語三遺簡/從所小好與所～樂損

今作小 緇 7/～雅云

今作小 緇 9/日暑雨～民唯日怨

今作小 緇 10/臻冬耆寒～民亦唯日怨

今作小 緇 22/故君不與～謀大則大臣不怨

今作小 緇 22/毋以～謀敗大圖

今作小 緇 35/則民不能大其美而～其惡

今作小 緇 36/～雅云

今作小 緇 42/唯君子能好其匹～人豈能好其匹

今作小 五 35/不以～道害大道簡也

今作小　五 38/有～罪而赦之疅也

 今作小　五 39/有～罪而弗赦也不辨於道也

 今作小　五 40/疅之爲言也猶疅疅也～而軫者也

 今作小　五 43/～而軫者能有取焉

 今作小　語二 51/～不忍敗大圖

 (訛作分)今作小　成 34/～人不程人於刃君子不程人於禮

八　部

分(分、貧)

分

 窮 1/有天有人天人有～

窮 1/察天人之～而知所行矣

成 31/～爲夫婦之辨

六 10/六職既～以衾六德

貧

 成 17/富而～賤則民欲其富之大也
案：此"貧"是分與之"分"異體，與貧賤之"貧"同形。

尒

 緇 3/靖恭～位好是貞直

緇 32/淑慎～止不愆于儀

緇 39/出入自～師雩庶言同

緇 16/赫赫師尹民俱～瞻

緇 30/慎～出話敬尒威儀

緇 30/慎尒出話敬～威儀

五 48/上帝臨汝毋貳～心

忠 5/口惠而實弗從君子弗言～

忠 6/心疏〔而貌〕親君子弗陳～

忠 8/其言～信故遝而可授也

語一 59/政其然而行治焉～也

六 2/教此民～使之有向也非聖智者莫之能也

六 4/足此民～生死之用非忠信者莫之能也

六 36/君子言信言～言箴言尒

六 36/君子言信言尒言箴言～

儿

 用作銳　老甲 27/祝其～

尚

 緇 35/白珪之玷～可磨也

 用作嘗 五 22/未～聞君子道謂之不聰

 用作嘗 五 23/未～視賢人謂之不明

 用作黨 語二 12/～生於爭

詹(佥)

佥

存疑 忠 3/謟而者～信之至也

公

緇 22/祭～之顧命云

魯 1/魯穆～問於子思曰

魯 2/～不悅

魯 3/～曰

必

老甲 8/古之善爲士者～微妙玄達深不可志

老甲 14/大小之多易～多難

老甲 36/甚愛～大費厚藏必多亡

老甲 36/甚愛必大費厚藏～多亡

太 11/以道從事者～宅其名

緇 12/豈～盡仁

緇 15/上好此物也下～有甚焉者矣

緇 40 正/苟有車～見其轍

緇 40 正/苟有衣～見其敝

緇 40 背/人苟有言～聞其聲

緇 40 正/苟有行～見其成

成 7/是故上苟身服之則民～有甚焉者

成 18/反此道也民～因此重也以復之

成 20/是故欲人之愛己也則～先愛人

成 20/欲人之敬己也則～先敬人

成 30/喬木三年不～爲邦旗

尊 12/善者民～衆

尊 12/衆未～治

尊 22/桀不謂其民～亂而民有爲亂矣

尊 27/善者民～富

尊 27/富未～和

尊 37/上好是物也下～有甚焉者	語四 14/邦有巨雄～先與之以爲朋
尊 39/凡動民～順民心	語四 15/及之而弗惡～盡其故
性 29/凡至樂～悲哭亦悲皆至其情也	語四 15/盡之而疑～審喻之

余

性 38/〔不〕過十舉其心～在焉	用作餘 太 14/〔不足於上〕者有～於下
性 59/凡悦人勿隱也身～從之	用作餘 太 14/不足於下者有～於上
性 60/凡交毋烈～使有末	用作舍 成 33/～茲宅天心
性 63/行欲勇而～至	用作舍 成 33/蓋此言也言～之此而宅於天心也
性 65/君子執志～有夫廣廣之心	用作豫 成 36/從允釋過則先者～來者信
性 65/出言～有夫簡簡之信	通作除 尊 23 下/民～害知爲

分

性 66/賓客之禮～有夫齊齊之容	通作萬 唐 27/大明不出～物皆伏

釆　部
番(畨)

性 66/祭祀之禮～有夫齊齊之敬	畨
性 67/居喪～有夫戀戀之哀	用作播 緇 29/～刑之迪

羇

六 42/生民斯～有夫婦父子君臣	用作審 成 24/形於中發於色其～也固矣
六 47/爲道者～由…	
語三 65 上/亡意亡固亡我亡～	
語四 5/既得其急言～有及	
語四 6/喻之而不可～文以謟	

釋(夏、昜)

夏

窮 4/～板築而佐天子遇武丁也

窮 6/～弓榭而爲諸侯相遇齊桓也

窮 7/～鞭箠而爲尊卿遇秦穆〔也〕

昜

老甲 9/渙乎其如～

成 36/從允～過則先者豫來者信

牛　部

牛

窮 5/行年七十而屠～於朝歌

窮 7/百里奚鬻五羊爲伯牧～

性 7/～生而粮雁生而陣其性〔使然〕

牝

老甲 34/未知～牡之合朘怒精之至也

舜(又)

又

用作賢 唐 2/古昔～仁聖者如此

用作賢 唐 6/堯舜之行愛親尊～

用作賢 唐 7/尊～故禪

用作賢 唐 8/愛親忘～仁而未義也

用作賢 唐 8/尊～遺親義而未仁也

用作賢 唐 10/愛親尊～虞舜其人也

用作賢 唐 20/禪也者上德授～之謂也

用作賢 唐 21/授～則民興教而化乎道

用作賢 唐 27/禪天下而授～

用作賢 唐 28/亂之至滅～

告　部

告

緇 47/我龜既厭不我～猷

口　部

口

五 45/耳目鼻～手足六者心之役也

忠 5/～惠而實弗從君子弗言尔

 性 7/〔人之不可〕獨行猶～之不可獨言也

 語一 51/昧～司也

 語四 4/～不慎而户之閉惡言復己而死無日

嗌（蒜、䐊）

蒜

 用作益 老乙 3/學者日～

 用作益 太 9/削成者以～生者

 用作益 唐 19/有天下弗能～亡天下弗能損

 用作益 尊 4/學爲可～也

 用作益 尊 21/忠信日～而不自知也

 用作益 性 28/凡古樂籠心～樂籠指皆教其人者也

 用作益 語三 9/與爲義者遊～

 用作益 語三 10/與莊者處～

 用作益 語三 10/起習文章～

 用作益 語三 14/自示其所不足～

 用作益 語三 15/遊蒽～

 用作益 語三 15/崇志～

 用作益 語三 15/存心～

 用作益 語三 16/所不行～

䐊

 通作人名益 唐 10/～治火

啾（誓）

誓

 性 33/～遊聲〔也〕

噬（歆、齮、䜌）

歆

 （訛作訧）用作滯 性 62/身欲靜而毋～

齮

 語四 19/善事其上者若齒之事舌而終弗～

䜌

 （重文）用作逝 老甲 22/大曰～～曰轉轉曰返

含

 性 52/未賞而民勸～福者也

味(杏)

杏

 老丙 5/故道〔之出言〕淡兮其無～也
案：也可能是"未"字異體。

噫(叅)

叅

 魯 4/～

名(名、昌)

名

 緇 38/此以生不可奪志死不可奪～

昌

 老甲 13/化而欲作將貞之以亡～之樸

老甲 18/道恆亡～

老甲 21/未知其～字之曰道

老甲 22/吾強爲之～曰大

老甲 35/～與身孰親

太 10/道亦其字也請問其～

太 11/以道從事者必宅其～

太 12/聖人之從事也亦宅其～

 太 12/天地～字並立

 窮 9/梅{之}伯初醢醢後～揚

 窮 12/〔隱非〕爲～也故莫之知而不閔

 語一 2/有天有命有物有～

 語一 4/有命有文有～而後有倫

 語一 13/有物有容有有～

 語一 96/有生乎～

 語二 44/～數也由鼻倫生

 語三 29/治者至亡間則成～

 語三 67/～二物三

 語三 69/有性有生呼～

 殘 25/▯～▯

(重文)老甲 19/始制有～～亦既有夫亦將知止

成 13/士成言不行～弗得矣

君

 老丙 6/～子居則貴左用兵則貴右

 太 8/～子知此之謂□□□□□□

 緇 4/則～不疑其臣臣不惑於君

 緇 4/則君不疑其臣臣不惑於～

 緇 4/淑人～子其儀不忒

 緇 6/上人疑則百姓惑下難知則～長勞

 緇 6/故～民者彰好以示民欲

 緇 6/臣事～言其所不能不詞其所能

 緇 7/則～不勞

 緇 8/民以～爲心君以民爲體

 緇 8/民以君爲心～以民爲體

 緇 8/心好則體安之～好則民欲之

 緇 9/故心以體廢～以民亡

 緇 9/～牙云

 緇 19/～陳云

 緇 22/故～不與小謀大則大臣不怨

 緇 31/可言不可行～子弗言

 緇 31/可行不可言～子弗行

 緇 32/～子導人以言而極以行

 緇 34/故～子顧言而行以成其信

 緇 36/允也～子展也大成

 緇 36/～奭云

 緇 37/～子言有物行有格

 緇 38/故～子多聞齊而守之

 緇 39/淑人～子其儀一也

 緇 39/～陳云

 緇 41/私惠不懷德～子不自留焉

 緇 42/唯～子能好其匹小人豈能好其匹

 緇 42/故～子之友也有向其惡有方

 緇 43/～子好仇

 魯 2/亟稱其～之惡者可謂忠臣矣

 魯 3/亟稱其～之惡者可謂忠臣矣

魯 5/夫爲其～之故殺其身者嘗有之矣

 魯 5/吅稱其～之惡者未之有也

 窮 15/故～子敦於反己

 五 5/～子亡中心之憂則亡中心之智

 五 7/五行皆形于内而時行之謂之～〔子〕

 五 7/士有志於～子道謂之志士

 五 9/不仁不智未見～子憂心不能惙惙

 五 10/既見～子心不能悅

 五 12/不仁不聖未見～子憂心不能忡忡

 五 12/既見～子心不能降

 五 16/淑人～子其儀一也

 五 17/～子慎其〔獨也〕

 五 18/～子之爲德也〔有與〕始亡〔與〕終也

 五 23/未嘗聞～子道謂之不聰

 五 23/聞～子道而不知其君子道也謂之不聖

 五 24/聞君子道而不知其～子道也謂之不聖

 五 26/聞～子道聰也

 五 42/～子集大成

 五 42/能進之爲～子弗能進也各止於其里

 五 43/索落落達諸～子道謂之賢

 五 43/～子知而舉之謂之尊賢

 唐 18/～民而不驕卒王天下而不喜

 唐 20/上德則天下有～而世明

 唐 25/南面而王天下而甚～

 成 4/～子之於教也

 成 6/昔者～子有言曰

 成 6/戰與刑人～子之墜德也

 成 7/～絇冕而立於阼一宮之人不勝其敬

 成 8/～ 衰絰而處位一宮之人不勝〔其哀〕

 成 10/是故～子之求諸己也深

 成 11/是〔故〕～子之於言也

 成 12/～上享成不唯本功〔弗成矣〕

成 19/故～子所復之不多所求之不遠

 成 22/～奭日

 成 22/～子曰

 成 29/～奭日

 成 31/制爲～臣之義

 成 32/～子治人倫以順天德

 成 35/小人不程人於刃～子不程人於禮

 成 36/～子曰

 成 37/是故唯～子道可近求而可遠措也

 成 40/是故～子慎六位以嗣天常

 尊 1/尊德義明乎民倫可以爲～

 尊 8/是以～子人道之取先

 尊 23 下/～民者治民復禮

 尊 31/刑不逮於～子禮不逮於小人

 性 56/上交近事～

 六 5/～子不偏如人道

 六 6/～子如欲求人道□☑

 六 15/謂之～

 六 15/義者～德也

 六 27/内位父子夫也外位～臣婦也

 六 27/疏斬布絰杖爲父也爲～亦然

 六 29/爲父絕～不爲君絕父

 六 29/爲父絕君不爲～絕父

 六 34/～臣義生焉

 六 34/父聖子仁夫智婦信～義臣忠

 六 36/～子言信言尔言箴言尔

 六 37/～不君

 六 37/君不～

 六 39/父子不親～臣亡義

 六 40/～子於此一業者亡所廢

 六 42/生民斯必有夫婦父子～臣

 六 44/凡～子所以立身大瀖三

 六 46/～子所生與之立死與之獘也

 語一 80/友～臣毋親也

 語一 87/～臣朋友其擇者也

 語三 1/父亡惡～猶父也

語三 3/～臣不相存也則可已

 語三 6/友～臣之道也

 語四 11/匹婦偶夫不知其鄉之小人～子

 語四 22/～有謀臣則壤地不削

 語四 27 正中/聽～而會視貌而入

 （重文）五 16/能爲一然後能爲～子～子慎其獨也

 （重文）五 15/聰則聞～子道聞～子道則玉音

 （重文）六 23/故夫夫婦婦父父子子～～臣臣

 （重文）六 35/故夫夫婦婦父父子子～～臣臣

 （殘）魯 6/夫爲其～之故殺其身者嘗有之矣

命（命、會）

命

 老甲 2/或～之或呼嘔

 老甲 19/民莫之～而自均焉

 緇 14/下之事上也不從其所以～而從其所行

 唐 11/順乎脂膚血氣之情養性～之正

 唐 11/安～而弗夭養生而弗傷

 唐 14/聖以遇～仁以逢時

 唐 16/居草茅之中而不憂知～也

 語三 68 上/有天有～有…

 語三 71 上/～與文與…

 緇 22/祭公之顧～云

 緇 37/其集大～于厥身

 成 1/行不信則～不從

 成 2/民不從上之～不信其言而能含德者

 成 5/雖厚其～民弗從之矣

 成 25/～曰

 尊 10/有知己而不知～者亡知命而不知己者

 尊 10/有知己而不知命者亡知～而不知己者

 尊 29/德之流速乎置郵而傳～

 尊 36/下之事上也不從其所～而從其所行

 性 2/性自～出

性 2/～自天降

 語一 4/有～有文有名而後有倫

 語一 12/有天有～有地有形

 語一 28/其智博然後知～

 語一 30/知道然後知～

 語二 47/知～者亡必

 （重文）尊 9/知人所以知～知～而後知道

 今作令 窮 8/出而爲～尹遇楚莊也

 今作令 語四 6/毋～知我

曶

 語一 2/有天有～有物有名

召（卲）

卲

 用作詔 性 25/觀～夏則勉如也斯嬈

 用作詔 性 28/～夏樂情

唯（售）

售

 老乙 4/～與呵相去幾何

 五 45/心曰～莫敢不唯

 五 45/心曰唯莫敢不～

和

 老甲 16/音聲之相～也

 老甲 27/～其光

 老甲 34/終日號而不嚘～之至也

 老甲 34/～曰同

 老甲 34/知～曰明

 老丙 3/六親不～焉有孝慈

 五 4/德之行五～謂之德

 五 4/四行～謂之善

 五 29/～則樂

 五 31/仁義禮所由生也四行之所～也

五 31/～則同同則善

五 46/～則同同則善

尊 27/富未必～

尊 27/不～不安

尊 31/治樂～哀民不可敬也

性 46/人之悦然可與～安者不有夫奮猛之情則侮

六 3/親父子～大臣

茸

今作揖　魯 2/～而退之

用作緝　緇 34/穆穆文王於～熙敬止

案：上博簡《曹沫之陳》簡 33 有"茸"字作，保留著下部的人形筆畫。上列兩"茸"字右部的筆畫應是人形筆畫的一部分。

嘑(虖)

虖

今作呼　老甲 2/或命之或～囑

台

用作治　緇 21/邦家之不寧也則大臣不～而褻臣宅也

咸

緇 5/唯尹允及湯～有一德

(訛)緇 1/則民～飭而刑不頓

呈

用作盈　老甲 10/保此道者不欲尚～

吉

老丙 8/故～事尚左喪事尚右

周

緇 42/人之好我示我～行

窮 5/興而爲天子師遇～文也

吟(懿)

懿

(殘)性 33/～遊哀也

各

老甲 24/天道雲雲～復其根

五 42/能進之爲君子弗能進也～止於其里

性 9/其用心～異教使然也

語一 105/人物～止於其所

語一 107/慧與信器也～以譖詞毀也

通作格 尊 26/民五之方～十之方爭百之而後服

哀（哀、恖、悬）

哀

五 17/能差池其羽然後能至～

語三 41/踊～也

語三 59/得者樂失者～

殘 6/有～之哀☐

殘 6/有哀之～☐

恖

老丙 10/戰勝則以～悲蒞之

性 43/用情之至者～樂爲甚

性 67/居喪必有夫戀戀之～

尊 31/治樂和～民不可敓也

性 2/喜怒～悲之氣性也

性 29/～樂其性相近也是故其心不遠

性 33/吟遊～也

（殘）尊 10/由樂知～

悬

語二 31/～生於憂

唬（虐）

虐

今作號 老甲 34/終日～而不嚘和之至也

訇

用作負 窮 10/騏困於～檝

通作姓氏傅 窮 3/～説衣枲葛帽絰蒙巾

吾

通作人名造 窮 11/窮四海至千里遇～父也

虖

存疑 語一 109/～與容與夫其行者

叩　部

毀

通作襄 成 29/～我二人毋有合在音

用作讓　成 18/貴而一～則民欲其貴之
上也

用作讓　成 34/君子簟席之上～而受幽

用作讓　成 34/朝廷之位～而處賤

用作壞　語四 23/君有謀臣則～地不削

嚴（嚴）

嚴

五 36/敬而不懈{懈}～也

五 36/～而畏之尊也

（重文）五 22/不敬不～不～不尊

單（單）

單

成 22/唯冒丕～稱德

用作憚　六 16/勞其股肱之力弗敢～也

哭　部

哭

性 29/凡至樂必悲～亦悲皆至其情也

性 30/～之動心也浸殺

喪（喪、霓）

喪

語一 98/～仁之端也

語三 35/～仁也

霓

老丙 8/故吉事尚左～事尚右

老丙 9/言以～禮居之也

老丙 10/戰勝則以～禮居之

性 67/居～必有夫戀戀之哀

走　部

起（记、追）

记

今作起　老甲 31/人多智而奇物滋～濾
物滋彰盜賊多有

追

今作起　語三 10/～習文章益

止　部

止（止、坒）

止

六 26/人道亡～

六 48/得其人則舉焉不得其人則～也

語一 105/人物各～於其所

語三 53/賢者唯其～也以異

語三 57/～乎其孝

坒

老甲 36/故知足不辱知～不殆可以長久

老丙 4/樂與餌過客～

太 4/濕燥復相薄也成歲而～

五 42/能進之爲君子弗能進也各～於其里

尊 20 下/紂不迪其民而民不可～也

（重文）老甲 20/夫亦將知～知～所以不殆

緇 8/非其～之恭唯王恭

緇 32/淑慎尔～惡于儀

緇 34/穆穆文王於緝熙敬～

五 10/亦既見～亦既覯止我心則〔悅〕

五 10/亦既見止亦既覯～我心則〔悅〕

存疑 語一 111/～之

峕

通作前 老甲 3/聖人之在民～也以身後之

通作前 老甲 4/其在民～也民弗害也

通作前 窮 9/子胥～多功後戮死非其智衰也

歸（逗）

逗

尊 20 下/尊仁親忠敬莊～禮

六 11/☒而上有☒賞慶焉知其以有所～也

語一 101/權可去可～

唐 6/先聖與後聖考後而～先教民大順之道也

坒

通作等 五 35/貴貴其～尊賢義也
案：動詞“等”異體。

來

 通作來　成 36/從允釋過則先者豫～者信

 通作來　語一 99/我行求者亡有自～也

 通作來　語四 2/往言傷人～言傷己

 通作來　語四 21/善使其民者若四時一逝一～而民弗害也
案：來去之"來"後起形聲本字。

墜

 用作棘　窮 4/呂望爲臧～津戰監門棘地

 用作棘　窮 5/呂望爲臧棘津戰監門～地

 用作楠　窮 10/驪困於負～

癶　部

癹（雙、肇）

雙

 用作發　成 24/形於中～於色其審也固矣

 用作伐　老甲 7/果而弗～果而弗驕果而弗矜

 用作廢　老丙 3/故大道～焉有仁義

肇

用作廢　忠 2/至忠如土化物而不～

步　部

歲（歲）

歲

太 3/濕燥復相薄也成～而止

太 4/故～者濕燥之所生也

此　部

此

老甲 10/保～道者不欲尚盈

老甲 11/慎終如始～亡敗事矣

緇 43/～以邇者不惑而遠者不疑

五 11/～之謂〔也〕

唐 2/古昔賢仁聖者如～

唐 8/六帝興於古皆由～也

唐 25/故堯之禪乎舜也如～也

唐 27/～以知其弗利也

 唐 28/仁者爲～進而弗利窮仁矣

 唐 29/故唐虞之興〔也〕如～也

 忠 3/君子如～

 忠 4/夫～之謂些

 忠 9/是故古之所以行乎閔嘍者如～也

 成 18/反～道也民必因此重也以復之

 成 18/反此道也民必因～重也以復之

 成 25/～言也言信於衆之可以濟德也

 成 28/～以民皆有性而聖人不可摹也

 成 33/蓋～言也言舍之此而宅於天心也

 成 33/蓋此言也言舍之～而宅於天心也

 成 39/蓋～言也言不奉大常者文王之刑莫重焉

 尊 17/言此彰也行～文也

 尊 25/非禮而民悦戴～小人矣

 尊 25/非倫而民服懾～亂矣

 尊 31/反之～安矣

 尊 39/言～彰也行此文也

 六 1/～

 六 2/教～民尔使之有向也非聖智者莫之能也

 六 4/足～民尔生死之用非忠信者莫之能也

 六 9/～六職也

 六 10/既有夫六位也以任～〔六職〕也

 六 25/親～多也

 六 25/密～多〔也〕

 六 26/美～多也

 六 35/～六者各行其職而獄訟蔑由作也

 六 40/君子於～一業者亡所廢

 六 41/不使～民也愛其身失其業

 六 42/君子明乎～六者然後可以斷獄

 六 48/材～親戚遠近唯其人所在

 語一 55/爲孝～非孝也

語一 56/爲悌～非悌也

 語一 58/弗爲～非也

 語三 62/行盡～友矣

 老甲 15/皆知善～其不善已

 太 7/～天之所不能殺

 太 8/君子知～之謂□□□□□

 緇 14/上好～物也下必有甚焉者矣

 緇 18/教此以失民～以煩

 五 48/～之謂也

 語一 58/爲之～非也

 語二 50/毋失吾圖～圖得矣

 語三 56/盡飾之道～飾作焉

 殘 12/☒～其☒

 老甲 6/知足之爲足～恆足矣

 緇 18/教～以失民此以煩

 緇 21/～以大臣不可不敬民之蘁也

 緇 35/～言之玷不可爲也

 緇 38/～以生不可奪志死不可奪名

 五 26/～之謂也

 五 29/文王之視也如～

 五 30/～之謂也

 五 41/～之謂也

 （訛作出）尊 8/察諸～所以知己

 通作些 忠 4/夫此之謂～

 通作些 忠 5/配天地也者忠信之謂～

正　部

正（正、歪）

正

 語二 40/凡過～一以失其他者也

語三 2/其弗惡也猶三軍之旌也～也

老甲 29/以～治邦

老甲 32/我好靜而民自～

老丙 3/邦家昏亂焉有～臣

五 34/中心辨然而～行之直也

唐 3/必正其身然後～世聖道備矣

唐 11/順乎脂膚血氣之情養性命之～

唐 22/知〔性命〕之～者能以天下禪矣

尊 34/～則民不閔

用作政 唐 26/七十而致～

用作政 緇 24/教之以～齊之以刑則民有免心

用作政 緇 27/～之不行教之不成也

用作政 尊 2/～禁所以攻□〔也〕

用作政 尊 12/是以爲～者教道之取先

用作政 尊 18/教其～不教其人政弗行矣

用作政 尊 30/故爲～者或論之或養之

用作政 尊 34/均不足以平～

用作政 性 57/下交得衆近從～

用作政 語一 59/～其然而行治焉尔也

用作政 語一 60/～不達文生乎不達其然也

用作政 尊 19/教其政不教其人～弗行矣

今作征 語三 55/賓客之用幣也非～納貨也

歪

唐 3/必～其身然後正世聖道備矣

今作征 唐 13/愛而～之虞夏之治也

今作征 唐 13/〔虞〕用威夏用戈～不服也

是　部

是

老甲 3/～以能爲百谷王

老甲 7/～謂果而不強

老甲 8/～以爲之容

老甲 11/～以聖人亡爲故亡敗亡執故亡失

老甲 12/～故聖人能輔萬物之自然而弗能爲

老甲 14/～以聖人猶難之故終亡難

老甲 16/～以聖人居亡爲之事行不言之教

老甲 18/夫唯弗居也～以弗去也

老甲 28/～謂玄同

老甲 31/～以聖人之言曰

老甲 35/物壯則老～謂不道

老乙 1/夫唯嗇～以早﹛是以早﹜服

老乙 1/夫唯嗇是以早﹛～以早﹜服

老乙 1/～謂〔重積德〕

老乙 6/～謂寵辱榮

老乙 10/～以建言有之

老丙 7/美之～樂殺人

老丙 8/～以偏將軍居左上將軍居右

老丙 12/～以〔聖〕人欲不欲不貴難得之貨

老丙 13/～以能輔萬物之自然而弗敢爲

太 1/水反薄太一～以成天

太 1/天反薄太一～以成地

太 2/天地〔復相薄〕也～以成神明

太 2/神明復相薄也～以成陰陽

太 2/陰陽復相薄也～以成四時

太 3/四時復〔相〕薄也～以成寒熱

太 3/寒熱復相薄也～以成濕燥

太 6/～故太一藏於水行於時

成 4/～故亡乎其身而存乎其詞

成 5/～故威服刑罰之屬行也由上之弗身也

成 6/～故上苟身服之則民必有甚焉者

成 10/～故君子之求諸己也深

成 11/～〔故〕君子之於言也

成 13/～故君子之於言也

成 15/～以民可敬導也而不可掩也

成 20/～故欲人之愛己也則必先愛人

成 21/～以智而求之不疾其去人弗遠矣

成 22/～故凡物在疾之

成 24/～以上之恆務在信於眾

成 30/～以君子貴成之

成 32/～故小人亂天常以逆大道

成 33/～故唯君子道可近求而可遠措也

成 39/～故君子慎六位以嗣天常

尊 8/～以君子人道之取先

尊 12/～以爲政者教道之取先

 尊 19/故共～物也而有深焉者

 尊 36/上好～物也下必有甚焉者

 尊 37/夫唯～故德可易而施可遵也

 尊 37/有～施小有利遵而大有害者有之

 尊 38/有～施小有害遵而大有利者有之

 性 21/～以敬焉

 性 29/哀樂其性相近也～故其心不遠

 六 19/～故夫死有主終身不嫁

 六 33/害亡不已也～以暱也

 六 39/～故先王之教民也始於孝悌

 六 40/～故先王之教民也

 六 44/～以其斷獄速

 六 46/三者皆通然後～也

 語四 12/早與賢人～謂浸行

 語四 12/賢人不在側～謂迷惑

 語四 13/不與智謀～謂自欺

 語四 13/早與智謀～謂重基

 語四 16/如將有敗雄～爲害

 成 27/即於能也則猶～也

 （殘）語一 73/悲作其所也亡非～

辵　部

達（衛）

衛

 通作率 尊 28/故～民向方者唯德可

 通作率 六 8/有～人者有從人者

 通作率 六 18/以智～人多

 通作率 六 35/智～信

邋（遯、墜）

遯

 通作由 語一 19/或～中出或由外入

 通作由 語一 20/或由中出或～外入

通作由 語一 24/～樂知刑

 通作由 語一 95/詩～敬作

 通作由 語二 44/名數也～鼻倫生

 通作由 語二 53/有行而不～有由而不行

 通作由 語二 53/有行而不由有～而不行

 通作由 語三 42/或～其避或由其不進或由其可

 通作由 語三 42/或由其避或～其不進或由其可

 通作由 語三 43/或由其避或由其不進或～其可

 通作由 語三 49/思亡疆思亡期思亡邪思亡不～我者

壁

 通作由 語一 21/～中出者仁忠信

 通作由 語一 21/～〔外入者禮〕

 通作由 語一 104/凡物～亡生

逝(道)

道

 語四 21/善使其民者若四時一～一來而民弗害也

述

 用作遂 老甲 39/功～身退天之道也

 用作遂 老丙 2/成事～功而百姓曰我自然也

 用作遂 五 34/直而～之肆也

 用作遂 成 23/勉之～也強之功也

 用作墜 成 6/戰與刑人君子之～德也

 用作遂 成 17/智而比次則民欲其智之～也

過(過、迡、㳂、怣、愆)

過

 語三 52/善日～我我日過善

 語三 52/善日過我我日～善

迡

 老丙 13/教不教復眾之所～

緇 20/大臣之不親也則忠敬不足而富貴已～也

　性 38/〔不〕～十舉其心必在焉

　語二 40/凡～正一以失其他者也

徔

　老甲 12/教不教復眾之所～

徔

　太 12/故～其方不使相當

　成 36/從允釋～則先者豫來者信

　性 49/然而其～不惡

　性 49/有～則咎

　性 49/人不慎斯有～信矣

　性 50/苟以其情雖～不惡

　性 55/行之不～知道者也

徔

　老丙 4/樂與餌～客止
案：可能是"徔"之訛，也可能"彳""人"共用筆畫，其字從"彳"從"徔"。

進

　老甲 4/天下樂～而弗厭

　五 42/能～之爲君子弗能進也各止於其里

　五 42/能進之爲君子弗能～也各止於其里

　五 46/～莫敢不進

　五 46/進莫敢不～

　五 47/目而知之謂之～之

　五 47/喻而知之謂之～之

　五 47/譬而知之謂之～之

　唐 28/仁者爲此～而弗利窮仁矣

　尊 16/先之以德則民～善焉

　性 64/～欲遜而毋巧

逾（逾）

逾

　尊 17/然後可～也

　用作揄 老甲 19/天地相合也以～甘露
案："彳"旁與"育"旁共用筆畫。

迬(迮、㞓)

迬

今作作　六 24/六者各行其職而獄訟亡由～也

㞓

今作作　六 38/昏所由～也

速(遬)

遬

尊 28/德之流～乎置郵而傳命

性 36/不如以樂之～也

性 49/～謀之方也

六 44/是以其斷獄～

逆

殘 9/☐性有～性☐

成 32/是故小人亂天常以～大道

性 10/或～之

性 11/～性者悦也

性 17/觀其先後而～順之

逢(遣)

遣

唐 14/聖以遇命仁以～時

迪

緇 19/既見我弗～聖

緇 29/播刑之～

尊 20 下/紂不～其民而民不可止也

通(迵)

迵

六 45/三者～言行皆通

六 45/三者通言行皆～

六 45/三者不～非言行也

六 46/三者皆～然後是也

語一 102/凡同者～

徙(遟)

遟

用作差　五 17/能～池其羽然後能至哀

迻

通作移　語二48/有德者不～

遷(罨)

罨

五32/中心悦㤈～於兄弟戚也

返

語二45/未有善事人而不～者

用作反　老甲37/～也者道〔之〕動也

用作反　六37/其～

逮

語一75/迻迖不～從一道

遲(迡)

迡

用作夷　老乙10/～道如纇

逶(疊、蟲)

疊

用作化　唐21/授賢則民興教而～乎道

用作化　唐21/不禪而能～民者自生民未之有也

用作化　忠2/至忠如土～物而不廢

蟲

用作化　老甲32/我亡爲而民自～

避

用作僻　尊17/察暱則亡～
案："辵"旁與構件"尸"共用筆畫。

達(迖、遧)

迖

五43/索落落～諸君子道謂之賢

窮11/動非爲～也故窮而不〔怨〕

窮14/善否己也窮～以時

窮15/窮～以時

語一60/政不達文生乎不～其然也

老甲8/古之善爲士者必微妙玄～深不可志

語一60/政不～文生乎不達其然也

遧

性54/惡之而不可非者～於義者也

迷

語四 13/賢人不在側是謂～惑

遺(遥)

遥

老甲 38/貴富驕自～咎也

緇 46/其古之～言歟

唐 9/尊賢～親義而未仁也

逃

語二 18/～生於惡

近(近、岳)

近

成 37/是故唯君子道可～求而可遠措也

尊 8/莫不有道焉人道爲～

性 3/始者～情終者近義

性 3/始者近情終者～義

性 29/哀樂其性相～也是故其心不遠

性 40/愛類七唯性愛爲～仁

性 56/上交～事君

性 57/下交得衆～從政

性 57/修身～至仁

六 48/材此親戚遠～唯其人所在

五 7/善弗爲亡～

岳

性 36/從其所爲～得之矣

邇(籤)

籤

緇 43/此以～者不惑而遠者不疑

遠(遠、遠、速、遣)

遠

老甲 10/執之者～之

魯 7/〔爲〕義而～禄爵

成 21/是以智而求之不疾其去人弗～矣

成 37/是故唯君子道可近求而可～措也

(訛)成 19/故君子所復之不多所求之不～

(訛)成 34/所宅不～矣

遠

五 36/以其外心與人交～也

五 36/～而莊之敬也

遞

緇 43/此以邇者不惑而～者不疑

尊 16/教以權謀則民淫悁～禮亡親仁

性 30/哀樂其性相近也是故其心不～

遞

六 48/材此親戚～近唯其人所在

殘 15/☒～□☒

道（道、遞、衛、術）

道

老甲 18/～恆亡名

老甲 20/譬～之在天下也猶小谷之與
江海

老甲 21/未知其名字之曰～

老甲 22/天大地大～大王亦大

老甲 24/天～雲雲各復其根

老甲 35/物壯則老是謂不～

老甲 37/反也者～〔之〕動也

老甲 37/弱也者～之用也

老甲 39/功遂身退天之～也

老乙 3/長生久視之～也

老乙 3/爲～者日損

老乙 9/上士聞～僅能行於其中

老乙 9/中士聞～若聞若亡

老乙 9/下士聞～大笑之

老乙 10/弗大笑不足以爲～矣

老乙 10/明～如昧

老乙 10/夷～如纇

老乙 11/〔進〕～若退

老丙 3/故大～廢焉有仁義

太 9/天～貴弱

太 10/～亦其字也請問其名

太 11/以～從事者必宅其名

五 7/士有志於君子～謂之志士

五 20/善人～也

 五 23/未嘗聞君子～謂之不聰

 五 23/聞君子～而不知其君子道也謂之不聖

 五 24/聞君子道而不知其君子～也謂之不聖

 五 26/聞君子～聰也

 五 27/聖人知天～也

 五 35/不以小～害大道簡也

 五 35/不以小道害大～簡也

 五 38/不暸不辨於～

 五 39/有小罪而弗赦也不辨于～也

 五 43/索落落達諸君子～謂之賢

 五 49/聞～而悦者好仁者也

 五 49/聞～而畏者好義者也

 五 50/聞～而恭者好禮者也

 五 50/聞～而樂者好德者也

 唐 1/唐虞之～禪而不傳

 唐 3/必正其身然後正世聖～備矣

 唐 6/先聖與後聖考後而歸先教民大順之～也

 唐 21/授賢則民興教而化乎～

 成 15/上不以其～民之從之也難

 成 27/雖其於善～也亦非有繹縷以多也

 成 32/是故小人亂天常以逆大～

 成 37/是故唯君子～可近求而可遠措也

 尊 3/不由其～不行

 尊 4/教非改～也教之也

 尊 5/禹以人～治其民

 尊 5/桀以人～亂其民

 尊 6/聖人之治民民之～也

 尊 7/禹之行水水之～也

 尊 7/造父之御馬馬{也}之～也

 尊 7/后稷之藝地地之～也

 尊 8/莫不有～焉人道爲近

尊 8/莫不有道焉人～爲近

尊 8/是以君子人～之取先

尊 12/是以爲政者教～之取先

性 22/其詞宜～也

性 55/行之不過知～者也

性 55/聞～反上上交者也

性 56/聞～反己修身者也

性 57/同方而交以～者也

語一 19/…之～也

語一 22/義生於～

語一 68/察天～以化民氣

語一 80/長悌親～也

語四 5/凡說之～急者爲首

(重文)老甲 23/天灋～～灋自然

(重文)五 15/聰則聞君子～聞君子～則玉音

(重文)尊 9/知命而後知～知～而後知行

(重文)語一 30/然後知～知～然後知命

(殘)老乙 12/～〔始亡名〕

(殘)老丙 4/故～〔之出言〕淡兮其無味也

(殘)五 20/德天～〔也〕

(殘)殘 7/義天～☐

今作導 緇 12/禹立三年百姓以仁～

今作導 緇 32/君子～人以言而極以行

今作導 尊 21/民可使～之而不可使知之

今作導 尊 22/民可～也而不可強也

逌

五 5/善人～也

五 5/德天～也

成 18/反此～也民必因此重也以復之

成 29/蓋～不悅詞也

今作導 成 4/其～民也不浸則其淳也弗深矣

今作導 成 16/是以民可敬～也而不可掩也

衝

語二 38/凡謀已～者也

術

術　老甲 6/以～佐人主者不欲以兵強於天下

術　老甲 10/保此～者不欲尚盈

術　老甲 13/～恆亡爲也

術　忠 7/忠之爲～也百工不苦而人養皆足

術　忠 7/信之爲～也群物皆成而百善皆立

術　性 3/～始於情情生於性

術　性 12/長性者～也

術　性 14/～者群物之道

術　性 14/道者群物之～

術　性 14/凡～心術爲主

術　性 14/～四術唯人道爲可道也

術　性 15/道四術爲人～爲可道也

術　性 15/道四術唯人道爲可～也

術　性 15/其三術者～之而已

術　性 19/其先後之敘則宜～也

術　性 21/樂其～

術　性 41/智類五唯義～爲近忠

術　性 41/所爲～者四唯人道爲可道也

術　性 41/所爲道者四唯人～爲可道也

術　性 42/所爲道者四唯人道爲可～

術　性 53/貧而民聚焉有～者也

術　性 56/聞～反下下交者也

術　六 6/君子如欲求人～□□

術　六 7/〔不〕由其～雖堯求之弗得也

術　六 43/～不可躐也

術　六 47/爲～者必由▨

術　語一 36/易所以會天～人道也

術　語一 36/易所以會天道人～也

術　語一 75/██逶██不逮從一～

術　語三 6/友君臣之～也

術　語三 50/志於～

語三 56/盡飾之～此飾作焉

殘 2/盡其飾～□

迌

用作地 語一 6/有～有形有盡而後
有厚

用作地 語一 12/有天有命有～有形

用作他 語二 40/凡過正一以失其～
者也

迡(汇)

汇

用作暱 尊 17/察～則亡僻

逗

通作桓 窮 6/釋弓柫而爲諸侯相遇齊
～也

遮

用作熙 緇 34/穆穆文王於緝～敬止

谥

存疑 語一 75/❋～❋不逮從一道

说

用作兑 老甲 27/閉其～

用作兑 老乙 13/閉其門塞其～終身
不懋

用作兑 老乙 13/啟其～塞其事終身
不救

迊

(重文)通作節 性 44/有其爲人之～～
如也

逍

存疑 語三 58/有～…

(訛)存疑 殘 11/□□～蜜

退

通作率 成 38/不～大戛文王作罰

通作率 尊 25/治民非～生而已也

逯

用作策 尊 24/爲邦而不以禮猶御之亡
～也

遒(迌、徂)

迌

窮 7/百里～鬻五羊爲伯牧牛

尊 37/故德可易而施可～也

尊38/有是施小有利～而大有害者有之

　尊38/有是施小有害～而大有利者有之

徂

　忠8/其言尔信故～而可授也

彳　部

復(逡)

逡

　老甲12/教不教～衆之所過

　老甲24/萬物旁作居以須～也

　老甲24/天道雲雲各～其根

　老丙13/教不教～衆之所過

　太2/神明～相薄也是以成陰陽

　太2/陰陽～相薄也是以成四時

　太3/四時～〔相〕薄也是以成寒熱

　太3/寒熱～相薄也是以成濕燥

　太3/濕燥～相薄也成歲而止

　成19/反此道也民必因此重也以～之

　成19/故君子所～之不多所求之不遠

　尊23下/君民者治民～禮

　尊32/攻□往者～

　尊34/弗勇則亡～

　性18/然後～以教

　性26/其返善～始也慎

　性61/已則勿～言也

　語四1/非言不讎非德亡～

　語四4/口不慎而戶之閉惡言～己而死無日

徎(徎、逞)

徎

　(重文)今作往　老丙4/設大象天下～～而不害安平泰

逞

　今作往　尊32/攻□～者復

　今作往　語四2/～言傷人來言傷己

用作妄　尊31/反之此～矣

後

 用作敀 老甲 25/其幾也易～也

待(坅)

坅

 性 1/～物而後作待悦而後行待習而後奠

 性 1/待物而後作～悦而後行待習而後奠

 性 1/待物而後作待悦而後行～習而後奠

退(退、遟)

退

 老乙 11/〔進〕道若～

 唐 27/～而養其生

 魯 2/揖而～之

 性 65/～欲尋而毋徑

遟

 老甲 39/功遂身～天之道也

 語二 43/賊～人也

後(迻)

迻

 老甲 3/聖人之在民前也以身～之

 老甲 16/先～之相隨也

 窮 9/梅{之}伯初醢醢～名揚非其德加

 窮 9/子胥前多功～戮死非其智衰也

 五 44/～士之尊賢者也

 五 46/～莫敢不後

 五 46/後莫敢不～

 唐 6/先聖與～聖考後而歸先教民大順之道也

 唐 6/先聖與後聖考～而歸先教民大順之道也

 成 35/津梁爭舟其先也不若其～也

 性 62/凡憂患之事欲任樂事欲～

 語一 70/兄弟至先～也

 (訛作迻)性 17/觀其先～而逆順之

 (訛作迻)性 19/其先～之敘則宜道也

得（旻）

旻

 老甲 5/咎莫僉乎欲～

 緇 18/彼求我則如不我～

 魯 4/寡人惑焉而未之～也

 五 8/智弗思不～

 成 11/不求諸其本而攻諸其末弗～矣

 成 12/苟不從其由不返其本未有可～也者

 成 13/士成言不行名弗～矣

 性 36/從其所爲近～之矣

 性 37/求其心有僞也弗～之矣

 性 56/下交～衆近從政

 六 7/〔不〕由其道雖堯求之弗～也

 六 37/故外內皆～也

 六 48/～其人則舉焉不得其人則止也

 六 48/得其人則舉焉不～其人則止也

 語三 47/莫～善其所

 語三 59/～者樂失者哀

 老甲 12/聖人欲不欲不貴難～之貨

 老甲 28/故不可～而親亦不可得而疏

 老甲 28/故不可得而親亦不可～而疏

 老甲 28/不可～而利亦不可得而害

 老甲 28/不可得而利亦不可～而害

 老甲 29/不可～而貴亦﹛可﹜不可得而賤

 老甲 29/不可得而貴亦﹛可﹜不可～而賤

 老乙 6/～之若榮失之若榮

 老丙 7/〔不〕～已而用之

 老丙 8/夫樂〔殺不可〕以～志於天下

 老丙 13/是以〔聖〕人欲不欲不貴難～之貨

 語一 65/上下皆～其所之謂信

 語一 91/缺生乎未～也

語二 50/毋失吾圖此圖～矣

 語四 5/既～其急言必有及

 (重文)五 14/長則～～則不忘

御(御、駚)

御

 緇 23/毋以嬖～疾莊后

駚

 成 16/可～也而不可牽也

 尊 7/造父之～馬馬{也}之道也

佫(坴、迬)

坴

 (省作坴)通作格 成 31/天～大常以理人倫

迬

 通作格 緇 38/君子言有物行有～

 通作格 緇 39/精知～而行之

徆

 通作庶 成 16/故君子不貴～物而貴與民有同也

夂 部

廷

 成 34/朝～之位讓而處賤

建(畫)

畫

 老乙 10/是以～言有之

 老乙 11/～德如〔偷〕

 老乙 15/善～者不拔

延 部

胥

 用作延 尊 2/賞與刑禍福之旗也或～之者矣

行 部

行

 老甲 17/是以聖人居亡爲之事～不言之教

老乙 9/上士聞道僅能～於其中

太 6/是故太一藏於水～於時

緇 11/則民至～己以悦上

緇 12/有覺德～四方順之

緇 14/下之事上也不從其所以命而從其所～

緇 27/政之不～教之不成也

緇 31/可言不可～君子弗言

緇 31/可～不可言君子弗行

緇 31/可行不可言君子弗～

緇 32/君子導人以言而極以～

緇 33/故言則慮其所終～則稽其所敝

緇 33/則民慎於言而謹於～

緇 34/言從～之則行不可匿

緇 34/言從行之則～不可匿

緇 35/故君子顧言而～以成其信

緇 37/君子言有物～有格

緇 39/精知格而～之

緇 40 正/苟有～必見其成

緇 42/人之好我示我周～

窮 1/察天人之分而知所～矣

窮 2/有其人亡其世雖賢弗～矣

窮 5/～年七十而屠牛於朝歌

窮 14/德～一也譽毀在旁聽之置〔之〕

五 1/五～

五 1/仁形於內謂之德之～

五 1/不形於內謂之～

五 2/義形於內謂之德之～

五 2/不形於內謂之～

五 2/禮形於內謂之德之～

五 3/〔智形〕於內謂之德之～

五 3/不形於內謂之～

五 4/聖形於內謂之德之～

五 4/不形于內謂之{德之}～

五 4/德之～五和謂之德

五 4/四～和謂之善

五 6/五～皆形于内而時行之謂之君〔子〕	成 23/雖有其恆而～之不疾未有能深之者也
五 6/五行皆形于内而時～之謂之君〔子〕	尊 3/不由其道不～
五 27/知而～之義也	尊 7/禹之～水水之道也
五 27/～之而時德也	尊 9/知道而後知～
五 31/安而～之義也	尊 17/言此彰也～此文也
五 31/～而敬之禮也	尊 21/～矣而亡惟
五 31/仁義禮所由生也四～之所和也	尊 36/下之事上也不從其所命而從其所～
五 34/中心辨然而正～之直也	性 1/待物而後作待悦而後～待習而後奠
五 35/有大罪而大誅之～也	性 7/〔人之不可〕獨～猶口之不可獨言也
五 37/不簡不～	性 55/～之不過知道者也
唐 6/堯舜之～愛親尊賢	性 63/～欲勇而必至
忠 6/故～而爭悦民君子弗由也	六 18/知～者知不行者
忠 9/是故古之所以～乎閔嘍者如此也	六 18/知行者知不～者
成 1/～不信則命不從	六 24/六者各～其職而獄訟亡由作也
成 5/是故威服刑罰之屢～也由上之弗身也	六 36/此六者各～其職而獄訟蔑由作也
成 13/士成言不～名弗得矣	六 45/三者通言～皆通
成 21/勇而～之不果其疑也弗往矣	六 45/三者不通非言～也

語一 27/知禮而後知～

 語一 42/禮交之～術也

 語一 59/政其然而～治焉尔也

 語一 67/政其然而～治焉

 語一 105/我～求者亡有自來也

 語一 109/虖與容與夫其～者

 語二 39/凡必有不～者也

 語二 52/其所之同其～者異

 語二 53/有～而不由有由而不行

 語二 54/有行而不由有由而不～

 語三 16/所不～益

 語三 16/必～損

 語三 33/兼～則治者中

 語三 34/交～則□▨

 語三 36/禮～之也

 語三 44/文依物以情～之者

 語三 62/～盡此友矣

語四 7/時至而藏流澤而～

語四 12/早與賢人是謂浸～

殘 3/智～人之▨

(重文)緇 31/則民言不詭～～不詭言
案:原簡漏加重文號。

(重文)五 22/不簡不～不～不義

 (殘)五 39/有大罪而弗大誅也不～也

 (殘)尊 19/教其政不教其人政弗～矣

術(述)

述

 性 14/凡道心～爲主

性 14/道四～唯人道爲可道也

性 15/其三～者道之而已

 語一 42/禮交之行～也

衛(㧾)

㧾

性 27/鄭～之樂則非其聲而縱之也

齒　部

齒（齒）

齒

 唐 5/太學之中天子親～教民悌也

 語四 19/善事其上者若～之事舌而終弗噬

牙　部

牙（牙、齒）

牙

 通作與 語三 9/～爲義者遊益

 通作與 語三 9/～莊者處益

 通作與 語三 11/～諓者處損

 通作與 語三 11/～不好學者遊損

 通作與 唐 6/先聖～後聖考後而歸先教民大順之道也

 通作與 老乙 4/美～惡相去何若

 通作與 唐 15/縱仁聖可～時弗可及矣

 通作與 性 6/凡心有志也亡～不〔可〕

 通作與 性 22/幣帛所以爲信～證也

 通作與 性 46/人之悦然可～和安者不有夫奮猛之情則侮

 （殘）通作與 性 48/僞斯隱矣隱斯慮矣慮斯莫～之結矣

 通作與 六 1/聖～智就矣

 通作與 六 2/仁～義就矣

 通作與 六 2/忠～信就〔矣〕

 通作與 六 19/一～之齊終身弗改之矣

 通作與 六 46/君子所生～之立死與之獎也

 通作與 六 46/君子所生與之立死～之獎也

 通作與 語一 86/勢～聲爲可察也

 通作與 語一 107/慧～信器也各以譖詞毀也

 通作與 語三 71 上/命～文與…

 通作與 語三 71 上/命與文～…

通作與 語三遺簡/從所小好～所小樂損

通作與 語一 109/唐～容與夫其行者

通作與 語一 109/虙與容～夫其行者

通作與 語一 110/食～色與疾

通作與 語一 110/食與色～疾

齒

緇 9/君～云

足　部

足

老甲 27/〔千里之行始於〕～下

五 45/耳目鼻口手～六者心之役也

語四 18/善使其下若蚘蚤之～衆而不割割而不仆

老甲 2/三言以爲使不～

老甲 6/禍莫大乎不知～

老甲 6/知～之爲足此恆足矣

老甲 6/知足之爲～此恆足矣

老甲 6/知足之爲足此恆～矣

老甲 36/故知～不辱知止不殆可以長久

老乙 10/弗大笑不～以爲道矣

老乙 11/廣德如不～

老丙 1/信不～焉有不信

老丙 5/視之不～見聽之不足聞而不可既也

老丙 5/視之不足見聽之不～聞而不可既也

太 13/地不～於東南其上〔高以強〕

太 14/不～於下者有餘於上

緇 20/則忠敬不～而富貴已過也

緇 28/則刑罰不～恥而爵不足勸也

緇 28/則刑罰不足恥而爵不～勸也

唐 10/～民養〔也〕

忠 4/不奪而～養者地也

忠 7/忠之爲道也百工不苦而人養皆～

成 13/農夫務食不強耕糧弗～矣

尊 32/依惠則民材～

尊 34/均不～以平政

尊 35/緩不～以安民

尊 35/勇不～以忿衆

尊 35/博不～以知善

尊 35/慧不～以知倫

尊 36/殺不～以勝民

性 48/有其爲人之愿如也弗補不～

六 4/～此民尔生死之用非忠信者莫之能也

六 14/使之～以生足以死

六 14/使之足以生～以死

語四 3/一言之善～以終世

語四 3/三世之福不～以出亡

（重文）老甲 14/夫亦將知～知～以靜

踊（通、逈）

通

（重文）性 35/撫斯～～惕之終也

逈

語三 41/～哀也

語三 41/三～文也

路（迖）

迖

（省作迖）性 60/凡於～毋畏毋獨言

躓（徹）

徹

六 43/道不可～也

疋　部

疋

通作疏 老甲 28/故不可得而親亦不可得而～

（殘）通作疏 忠 5/心～〔而貌〕親君子弗陳尔

用作索 五 43/～落落達諸君子道謂之賢

通作人名胥 窮 9/子～前多功後戮死非其智衰也

疏（絰）

絰

通作疏 六 27/～斬布絰杖爲父也爲君亦然

通作疏 六 27/～衰齊牡麻絰爲昆弟也爲妻亦然

品　部

喿

今作噪 性 33/～遊樂也

用作燥 老乙 15/～勝寒清勝熱清靜爲天下正

用作躁 性 42/凡用心之～者思爲甚

通作肖 唐 28/治之至養不～

卷 三

晶 部

器

老甲 30/民多利～而邦滋昏

老乙 12/大～蔑成

語一 107/慧與信～也各以譖詞毀也

舌 部

舌(肴)

肴

語四 19/善事其上者若齒之事～而終弗噬

只 部

只

用作技 尊 14/教以～則民小以吝

句 部

句

用作后 緇 23/毋以嬖御疾莊～

用作后 尊 7/～稷之藝地地之道也

通作苟 緇 40 正/～有車必見其轍

通作苟 緇 40 正/～有衣必見其敝

通作苟 緇 40 背/人～有言必聞其聲

通作苟 緇 40 正/～有行必見其成

通作苟 窮 2/～有其世何難之有哉

通作苟 成 7/是故上～身服之則民必有甚焉者

通作苟 成 9/上～倡之則民鮮不從矣

通作苟 成 12/～不從其由不返其本未有可得也者

通作苟　成 14/～不從其由不返其本雖強之弗入矣

 通作苟　性 50/～以其情雖過不惡

 通作苟　性 51/～有其情雖未之爲斯人信之矣

 通作苟　性 61/～毋大害小枉納之可也

 通作苟　六 12/人之雖在草茅之中～賢□

 通作苟　六 16/～濟夫人之善也

 用作後　五 16/能爲一然～能爲君子

 用作後　五 17/能差池其羽然～能至哀

 用作後　五 20/唯有德者然～能金聲而玉振之

 用作後　尊 6/桀不易禹民而～亂之

 用作後　尊 6/湯不易桀民而～治之

 用作後　尊 9/知命而～知道

 用作後　尊 9/知道而～知行

 用作後　尊 17/然～可逾也

 用作後　尊 27/民五之方格十之方爭百之而～服

 用作後　性 1/待物而～作待悅而後行待習而後奠

 用作後　性 1/待物而後作待悅而～行待習而後奠

 用作後　性 1/待物而後作待悅而後行待習而～奠

 用作後　性 18/然～復以教

 用作後　性 23/然～其入拔人之心也厚

 用作後　性 32/凡樂思而～忻

 用作後　六 43/君子明乎此六者然～可以斷獄

 用作後　六 46/三者皆通然～是也

 用作後　語一 4/有命有文有名而～有倫

 用作後　語一 6/有地有形有盡而～有厚

 用作後　語一 8/有生有智而～好惡生

 用作後　語一 10/有物有由有遂而～諺生

 用作後　語一 26/知己而～知人

 用作後　語一 26/知人而～知禮

 用作後　語一 27/知禮而～知行

用作後　語一 28/其智博然～知命

 用作後　語一 30/然～知道

 用作後　語一 30/知道然～知命

 用作後　語一 32/善理而～樂生

 用作後　語一 63/知禮然～知刑

 用作後　性 31/凡憂思而～悲

拘（冇）

冇

 窮 6/管夷吾～囚束縛

鉤

鉤

 語四 8/竊～者誅

古　部

古

古 老甲 8/～之善爲士者必微妙玄達深
不可志

古 緇 46/其～之遺言歟

古 唐 2/～昔賢仁聖者如此

古 唐 8/六帝興於～皆由此也

古 唐 9/～者虞舜篤事瞽瞍乃式其孝

古 唐 14/～者堯生於天子而有天下

古 唐 15/夫～者舜居於草茅之中而不憂

古 唐 22/～者堯之舉舜也

古 唐 25/～者聖人廿而帽

古 成 1/～之用民者求之於己爲恆

古 性 28/凡～樂籠心益樂籠指皆教其人
者也

古 語一 38/詩所以會～今之志也者

古 語一 40/春秋所以會～今之事也

古 （重文）前用作故,後用作古　忠 8/是～～
之所以行乎閱嘍者如此也

古 用作故　老甲 5/以其不爭也～天下莫
能與之爭

古 用作故　老甲 11/是以聖人亡爲～亡敗
亡執故亡失

古 用作故　老甲 11/是以聖人亡爲故亡敗
亡執～亡失

古 用作故　老甲 12/是～聖人能輔萬物之
自然而弗能爲

古 用作故　老甲 15/是以聖人猶難之～終
亡難

古 用作故　老甲 28/～不可得而親亦不可
得而疏

用作故　老甲 29/～爲天下貴

用作故　老甲 36/～知足不辱知止不殆可以長久

用作故　老丙 2/～大道廢焉有仁義

用作故　老丙 4/～道〔之出言〕淡兮其無味也

用作故　老丙 6/～曰兵者〔非君子之器〕

用作故　老丙 8/～吉事尚左喪事尚右

用作故　老丙 9/～殺〔人衆〕則以哀悲蒞之

用作故　老丙 11/聖人無爲～無敗也無執故〔無失也〕

用作故　老丙 11/聖人無爲故無敗也無執～〔無失也〕

用作故　太 4/～歲者濕燥之所生也

用作故　太 6/是～太一藏於水行於時

用作故　太 11/～事成而身長

用作故　太 12/～功成而身不傷

用作故　太 12/～過其方不使相當

用作故　緇 6/～君民者彰好以示民欲

用作故　緇 9/～心以體廢君以民亡

用作故　緇 11/～長民者彰志以昭百姓

用作故　緇 15/～上之好惡不可不慎也民之表也

用作故　緇 21/～君不與小謀大則大臣不怨

用作故　緇 25/～慈以愛之則民有親

用作故　緇 28/～上不可以褻刑而輕爵

用作故　緇 30/～大人不倡流

用作故　緇 32/～言則慮其所終行則稽其所敝

用作故　緇 34/～君子顧言而行以成其信

用作故　緇 38/～君子多聞齊而守之

用作故　緇 42/～君子之友也有向其惡有方

用作故　魯 5/夫爲其君之～殺其身者嘗有之矣

用作故　魯 6/夫爲其君之～殺其身者要禄爵者也

用作故　窮 11/動非爲達也～窮而不〔怨〕

用作故　窮 12/〔隱非〕爲名也～莫之知而不閔

用作故　窮 15/～君子敦於反己

用作故　唐 3/～唐虞之興〔也〕如此也

用作故　唐 7/愛親～孝

用作故　唐 7/尊賢～禪

用作故　唐 24/～其爲瞽瞍子也甚孝

用作故　唐 25/～堯之禪乎舜也如此也

用作故　忠 3/～不誆生不倍死也

用作故　忠 6/～行而爭悦民君子弗由也

用作故　忠 8/君子其施也忠～蠻親薄也

用作故　忠 8/其言尔信～遵而可授也

用作故　成 3/～君子之蒞民也身服善以先之

用作故　成 4/是～亡乎其身而存乎其詞

用作故　成 5/是～威服刑罰之屢行也由上之弗身也

用作故　成 6/是～上苟身服之則民必有甚焉者

用作故　成 10/是～君子之求諸己也深

用作故　成 13/是～君子之於言也

用作故　成 16/～君子不貴庶物而貴與民有同也

用作故　成 19/～君子所復之不多所求之不遠

用作故　成 20/是～欲人之愛己也則必先愛人

用作故　成 22/是～凡物在疾之

用作故　成 32/是～小人亂天常以逆大道

用作故　成 33/是～唯君子道可近求而可遠措也

用作故　成 40/是～君子慎六位以嗣天常

用作故　尊 19/～共是物也而有深焉者

用作故　尊 28/～率民向方者唯德可

用作故　尊 30/～爲政者或論之或養之

用作故　尊 37/～德可易而施可遭也

用作故　性 11/要性者～也

用作故　性 13/有爲也者之謂～

用作故　性 29/哀樂其性相近也是～其心不遠

用作故　六 16/～曰

用作故　六 23/～夫夫婦婦父父子子君君臣臣

用作故　六 35/～夫夫婦婦父父子子君君臣臣

用作故　六 39/是～先王之教民也始於孝悌

用作故　六 40/是～先王之教民也

用作故　六 49/～曰

用作故　語四 15/及之而弗惡必盡其～

用作故　語四 25/～謀爲可貴

用作故　六 19/是～夫死有主終身不嫁

用作故　六 22/～人則爲〔人也謂之〕仁

用作父　窮 11/窮四海至千里遇造～也

通作苦　忠 7/忠之爲道也百工不～而
人養皆足

用作固　尊 17/因恆則～

用作固　語三 64/亡意亡～亡我亡必

十　部

十

緇 47/二～又三

尊 27/民五之方格～之方爭百之而後服

性 38/〔不〕過～舉其心必在焉

六 45/其衍～又二

丈

用作杖　六 27/疏斬布絰～爲父也爲君
亦然

千

窮 10/窮四海至～里遇造父也

廿

唐 25/古者聖人～而帽

卅　部

卅(卅)

卅

唐 26/～而有家

世

唐 3/必正其身然後正～聖道備矣

唐 7/禪之繼～亡隱德

唐 21/上德則天下有君而～明

言　部

言

老甲 1/三～以爲使不足

老甲 4/其在民上也以～下之

老甲 17/是以聖人居亡爲之事行不～
之教

老甲 31/是以聖人之～曰

老乙 10/是以建～有之

老丙 2/猶乎其貴～也

老丙 9/～以喪禮居之也

緇 7/臣事君～其所不能不詞其所能

緇 17/出～有遜黎民所訓

緇 29/王～如絲其出如綸

緇 29/王～如索其出如綍

緇 30/可～不可行君子弗言

緇 31/可言不可行君子弗～

緇 31/可行不可～君子弗行

緇 31/則民～不詭行行不詭言

緇 32/則民言不詭行行不詭～

緇 32 君子導人以～而極以行

緇 32/故～則慮其所終行則稽其所敝

緇 33/則民慎於～而謹於行

緇 34/～從行之則行不可匿

緇 34/故君子顧～而行以成其信

緇 36/此～之玷不可爲也

緇 37/君子～有物行有格

緇 40 正/出入自爾師雩庶～同

緇 40 背/人苟有～必聞其聲

緇 45/宋人有～曰

緇 46/其古之遺～歟

魯 4/善哉～乎

五 39/簡之爲～猶諫也大而罕者也

五 40/暖之爲～也猶暖暖也小而軫者也

忠 5/口惠而實弗從君子弗～爾

忠 8/其～尔信故遷而可授也

成 2/信不著則～不樂

成 2/民不從上之命不信其～而能含德者

成 6/昔者君子有～曰

成 11/是〔故〕君子之於～也

成 13/士成～不行名弗得矣

成 14/是故君子之於～也

成 22/蓋～疾也

成 25/此～也言信於衆之可以濟德也

成 25/此言也～信於衆之可以濟德也

成 30/蓋～寘之也

成 33/蓋此～也言舍之此而宅於天心也

成 33/蓋此言也～舍之此而宅於天心也

 成 35/～語較之其勝也不若其已也

 成 37/昔者君子有～曰

 成 38/蓋～慎求之於己而可以至順天常矣

 成 39/蓋此～也言不奉大常者文王之刑莫重焉

 成 39/蓋此言也～不奉大常者文王之刑莫重焉

 尊 15/教以～則民華以寡信

 尊 39/～此彰也行此文也

 性 7/〔人之不可〕獨行猶口之不可獨～也

 性 16/書有爲～之也

 性 46/人之巧～利詞者不有夫詘詘之心則流

 性 51/未～而信有美情者也

 性 59/～及則明舉之而毋僞

 性 60/凡於路毋畏毋獨～

 性 61/已則勿復～也

性 65/出～必有夫簡簡之信

六 32/暵之爲～也猶暵暵也

六 36/君子言信～尔言箴言尔

六 36/君子言信言尔～箴言尔

六 36/君子言信言尔言箴～尔

六 45/三者通～行皆通

六 45/三者不通非～行也

語四 1/～以詞情以舊

語四 1/非～不醻非德亡復

語四 1/～而苟牆有耳

語四 2/往～傷人來言傷己

語四 2/往言傷人來～傷己

語四 3/一～之善足以終世

語四 4/口不慎而戶之閉惡～復己而死無日

語四 5/既得其急～必有及

語四 23/士有謀友則～談不弱

 (殘)六 36/君子～信言尔言箴言尔

(重文)老甲 27/知之者弗～～之者弗知

通作焉 六 34/男女辨生～

通作焉 六 34/父子親生～

 通作焉 六 34/君臣義生～

語（語、碞）

語

 用作禦 五 34/肆而不畏強～果也

碞

 成 36/言～較之其勝也不若其已也

談

 語四 23/士有謀友則言～不弱

諾（呂）

呂

 五 45/～莫敢不諾

 五 45/諾莫敢不～

雦（戠）

戠

 尊 26/民愛則子也弗愛則～也

詩（誌、唆）

誌

 語一 38/～所以會古今之志也者

唆

 六 24/觀諸～書則亦在矣

啻

 用作意 語三 64 上/亡～亡固亡我亡必

訓（訓、訂）

訓

 用作順 尊 39/凡動民必～民心

 用作順 性 17/觀其先後而逆～之

 用作順 性 27/其出入也～

訂

 緇 17/出言有遜黎民所～

誨（悆）

悆

 六 21/既生畜之又從而教～之

謀（惎、惎、惎）

惎

 老甲 25/其未兆也易～也

 語二 38/凡～已道者也

語四 13/不與智～是謂自欺

語四 13/早與智～是謂重基

語四 23/君有～臣則壤地不削

語四 23/士有～友則言談不弱

語四 25/金玉盈室不如～

語四 25/故～爲可貴

愳

緇 22/毋以小～敗大圖

尊 16/教以權～則民淫惃遠禮亡親仁

性 49/速～之方也

愳

緇 22/故君不與小～大則大臣不怨

誉（讟、誉、怒）

讟

通作察 語一 68/～天道以化民氣

通作察 五 8/思不清不～

通作察 窮 1/～天人之分而知所行矣

（重文）通作察 五 13/清則～～則安

誉

通作察 成 19/～反諸己而可以知人

通作察 尊 8/～諸此所以知己

通作察 尊 17/～暱則亡僻

怒

通作察 語一 84/有～善亡爲善

通作察 語一 85/～所知察所不知

通作察 語一 85/察所知～所不知

通作察 語一 86/勢與聲爲可～也

謹（蕙）

蕙

緇 6/～惡以遏民淫

緇 33/則民慎於言而～於行

用作巾　窮 3/傳説衣枲葛帽經蒙～

信(訫、信)

訫

老丙 1/～不足焉有不信

老丙 2/信不足焉有不～

緇 18/大人不親其所賢而～其所賤

緇 25/～以結之則民不倍

緇 35/故君子顧言而行以成其～

緇 44/人雖曰不利吾弗～之矣

五 33/戚而～之親

成 1/行不～則命不從

成 2/～不著則言不樂

成 2/民不從上之命不～其言而能含德者

成 24/民孰弗～

成 25/是以上之恆務在～於衆

成 25/此言也言～於衆之可以濟德也

成 36/從允釋過則先者豫來者～

尊 2/爵位所以～其然也

尊 4/忠爲可～也

尊 15/教以言則民華以寡～

尊 21/忠～日益而不自知也

尊 33/不忠則不～

性 22/幣帛所以爲～與證也

性 23/凡聲其出於情也～

性 39/忠～之方也

性 40/～情之方也

性 49/人不慎斯有過～矣

性 51/苟有其情雖未之爲斯人～之矣

性 51/未言而～有美情者也

性 66/出言必有夫簡簡之～

六 1/聖智也仁義也忠～也

六 2/忠與～就〔矣〕

六 5/足此民尔生死之用非忠～者莫之能也

六 20/以～從人多也

六 20/～也者婦德也

六 34/夫智婦～

六 35/智率～

六 36/君子言～言尔言箴言尔

語一 21/由中出者仁忠～

語一 65/上下皆得其所之謂～

語一 66/～非至齊也

語一 107/慧與～器也各以譴詞毀也

訫

忠 1/不欺弗知～之至也

忠 1/～積則可信也

忠 1/信積則可～也

忠 2/忠～積而民弗親信者未之有也

忠 2/忠信積而民弗親～者未之有也

忠 2/至～如時必至而不結

忠 3/忠人亡謁～人不倍

忠 3/謁而者詹～之至也

忠 4/至忠亡謁至～不倍

忠 4/大忠不奪大～不期

忠 5/配天地也者忠～之謂些

忠 6/三者忠人弗作～人弗爲也

忠 7/～之爲道也群物皆成而百善皆立

忠 8/其言尔～故遷而可授也

忠 8/～義之期也

誥(亯)

亯

緇 5/尹～云

緇 28/康～云

成 38/康～曰

呇(誅)

誅

今作謠 性 24/聞歌～則陶如也斯奮

説(説、敃、毆、逡)

説

今作悦 成 29/蓋道不～之詞也

敃

語四 5/凡～之道急者爲首

今作悦　緇 11/則民至行己以～上

 今作悦　魯 2/公不～

 今作悦　語二 21/好生於～

 今作悦　語三 4/不～可去也

敚

 今作悦　語二 21/～生於卯

 今作悦　語二 42/凡～作於譽者也

説

 今作悦　性 46/人之～然可與和安者不有夫奮猛之情則侮

話

 緇 30/慎尔出～敬尔威儀

誼（悆）

悆

 通作義　語三 24/～德之盡也

 通作義　語三 25/～善之方也

 通作義　語三 36/～處之也

 通作義　語三 9/與爲～者遊益

 通作義　語一 76/□□者～然不然

 通作義　語一 93/仁～爲之枲

 用作儀　緇 2/～型文王萬邦作孚

譽（譽、䜌、瘱）

譽

 老丙 1/其次親～之

䜌

 窮 14/德行一也～毀在旁聽之置〔之〕

瘱

語二 42/凡悦作於～者也

諺（䜶）

䜶

（訛）語一 11/有物有由有遂而後～生

譌（譽、訛）

譽

忠 1/不～不謟忠之至也

忠 3/忠人亡～信人不倍

忠 4/至忠亡～至信不倍

訛

語四 6/喻之而不可必文以～

訟（審）

審

（省訊）六 24/六者各行其職而獄～亡由作也

（省訊）六 36/此六者各行其職而獄～蔑由作也

讓（恚）

恚

語二 3/恥生於～

證（謹）

謹

性 22/幣帛所以爲信與～也

詘

（重文）性 46/人之巧言利詞者不有夫～～之心則流

用作屈 老乙 14/大成若～

診

（訛作訪）用作軫 五 40/瞕之爲言也猶瞕瞕也小而～者也

誅（敁、戜）

敁

五 35/有大罪而大～之行也

五 38/有大罪而大～之簡也

五 39/有大罪而弗大～也不行也

戜

語四 8/竊鉤者～

詢

用作覯 五 10/亦既見止亦既～止我心則〔悅〕

譯

用作繹 成 27/雖其於善道也亦非有～繏以多也

匂

用作伏 唐 27/大明不出萬物皆～
案：從“勹”聲，與《說文》從“勻”省聲之“匂”同形。

詁

![詁] 通作厭 老甲 4/天下樂進而弗～

訜

![訜] 用作慢 語一 35/樂繁禮零則～

言　部

譱（善）

善

![善] 老甲 7/～者果而已

![善] 老甲 8/古之～爲士者必微妙玄達深不可志

![善] 老甲 15/皆知～此其不善已

![善] 老甲 15/皆知善此其不～已

![善] 老乙 15/～建者不拔

![善] 老乙 15/～保者不脱

![善] 魯 4/～哉言乎

![善] 窮 14/～否已也窮達以時

![善] 五 7/～弗爲亡近

![善] 五 18/〔君〕子之爲～也有與始有與終也

![善] 五 19/金聲～也

![善] 五 19/～人道也

![善] 五 32/同則～

![善] 五 46/同則～

![善] 忠 7/信之爲道也群物皆成而百～皆立

![善] 成 3/故君子之莅民也身服～以先之

![善] 成 27/雖其於～道也亦非有繹纏以多也

![善] 尊 11/～取人能從之上也

![善] 尊 12/～者民必衆

![善] 尊 16/先之以德則民進～焉

![善] 尊 27/～者民必富

![善] 尊 35/博不足以知～

![善] 性 4/～不〔善性也〕

 性 5/所～所不善勢也

性 5/所善所不～勢也

 性 13/義也者群～之蕝也

 性 21/～其節

 性 26/其返～復始也慎

 性 52/未教而民極性～者也

 六 16/苟濟夫人之～也

 語一 17/有聖有～

 語一 32/～理而後樂生

 語二 45/未有～事人而不返者

 語四 3/一言之～足以終世

 語四 17/～使其下若蚑蛩之足衆而不割割而不仆

 語四 18/～事其上者若齒之事舌而終弗噬

語四 19/～□□□者若兩輪之相轉而終不相敗

 語四 20/～使其民者若四時一逝一來而民弗害也

（重文）五 4/四行和謂之～～～人道也

音 部

音

 老乙 12/大～希聲

 五 19/玉～聖也

 成 29/褢我二人毋有合在～

老甲 16/～聲之相和也

（重文）五 15/聞君子道則玉～玉～則形

章

 用作彰 老甲 31/人多智而奇物滋起灝物滋～盜賊多有

 用作彰 緇 2/有國者～好彰惡以示民厚則民情不飾

 用作彰 緇 2/有國者彰好～惡以示民厚則民情不飾

 用作彰 緇 6/故君民者～好以示民欲

 用作彰 緇 11/故長民者～志以昭百姓

用作彰 尊 39/言此～也行此文也

韽

 用作僉 緇 26/吾大夫恭且～靡人不斂
案：從“歡”省，雙聲符字。

辛　部

童

用作動　窮 11/～非爲達也故窮而不〔怨〕

用作重　尊 39/～義襲理

用作重　語四 14/早與智謀是謂～基

羑　部

僕（儓、鼗、鼗）

儓

用作樸　老甲 18/～雖細天地弗敢臣

鼗

用作樸　老甲 2/視素保～少私寡欲

用作仆　語四 18/善使其下若蚚蚤之足衆而不割割而不～

鼗

用作樸　老甲 13/化而欲作將貞之以亡名之～

廾　部

奉

六 22/上共下之義以～社稷

用作豊　老乙 17/修之邦其德乃～

弆（弆）

弆

用作淹　成 23/墮之～也怠之功也

通作掩　成 16/是以民可敬導也而不可～也

（訛）通作掩　六 31/門内之治恩～義

弄（廾）

廾

通作覺　緇 12/有～德行四方順之

弄

通作姓氏管　窮 6/～夷吾拘囚束縛

兵

老甲 29/以奇用～

老丙 6/君子居則貴左用～則貴右

老丙 6/故曰～者〔非君子之器〕

唐 12/皋繇入用五刑出飭～革罪淫暴〔也〕

老甲 6/以道佐人主者不欲以～強於天下

龏

 (訛)今作恭 尊 34/～則民不怨

具

 用作俱 緇 16/赫赫師尹民～尔瞻

弃

 (訛)用作剛 六 31/義類～而斷

共　部

共

 六 26/禮樂～也

 (訛)尊 19/故～是物也而有深焉者

 (訛)六 22/上～下之義以奉社稷

 用作恭 緇 8/非其止之～唯王恭

 用作恭 緇 3/靖～尔位好是貞直

 用作恭 緇 25/～以莅之則民有遜心

 用作恭 緇 26/吾大夫～且儉靡人不斂

 用作恭 五 37/尊而不驕～也

 用作恭 五 37/～而博交禮也

 用作恭 五 50/聞道而～者好禮者也

 (重文)用作恭 五 22/不尊不～不～亡禮

異　部

異

 語二 52/其所之同其行者～

 語三 53/賢者唯其止也以～

 語三 3/所以～於父

 性 9/其用心各～

 性 8/凡物亡不～也者教使然也

戴(忎)

忎

 尊 25/非禮而民悦～此小人矣

舁　部

興

 語四 16/雖難其～

窮 5/～而爲天子師遇周文也

唐 8/六帝～於古皆由此也

唐 17/求乎大人之～微也

性 19/禮作於情或～之也

唐 21/授賢則民～教而化乎道

(殘)唐 3/故唐虞之～〔也〕如此也

革　部

革

唐 12/皋繇入用五刑出飭兵～罪淫暴〔也〕

鞭(夋、卞、板)

夋

用作辯 尊 14/教以～説則民褻陵長貴以妄

用作辯 老甲 1/絶智棄～民利百倍

用作辯 成 32/分爲夫婦之～

用作偏 老丙 8/是以～將軍居左上將軍居右

卞

用作辯 六 34/男女～生焉

用作辯 六 39/男女不～父子不親

用作偏 六 5/君子不～如人道

板

窮 7/釋～筮而爲尊卿遇秦穆〔也〕

鬲　部

鬲(鬵)

鬵

通作歷 窮 2/舜耕於～山陶拍於河浦

彌　部

彌(餌)

餌

今作餌 老丙 4/樂與～過客止

爪　部

孚

緇 2/儀型文王萬邦作～

緇 13/成王之～下土之式

爲

老甲 2/三言以～使不足

老甲 2/江海所以～百谷王以其能爲百谷下

老甲 3/江海所以爲百谷王以其能～百谷下

老甲 3/是以能～百谷王

老甲 8/古之善～士者必微妙玄達深不可志

老甲 8/是以～之容

老甲 10/～之者敗之

老甲 11/是以聖人亡～故亡敗亡執故亡失

老甲 13/是故聖人能輔萬物之自然而弗能～

老甲 13/道恆亡～也

老甲 14/爲亡～

老甲 15/天下皆知美之～美也惡已

老甲 17/是以聖人居亡～之事行不言之教

老甲 17/萬物作而弗始也～而弗志也成而弗居

老甲 21/逢穆獨立不孩可以～天下母

老甲 22/吾強～之名曰大

老甲 25/～之於其亡有也

老甲 29/故～天下貴

老甲 32/我亡～而民自化

老乙 4/亡～而亡不爲

老乙 4/亡爲而亡不～

老乙 6/寵～下也

老乙 8/〔故貴以身〕～天下若可以宅天下矣

老乙 8/愛以身～天下若可以去天下矣

老乙 10/弗大笑不足以～道矣

老丙 7/銛鋠～上弗美也

老丙 11/聖人無～故無敗也無執故〔無失也〕

太 7/一缺一盈以己～萬物經

　緇 10/上好仁則下之～仁也爭先

　緇 45/人而亡恆不可～卜筮也

唐 16/登～天子而不驕

唐 17/登～天子而不驕不繼也

唐 18/方在下位不以匹夫～輕

唐 19/及其有天下也不以天下～重

 唐 24/聞舜慈乎弟〔知其能□□□〕～
民主也

 唐 24/故其～瞽瞍子也甚孝

 唐 24/及其～堯臣也甚忠

 唐 28/仁者～此進而弗利窮仁矣

 語一 18/天生百物人～貴

 語一 29/知天所～知人所爲

 語一 29/知天所爲知人所～

 語一 31/禮因人之情而～之節文者也

 語一 53/義亡能～也

 語一 55/～孝此非孝也

 (殘)語一 55/～悌此非悌也

 (殘)語一 56/不可～也而不可不爲也

 語一 57/不可爲也而不可不～也

 語一 57/～之此非也

 語一 58/弗～此非也

 語一 62/其生也亡～乎

 語一 83/人亡能～

 語一 84/有察善亡～善

 語一 86/勢與聲～可察也

 語一 93/仁義～之臬

 語三 8/父孝子愛非有～也

 語三 9/與～義者遊益

 語三 38/不善擇不～智

 語三 67 下/生～貴

 語三 70 下/～其型

 語四 5/凡説之道急者～首

 殘 4/生～貴

老乙 3/～道者日損

 老乙 3/損之又損以至亡～也

 老乙 7/吾所以有大患者～吾有身

 老乙 15/清靜～天下正

 語四 8/竊邦者～諸侯

 老甲 6/知足之～足此恆足矣

 老甲 14/～亡爲

 老丙 11/～之者敗之

 老丙 14/是以能輔萬物之自然而弗
敢～

 緇 3/～上可望而知也爲下可類而
志也

 緇 3/爲上可望而知也～下可類而
志也

 緇 8/民以君～心君以民爲體

 緇 8/民以君爲心君以民～體

 緇 9/誰秉國成不自～貞卒勞百姓

 緇 36/此言之玷不可～也

 魯 5/夫～其君之故殺其身者嘗有
之矣

 窮 3/立而～天子遇堯也

 窮 4/呂望～臧棘津戰監門棘地

 窮 5/興而～天子師遇周文也

 窮 6/釋弋柫而～諸侯相遇齊桓也

 窮 7/百里遷鬻五羊～伯牧牛

 窮 7/釋鞭箠而～尊卿遇秦穆〔也〕

 窮 8/出而～令尹遇楚莊也

 窮 11/動非～達也故窮而不〔怨〕

 窮 12/〔隱非〕～名也故莫之知而不閔

 窮 13/璠璐瑾瑜包山石不～〔無人佩
而〕不理

 五 7/善弗～亡近

 五 16/能～一然後能爲君子

 五 16/能爲一然後能～君子

 五 18/〔君〕子之～善也有與始有與
終也

 五 18/君子之～德也〔有與〕始亡〔與〕
終也

魯 6/夫～其君之故殺其身者要禄爵
者也

五 39/簡之～言猶諫也大而罕者也

 五 40/暚之～言也猶暚暚也小而軫者也

 五 42/能進之～君子弗能進也各止於其里

 忠 6/三者忠人弗作信人弗～也

 忠 6/忠之～道也百工不苦而人養皆足

 忠 7/信之～道也群物皆成而百善皆立

 成 1/古之用民者求之於己～恆

 成 30/疾之可能終之～難

 成 30/喬木三年不必～邦旗

 成 31/制～君臣之義

 成 31/著～父子之親

 成 32/分～夫婦之辨

 尊 1/尊德義明乎民倫可以～君

 尊 1/去忿怨改忌勝～人上者之務也

 尊 3/仁～可親也

 尊 4/義～可尊也

 尊 4/忠～可信也

 尊 4/學～可益也

 尊 4/教～可類也

 尊 8/莫不有道焉人道～近

 尊 12/是以～政者教道之取先

 尊 23 上/桀不謂其民必亂而民有～亂矣

 尊 24/～邦而不以禮猶御之亡策也

 尊 28/民除害知～

 尊 30/故～政者或論之或養之

 性 5/凡性～主物取之也

 性 13/有～也者之謂故

 性 14/凡道心術～主

 性 15/道四術唯人道～可道也

 性 16/書有～言之也

 性 16/禮樂有～舉之也

 性 19/或敘～之節則文也

 性 22/幣帛所以～信與證也

性 32/凡思之用心～甚

 性 36/凡學者求其心～難

 性 36/從其所～近得之矣

 性 40/愛類七唯性愛～近仁

 性 41/智類五唯義道～近忠

 性 41/惡類三唯惡不仁～近義

 性 41/所～道者四唯人道爲可道也

 性 41/所爲道者四唯人道～可道也

 性 42/凡用心之躁者思～甚

 性 42/用智之疾者患～甚

 性 43/用情之至者哀樂～甚

 性 43/用身之繁者悦～甚

 性 43/用力之盡者利～甚

 性 44/鬱陶之氣也人不難～之死

 性 44/有其～人之節節如也

 性 45/有其～人之簡簡如也

 性 47/有其～人之慧如也弗牧不可

 性 47/有其～人之愿如也弗補不足

 性 48/凡人僞～可惡也

 性 50/凡人情～可悦也

 性 51/苟有其情雖未之～斯人信之矣

 性 67/君子身以～主心

 六 47/～道者必由□

 六 18/知可～者知不可爲者

 六 18/知可爲者知不可～者

 六 22/故人則～〔人也謂之〕仁

 六 27/疏斬布絰杖～父也爲君亦然

 六 27/疏斬布絰杖爲父也～君亦然

 六 28/疏衰齊牡麻絰～昆弟也爲妻亦然

 六 28/疏衰齊牡麻絰爲昆弟也～妻亦然

 六 28/祖免～宗族也爲朋友亦然

 六 28/祖免爲宗族也～朋友亦然

 六 29/～父絶君不爲君絶父

六 29/爲父絶君不～君絶父

 六 29/～昆弟絶妻不爲妻絶昆弟

 六 29/爲昆弟絶妻不～妻絶昆弟

 六 29/～宗族離朋友不爲朋友離宗族

 六 30/爲宗族離朋友不～朋友離宗族

 六 32/暱之～言也猶暱暱也小而軫多也

 語四 14/邦有巨雄必先與之以～朋

 語四 16/如將有敗雄是～害

 語四 25/故謀～可貴

 (重文)性 16/詩有～～～之也

 用作偈 性 37/求其心有～也弗得之矣

 用作偈 性 37/人之不能以～也可知也

丮　部

執（埶）

埶

 今作藝 尊 7/后稷之～地地之道也

 今作藝 尊 14/教以～則民野以爭

 今作藝 語三 51/遊於～

 用作勢 語一 86/～與聲爲可察也

 用作勢 性 11/出性者～也

 用作勢 性 5/所善所不善～也

 用作勢 性 13/物之～者之謂勢

 用作勢 性 13/物之勢者之謂～

 用作勢 殘 1/夫其～☒

 用作設 尊 30/或由中出或～之外

 用作設 六 14/大材設諸大官小材～諸小官

 用作設 六 13/大材～諸大官小材設諸小官

 用作設 老丙 4/～大象天下往

 用作褻 緇 21/邦家之不寧也則大臣不治而～臣宅也

 用作褻 緇 28/故上不可以～刑而輕爵

 用作褻 尊 14/教以辯說則民～陵長貴以妄

又　部

又

 緇 47/二十～三

 六 45/其衍十～二

用作有　老甲 1/絕巧棄利盜賊亡～

用作有　老甲 15/～亡之相生也

用作有　老甲 19/始制～名

用作有　老甲 20/名亦既～夫亦將知止

用作有　老甲 21/～狀融成先天地生

用作有　老甲 22/國中～四大焉王處一焉

用作有　老甲 26/爲之於其亡～也治之於其未亂

用作有　老甲 31/人多智而奇物滋起灋物滋彰盜賊多～

用作有　老乙 7/吾所以～大患者爲吾有身

用作有　老乙 7/吾所以有大患者爲吾～身

用作有　老乙 10/是以建言～之

用作有　老乙 16/修之家其德～餘

用作有　老丙 1/太上下知～之

用作有　老丙 2/信不足焉～不信

用作有　老丙 3/故大道廢焉～仁義

用作有　老丙 3/六親不和焉～孝慈

用作有　老丙 3/邦家昏亂焉～正臣

用作有　太 14/〔不足於上〕者～餘於下

用作有　太 14/不足於下者～餘於上

用作有　緇 2/～國者彰好彰惡以示民厚則民情不飾

用作有　緇 5/唯尹允及湯咸～一德

用作有　緇 12/～覺德行四方順之

用作有　緇 13/一人～慶萬民賴之

用作有　緇 15/上好此物也下必～甚焉者矣

用作有　緇 16/長民者衣服不改從容～常則民德一

用作有　緇 17/出言～遜黎民所訓

用作有　緇 24/長民者教之以德齊之以禮則民～勸心

用作有　緇 24/教之以政齊之以刑則民～免心

用作有　緇 25/故慈以愛之則民～親

用作有　緇 26/恭以蒞之則民～遜心

用作有　緇 37/君子言～物行有格

用作有　緇 37/君子言有物行～格

用作有　緇 40 正/苟～車必見其轍

用作有　緇 40 正/苟～衣必見其敝

用作有　緇 40 背/人苟～言必聞其聲

用作有　緇 40 正/苟～行必見其成

用作有 緇 43/故君子之友也～向其惡有方

 用作有 緇 43/故君子之友也有向其惡～方

 用作有 緇 45/宋人～言曰

 用作有 魯 5/夫爲其君之故殺其身者嘗～之矣

 用作有 魯 6/毆稱其君之惡者未之～也

 用作有 窮 1/～天有人天人有分

 用作有 窮 1/有天～人天人有分

 用作有 窮 1/有天有人天人～分

 用作有 窮 1/～其人亡其世雖賢弗行矣

 用作有 窮 2/苟～其世何難之有哉

 用作有 窮 2/苟有其世何難之～哉

 用作有 五 7/士～志於君子道謂之志士

 用作有 五 18/〔君〕子之爲善也～與始有與終也

 用作有 五 18/〔君〕子之爲善也有與始～與終也

 用作有 五 19/金聲而玉振之～德者也

 用作有 五 20/唯～德者然後能金聲而玉振之

 用作有 五 24/視賢人而不知其～德也謂之不智

 用作有 五 35/～大罪而大誅之行也

 用作有 五 38/～大罪而大誅之簡也

 用作有 五 38/～小罪而赦之曠也

 用作有 五 38/～大罪而弗大誅也不行也

 用作有 五 39/～小罪而弗赦也不辨於道也

 用作有 五 43/大而罕者能～取焉

 用作有 五 43/小而軫者能～取焉

 用作有 唐 4/夫聖人上事天教民～尊也

 用作有 唐 4/下事地教民～親也

 用作有 唐 5/時事山川教民～敬也

 用作有 唐 14/古者堯生於天子而～天下

 用作有 唐 19/及其～天下也不以天下爲重

 用作有 唐 19/～天下弗能益亡天下弗能損

 用作有 唐 20/上德則天下～君而世明

 用作有 唐 21/不禪而能化民者自生民未之～也

 用作有 唐 26/卅而～家

 用作有 忠 2/忠信積而民弗親信者未之～也

用作有 成 3/未之～也

 用作有 成 17/故君子不貴庶物而貴與民～同也

 用作有 成 23/雖有其恆而行之不疾未～能深之者也

 用作有 成 26/聖人之性與中人之性其生而未～非之

 用作有 成 27/雖其於善道也亦非～繹縷以多也

 用作有 成 28/此以民皆～性而聖人不可慕也

 用作有 成 29/襄我二人毋～合在音

 用作有 成 29/雖～其恆而行之不疾未有能深之者也

 用作有 尊 8/莫不～道焉人道爲近

 用作有 尊 10/～知己而不知命者

 用作有 尊 10/～知禮而不知樂者

 用作有 尊 18/夫生而～職事者也非教所及也

 用作有 尊 19/故共是物也而～深焉者

 用作有 尊 22/桀不謂其民必亂而民～爲亂矣

 用作有 尊 37/上好是物也下必～甚焉者

 用作有 尊 37/～是施小有利遷而大有害者有之

 用作有 尊 38/有是施小～利遷而大有害者有之

 用作有 尊 38/有是施小有利遷而大～害者有之

 用作有 尊 38/有是施小有利遷而大有害者～之

 用作有 尊 38/～是施小有害遷而大有利者有之

 用作有 尊 38/有是施小～害遷而大有利者有之

 用作有 尊 38/有是施小有害遷而大～利者有之

 用作有 尊 38/有是施小有害遷而大有利者～之

 用作有 尊 39/民心～恆求其兼

 用作有 性 1/凡人雖～性心亡奠志

 用作有 性 5/金石之～聲〔也弗扣不鳴〕

 用作有 性 6/〔人〕雖～性心弗取不出

 用作有 性 6/凡心～志也亡與不〔可〕

 用作有 性 13/～爲也者之謂故

 用作有 性 14/習也者～以習其性也

 用作有 性 16/詩～爲爲之也

 用作有 性 16/書～爲言之也

 用作有 性 16/禮樂～爲舉之也

 用作有 性 37/求其心～僞也弗得之矣

	用作有　性 44/～其爲人之節節如也
	用作有　性 45/不～夫簡簡之心則采
	用作有　性 45/～其爲人之簡簡如也
	用作有　性 45/不～夫恆怡之志則慢
	用作有　性 46/人之巧言利詞者不～夫 詘詘之心則流
	用作有　性 46/人之悦然可與和安者不 ～夫奮猛之情則侮
	用作有　性 47/～其爲人之慧如也弗牧 不可
	用作有　性 47/～其爲人之愿如也弗補 不足
	用作有　性 49/速謀之方也～過則咎
	用作有　性 49/人不慎斯～過信矣
	用作有　性 51/苟～其情雖未之爲斯人 信之矣
	用作有　性 51/未言而信～美情者也
	用作有　性 52/未刑而民畏～心畏者也
	用作有　性 53/賤而民貴之～德者也
	用作有　性 53/貧而民聚焉～道者也
	用作有　性 54/獨處而樂～内業者也
	用作有　性 60/凡交毋烈必使～末
	用作有　性 64/樂欲繹而～志

	用作有　性 65/君子執志必～夫廣廣 之心
	用作有　性 65/出言必～夫簡簡之信
	用作有　性 66/賓客之禮必～夫齊齊 之容
	用作有　性 66/祭祀之禮必～夫齊齊 之敬
	用作有　性 67/居喪必～夫戀戀之哀
	用作有　六 3/教此民尔使之～向也非 聖智者莫之能也
	用作有　六 8/～率人者有從人者
	用作有　六 8/有率人者～從人者
	用作有　六 9/～使人者有事人〔者〕
	用作有　六 9/有使人者～事人〔者〕
	用作有　六 9/〔有〕教者～學者
	用作有　六 9/既～夫六位也以任此〔六 職〕也
	用作有　六 11/☒而上有☒賞慶焉知其 以～所歸也
	用作有　殘 24/☒而上～☒賞慶焉知其 以有所歸也
	用作有　六 19/是故夫死～主終身不嫁
	用作有　六 30/人～六德三親不斷
	用作有　六 42/生民斯必～夫婦父子 君臣
	用作有　語一 2/～天有命有物有名

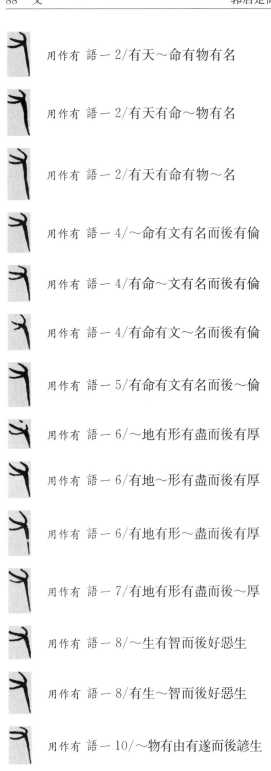

用作有　語－2/有天～命有物有名

用作有　語－2/有天有命～物有名

用作有　語－2/有天有命有物～名

用作有　語－4/～命有文有名而後有倫

用作有　語－4/有命～文有名而後有倫

用作有　語－4/有命有文～名而後有倫

用作有　語－5/有命有文有名而後～倫

用作有　語－6/～地有形有盡而後有厚

用作有　語－6/有地～形有盡而後有厚

用作有　語－6/有地有形～盡而後有厚

用作有　語－7/有地有形有盡而後～厚

用作有　語－8/～生有智而後好惡生

用作有　語－8/有生～智而後好惡生

用作有　語－10/～物有由有遂而後謗生

用作有　語－10/有物～由有遂而後謗生

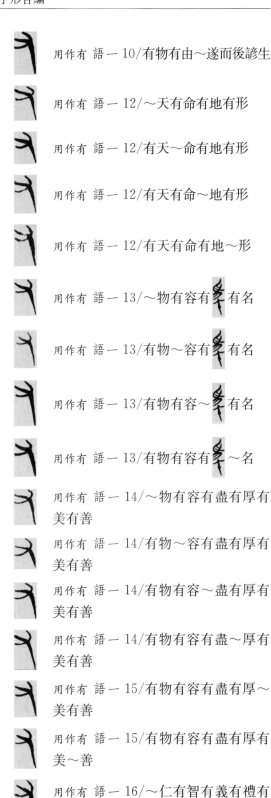

用作有　語－10/有物有由～遂而後謗生

用作有　語－12/～天有命有地有形

用作有　語－12/有天～命有地有形

用作有　語－12/有天有命～地有形

用作有　語－12/有天有命有地～形

用作有　語－13/～物有容有多有名

用作有　語－13/有物～容有多有名

用作有　語－13/有物有容～多有名

用作有　語－13/有物有容有多～名

用作有　語－14/～物有容有盡有厚有美有善

用作有　語－14/有物～容有盡有厚有美有善

用作有　語－14/有物有容～盡有厚有美有善

用作有　語－14/有物有容有盡～厚有美有善

用作有　語－15/有物有容有盡有厚～美有善

用作有　語－15/有物有容有盡有厚有美～善

用作有　語－16/～仁有智有義有禮有聖有善

用作有 語一 16/有仁〜智有義有禮有聖有善

用作有 語一 16/有仁有智〜義有禮有聖有善

用作有 語一 16/有仁有智有義〜禮有聖有善

用作有 語一 17/有仁有智有義有禮〜聖有善

用作有 語一 17/有仁有智有義有禮有聖〜善

用作有 語一 45/凡〜血氣者皆有喜有怒有慎有莊

用作有 語一 45/凡有血氣者皆〜喜有怒有慎有莊

用作有 語一 46/凡有血氣者皆有喜〜怒有慎有莊

用作有 語一 46/凡有血氣者皆有喜有怒〜慎有莊

用作有 語一 46/凡有血氣者皆有喜有怒有慎〜莊

用作有 語一 47/其體〜容有色有聲有臭有味有氣有志

用作有 語一 47/其體有容〜色有聲有臭有味有氣有志

用作有 語一 47/其體有容有色〜聲有臭有味有氣有志

用作有 語一 47/其體有容有色有聲〜臭有味有氣有志

用作有 語一 48/其體有容有色有聲有臭〜味有氣有志

用作有 語一 48/其體有容有色有聲有臭有味〜氣有志

用作有 語一 48/其體有容有色有聲有臭有味有氣〜志

用作有 語一 49/凡物〜本有標有終有始

用作有 語一 49/凡物有本〜標有終有始

用作有 語一 49/凡物有本有標〜終有始

用作有 語一 49/凡物有本有標有終〜始

用作有 語一 78/□□父〜親有尊

用作有 語一 78/□□父有親〜尊

用作有 語一 84/〜察善亡爲善

用作有 語一 96/〜生乎名

用作有 語一 99/我行求者亡〜自來也

用作有 語一 106/皆〜之

用作有 語二 39/凡必〜不行者也

用作有 語二 45/未〜善事人而不返者

用作有 語二 46/未〜華而忠者

用作有 語二 48/〜德者不移

用作有 語二 53/〜行而不由有由而不行

用作有 語二 53/有行而不由〜由而不行

用作有 語三 8/父孝子愛非～爲也

 用作有 語三 18/□物以日物～理而□

 用作有 語三 28/未～其至則仁

 用作有 語三 58/～性有生呼生

 用作有 語三 58/有性～生呼生

 用作有 語三 58/～逋…

 用作有 語三 68 上/～天有命有…

 用作有 語三 68 上/有天～命有…

 用作有 語三 68 上/有天有命～…

 用作有 語三 68 下/～性有生呼名

 用作有 語三 68 下/有性～生呼名

 用作有 語三 71 下/～性有生者

 用作有 語三 71 下/有性～生者

 用作有 語四 2/言而苟牆～耳

 用作有 語四 5/既得其急言必～及

 用作有 語四 14/邦～巨雄必先與之以爲朋

 用作有 語四 16/如將～敗雄是爲害

 用作有 語四 22/君～謀臣則壤地不削

 用作有 語四 23/士～謀友則言談不弱

 用作有 語四 26/破邦亡家事乃～假

 用作有 殘 6/～哀之哀□

 用作有 殘 9/□性～逆性□

 （重文）用作有 老甲 37/天下之物生於～～生於亡

 （重文）用作有 老乙 2/可以～國～國之母

 （重文）用作有 五 29/樂則～德～德則邦家舉

右

 老丙 6/君子居則貴左用兵則貴～

 老丙 8/故吉事尚左喪事尚～

 老丙 9/是以偏將軍居左上將軍居～

 今作佑 唐 15/傍於大時神明將從天地～之

父

 五 33/愛～其稽愛人仁也

 成 31/著爲～子之親

 尊 7/造～之御馬馬{也}之道也

 性 61/～兄之所樂

六 3/親～子和大臣

 六 13/☐〔任〕諸～兄任諸子弟

 六 21/聖也者～德也

 六 26/内位～子夫也外位君臣婦也

 六 27/疏斬布絰杖爲～也爲君亦然

 六 29/爲～絶君不爲君絶父

 六 29/爲父絶君不爲君絶～

 六 34/～子親生焉

 六 34/～聖子仁夫智婦信君義臣忠

 六 37/～不父

 六 37/父不～

 六 42/生民斯必有夫婦～子君臣

 六 49/民之～母親民易使民相親也難

 語一 69/～子至上下也

 語一 78/☐☐～有親有尊

 語三 1/～亡惡君猶父也

 語三 1/父亡惡君猶～也

 語三 3/所以異於～

 語三 8/～孝子愛非有爲也

 (重文)六 23/故夫夫婦婦～～子子君君臣臣

 (重文)六 35/故夫夫婦婦～～子子君君臣臣

 (重文)六 39/～子不親～子不親

曼

 通作蔓 老乙 12/大器～成

夬

 用作缺 老乙 14/大成若～其用不敝

 用作缺 語一 91/～生乎未得也

尹

 窮 8/出而爲令～遇楚莊也

 緇 5/～誥云

 緇 16/赫赫師～民俱尔瞻

 人名 緇 5/唯～允及湯咸有一德

叔（虞）

虞

 通作且 老丙 12/人之敗也恆於其～成也敗之

 通作且 緇 26/吾大夫恭～儉靡人不斂

 通作且 尊 29/明德者～莫大乎禮樂

及（及、菁、返、遣）

及

 緇 5/唯尹允～湯咸有一德

 成 27/～其博長而厚大也則聖人不可由與彈之

 尊 18/夫生而有職事者也非教所～也

 尊 23 下/可從也而不可～也

 性 2/～其見於外則物取之也

 性 59/言～則明舉之而毋僞

 語四 27 背上/亡～也已

 (重文)語四 5/既得其急言必有～～之而弗惡必盡其故

菁

 唐 15/縱仁聖可與時弗可～矣

 唐 19/～其有天下也不以天下爲重

 唐 24/～其爲堯臣也甚忠

返

 老乙 7/～吾亡身又何〔患焉〕

 (殘)五 17/〔瞻望弗〕～泣涕如雨

遣

 用作急 語二 19/～生於欲

 用作急 語二 19/偏生於～

秉

 緇 9/誰～國成不自爲貞卒勞百姓

反（反、㠯）

反

 太 1/水～薄太一是以成天

 太 1/天～薄太一是以成地

 成 18/～此道也民必因此重也以復之

 成 19/察～諸己而可以知人

尊 31/～之此安矣

性 55/聞道〜上上交者也

 性 56/聞道〜下下交者也

 性 56/聞道〜己修身者也

 用作返 成 11/非從末流者之貴窮源〜本者之貴

 用作返 成 14/非從末流者之貴窮源〜本者之貴

 用作返 成 15/苟不從其由不〜其本雖強之弗人矣

 用作返 性 26/其〜善復始也慎

 用作返 老甲 22/大曰逝逝曰轉轉曰〜

 用作返 成 12/苟不從其由不〜其本未有可得也者

忌

 窮 15/故君子敦於〜己

叟

 今作没 唐 2/躬身不徇〜身不代

取（取、耴）

取

 老甲 7/善者果而已不以〜強

 五 43/大而罕者能有〜焉

 五 43/小而軫者能有〜焉

 尊 8/是以君子人道之〜先

 性 2/及其見於外則物〜之也

 性 5/凡性爲主物〜之也

 性 6/〔人〕雖有性心弗〜不出

 性 9/柔之約柔〜之也

 性 28/賫武樂〜

 語二 49/疑〜再

 尊 11/善〜人能從之上也

 性 8/剛之樹也剛〜之也

 語一 72/亡物不物皆至焉而亡非己〜之者

 語三 46/剛之樹也剛〜之也

耴

 老甲 30/以亡事〜天下

尊 13/是以爲政者教道之〜先

友（友、峇、峇、替）

友

　語三 62/行盡此～矣

　語四 22/士亡～不可

　語四 23/士有謀～則言談不弱

峇

　緇 42/故君子之～也有向其惡有方

　緇 45/朋～攸攝攝以威儀

　六 28/袒免爲宗族也爲朋～亦然

　語一 80/～君臣毋親也

　語一 87/君臣朋～其擇者也

峇

　語三 6/～君臣之道也

替

　六 30/爲宗族離朋～不爲朋友離宗族

　六 30/爲宗族離朋友不爲朋～離宗族

大　部

卑

　用作嬖 緇 23/毋以～御疾莊后

　用作嬖 緇 23/毋以～士疾大夫卿士

　用作譬 老甲 20/～道之在天下也猶小谷之與江海

史　部

史

　用作使 老甲 2/三言以爲～不足

　用作使 老甲 35/心～氣曰強

　用作使 尊 21/民可～導之而不可使知之

　用作使 尊 22/民可使導之而不可～知之

　用作使 性 8/〔人生〕而學或～之也

　用作使 性 9/其用心各異教～然也

　用作使 性 60/凡交毋烈必～有末

　用作使 六 2/教此民尔～之有向也非聖智者莫之能也

　用作使 六 9/有～人者有事人〔者〕

　用作使 六 14/～之足以生足以死

用作使 六 15/以義～人多

 用作使 六 35/義～忠

 用作使 六 41/不～此民也憂其身失其業

 用作使 六 49/民之父母親民易～民相親也難

 用作使 語四 17/善～其下若蚘蚤之足衆而不割割而不仆

 用作使 語四 20/善～其民者若四時一逝一來而民弗害也

 用作事 六 17/以忠～人多

事

 老甲 8/其～好長

 老甲 11/臨～之紀

 老甲 11/慎終如始此亡敗～矣

 老甲 14/～亡事

 老甲 14/事亡～

 老甲 17/是以聖人居亡爲之～行不言之教

 老甲 29/以亡～取天下

 老甲 31/我無～而民自富

 老乙 1/治人～天莫若嗇

 老乙 13/啟其兌塞其～終身不仇

 老丙 2/成～遂功而百姓曰我自然也

 老丙 8/故吉～尚左喪事尚右

 老丙 8/故吉事尚左喪～尚右

 老丙 12/慎終若始則無敗～矣

 太 11/以道從～者必宅其名

 太 11/故～成而身長

 太 11/聖人之從～也亦宅其名

 緇 6/臣～君言其所不能不詞其所能

 緇 14/下之～上也不從其所以命而從其所行

 五 44/知而～之謂之尊賢者也

 尊 15/教以～則民力嗇以面利

尊 18/夫生而有職～者也非教所及也

 尊 36/下之～上也不從其所命而從其所行

 性 19/當～因方而制之

 性 37/雖能其～不能其心不貴

 性 56/上交近～君

 性 62/凡憂患之～欲任樂事欲後

 性 62/凡憂患之事欲任樂～欲後

 六 9/有使人者有～人〔者〕

 六 22/子也者會融長材以～上

 語四 18/善～其上者若齒之事舌而終弗噬

 語四 19/善事其上者若齒之～舌而終弗噬

 語四 26/破邦亡家～乃有假

 語一 41/春秋所以會古今之～也

 語二 45/未有善～人而不返者

 唐 4/夫聖人上～天教民有尊也

 唐 4/下～地教民有親也

 唐 4/時～山川教民有敬也

 唐 5/親～祖廟教民孝也

 唐 9/古者虞舜篤～瞽瞍乃式其孝

 唐 9/忠～帝堯乃式其臣

 通作士 緇 23/毋以嬖士疾大夫卿～

聿　部

書

 用作盡 性 43/用力之～者利爲甚

 用作盡 語一 6/有地有形有～而後有厚

 用作盡 語一 14/有物有容有～有厚

 用作盡 語一 90/數不～也

用作盡　語三 56/～飾之道此飾作焉

用作盡　語三 62/行～此友矣

用作盡　殘 2/～其飾道☐

用作盡　語四 15/及之而弗惡必～其故

用作盡　語四 15/～之而疑必審喻之

用作盡　緇 13/豈必～仁

用作盡　語三 24/義德之～也

用作進　語三 43/或由其避或由其不～
或由其可

書（箸）

箸

性 15/詩～禮樂其始出皆生於人

性 16/～有爲言之也

六 24/觀諸詩～則亦在矣

隶　部

隶

用作列　尊 30/論～其類焉

用作逮　尊 31/刑不～於君子禮不逮於
小人

用作逮　尊 32/刑不逮於君子禮不～於
小人

臤　部

臤（臤、臤）

臤

今作賢　語三 52/～者唯其止也以異

臤

今作賢　緇 17/大人不親其所～而信其
所賤

今作賢　窮 2/有其人亡其世雖～弗
行矣

今作賢　五 23/未嘗視～人謂之不明

今作賢　五 24/視～人而不知其有德也
謂之不智

今作賢　五 27/視～人明也

今作賢　五 35/貴貴其等尊～義也

今作賢　五 43/索落落達諸君子道謂
之～

今作賢　五 44/君子知而舉之謂之尊～

今作賢　五 44/知而事之謂之尊～者也

今作賢　五 44/後士之尊～者也

今作賢 六 12/人之雖在草茅之中苟～
☑

 今作賢 語一 54/～者能理之

 今作賢 語四 12/早與～人是謂浸行

 今作賢 語四 12/～人不在側是謂迷惑

 (重文)今作賢 五 14/明則視～人視～
人則玉色

堅(𡐪)

𡐪

 緇 44/則好仁不～而惡惡不著也

臣　部

臣

 老甲 18/樸雖細天地弗敢～

語四 23/君有謀～則壤地不削

老丙 3/邦家昏亂焉有正～

魯 1/何如而可謂忠～

魯 2/亟稱其君之惡者可謂忠～矣

魯 3/向者吾問忠～於子思

魯 4/亟稱其君之惡者可謂忠～矣

語一 80/友君～毋親也

語一 87/君～朋友其擇者也

語三 3/君～不相存也則可已

語三 6/友君～之道也

緇 6/～事君言其所不能不詞其所能

緇 20/大～之不親也則忠敬不足而富
貴已過也

緇 21/邦家之不寧也則大～不治而爇
臣宅也

緇 21/邦家之不寧也則大臣不治而爇
～宅也

緇 21/此以大～不可不敬民之蕰也

緇 22/故君不與小謀大則大～不怨

唐 9/忠事帝堯乃式其～

唐 24/及其爲堯～也甚忠

成 31/制爲君～之義

六 3/親父子和大～

六 17/忠者～德也

六 27/内位父子夫也外位君～婦也

六 34/君～義生焉

六 35/父聖子仁夫智婦信君義～忠

 六 38/～不臣

六 38/臣不～

六 39/父子不親君～亡義

六 42/生民斯必有夫婦父子君～

 （重文）緇 4/則君不疑其～～不惑於君

 （重文）六 23/故夫夫婦婦父父子子君君～～

 （重文）六 35/故夫夫婦婦父父子子君君～～

殳　部

殴（毆）

殹

 用作繄 語四 27 正上/一王母保三～婗

役（設）

設

 五 45/耳目鼻口手足六者心之～也

政

 存疑 語一 112/樂～

毄

 （訛）用作懈 五 36/敬而不～{懈}嚴也

殺　部

殺（殺、布）

殺

 老丙 7/美之是樂～人

 太 7/此天之所不能～

 魯 5/夫爲其君之故～其身者嘗有之矣

 魯 6/夫爲其君之故～其身者要禄爵者也

 尊 3/～戮所以除害也

 尊 35/～不足以勝民

 （殘）老丙 9/故～〔人衆〕則以哀悲蒞之

布

 唐 7/孝之～愛天下之民

 語一 103/禮不同不豐不～

 語三 40/愛親則其～愛人

寸　部

寺（支、吱）

支

 用作詩 緇 1/～云

 用作詩 緇 3/～云

用作詩　緇 4/～云

 用作詩　緇 9/～云

 用作詩　緇 12/～云

 用作詩　緇 13/～云

 用作詩　緇 15/～云

 用作詩　緇 17/～云

 用作詩　緇 18/～云

 用作詩　緇 26/～云

 用作詩　緇 30/～云

 用作詩　緇 32/～云

 用作詩　緇 33/～云

 用作詩　緇 39/～云

 用作詩　緇 41/～云

 用作詩　緇 41/～云

 用作詩　緇 43/～云

 用作詩　緇 45/～云

 用作詩　緇 46/～云

 通作人名夷　窮 6/管～吾拘囚束縛

呟

 用作志　五 7/士有志於君子道謂之～士

將（牁）

牁

 （訛）用作將　唐 15/傍於大時神明～從天地佑之

尋（尋）

尋

 今作尋　性 65/退欲～而毋徑

專

 用作輔　老甲 12/是故聖人能～萬物之自然而弗能爲

通作博　成 27/及其～長而厚大也則聖人不可由與殫之

 通作博　尊 35/～不足以知善

 通作博　五 37/恭而～交禮也

 通作博　語一 28/其智～然後知命

 通作博　語二 5/～生於文

 通作薄　忠 8/君子其施也忠故蠻親～也

 用作薄　語一 82/厚於義～於仁尊而不親

 用作薄　殘 22/〔厚於〕仁～於義親而不尊

皮　部

皮

 通作彼　緇 18/～求我則如不我得

 用作破　語四 6/～邦亡家事乃有假

攴　部

啟

 老乙 13/～其兌塞其事終身不仇

攺

 用作伯　窮 7/百里遭鬻五羊爲～牧牛

故(敱)

敱

 六 36/～外内皆得也

政(政)

政

 語一 67/～其然而行治焉

攸(攺)

攺

 通作施　尊 37/夫唯是故德可易而～可遷也

 通作施　尊 37/有是～小有利遷而大有害者有之

（攺）　通作施　尊 38/有是～小有害遷而大有利者有之

數(嚳)

嚳

 性 22/拜所以〔爲敬也〕其～文也

改(改)

改

緇 16/長民者衣服不～從容有常則民德一

緇 17/其容不～

尊 1/去忿怨～忌勝爲人上者之務也

尊 4/教非～道也教之也

尊 5/學非～倫也學己也

六 19/一與之齊終身弗～之矣

斂(歛)

歛

緇 26/吾大夫恭且儉靡人不～

陳(迪、戝)

迪

通作陳 緇 19/君～云

通作陳 緇 39/君～云

戝

今作陣 性 7/牛生而粮雁生而～其性〔使然〕

攽

通作奪 緇 38/此以生不可～志死不可奪名

通作奪 緇 38 此以生不可奪志死不可～名

用作邈 老甲 21/～穆獨立不孩可以爲天下母

歎(惎)

惎

緇 41/服之亡～

赦(叟、叟)

叟

尊 3/刑罰所以 ～也

叟

成 39/刑茲亡～

攸

用作修 老乙 16/～之身其德乃貞

用作修 老乙 16/～之家其德有餘

用作修 老乙 16/～之鄉其德乃長

用作修 老乙 17/～之邦其德乃豐

用作修 老乙 17/～之天下〔其德乃溥〕

用作修 性 56/聞道反己～身者也

用作修 性 57/～身近至仁

用作修 六 41/下～其本可以斷獄

 用作修 六 47/小者以～其身

敗(敗)

敗

 老甲 10/爲之者～之

 老甲 11/是以聖人亡爲故亡～亡執故亡失

 老甲 11/愼終如始此亡～事矣

 老丙 11/爲之者～之

 老丙 11/聖人無爲故無～也無執故〔無失也〕

 老丙 12/愼終若始則無～事矣

 老丙 12/人之～也恆於其且成也敗之

 老丙 12/人之敗也恆於其且成也～之

 緇 22/毋以小謀～大圖

 語四 16/如將有～雄是爲害

 語四 20/善□□□者若兩輪之相轉而終不相～

攷

 用作巧 老甲 1/絶～棄利盜賊亡有

 用作巧 老乙 14/大～若拙

 用作巧 性 45/人之～言利詞者不有夫詘詘之心則流

 用作巧 性 64/進欲遜而毋～

敏

 用作厚 性 23/然後其入拔人之心也～

攻(攻、戎)

攻

 尊 32/～□往者復

尊 3/政禁所以～□〔也〕

戎

 成 10/不求諸其本而～諸其末弗得矣

敔(戜)

戜

 尊 31/治樂和哀民不可～也

牧(牧、數)

牧

 性 47/有其爲人之慧如也弗～不可

數

 窮 7/百里遒鬻五羊爲伯～牛

攷

用作審　語四 15/盡之而疑必～喻之

敀

用作瞳　六 32/仁柔而～義剛而簡

用作瞳　六 32/～之爲言也猶瞳瞳也小而輇多也

用作瞳　六 33/害亡不已也是以～也

（重文）用作瞳　六 32/瞳之爲言也猶～～也小而輇多也

敆

通作除　尊 3/殺戮所以～害也
案：除去之"除"本字。

斂

用作業　六 40/君子於此一～者亡所廢

用作業　六 41/不使此民也憂其身失其～

用作業　語三 12/處而亡～習也損

教　部

敎（敎、敎、季、效、眘、斁）

敎

（殘）六 9/〔有〕～者有學者

用作學　唐 5/太～之中天子親齒教民悌也

用作學　語三 12/與不好～者遊損

敎

語一 43/樂或生或～者也

季

老甲 12/～不教復衆之所過

老甲 12/教不～復衆之所過

老甲 17/是以聖人居亡爲之事行不言之～

緇 27/政之不行～之不成也

尊 20 上/可～也而不可若也

六 2/～此民尔使之有向也非聖智者莫之能也

六 21/既生畜之又從而～誨之

六 41/是故先王之～民也

效

唐 4/夫聖人上事天～民有尊也

唐 4/下事地～民有親也

 唐 4/時事山川～民有敬也

 唐 5/親事祖廟～民孝也

 唐 5/太學之中天子親齒～民悌也

 唐 6/先聖與後聖考後而歸先～民大順之道也

 唐 12/□□禮夔守樂訓民～也

 唐 21/授賢則民興～而化乎道

畬

 緇 18/～此以失民此以煩

 緇 23/長民者～之以德齊之以禮則民有勸心

 緇 24/～之以政齊之以刑則民有免心

 成 4/君子之於～也

 尊 4/～爲可類也

 尊 4/～非改道也教之也

尊 12/是以爲政者～道之取先

尊 13/～以禮則民果以輕

尊 13/～以樂則民　德清酒

尊 13/～以辯說則民褻陵長貴以妄

尊 14/～以藝則民野以爭

尊 14/～以技則民小以吝

尊 15/～以言則民華以寡信

尊 15/～以事則民力嗇以面利

尊 16/～以權謀則民淫惛遠禮亡親仁

尊 18/夫生而有職事者也非～所及也

尊 18/～其政不教其人政弗行矣

尊 19/教其政不～其人政弗行矣

性 9/其用心各異～使然也

性 21/悅其～

性 28/皆～其人者也

 性 51/未～而民極性善者也

六 40/是故先王之～民也始於孝悌

 （重文）性 18/然後復以～～所以生德于中者也

敎

 尊 4/教非改道也～之也

學

 尊 19/可～也而不可擬也

 性 8/〔人生〕而～或使之也

 性 36/凡～者求其心爲難

 老乙 3/～者日益

 尊 5/學非改倫也～已也

 老乙 4/絶～亡憂

 尊 4/～爲可益也

 尊 5/～非改倫也學已也

 六 9/〔有〕教者有～者

 用作教 老丙 13/～不教復衆之所過

用作教 老丙 13/教不～復衆之所過

卜　部

卜

 緇 46/人而亡恆不可爲～筮也

貞

 老甲 13/化而欲作將～之以亡名之樸

 老乙 11/〔質〕～如渝

 緇 3/靖恭尔位好是～直

 緇 9/誰秉國成不自爲～卒勞百姓

 老乙 16/修之身其德乃～

用　部

用

 唐 12/皋繇入～五刑出飭兵革罪淫暴〔也〕

 唐 13/〔虞〕～威夏用戈征不服也

 唐 13/〔虞〕用威夏～戈征不服也

 語三 55/賓客之～幣也非征納貨也

葡

用作服　尊 27/民五之方格十之方爭百之而後～

用作備　語三 39/物不～不成仁

炗　部

爾

通作彌　老甲 30/夫天多期違而民～叛

卷 四

目 部

目（目、官）

目

 五 47/～而知之謂之進之

 性 43/～之好色耳之樂聲鬱陶之氣也

 語一 50/容色～司也

 唐 26/耳～聰明衰

官

 五 45/耳～鼻口手足六者心之役也

睘（賆、矔）

賆

 用作遠 五 22/不～不敬

矔

 用作渙 老甲 9/～乎其如釋

瞻（贍）

贍

緇 16/赫赫師尹民俱尔～

相（相、槐）

相

老甲 15/有亡之～生也

老甲 16/難易之～成也

老甲 16/長短之～形也

老甲 16/高下之～呈也

老甲 16/先後之～隨也

老甲 19/天地～合也

老乙 4/唯與呵～去幾何

老乙 4/美與惡～去何若

太 2/神明復～薄也是以成陰陽

太 2/陰陽復～薄也是以成四時

太 3/寒熱復～薄也是以成濕燥

太 3/濕燥復～薄也成歲而止

太 12/故過其方不使～當

性 29/哀樂其性～近也是故其心不遠

語三 3/君臣不～存也則可已

語四 20/善□□□者若兩輪之～轉而終不相敗

語四 20/善□□□者若兩輪之相轉而終不～敗

老甲 16/音聲之～和也

六 49/民之父母親民易使民～親也難

榠

窮 6/釋弋梆而爲諸侯～遇齊桓也

肯

用作性 語二 1/情生於～

用作性 語二 8/愛生於～

用作性 語二 10/欲生於～

用作性 語二 20/智生於～

用作性 語二 23/子生於～

用作性 語二 25/惡生於～

用作性 語二 28/喜生於～

用作性 語二 30/慍生於～

用作性 語二 32/懼生於～

用作性 語二 34/強生於～

用作性 語二 36/弱生於～

用作性 語三 57/人之～非歟

用作性 語三 58/有～有生呼生

用作性 語三 68 下/有～有生

用作性 語三 71 下/有～有生者

用作性 殘 9/～有逆性☒

（殘）用作性 殘 9/性有逆～☒

用作性 成 26/聖人之～與中人之性其生而未有非之

用作性 成 26/聖人之性與中人之～其生而未有非之

用作性 成 28/此以民皆有～而聖人不可慕也

 用作性 性 1/凡人雖有～心亡奠志

 用作性 性 2/喜怒哀悲之氣～也

 用作性 性 2/～自命出

 用作性 性 3/情生於～

 用作性 性 4/好惡～也

 用作性 性 5/凡～爲主物取之也

 用作性 性 6/〔人〕雖有～心弗取不出

 用作性 性 9/四海之内其～一也

 用作性 性 9/凡～

 用作性 性 10/凡動～者物也

 用作性 性 11/逆～者悦也

 用作性 性 11/要～者故也

 用作性 性 11/屬～者義也

 用作性 性 11/出～者勢也

 用作性 性 11/養～者習也

 用作性 性 12/長～者道也

 用作性 性 14/習也者有以習其～也

 用作性 性 29/哀樂其～相近也是故其心不遠

 用作性 性 39/仁～之方也

 用作性 性 39/～或生之

 用作性 性 40/情出於～

 用作性 性 40/愛類七唯～愛爲近仁

 用作性 性 52/未教而民極～善者也

 (殘)用作性 性 7/牛生而粮雁生而陣其～〔使然〕

 用作性 唐 11/順乎脂膚血氣之情養～命之正

 用作姓 老丙 2/成事遂功而百～曰我自然也

 用作姓 緇 5/上人疑則百～惑下難知則君長勞

 用作姓 緇 9/誰秉國成不自爲貞卒勞百～

 用作姓 緇 11/故長民者彰志以昭百～

 用作姓 緇 12/禹立三年百～以仁導

存疑　殘 26/□～□

自　部

自

老甲 12/是故聖人能輔萬物之～然而弗能爲

老甲 13/侯王能守之而萬物將～化

老甲 14/知足以静萬物將～定

老甲 19/侯王如能守之萬物將～實

老甲 19/民莫之命而～均焉

老甲 23/道瀘～然

老甲 31/我無事而民～富

老甲 32/我亡爲而民～化

老甲 32/我好静而民～正

老甲 32/我欲不欲而民～樸

老甲 38/貴富驕～遺咎也

老丙 2/成事遂功而百姓曰我～然也

老丙 14/是以能輔萬物之～然而弗敢爲

緇 9/誰秉國成不～爲貞卒勞百姓

緇 39/出入～尔師雩庶言同

緇 41/君子不～留焉

唐 21/不禪而能化民者～生民未之有也

尊 21/忠信日益而不～知也

性 2/性～命出

性 3/命～天降

語一 99/我行求者亡有～來也

語二 43/華～榮也

語三 13/～示其所能損

語三 14/～示其所不足益

語四 13/不與智謀是謂～欺

凶　部

皆（皆、麕、麕、麕）

皆

老甲 15/天下～知美之爲美也惡已

老甲 15/～知善此其不善已

五 6/五行～形于内而時行之謂之君〔子〕

忠 7/信之爲道也群物～成而百善皆立

成 28/此以民～有性而聖人不可摹也

性 15/其始出～生於人

 性 28/凡古樂籠心益樂籠指～教其人者也

 性 29/凡至樂必悲哭亦悲～至其情也

 性 65/欲～文而毋偽

 六 37/故外内～得也

 六 45/三者通言行～通

 六 46/三者～通然後是也

䖒

 語一 45/凡有血氣者～有喜有怒有慎有莊

 語一 65/上下～得其所之謂信

 語一 71/亡物不物～至焉而亡非己取之者

 語一 106/～有之

 語三 65 下/亡物不物～至焉

 殘 5/剛柔～ □

䖒

 唐 8/六帝興於古～由此也

䖒

 唐 27/大明不出萬物～伏

 忠 7/忠之爲道也百工不苦而人養～足

 忠 7/信之爲道也群物皆成而百善～立

魯

 魯 1/～穆公問於子思曰

者

 老甲 6/以道佐人主～不欲以兵強於天下

 老甲 7/善～果而已不以取強

 老甲 10/孰能濁以靜～將徐清

 老甲 10/孰能 以動～將徐生

 老甲 10/保此道～不欲尚盈

 老甲 10/爲之～敗之

 老甲 10/執之～遠之

老甲 27/知之～弗言

老乙 3/爲道～日損

老乙 15/善建～不拔

老丙 11/爲之～敗之

老丙 11/執之～失之

太 4/故歲～濕燥之所生也

太 4/濕燥～寒熱之所生也

太 9/削成者以益生～

太 11/以道從事～必宅其名

太 14/〔不足於上〕～有餘於下

緇 11/故長民～彰志以昭百姓

緇 15/上好此物也下必有甚焉～矣

緇 43/此以邇～不惑而遠者不疑

緇 43/此以邇者不惑而遠～不疑

五 20/唯有德～然後能金聲而玉振之

緇 2/有國～彰好彰惡以示民厚則民情不飾

緇 6/故君民～彰好以示民欲

魯 2/叵稱其君之惡～可謂忠臣矣

魯 3/向～吾問忠臣於子思

魯 3/叵稱其君之惡～可謂忠臣矣

魯 5/夫爲其君之故殺其身～嘗有之矣

魯 5/叵稱其君之惡～未之有也

魯 6/夫爲其君之故殺其身～要禄爵者也

魯 6/夫爲其君之故殺其身者要禄爵～也

魯 7/叵〔稱其君〕之惡〔者遠〕禄爵～也

五 40/簡之爲言猶諫也大而罕～也

語四 5/凡説之道急～爲首

語四 8/竊鉤～誅竊邦者爲諸侯

語四 8/竊鉤者誅竊邦～爲諸侯

語四 16/利木陰～不折其枝

語四 17/利其潃～不塞其溪

語四 19/善事其上～若齒之事舌而終弗噬

語四 20/善□□□～若兩輪之相轉而終不相敗

語四 21/善使其民～若四時一逝一來而民弗害也

老甲 8/古之善爲士～必微妙玄達深不可志

老乙 3/學～日益

老乙 7/吾所以有大患～爲吾有身

老乙 15/善保～不脱

老丙 6/故曰兵～〔非君子之器〕

太 4/寒熱～四時〔之所生也〕

太 5/〔四時〕～陰陽之所生〔也〕

太 5/陰陽～神明之所生也

太 5/神明～天地之所生也

太 6/天地～太一之所生也

太 9/削成～以益生者

太 14/不足於下～有餘於上

緇 23/長民～教之以德齊之以禮則民有勸心

尊 1/去忿怨改忌勝爲人上～之務也

尊 10/亡知命而不知己～

尊 11/有知禮而不知樂～

尊 11/亡知樂而不知禮～

尊 27/善～民必富

成 37/昔～君子有言曰

尊 2/賞與刑禍福之旗也或延之～矣

尊 12/善～民必衆

尊 12/是以爲政～教道之取先

尊 18/夫生而有職事～也非教所及也

尊 19/故共是物也而有深焉～

尊 23 下/君民～治民復禮

尊 28/故率民向方～唯德可

尊 29/明德～且莫大乎禮樂

尊 30/故爲政～或論之或養之

尊 32/攻□往～復

尊 37/上好是物也下必有甚焉～

尊 38/有是施小有利遺而大有害～有之

尊 38/有是施小有害遺而大有利～有之

性 3/始～近情終者近義

性 3/始者近情終~近義

性 4/知〔情者能〕出之知義~能入之

性 8/凡物亡不異也~

性 11/凡動性~物也

性 11/逆性~悦也

性 11/要性~故也

性 11/屬性~義也

性 11/出性~勢也

性 12/養性~習也

性 12/長性~道也

性 12/凡見~之謂物

性 12/快於己~之謂悦

性 13/物之勢~之謂勢

性 13/有爲也~之謂故

性 13/義也~群善之蓙也

性 14/習也~有以習其性也

性 14/道~群物之道

性 15/其三術~道之而已

(殘)性 18/教所以生德于中~也

性 28/凡古樂籠心益樂籠指皆教其人~也

性 36/凡學~求其心爲難

性 38/察其見~情焉失哉

性 41/所爲道~四唯人道爲可道也

性 42/凡用心之躁~思爲甚

性 42/用智之疾~患爲甚

性 43/用情之至~哀樂爲甚

性 43/用身之繁~悦爲甚

性 43/用力之盡~利爲甚

性 46/人之巧言利詞~不有夫詘詘之心則流

性 46/人之悦然可與和安～不有夫奮猛之情則侮	性 56/聞道反己修身～也
性 51/未言而信有美情～也	性 57/同方而交以道～也
性 52/未教而民極性善～也	性 58/同悦而交以德～也
性 52/未賞而民勸含福～也	性 58/不同悦而交以猷～也
性 53/未刑而民畏有心畏～也	六 3/教此民尔使之有向也非聖智～莫之能也
性 53/賤而民貴之有德～也	六 4/寢四鄰之殃虐非仁義～莫之能也
性 53/貧而民聚焉有道～也	六 5/足此民尔生死之用非忠信～莫之能也
性 54/獨處而樂有内業～也	六 8/有率人～有從人者
性 54/惡之而不可非～達於義者也	六 8/有率人者有從人～
性 54/惡之而不可非者達於義～也	六 9/有使人～有事人〔者〕
性 55/非之而不可惡～篤於仁者也	六 9/〔有〕教～有學者
性 55/非之而不可惡者篤於仁～也	六 9/〔有〕教者有學～
性 55/行之不過知道～也	六 10/六德～…
性 55/聞道反上上交～也	六 15/義～君德也
性 56/聞道反下下交～也	六 17/忠～臣德也

六 18/知可爲～知不可爲者

六 18/知可爲者知不可爲～

六 18/知行～知不行者

六 18/知行者知不行～

六 19/智也～夫德也

六 20/信也～婦德也

六 21/聖也～父德也

六 21/子也～會融長材以事上

六 23/仁～子德也

六 23/六～各行其職而獄訟亡由作也

六 35/此六～各行其職而獄訟蔑由作也

六 40/君子於此一業～亡所廢

六 43/君子明乎此六～然後可以斷獄

六 45/三～通言行皆通

六 45/三～不通非言行也

六 46/三～皆通然後是也

六 46/三～君子所生與之立死與之樊也

六 47/小～以修其身

六 47/爲道～必由此

老甲 27/言之～弗知

老甲 33/含德之厚～比於赤子

老甲 37/反也～道〔之〕動也

老甲 37/弱也～道之用也

尊 10/有知己而不知命～

成 6/昔～君子有言曰

成 7/是故上苟身服之則民必有甚焉～

成 1/古之用民～求之於己爲恆

成 2/民不從上之命不信其言而能含德～未之有也

成 3/其所在～入矣

成 11/非從末流～之貴窮源返本者之貴

成 11/非從末流者之貴窮源返本～之貴

成 12/苟不從其由不返其本未有可得也～

成 14/非從末流～之貴窮源返本者之貴

成 14/非從末流者之貴窮源返本～之貴

 成 23/雖有其恆而行之不疾未有能深之～也

 成 36 從允釋過則先～豫來者信

 成 36/從允釋過則先者豫來～信

 成 39/蓋此言也言不奉大常～文王之刑莫重焉

 緇 16/長民～衣服不改從容有常則民德一

 五 19/金聲而玉振之有德～也

 五 40/暀之爲言也猶暀暀也小而軫～也

 五 43/大而罕～能有取焉

 五 43/小而軫～能有取焉

 五 44/知而事之謂之尊賢～也

 五 44/後士之尊賢～也

 五 45/耳目鼻口手足六～心之役也

 五 49/聞道而悦～好仁者也

 五 49/聞道而悦者好仁～也

 五 49/聞道而畏～好義者也

 五 50/聞道而畏者好義～也

 五 50/聞道而恭～好禮者也

 五 50/聞道而恭者好禮～也

 五 50/聞道而樂～好德者也

 五 50/聞道而樂者好德～也

 語一 21/由中出～仁忠信

 語一 39/詩所以會古今之志也～

 語一 43/樂或生或教～也

 語一 44/〔書〕☐～也

 語一 45/凡有血氣～皆有喜有怒有慎有莊

 語一 54/賢～能理之

語一 72/而亡非己取之〜

 語一 87/君臣朋友其擇〜也

 語一 89/多好〜亡好者也

 語一 89/多好者亡好〜也

 語一 97/禮因人之情而爲之節文〜也

 語一 99/我行求〜亡有自來也

 語一 102/凡同〜通

 語一 109/虗與容與夫其行〜

 語二 38/凡謀已道〜也

 語二 39/凡必有不行〜也

 語二 41/凡過正一以失其他〜也

 語二 42/凡悦作於譽〜也

 語二 46/未有華而忠〜

 語二 47/知命〜亡必

 語二 48/有德〜不移

 語二 52/其所之同其行〜異

 語三 9/與爲義〜遊益

 語三 10/與莊〜處益

 語三 11/與諓〜處損

 語三 12/與不好學〜遊損

 語三 19/地能含之生之〜在早

 語三 26/德至厚〜

 語三 26/治〜至亡間

語三 28/治～至亡間則成名

 語三 30/愛治～親

 語三 31/智治～寡悔

 語三 32/…治～卯

 語三 33/兼行則治～中

 語三 44/文依物以情行之～

 語三 49/思亡疆思亡期思亡邪思亡不由我～

 語三 53/賢～唯其止也以異

 語三 54/樂服德～之所樂也

 語三 59/得～樂失者哀

 語三 59/得者樂失～哀

 語三 66 上/亡亡由也～

 語三 66 下/亡非樂～

 語三 72 下/有性有生～

 (殘)語二 45/未有善事人而不返～

 (殘)語一 76/□□～義

 忠 2/忠信積而民弗親信～未之有也

 忠 4/不奪而足養～地也

 忠 5/不期而可要～天也

 忠 5/配天地也～忠信之謂些

 忠 6/三～忠人弗作信人弗爲也

 忠 9/是故古之所以行乎閔嘍～如此也

 唐 14/古～堯生於天子而有天下

 唐 15/夫古～舜居於草茅之中而不憂

 唐 17/今之式於德～昧也

 唐 20/禪也～上德授賢之謂也

 唐 21/不禪而能化民～自生民未之有也

唐 22/知〔性命〕之正～能以天下禪矣

 唐 22/古～堯之舉舜也

 唐 25/古～聖人廿而帽

 唐 2/古昔賢仁聖～如此

 唐 9/古～虞舜篤事瞽瞍乃式其孝

 唐 28/聖～不在上天下必壞

 唐 28/仁～爲此進而弗利窮仁矣

 通作諸 窮 6/釋弓枰而爲～侯相遇齊桓也

 （重文）通作諸 語四 8/竊邦者爲～侯～侯之門

 通作諸 六 13/□〔任〕諸父兄任～子弟

 通作諸 六 13/大材設～大官小材設諸小官

 通作諸 六 14/大材設諸大官小材設～小官

 通作諸 六 24/觀～詩書則亦在矣

 通作諸 六 24/觀～禮樂則亦在矣

 通作諸 六 25/觀～易春秋則亦在矣

 （殘）通作諸 六 13/□〔任〕～父兄任諸子弟

 通作諸 五 49/其人施～人狎也

 通作諸 成 10/是故君子之求～己也深

 通作諸 成 10/不求～其本而攻諸其末弗得矣

 通作諸 成 10/不求諸其本而攻～其末弗得矣

 通作諸 成 19/察反～己而可以知人

 通作諸 尊 8/察～此所以知己

 通作諸 語三 5/不義而加～己弗受也

 通作諸 五 43/索落落達～君子道謂之賢

 通作諸 五 48/大施～其人天也

 存疑 忠 3/謟而～詹信之至也

 存疑 殘 16/□～□

智（嚣、智）

嚣

 窮 9/子胥前多功後戮死非其～衰也

 五 8/～弗思不得

五 9/不～思不能長

　五 14/～之思也長

　五 15/形則～

　五 24/視賢人而不知其有德也謂之不～

　五 25/視而知之～也

　五 25/明明～也

　五 28/視而知之～也

　五 28/聖～禮樂之所由生也

　五 30/視而知之～也

　成 21/是以～而求之不疾其去人弗遠矣

　性 40/～類五唯義道爲近忠

　性 42/用～之疾者患爲甚

　六 1/聖～也

　六 1/聖與～就矣

　六 3/教此民尔使之有向也非聖～者莫之能也

　六 18/以～率人多

　六 19/～也者夫德也

　六 34/父聖子仁夫～婦信君義臣忠

　六 35/～率信

　成 17/～而比次則民欲其智之遂也

　成 17/智而比次則民欲其～之遂也

　(重文)五 5/君子亡中心之憂則亡中心之～亡中心之～則亡中心〔之悅〕

　(重文)五 21/不聖不～不～不仁

　(訛)五 9/不仁不～未見君子憂心不能惙惙

　用作知 老甲 6/禍莫大乎不～足

　用作知 老甲 6/～足之爲足此恆足矣

　用作知 老甲 15/天下皆～美之爲美也惡已

　用作知 老甲 15/皆～善此其不善已

　用作知 老丙 1/太上下～有之

　用作知 太 8/君子～此之謂□□□□□□

　用作知 緇 3/爲上可望而～也爲下可類而志也

　用作知 緇 6/上人疑則百姓惑下難～則君長勞

　用作知 緇 39/精～格而行之

用作知　緇 46/龜筮猶弗～而況於人乎

 用作知　窮 1/察天人之分而～所行矣

 用作知　窮 12/〔隱非〕爲名也故莫之～而不閔

 用作知　五 23/聞君子道而不～其君子道也謂之不聖

 用作知　五 24/視賢人而不～其有德也謂之不智

 用作知　五 25/視而～之智也

 用作知　五 25/聞而～之聖也

 用作知　五 26/聞而～之聖也

 用作知　五 26/聖人～天道也

 用作知　五 27/～而行之義也

 用作知　五 27/視而～之智也

 用作知　五 28/～而安之仁也

 用作知　五 30/視而～之智也

 用作知　五 44/君子～而舉之謂之尊賢

 用作知　五 44/～而事之謂之尊賢者也

 用作知　五 47/目而～之謂之進之

 用作知　五 47/喻而～之謂之進之

 用作知　五 47/譬而～之謂之進之

 用作知　五 48/幾而～之天也

 用作知　唐 16/居草茅之中而不憂～命也

 用作知　成 20/察反諸己而可以～人

 用作知　尊 9/知道而後～行

 用作知　尊 9/由禮～樂

 用作知　尊 10/由樂～哀

 用作知　尊 10/有～己而不知命者

 用作知　尊 10/有知己而不～命者

 用作知　尊 10/亡～命而不知己者

 用作知　尊 10/亡知命而不～己者

 用作知　尊 11/有～禮而不知樂者

 用作知　尊 11/有知禮而不～樂者

 用作知　尊 11/亡～樂而不知禮者

 用作知　尊 11/亡知樂而不～禮者

用作知 尊 21/忠信日益而不自～也

 用作知 尊 22/民可使導之而不可使～之

 用作知 尊 23 下/民除害～爲

 用作知 尊 29/其載也亡重焉交矣而弗～也

 用作知 尊 35/博不足以～善

 用作知 尊 35/慧不足以～倫

 用作知 性 3/～〔情者能〕出之

 用作知 性 4/～義者能入之

 用作知 性 38/人之不能以偽也可～也

 用作知 性 55/行之不過～道者也

 用作知 性 63/喜欲～而亡末

 用作知 六 11/～其以有所歸也

 用作知 六 17/～可爲者知不可爲者

 用作知 六 18/知可爲者～不可爲者

 用作知 六 18/～行者知不行者

 用作知 六 18/知行者～不行者

 用作知 六 38/君子不啻明乎民微而已又以～其一矣

 用作知 語四 11/匹婦偶夫不～其鄉之小人君子

 用作知 語一 63/知禮然後～刑

 （重文）用作知 老甲 14/夫亦將～足～足以靜

 （重文）用作知 老乙 2/莫～其極莫～其極可以有國

 （重文）用作知 尊 8/察諸此所以～己～己所以知人

 （重文）用作知 尊 9/知己所以～人～人所以知命

 （重文）用作知 尊 9/知人所以～命～命而後知道

 （重文）用作知 尊 9/知命而後～道～道而後知行

 （訛）用作知 五 30/～而安之仁也

智

 老甲 1/絕～棄辯民利百倍

 老甲 31/人多～而奇物滋起灋物滋彰盜賊多有

 語一 8/有生有～而後好惡生

 語一 16/有仁有～有義有禮

 語一 28/其～博然後知命

語二 20/～生於性

 語二 20/卯生於～

 語三 31/～治者寡悔

 語三 38/不善擇不爲～

 語四 13/不與～謀是謂自欺

 語四 13/早與～謀是謂重基

 用作知 老甲 21/未～其名字之曰道

 用作知 老甲 27/～之者弗言言之者弗知

 用作知 老甲 27/知之者弗言言之者弗～

 用作知 老甲 30/吾何以～其然也

 用作知 老甲 34/未～牝牡之合朘怒精之至也

 用作知 老甲 34/～和曰明

 用作知 老甲 36/故～足不辱知止不殆可以長久

 用作知 老甲 36/故知足不辱～止不殆可以長久

 用作知 老乙 18/吾何以～天〔下然哉〕

 用作知 唐 11/～〔性命〕之正者能以天下禪矣

 用作知 唐 22/聞舜孝～其能養天下之老也

 用作知 唐 23/聞舜悌～其能治天下之長也

 用作知 唐 27/此以～其弗利也

 用作知 忠 1/不欺弗～信之至也

 用作知 語一 25/由樂～刑

 用作知 語一 26/～己而後知人

 用作知 語一 27/知禮而後～行

 用作知 語一 28/其智博然後～命

 用作知 語一 29/～天所爲知人所爲

 用作知 語一 29/知天所爲～人所爲

 用作知 語一 30/知道然後～命

 用作知 語一 85/察所～察所不知

 用作知 語一 85/察所知察所不～

 用作知 語二 47/～命者亡必

 用作知 語四 6/毋令～我

 用作知 語四 11/食韭惡～終其杪

用作知　語一 63/～禮然後知刑

 (重文)用作知　老甲 20/夫亦將～止～止所以不殆

 (重文)用作知　語一 26/知己而後～人～人而後知禮

 (重文)用作知　語一 27/知人而後～禮～禮而後知行

 (重文)用作知　語一 30/然後～道～道然後知命

 存疑　殘 3/～行人之□

百

 老甲 1/絕智棄辯民利～倍

 老甲 2/江海所以爲～谷王以其能爲百谷下

 老甲 3/江海所以爲百谷王以其能爲～谷下

 老甲 3/是以能爲～谷王

 老丙 2/成事遂功而～姓曰我自然也

 緇 5/上人疑則～姓惑下難知則君長勞

 緇 9/誰秉國成不自爲貞卒勞～姓

 緇 11/故長民者彰志以昭～姓

 緇 12/禹立三年～姓以仁導

 忠 7/忠之爲道也～工不苦而人養皆足

 忠 7/信之爲道也群物皆成而～善皆立

 尊 27/民五之方格十之方爭～之而後服

 語一 18/天生～物人爲貴

 尊 16 背/～

鼻　部

鼻

 五 45/耳目～口手足六者心之役也

 存疑　語二 44/名數也由～倫生

臬(咢)

咢

 今作嗅　窮 13/茝〔蘭生於幽谷不爲無人〕～而不芳

畞　部

畞

 緇 36/君～云

 成 22/君～曰

 成 29/君～曰

習　部

習（習、習）

習

 性 1/待物而後作待悦而後行待～而後奠

 性 12/養性者～也

 性 13/～也者有以習其性也

 性 14/習也者有以～其性也

 性 61/獨處則～

習

 語三 10/起～文章益

 語三 13/處而亡業～也損

羽　部

羽（翆）

翆

 五 17/能差池其～然後能至哀

翏

 用作戮　窮 9/子胥前多功後～死非其智衰也

隹　部

隹（隹、雔）

隹

 通作唯　緇 5/～尹允及湯咸有一德

 通作唯　緇 10/日暑雨小民～日怨

 通作唯　緇 10/臻冬耆寒小民亦～日怨

 通作唯　緇 27/非用靈制以刑～作五虐之刑曰瀘

 通作唯　語三 53/賢者～其止也以異

 用作誰　緇 9/～秉國成不自爲貞卒勞百姓

雔

 通作唯　老甲 17/夫～弗居也是以弗去也

 通作唯　老乙 1/夫～嗇是以早﹛是以早﹜服

 通作唯　緇 8/非其止之恭～王恭

 通作唯　緇 42/～君子能好其匹小人豈能好其匹

 通作唯　成 12/君上享成不～本功﹝弗成矣﹞

 通作唯　成 22/～冒丕單稱德

 通作唯　成 37/是故～君子道可近求而可遠措也

通作唯　尊 28/故率民向方者～德可

 通作唯　尊 37/夫～是故德可易而施可遹也

 通作唯　性 14/道四術～人道爲可道也

 通作唯　性 40/愛類七～性愛爲近仁

 通作唯　性 40/智類五～義道爲近忠

 通作唯　性 41/惡類三～惡不仁爲近義

 通作唯　性 41/所爲道者四～人道爲可道也

 通作唯　六 48/材此親戚遠近～其人所在

 （殘）通作唯　五 20/～有德者然後能金聲而玉振之

 通作雖　老甲 18/樸～細天地弗敢臣

 通作雖　緇 44/人～曰不利吾弗信之矣

 通作雖　窮 2/有其人亡其世～賢弗行矣

 通作雖　成 5/～厚其命民弗從之矣

 通作雖　成 9/～然其存也不厚其重也弗多矣

 通作雖　成 15/苟不從其由不返其本～強之不入矣

 通作雖　成 27/～其於善道也亦非有繹緡以多也

 通作雖　成 29/～有其恆而行之不疾未有能深之者也

 通作雖　性 1/凡人～有性心亡奠志

 通作雖　性 6/〔人〕～有性心弗取不出

 通作雖　性 37/～能其事不能其心不貴

 通作雖　性 50/苟以其情～過不惡

 通作雖　性 50/不以其情～難不貴

 通作雖　性 51/苟有其情～未之爲斯人信之矣

 通作雖　六 7/〔不〕由其道～堯求之弗得也

 通作雖　六 12/人之～在草茅之中苟賢□

 通作雖　語四 14/～難其興

 通作雖　語四 24/～勇力聞於邦不如材

雀（雀、雈）

雀

 用作削　太 9/～成者以益生者

 通作爵　緇 28/則刑罰不足恥而～不足勸

 通作爵　緇 28/故上不可以褻刑而輕～

通作爵 尊 2/～位所以信其然也

雀

通作爵 魯 6/夫爲其君之故殺其身者
要禄～者也

雁(鳶)

鳶

性 7/牛生而糧～生而陣其性〔使然〕

雄(駥)

駥

語四 14/邦有巨～必先與之以爲朋

語四 16/如將有敗～是爲害

語四 26/三～一雌

雌(馳)

馳

語四 26/三雄一～

奞　部

奮(奞、查、意)

奞

性 24/聞歌謠則陶如也斯～

查

(重文)性 34/陶斯～～斯詠

意

性 46/人之悦然可與和安者不有夫～
猛之情則侮

雚　部

雚

用作觀 六 24/～諸詩書則亦在矣

用作觀 六 24/～諸禮樂則亦在矣

用作觀 六 25/～諸易春秋則亦在矣

用作觀 性 17/～其先後而逆順之

用作觀 性 25/～賷武則齊如也斯作

用作觀 性 25/～韶夏則勉如也斯嬎

舊(舊、隻)

舊

語四 1/言以詞情以～

通作久 老甲 37/故知足不辱知止不殆可以長～

 通作久 忠 3/大～而不渝忠之至也

 通作久 性 26/其居次也～

雧

 通作久 老乙 3/長生～視之道也

首　部

蒇(蔵)

蔵

 六 36/此六者各行其職而獄訟～由作也
案：下部變形音化作"戚"。

羊　部

羊

 窮 7/百里遭鬻五～爲伯牧牛

牂

 用作臧 窮 4/呂望爲～棘津戰監門棘地

 通作莊 語一 33/禮生於～

群(羣)

羣

 老甲 38/揣而～之不可長保也

 忠 7/信之爲道也～物皆成而百善皆立

 性 13/義也者～善之蕝也

 性 14/道者～物之道

美(芃、頖、娂、敚、媎)

芃

 老乙 4/～與惡相去何若

頖

 六 26/～此多也

 語一 15/有～有善

娂

 緇 1/好～如好緇衣惡惡如惡巷伯

 緇 35/則民不能大其～而小其惡

 性 20/君子～其情

 性 51/未言而信有～情者也

敨

 老甲 15/天下皆知～之爲美也惡已

 老丙 7/銛銤爲上弗～也

娨

 老丙 7/～之是樂殺人

羴 部

羴

 通作侃 性 24/聞笑聲則～如也斯喜

瞿 部

瞿

 用作懼 語二 32/～生於性

 用作懼 語二 32/監生於～

雧 部

集（集、寀）

集

 緇 37/其～大命于厥身

寀

 五 42/君子～大成

鳥 部

鳥

 老甲 33/攫～猛獸弗扣

朋（朋、塱）

朋

 （訛）語一 87/君臣～友其擇者也

塱

 語四 14/邦有巨雄必先與之以爲～

鵗（難、雗、雗、戁、戁、蔫、雑）

難

 今作難 老甲 12/不貴～得之貨

 今作難 緇 5/上人疑則百姓惑下～知則君長勞

今作難 成 15/上不以其道民之從之也～

今作難 成 30/疾之可能終之爲～

今作難 性 36/凡學者求其心爲～

今作難　性 44/人不～爲之死

 今作難　性 50/不以其情雖～不貴

雙

 今作難　老甲 15/是以聖人猶難之故終亡～

雙

 今作難　老甲 14/大小之多易必多～

 今作難　老甲 15/是以聖人猶～之故亡難

戁

 今作難　老丙 13/是以〔聖〕人欲不欲不貴～得之貨

 今作難　六 49/民之父母親民易使民相親也～

 今作難　語四 14/雖～其興

戁

 今作難　老甲 16/～易之相成也

蕙

 今作難　窮 2/苟有其世何～之有哉

雖

 今作難　語三 45/卯則～犯也

烏　部

於

 老甲 7/以道佐人主者不欲以兵強～天下

老甲 25/爲之～其亡有也

老甲 26/治之～其未亂

老甲 33/含德之厚者比～赤子

老甲 37/天下之物生～有有生於亡

老甲 37/天下之物生於有有生～亡

老乙 9/上士聞道僅能行～其中

老丙 8/夫樂〔殺不可〕以得志～天下

老丙 12/人之敗也恆～其且成也敗之

太 6/是故太一藏～水行於時

太 6/是故太一藏於水行～時

太 9/伐～強責於□□□□□

太 9/伐於強責～□□□□□

太 13/〔天不足〕～西北其下高以強

太 13/地不足～東南其上〔高以強〕

成 24/形～中發於色其審也固矣

成 24/形於中發～色其審也固矣

成 25/是以上之恆務在信～眾

成 25/此言也言信～眾之可以濟德也

成 26/即～能也則猶是也

成 27/雖其～善道也亦非有繹縷以多也

成 33/蓋此言也言舍之此而宅～天心也

成 35/小人不程人～刃君子不程人於禮

成 35/小人不程人於刃君子不程人～禮

成 38/蓋言慎求之～己而可以至順天常矣

尊 21/養心～子良

尊 31/刑不逮～君子禮不逮於小人

尊 32/刑不逮於君子禮不逮～小人

性 2/及其見～外則物取之也

性 3/道始～情情生於性

性 3/道始於情情生～性

性 12/快～己者之謂悦

性 16/其始出皆生～人

性 18/禮作～情或興之也

性 23/凡聲其出～情也信

性 40/情出～性

性 54/惡之而不可非者達～義者也

性 55/非之而不可惡者篤～仁者也

性 60/凡～路毋畏毋獨言

六 40/是故先王之教民也始～孝悌

六 40/君子～此一業者亡所廢

語四 24/雖勇力聞～邦不如材

唐 8/六帝興～古皆由此也

唐 14/古者堯生～天子而有天下

唐 15/傍～大時神明將從天地佑之

唐 16/夫古者舜居～草茅之中而不憂

唐 17/今之式～德者昧也

語一 22/仁生～人

語一 22/義生～道

語一 23/或生～內或生於外

語一 23/或生於內或生～外

 語一 33/禮生～莊

 語一 33/樂生～諒

 語一 77/〔厚於〕仁薄～義親而不尊

 語一 82/厚～義薄於仁尊而不親

 語一 82/厚於義薄～仁尊而不親

 語一 105/人物各止～其所

 語二 1/情生～性

 語二 1/禮生～情

 語二 2/嚴生～禮

 語二 2/敬生～嚴

 語二 3/讓生～敬

 語二 3/恥生～讓

 語二 4/利生～恥

 語二 4/廉生～利

 語二 5/文生～禮

 語二 5/博生～文

 語二 7/慍生～憂

 語二 8/愛生～性

 語二 8/親生～愛

 語二 9/忠生～親

 語二 10/欲生～性

 語二 10/慮生～欲

 語二 11/悟生～慮

 語二 11/爭生～悟

 語二 12/黨生～爭

 語二 13/貪生～欲

 語二 13/倍生～貪

 語二 14/由生～倍

 語二 15/諼生～欲

 語二 15/華生～諼

 語二 16/妄生～華

語二 17/浸生～欲

語二 17/惡生～浸

語二 18/逃生～惡

語二 19/急生～欲

語二 19/偏生～急

語二 20/智生～性

語二 20/卯生～智

語二 21/悦生～卯

語二 21/好生～悦

語二 22/從生～好

語二 23/子生～性

語二 23/易生～子

語二 24/肆生～易

語二 24/容生～肆

語二 25/惡生～性

語二 25/怒生～惡

語二 26/勝生～怒

語二 26/忌生～勝

語二 27/賊生～忌

語二 28/喜生～性

語二 28/樂生～喜

語二 29/悲生～樂

語二 30/慍生～性

語二 30/憂生～慍

語二 31/哀生～憂

語二 32/懼生～性

語二 32/監生～懼

語二 33/望生～監

語二 34/強生～性

語二 34/立生～強

語二 35/斷生～立

語二 36/弱生～性

 語二 36/疑生～弱

 語二 37/倍生～疑

 語二 42/凡悦作～譽者也

 語三 3/所以異～父

 語三 50/志～道

 語三 50/狎～德

 語三 50/㐭～仁

 語三 51/遊～藝

 (殘)語二 6/大生～□

華　部
棄(弃)
弃

 老甲 1/絶智～辯民利百倍

 老甲 1/絶巧～利盗賊亡有

老甲 1/絶爲～慮民復季子

冓　部
再

 窮 15/幽明不～

 語二 49/疑取～

冉(𢆼)
𢆼

 通作稱　魯 1/亞～其君之惡者可謂忠臣矣

 通作稱　魯 3/亞～其君之惡者可謂忠臣矣

 通作稱　魯 5/亞～其君之惡者未之有也

 通作稱　成 22/唯冒丕單～德

丝　部
丝

 用作慈　唐 23/聞舜～乎弟〔知其能□□□〕爲民主也

 用作兹　成 39/刑～亡赦

幾(戔)
戔

老甲 25/其～也易散也

五 48/～而知之天也

 老乙 4/唯與呵相去～何

重 部

重

 用作惠 忠 5/口～而實弗從君子弗言尔

惠(惠、𢛇)

惠

 緇 41/私～不懷德

𢛇

 尊 32/依～則民材足

玄 部

玄

 老甲 8/古之善爲士者必微妙～達深不可志

 老甲 28/是謂～同

受 部

受

 語三 5/不義而加諸己弗～也

 成 34/君子簟席之上讓而～幽

今作授 唐 20/禪也者上德～賢之謂也

今作授 唐 21/～賢則民興教而化乎道

今作授 唐 25/堯禪天下而～之

今作授 唐 27/禪天下而～賢

今作授 忠 8/其言尔信故遭而可～也

通作人名紂 尊 23 上/～不迪其民而民不可止也

爭(婧)

婧

 成 35/津梁～舟其先也不若其後也

敢(敨)

敨

老甲 18/樸雖細天地弗～臣

老丙 14/是以能輔萬物之自然而弗～爲

五 45/心曰唯莫～不唯

五 45/諸莫～不諾

五 46/進莫～不進

 五 46/後莫～不後

 五 46/深莫～不深

 五 46/淺莫～不淺

 六 16/勞其股肱之力弗～憚也

 六 17/危其死弗～愛也

 用作儼 老甲 9/～乎其如客

 (訛)用作嚴 語一 64/刑非～也

叙　部

叡(窭)

窭

 用作諓 語三 11/與～者處損

歺　部

殆(怠)

怠

 老甲 36/故知足不辱知止不～可以長久

死　部

死(死、炙)

死

 緇 38/此以生不可奪志～不可奪名

 窮 9/子胥前多功後戮～非其智衰也

 性 44/鬱陶之氣也人不難爲之～

 六 5/足此民尔生～之用非忠信者莫之能也

 六 14/使之足以生足以～

 六 17/危其～弗敢愛也

 六 19/是故夫～有主終身不嫁

 六 46/三者君子所生與之立～與之獘也

 語四 4/口不慎而户之閉惡言復已而～無日

炙

 忠 3/故不誑生不倍～也

殜

 今作世 窮 2/有其人亡其～雖賢弗行矣

 今作世 窮 2/苟有其～何難之有哉

今作世 語四 3/一言之善足以終～

 今作世 語四 3/三～之福不足以出亡

 用作懾 尊 25/非倫而民服～此亂矣

骨　部

骨

 老甲 33/～弱筋柔而捉固

體（體、腥）

體

 緇 8/民以君爲心君以民爲～

 緇 8/心好則～安之君好則民欲之

 緇 9/故心以～廢君以民亡

 性 17/～其義而節文之

腥

 窮 10/非亡～狀也

肉　部

臚（膚）

膚

 今作膚 唐 11/順乎脂～血氣之情養性命之正

 （重文）通作落 五 43/索～～達諸君子道謂之賢

胃

 用作謂 忠 4/夫此之～些

 用作謂 忠 5/配天地也者忠信之～些

 用作謂 魯 2/呕稱其君之惡者可～忠臣矣

 用作謂 魯 3/呕稱其君之惡者可～忠臣矣

 用作謂 五 1/仁形於內～之德之行

用作謂 魯 1/何如而可～忠臣

用作謂 語四 13/不與智謀是～自欺

用作謂 語一 65/上下皆得其所之～信

用作謂 語一 92/愛善之～仁

用作謂 語一 94/備之～聖

用作謂 語一 100/盈聽之～聖

用作謂 語四 13/賢人不在側是～迷惑

用作謂 語四 12/早與賢人是～浸行

 用作謂 老甲 7/是～果而不強

 用作謂 老甲 28/是～玄同

 用作謂 老甲 35/物壯則老是～不道

 用作謂 老乙 5/何～寵辱

 用作謂 老乙 6/是～寵辱榮

 用作謂 太 10/下土也而～之地

 用作謂 太 10/上氣也而～之天

 用作謂 五 1/不形於內～之行

 用作謂 五 1/義形於內～之德之行

 用作謂 五 2/不形於內～之行

 用作謂 五 2/禮形於內～之德之行

 用作謂 五 2/不形於內～之〔行〕

 用作謂 五 3/〔智形〕於內～之德之行

 用作謂 五 3/不形於內～之行

 用作謂 五 3/聖形於內～之德之行

 用作謂 五 4/不形于內～之{德之}行

 用作謂 五 4/德之行五和～之德

 用作謂 五 4/四行和～之善

 用作謂 五 7/五行皆形于內而時行之～之君〔子〕

 用作謂 五 7/士有志於君子道～之志士

 用作謂 五 23/未嘗聞君子道～之不聰

 用作謂 五 23/未嘗視賢人～之不明

 用作謂 五 24/聞君子道而不知其君子道也～之不聖

 用作謂 五 24/視賢人而不知其有德也～之不智

 用作謂 五 26/此之～也

 用作謂 五 30/此之～也

 用作謂 五 41/此之～也

 用作謂 五 43/索落落達諸君子道～之賢

用作謂 五 44/君子知而舉之～之尊賢

 用作謂 五 44/知而事之～之尊賢者也

 用作謂 五 47/目而知之～之進之

 用作謂 五 47/喻而知之～之進之

 用作謂 五 47/譬而知之～之進之

 用作謂 五 48/此之～也

 用作謂 唐 20/禪也者上德授賢之～也

 用作謂 尊 22/桀不～其民必亂而民有爲亂矣

 用作謂 性 12/凡見者之～物

 用作謂 性 12/快於己者之～悦

 用作謂 性 13/物之勢者之～勢

 用作謂 性 13/有爲也者之～故

 用作謂 六 1/何～六德

 用作謂 六 14/～之君

 用作謂 六 17/～之〔臣〕

 用作謂 六 18/～之夫

 用作謂 六 20/～之婦

 用作謂 六 21/～之聖

 用作謂 六 22/～之義

 用作謂 六 22/～之孝

 用作謂 語四 14/早與智謀是～重基

 (殘)用作謂 老乙 1/是～〔重積德〕

 (殘)用作謂 太 8/君子知此之～□□□□□□

 (殘)用作謂 五 11/此之～〔也〕

肘(圣)

圣

 用作重 成 3/敬慎以～之

股

 (訛)六 16/勞其～肱之力弗敢憚也

膳

 用作善 語一 15/有美有～

用作善 語一 84/有察～亡爲善

用作善 語一 84/有察善亡爲～

用作善 語一 92/愛～之謂仁

用作善 語三 38/不～擇不爲智

用作善 語三 47/莫得～其所

用作善 語三 52/～日過我我日過善

用作善 語三 52/善日過我我日過～

（訛）用作善 語三 25/義～之方也

脂

唐 11/順乎～膚血氣之情養性命之正

肰（肰、廐）

肰

 通作然 老甲 12/是故聖人能輔萬物之自～而弗能爲

 通作然 老丙 2/成事遂功而百姓曰我自～也

 通作然 老丙 14/是以能輔萬物之自～而弗敢爲

通作然 五 16/能爲一～後能爲君子

通作然 五 17/能差池其羽～後能至哀

通作然 五 20/唯有德者～後能金聲而玉振之

通作然 五 34/中心辨～而正行之直也

通作然 成 9/雖～其存也不厚其重也弗多矣

通作然 尊 2/爵位所以信其～也

通作然 尊 17/～後可逾也

通作然 性 9/其用心各異教使～也

通作然 性 18/～後復以教

通作然 性 23/～後其入拔人之心也厚

通作然 性 30/戚～以終

通作然 性 31/悠～以思

通作然 性 33/其心變則其聲亦～

通作然 性 46/人之悦～可與和安者

通作然 性 49/～而其過不惡

通作然 六 27/疏斬布絰杖爲父也爲君亦～

通作然 六 28/疏衰齊牡麻絰爲昆弟也
爲妻亦～

 通作然 六 29/袒免爲宗族也爲朋友亦
～

 通作然 六 43/君子明乎此六者～後可
以斷獄

 通作然 六 46/三者皆通～後是也

 通作然 老甲 23/道瀫自～

 通作然 老甲 30/吾何以知其～也

 通作然 唐 3/必正其身～後正世聖道
備矣

 通作然 語一 76/～不然

 通作然 語一 76/然不～

虞

 通作然 語一 30/知天所爲知人所爲～
後知道

 通作然 語一 30/知道～後知命

 通作然 語一 59/政其～而行治焉尔也

 通作然 語一 61/政不達文生乎不達其
～也

 通作然 語一 63/知禮～後知刑

 通作然 語一 28/其智博～後知命

 通作然 語一 67/政其～而行治焉

肙（觬）

觬

 用作宛 性 59/門內之治欲其～也

脖（膋）

膋

 通作鬱 性 31/樂之動心也濬深～陶

 通作鬱 性 44/～陶之氣也人不難爲之
死

腘

 用作梟 窮 3/傅說衣～葛帽絰蒙巾

刀　部

削（鈔）

鈔

 語四 23/君有謀臣則壤地不～

剴

 通作豈 緇 12/～必盡仁

通作豈　緇 42/唯君子能好其匹小人～能好其匹

利（利、秒、稱）

利

 老甲 28/不可得而～亦不可得而害

 老甲 30/民多～器而邦滋昏

秒

 老甲 1/絶智棄辯民～百倍

 老甲 1/絶巧棄～盜賊亡有

稱

 緇 44/人雖曰不～吾弗信之矣

 唐 1/堯舜之王～天下而弗利也

 唐 1/堯舜之王利天下而弗～也

 唐 2/～天下而弗利也仁之至也

 唐 2/利天下而弗～也仁之至也

 唐 3/仁者爲此進而弗～窮仁矣

 唐 20/極仁之至～天下而弗利也

 唐 20/極仁之至利天下而弗～也

 唐 27/此以知其弗～也

 尊 38/有是施小有～遷而大有害者有之

 尊 38/有是施小有害遷而大有～者有之

性 43/用力之盡者～爲甚

性 46/人之巧言～詞者不有夫詘詘之心則流

語四 16/～木陰者不折其枝

語四 17/～其瀸者不塞其溪

（殘）尊 15/教以事則民力嗇以面～

通作黎　緇 17/出言有遜～民所訓

初

窮 9/梅｛之｝伯～醢醢後名揚非其德加

則（勳、鼎）

勳

老丙 6/君子居～貴左用兵則貴右

老丙 6/君子居則貴左用兵～貴右

老丙 10/故殺〔人衆〕～以哀悲蒞之

老丙 10/戰勝～以喪禮居之

五 15/形～不忘

 五 15/不忘～聰

 五 15/聰～聞君子道

 尊 13/教以禮～民果以輕

 尊 13/教以樂～民德清牪

 尊 14/教以辯説～民褻陵長貴以妄

 尊 14/教以藝～民野以爭

 尊 15/教以技～民小以吝

 尊 15/教以事～民力嗇以面利

 尊 16/教以權謀～民淫惽遠禮亡親仁

 尊 16/先之以德～民進善焉

 尊 17/因恆～固

 尊 17/察暗～亡僻

 尊 18/上思～□□

 尊 26/民愛～子也弗愛則讎也

 尊 26/民愛則子也弗愛～讎也

 尊 32/依惠～民材足

 尊 32/不時～亡勸也

 尊 33/不忠～不信

 尊 33/弗勇～亡復

 語一 34/禮繁樂零～慼

 語一 35/樂繁禮零～慢

 五 13/清～察

 五 13/察～安

 五 13/安～温

 五 13/温～悦

 五 13/悦～戚

 五 13/戚～親

 五 13/親～愛

 五 13/愛～玉色

 五 13/玉色～形

 五 13/形～仁

 五 14/長～得

 五 14/得～不忘

五 14/不忘～明

 五 14/明～視賢人

 五 14/視賢人～玉色

 五 14/玉色～形

 五 15/形～智

 五 15/輕～形

 五 15/玉音～形

 五 16/形～聖

 五 29/和～樂

 五 29/樂～有德

 五 29/有德～邦家舉

 五 32/和～同同則善

 五 32/和則同同～善

 尊 15/教以言～民華以寡信

 尊 17/不黨～亡怨

 尊 33/不愛～不親

 尊 33/不緩～弗懷

 尊 33/不理～亡畏

 尊 34/咎～民淫

 尊 34/正～民不閔

 尊 34/恭～民不怨

 語三 4/君臣不相存也～可已

 語三 28/未有其至～仁

 語三 29/治者至亡間～成名

 語三 33/兼行～治者中

 語三 34/交行～□□

 語三 40/愛親～其殺愛人

 語三 45/卯～難犯也

 語三 63/忠～會

 殘 17/□～□□

 老丙 12/慎終若始～無敗事矣

 緇 1/～民咸飭而刑不頓

 五 5/君子亡中心之憂～亡中心之智

五 5/亡中心之智～亡中心〔之悅〕

 五 6/〔不〕安～不樂

 五 6/不樂～亡德

 五 10/亦既見止亦既觀止我心～〔悅〕

 成 1/行不信～命不從

 成 2/信不著～言不樂

 成 4/其導民也不浸～其淳也弗深矣

 成 7/是故上苟身服之～民必有甚焉者

 成 9/上苟倡之～民鮮不從矣

 成 17/智而比次～民欲其智之遂也

 成 17/富而分賤～民欲其富之大也

 成 18/貴而一讓～民欲其貴之上也

 成 20/是故欲人之愛己也～必先愛人

 成 20/欲人之敬己也～必先敬人

 成 27/即於能也～猶是也

 成 28/及其博長而厚大也～聖人不可由與殫之

 成 36/從允釋過～先者豫來者信

 語四 22/山亡隨～陵

 語四 22/城無衰～陵

 語四 23/君有謀臣～壞地不削

 語四 23/士有謀友～言談不弱

鼎

 六 25/觀諸禮樂～亦在矣

 緇 2/有國者彰好彰惡以示民厚～民情不飾

 緇 4/～君不疑其臣臣不惑於君

 緇 5/上人疑～百姓惑下難知則君長勞

 緇 6/上人疑則百姓惑下難知～君長勞

 緇 6/～民不惑

 緇 7/～君不勞

 緇 8/心好～體安之君好則民欲之

 緇 8/心好則體安之君好～民欲之

 緇 10/上好仁～下之為仁也爭先

 緇 11/～民至行己以悅上

 緇 18/彼求我～如不我得

緇 20/大臣之不親也～忠敬不足而富貴已過也

 緇 21/邦家之不寧也～大臣不治而褻臣宅也

 緇 22/故君不與小謀大～大臣不怨

 緇 24/長民者教之以德齊之以禮～民有勸心

 緇 24/教之以政齊之以刑～民有免心

 緇 25/故慈以愛之～民有親

 緇 25/信以結之～民不倍

 緇 25/恭以蒞之～民有遜心

 緇 27/～刑罰不足恥而爵不足勸也

 緇 33/故言～慮其所終行則稽其所敝

 緇 33/故言則慮其所終行～稽其所敝

 緇 33/～民慎於言而謹於行

 緇 34/言從行之～行不可匿

 緇 35/～民不能大其美而小其惡

 緇 44/～好仁不堅而惡惡不著也

 五 15/聞君子道～玉音

 五 46/和～同同則善

 五 46/和則同同～善

 性 2/及其見於外～物取之也

 性 19/其先後之敘～宜道也

 性 20/或敘為之節～文也

 性 24/聞笑聲～侃如也斯喜

 性 24/聞歌謠～陶如也斯奮

 性 25/觀韶夏～勉如也斯斂

 性 27/鄭衛之樂～非其聲而縱之也

 性 31/其烈～流如也以悲

 性 32/其聲變～〔心從之〕

 性 33/其心變～其聲亦然

 性 45/不有夫簡簡之心～采

 性 45/不有夫恆怡之志～慢

性 46/人之巧言利詞者不有夫詘詘之心～流

性 47/人之悦然可與和安者不有夫奮猛之情～侮

性 49/有過～咎

性 59/言及～明舉之而毋偽

性 61/獨處～習

性 61/已～勿復言也

六 22/故人～爲〔人也謂之〕仁

六 24/觀諸詩書～亦在矣

六 25/觀諸易春秋～亦在矣

六 48/得其人～舉焉不得其人則止也

六 48/得其人則舉焉不得其人～止也

唐 20/上德～天下有君而世明

唐 21/授賢～民興教而化乎道

忠 1/忠積～可親也

忠 1/信積～可信也

性 25/聽琴瑟之聲～悸如也斯懟

性 25/觀賚武～齊如也斯作

老甲 35/物壯～老是謂不道

老乙 2/〔亡〕不克～莫知其極

緇 16/長民者衣服不改從容有常～民德一

緇 31/～民言不詭行行不詭言

剛

性 8/～之樹也剛取之也

性 8/剛之樹也～取之也

辨(旁)

旁

五 37/不暱不～於道

五 39/有小罪而弗赦也不～于道也
案：從"辡"省聲。也可能是"辛"爲"辡"之省，讀爲"辨"。

割(割、戠)

割

(重文) 語四 18/善使其下若蚚蛩之足衆而不～～而不仆

通作害 語四 16/如將有敗雄是爲～

戠

通作蓋 緇 37/昔在上帝～申觀文王德

罰

緇 27/則刑～不足恥而爵不足勸也

緇 29/敬明乃～

成 5/是故威服刑～之屢行也由上之
弗身也

成 38/不率大戛文王作～

(殘)尊 3/刑～所以赦也

列

用作間 老甲 23/天地之～其猶橐籥歟

劉(戮)

戮
通作察 性 38/～其見者情焉失哉

刃　部

刃

成 35/小人不程人於～君子不程人
於禮

耒　部

耕(耤、畊)

耤
通作爭 緇 11/上好仁則下之爲仁也
～先

畊
窮 2/舜～於歷山陶拍於河浦

成 13/農夫務食不強～糧弗足矣

角　部

解

老甲 27/～其紛

今作懈 五 36 背/敬而不懈{～}嚴也

卷　五

竹　部

節

通作即　成 26/～於能也則猶是也

籥

(訛)老甲 23/天地之間其猶橐～歟

等（筱）

筱

用作志　緇 4/爲上可望而知也爲下可類而～也

筮（簭、呇）

簭

緇 46/人而亡恆不可爲卜～也

呇

緇 46/龜～猶弗知而況於人乎

簟（簸）

簸

成 34/君子～席之上讓而受幽

筆（桱）

桱

窮 7/釋鞭～而爲尊卿遇秦穆〔也〕

笑（芺）

芺

老乙 9/下士聞道大～之

老乙 10/弗大～不足以爲道矣

芺

性 22/～喜之淺澤也

芺

性 24/聞～聲則侃如也斯喜

笘

用作拍　窮 2/舜耕於歷山陶～於河浦

簹

 今作爵 魯 7/嘔〔稱其君〕之惡〔者遠〕禄～者也

 今作爵 魯 7/〔爲〕義而遠禄～
案：可能是斗爵之"爵"異體。

籖

 用作衍 六 45/其～十又二

箕　部

箕(其、圦)

其
 今作其 緇 35/故君子顧言而行以成～信

圦
 今作其 緇 35/則民不能大～美而小其惡

 今作其 緇 35/則民不能大其美而小～惡

 今作其 緇 37/～集大命于厥身

 今作其 緇 39/淑人君子～儀一也

 今作其 緇 40 正/苟有車必見～轍

今作其 緇 40 正/苟有行必見～成

今作其 緇 42/唯君子能好～匹小人豈能好其匹

丌　部

丌(丌、亓)

丌
通作其 老甲 5/以～不爭也故天下莫能與之爭

通作其 老甲 7/～事好長

通作其 老甲 8/猶乎～如畏四鄰

通作其 老甲 9/儼乎～如客

通作其 老甲 9/渙乎～如釋

通作其 老甲 9/純乎～如樸

通作其 老甲 15/皆知善此～不善已

通作其 老甲 23/天地之間～猶橐籥歟

通作其 老乙 9/上士聞道僅能行於～中

通作其 老乙 14/大成若缺～用不敝

通作其 老乙 14/大盈若沖～用不窮

通作其 老乙 16/子孫以～祭祀不輟

通作其 老乙 16/修之身～德乃貞

通作其 老乙 16/修之家～德有餘

通作其 老乙 17/修之鄉～德乃長

通作其　老乙 17/修之邦～德乃豐

通作其　老丙 1/～次親譽之

通作其　老丙 1/～次畏之

通作其　老丙 1/～次侮之

通作其　老丙 2/猶乎～貴言也

通作其　老丙 5/故道〔之出言〕淡兮～
無味也

通作其　老丙 12/人之敗也恆於～且成
也敗之

通作其　太 10/道亦～字也請問其名

通作其　太 10/道亦其字也請問～名

通作其　太 11/以道從事者必宅～名

通作其　太 11/聖人之從事也亦宅～名

通作其　太 12/故過～方不使相當

通作其　太 13/〔天不足〕於西北～下高
以強

通作其　太 13/地不足於東南～上〔高
以強〕

通作其　緇 14/下之事上也不從～所以
命而從其所行

通作其　緇 14/下之事上也不從其所以
命而從～所行

通作其　緇 40 背/人苟有言必聞～聲

通作其　五 48/～人施諸人猂也

通作其　唐 3/必正～身然後正世聖道
備矣

通作其　唐 9/古者虞舜篤事瞽瞍乃式
～孝

通作其　唐 9/忠事帝堯乃式～臣

通作其　唐 10/愛親尊賢虞舜～人也

通作其　唐 19/及～有天下也不以天下
爲重

通作其　唐 22/聞舜孝知～能養天下之
老也

通作其　唐 23/聞舜悌知～能治天下之
長也

通作其　唐 24/故～爲瞽瞍子也甚孝

通作其　唐 24/及～爲堯臣也甚忠

通作其　唐 27/退而養～生

通作其　唐 27/此以知～弗利也

通作其　忠 7/君子～施也忠故蠻親薄也

通作其　忠 8/～言尔信故遺而可授也

通作其　成 2/民不從上之命不信～言
而能含德者

通作其　成 3/～所在者入矣

通作其　成 4/其導民也不浸則～淳也
弗深矣

通作其　成 4/是故亡乎～身而存乎其詞

通作其　成 5/是故亡乎其身而存乎～詞

通作其　成 5/雖厚～命民弗從之矣

通作其　成 8/君袀冕而立於阼一宮之
人不勝～敬

通作其　成 9/〔君冠胄帶甲而立於軍〕
一軍之人不勝～勇

通作其　成 9/雖然～存也不厚其重也弗多矣

通作其　成 10/雖然其存也不厚～重也弗多矣

通作其　成 10/不求諸～本而攻諸其末弗得矣

通作其　成 10/不求諸其本而攻諸～末弗得矣

通作其　成 12/苟不從～由不返其本未有可得也者

通作其　成 12/苟不從其由不返～本未有可得也者

通作其　成 14/苟不從～由不返其本雖強之弗入矣

通作其　成 15/苟不從其由不返～本雖強之弗入矣

通作其　成 15/上不以～道民之從之也難

通作其　成 17/智而比次則民欲～智之邃也

通作其　成 17/富而分賤則民欲～富之大也

通作其　成 18/貴而一讓則民欲～貴之上也

通作其　成 21/是以智而求之不疾～去人弗遠矣

通作其　成 21/勇而行之不果～疑也弗往矣

通作其　成 24/形於中發於色～審也固矣

通作其　成 26/聖人之性與中人之性～生而未有非之

通作其　成 27/雖～於善道也亦非有繹繆以多也

通作其　成 27/及～博長而厚大也則聖人不可由與殫之

通作其　成 29/雖有～恆而行之不疾未有能深之者也

通作其　成 35/津梁爭舟～先也不若其後也

通作其　成 35/津梁爭舟其先也不若～後也

通作其　成 36/言語較之～勝也不若其已也

通作其　成 36/言語較之其勝也不若～已也

通作其　性 21/悅～教

通作其　性 26/～返善復始也慎

通作其　性 29/凡至樂必悲哭亦悲皆至～情也

通作其　性 29/哀樂～性相近也是故其心不遠

通作其　性 29/哀樂其性相近也是故～心不遠

通作其　性 30/～烈戀戀如也

通作其　性 31/～烈則流如也以悲

通作其　性 32/～聲變則〔心從之〕

通作其　性 33/～心變則其聲亦然

通作其　性 33/其心變則～聲亦然

通作其　性 36/凡學者求～心爲難

通作其　性 36/從～所爲近得之矣

通作其　性 37/雖能～事不能其心不貴

通作其　性 37/雖能其事不能～心不貴

通作其　性 37/求～心有爲也弗得之矣

通作其 性 38/〔不〕過十舉～心必在焉	通作其 語一 28/～智博然後知命
通作其 性 38/察～見者情焉失哉	通作其 語一 62/～生也亡爲乎
通作其 性 47/有～爲人之慧如也弗牧不可	通作其 語一 62/～刑生德德生禮禮生樂
通作其 性 47/有～爲人之愿如也弗補不足	通作其 語一 73/悲作～所也亡非是
通作其 性 49/然而～過不惡	通作其 語一 87/君臣朋友～擇者也
通作其 性 50/不以～情雖難不貴	通作其 語一 109/虡與容與夫～行者
通作其 六 7/〔不〕由～道雖堯求之弗得也	通作其 語二 40/凡過正一以失～他者也
通作其 六 15/非我血氣之親畜我如～子弟	通作其 語二 52/其所之同～行者異
通作其 六 16/勞～股肱之力弗敢憚也	通作其 語三 13/自示～所能損
通作其 六 17/危～死弗敢愛也	通作其 語三 20/春秋亡不以～生也亡耳
通作其 六 33/豫～志求養親之志	通作其 語三 43/或由其避或由其不進或由～可
通作其 六 37/～反	通作其 語三 70 下/爲～型
通作其 六 39/君子不啻明乎民微而已又以知～一矣	通作其 語四 5/既得～急言必有及
通作其 六 41/不使此民也憂～身失其業	通作其 語四 15/及之而弗惡必盡～故
通作其 六 41/不使此民也憂其身失～業	通作其 殘 12/□此～□
通作其 六 44/能守一曲焉可以違～惡	（重文）通作其 老乙 2/〔亡〕不克則莫知～極莫知～極
通作其 六 44/是以～斷獄速	通作己 語一 61/教學～也
通作其 六 44/～繹之也六	存疑 殘 19/□～□
通作其 六 45/～衍十又二	
通作其 六 47/小者以修～身	
通作其 六 48/材此親戚遠近唯～人所在	

亓

通作其　老甲 2/江海所以爲百谷王以～能爲百谷下

通作其　老甲 3/～在民上也以言下之

通作其　老甲 4/～在民上也民弗厚也

通作其　老甲 4/～在民前也民弗害也

通作其　老甲 9/沌乎～如濁

通作其　老甲 21/未知～名字之曰道

通作其　老甲 24/天道雲雲各復～根

通作其　老甲 25/～安也易持也

通作其　老甲 25/～未兆也易謀也

通作其　老甲 25/～脆也易判也

通作其　老甲 25/～幾也易散也

通作其　老甲 25/爲之於～亡有也

通作其　老甲 26/治之於～未亂

通作其　老甲 27/閉～兌

通作其　老甲 27/塞～門

通作其　老甲 27/和～光

通作其　老甲 27/同～塵

通作其　老甲 27/祝～銳

通作其　老甲 27/解～紛

通作其　老甲 30/吾何以知～然也

通作其　老乙 13/閉～門塞其兌終身不懋

通作其　老乙 13/閉其門塞～兌終身不懋

通作其　老乙 13/啟～兌塞其事終身不仇

通作其　老乙 13/啟其兌塞～事終身不仇

通作其　緇 4/則君不疑～臣臣不惑於君

通作其　緇 4/淑人君子～儀不忒

通作其　緇 7/臣事君言～所不能不詞其所能

通作其　緇 7/臣事君言其所不能不詞～所能

通作其　緇 7/非～止之恭唯王恭

通作其　緇 17/～容不改

通作其　緇 17/大人不親～所賢而信其所賤

通作其　緇 18/大人不親其所賢而信～所賤

通作其　緇 19/未見聖如～弗克見我

通作其　緇 29/王言如絲～出如綸

通作其　緇 30/王言如索～出如紼

通作其　緇 33/故言則慮～所終行則稽其所敝

通作其　緇 33/故言則慮其所終行則稽～所敝

通作其　緇 40 正/苟有衣必見～敝

通作其　緇 42/唯君子能好其匹小人豈能好～匹

通作其　緇 43/故君子之友也有向～惡有方

通作其　緇 46/～古之遺言歟

通作其　魯 2/亟稱～君之惡者可謂忠臣矣

通作其　魯 3/亟稱～君之惡者可謂忠臣矣

通作其　魯 5/夫爲～君之故殺其身者嘗有之矣

通作其　魯 5/夫爲其君之故殺～身者嘗有之矣

通作其　魯 5/亟稱～君之惡者未之有也

通作其　魯 6/夫爲～君之故殺其身者要祿爵者也

通作其　魯 6/夫爲其君之故殺～身者要祿爵者也

通作其　窮 1/有～人亡其世雖賢弗行矣

通作其　窮 1/有其人亡～世雖賢弗行矣

通作其　窮 2/苟有～世何難之有哉

通作其　窮 9/梅{之}伯初醢醢後名揚非～德加

通作其　窮 9/子胥前多功後戮死非～智衰也

通作其　五 16/淑人君子～儀一也

通作其　五 16/君子慎～獨也

通作其　五 17/能差池～羽然後能至哀

通作其　五 17/君子慎～〔獨也〕

通作其　五 24/聞君子道而不知～君子道也謂之不聖

通作其　五 24/視賢人而不知～有德也謂之不智

通作其　五 32/以～中心與人交悅也

通作其　五 33/愛父～稽愛人仁也

通作其　五 35/貴貴～等尊賢義也

通作其　五 36/以～外心與人交遠也

通作其　五 42/能進之爲君子弗能進也各止於～里

通作其　五 48/大施諸～人天也

通作其　成 4/～導民也不浸則其淳也弗深矣

通作其　尊 2/爵位所以信～然也

通作其　尊 3/不由～道不行

通作其　尊 5/禹以人道治～民

通作其　尊 5/桀以人道亂～民

通作其　尊 18/教～政不教其人政弗行矣

通作其　尊 19/教其政不教～人政弗行矣

通作其　尊 20 下/紂不迪～民而民不可止也

通作其　尊 22/桀不謂～民必亂而民有爲亂矣

通作其　尊 26/不以嗜欲害～儀軌

通作其　尊 29/～載也亡重焉交矣而弗知也

通作其　尊 30/論列～類焉

通作其　尊 36/下之事上也不從～所命而從其所行

通作其　尊 36/下之事上也不從其所命而從～所行

通作其　尊 39/民心有恆求～羕

通作其　性 2/及～見於外則物取之也

通作其　性 7/牛生而粻雁生而陣～性〔使然〕

通作其　性 9/四海之内～性一也

通作其　性 9/～用心各異教使然也

通作其　性 14/習也者有以習～性也

通作其　性 15/～三術者道之而已

通作其　性 15/～始出皆生於人

通作其　性 16/聖人比～類而論會之

通作其　性 17/觀～先後而逆順之

通作其　性 17/體～義而節文之

通作其　性 18/理～情而出入之

通作其　性 19/～先後之敍則宜道也

通作其　性 20/君子美～情

通作其　性 21/善～節

通作其　性 21/好～容

通作其　性 21/樂～道

通作其　性 22/～詞宜道也

通作其　性 23/凡聲～出於情也信

通作其　性 23/然後～入拔人之心也厚

通作其　性 26/～居次也久

通作其　性 27/～出入也順

通作其　性 27/始～德也

通作其　性 27/鄭衛之樂則非～聲而縱之也

通作其　性 28/凡古樂籠心益樂籠指皆教～人者也

通作其　性 44/有～爲人之節節如也

通作其　性 45/有～爲人之簡簡如也

通作其　性 50/苟以～情雖過不惡

通作其　性 51/苟有～情雖未之爲斯人信之矣

通作其　性 58/門内之治欲～宛也

通作其　性 59/門外之治欲～折也

通作其　六 11/☐而上有☐賞慶焉知～以有所歸也

通作其　六 24/六者各行～職而獄訟亡由作也

通作其 六 36/此六者各行～職而獄訟蔑由作也

 通作其 六 48/得～人則舉焉不得其人則止也

 通作其 六 48/得其人則舉焉不得～人則止也

 通作其 語一 46/～體有容有色有聲有臭有味有氣有志

 通作其 語一 59/政～然而行治焉尔也

 通作其 語一 61/政不達文生乎不達～然也

 通作其 語一 65/上下皆得～所之謂信

 通作其 語一 67/政～然而行治焉

 通作其 語一 105/人物各止於～所

通作其 語二 52/～所之同其行者異

通作其 語三 1/～弗惡也猶三軍之旌也正也

通作其 語三 14/自示～所不足益

通作其 語三 28/未有～至則仁

通作其 語三 40/愛親則～殺愛人

 通作其 語三 42/或由～避或由其不進或由其可

 通作其 語三 42/或由其避或由～不進或由其可

通作其 語三 47/莫得善～所

通作其 語三 53/賢者唯～止也以異

通作其 語三 57/止乎～孝

通作其 語四 11/匹婦偶夫不知～鄉之小人君子

通作其 語四 11/食韭惡知終～杪

通作其 語四 16/雖難～興

通作其 語四 17/利木陰者不折～枝

通作其 語四 17/利～瀦者不塞其溪

通作其 語四 17/利其瀦者不塞～溪

通作其 語四 17/善使～下若蚑蛩之足衆而不割割而不仆

通作其 語四 18/善事～上者若齒之事舌而終弗噬

 通作其 語四 21/善使～民者若四時一逝一來而民弗害也

通作其 殘 1/夫～勢☒

通作其 殘 2/盡～飾道☒

 通作其 性 22/拜所以〔爲敬也〕～數文也

用作期 語三 48/思亡疆思亡～思亡邪思亡不由我者

畀

用作鼻 語一 51/臭～司也

莫(覀)

覀

性 1/凡人雖有性心亡～志

性 2/待物而後作待悦而後行待習而後～

用作鄭 性 27/～衛之樂則非其聲而縱之也

舁

通作斯 性 25/觀賚武則齊如也～作

通作斯 性 26/觀韶夏則勉如也～嬐

通作斯 性 34/喜～陶

通作斯 性 34/陶～奮

通作斯 性 34/奮～詠

通作斯 性 34/詠～摇

通作斯 性 34/摇～舞

通作斯 性 34/慍～憂

通作斯 性 34/憂～戚

通作斯 性 35/戚～歎

通作斯 性 35/歎～撫

通作斯 性 35/撫～踊

通作斯 性 48/偽～隱矣隱斯慮矣慮斯莫與之結矣

通作斯 性 48/偽斯隱矣隱～慮矣慮斯莫與之結矣

通作斯 性 48/偽斯隱矣隱斯慮矣慮～莫與之結矣

通作斯 性 49/人不慎～有過信矣

通作斯 性 51/苟有其情雖未之爲～人信之矣

黝

用作衿 成 7/君～冕而立於阼一宮之人不勝其敬

案：雙聲符字。

左　部

左(右)

右

老丙 6/君子居則貴～用兵則貴右

老丙 8/故吉事尚～喪事尚右

老丙 9/是以偏將軍居～上將軍居右

差(㱒)

㱒

用作佐 老甲 6/以道～人主者不欲以兵強於天下

用作佐　窮 4/釋板築而～天子遇武丁也

工　部

工

工 忠 7/忠之爲道也百～不苦而人養皆足

工 用作功　成 12/君上享成不唯本～〔弗成矣〕

工 用作功　成 23/勉之遂也強之～也

工 用作功　成 23/墮之淹也怠之～也

巨

王 語四 14/邦有～雄必先與之以爲朋

甘　部

甘

回 老甲 19/天地相合也以揄～露

猒

 通作厭　緇 46/我龜既～不我告猷

甚（昆）

昆

 唐 24/故其爲瞽瞍子也～孝

昆 唐 24/及其爲堯臣也～忠

昆 唐 25/南面而王天下而～君

昆 語四 25/衆強～多不如時

昆 老甲 36/～愛必大費厚藏必多亡

昆 老甲 5/罪莫重乎～欲

昆 緇 15/上好此物也下必有～焉者矣

昆 成 7/是故上苟身服之則民必有～焉者

昆 尊 37/上好是物也下必有～焉者

昆 性 32/凡思之用心爲～

昆 性 42/用智之疾者患爲～

昆 性 43/用情之至者哀樂爲～

昆 性 43/用身之繁者悦爲～

昆 性 43/用力之盡者利爲～

曰　部

曰

曰 老甲 21/未知其名字之～道

曰 老甲 22/吾強爲之名～大

曰 老甲 22/大～逝逝曰轉轉曰返

曰 老甲 22/大曰逝逝～轉轉曰返

曰 老甲 22/大曰逝逝曰轉轉～返

曰 老甲 31/是以聖人之言～

曰 老甲 34/和～同

曰 老甲 34/知和～明

曰 老甲 35/益生～羕

曰 老甲 35/心使氣～強

曰 老丙 2/成事遂功而百姓～我自然也

曰 老丙 6/故～兵者〔非君子之器〕

曰 緇 1/夫子～

曰 緇 2/子～

曰 緇 3/子～

曰 緇 5/子～

曰 緇 8/子～

曰 緇 10/子～

曰 緇 12/子～

曰 緇 14/子～

曰 緇 16/子～

曰 緇 23/子～

曰 緇 27/非用靈制以刑唯作五虐之刑～瀘

曰 緇 27/子～

曰 緇 29/子～

曰 緇 30/子～

曰 緇 32/子～

曰 緇 34/子～

曰 緇 40 正/子～

曰 緇 41/子～

曰 緇 42/子～

曰 緇 43/子～

曰 緇 44/人雖～不利吾弗信之矣

曰 緇 45/子～

曰 緇 45/宋人有言～

曰 魯 1/魯穆公問於子思～

曰 魯 1/子思～

曰 魯 3/公～

曰 魯 3/子思～

曰 魯 4/成孫弋～

曰 五 45/心～唯莫敢不唯

曰 唐 27/虞志～

曰 緇 17/子～

緇 20/子～

緇 37/子～

六 16/故～

六 49/故～

成 6/昔者君子有言～

成 22/君奭～

成 22/君子～

成 25/[图]命～

成 29/君奭～

成 29/君子～

成 33/大禹～

成 36/君子～

成 37/昔者君子有言～

成 38/康誥～

(訛)成 1/聞之～

乃　部

乃

老乙 16/修之身其德～貞

老乙 17/修之鄉其德～長

老乙 17/修之邦其德～豐

緇 29/敬明～罰

唐 9/古者虞舜篤事瞽瞍～式其孝

唐 9/忠事帝堯～式其臣

語四 26/破邦亡家事～有假

卣

通作攸 緇 45/朋友～攝攝以威儀

可　部

可

老乙 2/莫知其極～以有國

老乙 2/有國之母～以長〔久〕

老乙 5/人之所畏亦不～以不畏

老乙 8/〔故貴以身〕爲天下若～以宅天下矣

老乙 8/愛以身爲天下若～以去天下矣

緇 45/人而亡恆不～爲卜筮也

唐 15/縱仁聖～與時弗可及矣

唐 15/縱仁聖可與時弗～及矣

忠 1/忠積則～親也

忠 1/信積則～信也

忠 5/不期而～要者天也

忠 8/其言尔信故邅而～授也

成 12/苟不從其由不返其本未有～得也者

成 15/是以民～敬導也而不可掩也

成 16/是以民可敬導也而不～掩也

成 16/可御也而不～牽也

成 19/～不慎乎

成 19/察反諸己而～以知人

成 25/此言也言信於眾之～以濟德也

成 28/及其博長而厚大也則聖人不～由與殫之

成 28/此以民皆有性而聖人不～摹也

成 30/疾之～能終之爲難

成 37/是故唯君子道～近求而可遠措也

成 37/是故唯君子道可近求而～遠措也

成 38/蓋言慎求之於己而～以至順天常矣

尊 3/仁爲～親也

性 7/〔人之不可〕獨行猶口之不～獨言也

性 42/所爲道者四唯人道爲～道也

性 47/有其爲人之慧如也弗牧不～

性 48/凡人僞爲～惡也

性 54/惡之而不～非者達於義者也

性 55/非之而不～惡者篤於仁者也

性 61/苟毋大害小枉納之～也

六 17/知～爲者知不可爲者

六 18/知可爲者知不～爲者

六 42/下修其本～以斷獄

六 43/君子明乎此六者然後～以斷獄

六 43/道不～躐也

六 43/能守一曲焉～以違其惡

語四 22/士亡友不～

老甲 21/遯穆獨立不孩～以爲天下母

老甲 8/古之善爲士者必微妙玄達深不～志

老甲 28/故不～得而親亦不可得而疏

老甲 28/故不可得而親亦不～得而疏

老甲 28/不～得而利亦不可得而害

老甲 28/不可得而利亦不～得而害

老甲 29/不～得而貴亦{可}不可得而賤

老甲 29/不可得而貴亦{～}不可得而賤

老甲 29/不可得而貴亦{可}不～得而賤

老甲 38/揣而群之不～長保也

老丙 5/視之不足見聽之不足聞而不～既也

緇 3/爲上～望而知也爲下可類而志也

緇 4/爲上可望而知也爲下～類而志也

緇 15/故上之好惡不～不慎也民之表也

緇 21/此以大臣不～不敬民之藐也

緇 28/故上不～以褻刑而輕爵

緇 30/～言不可行君子弗言

緇 31/可言不～行君子弗言

緇 31/～行不可言君子弗行

緇 31/可行不～言君子弗行

緇 34/言從行之則行不～匿

緇 35/白珪之砧尚～磨也

緇 36/此言之砧不～爲也

緇 38/此以生不～奪志死不可奪名

緇 38/此以生不可奪志死不～奪名

魯 1/何如而～謂忠臣

魯 2/亟稱其君之惡者～謂忠臣矣

魯 3/亟稱其君之惡者～謂忠臣矣

成 16/～御也而不可牽也

尊 1/尊德義明乎民倫～以爲君

尊 4/義爲～尊也

尊 4/忠爲～信也

尊 4/學爲～益也

尊 4/教爲～類也

尊 17/然後～逾也

尊 19/～學也而不可擬也

尊 19/可學也而不～擬也

尊 20 上/～教也而不可若也

尊 20 上/可教也而不～若也

尊 20 下/紂不迪其民而民不～止也

尊 21/民～使導之而不可使知之

尊 22/民可使導之而不～使知之

尊 22/民～導也而不可強也

 尊 22/民可導也而不～強也

 尊 23 下/～從也而不可及也

 尊 23 下/可從也而不～及也

 尊 28/故率民向方者唯德～

 尊 31/治樂和哀民不～敬也

 尊 37/夫唯是故德～易而施可遷也

 尊 37/夫唯是故德可易而施～遷也

 性 15/道四術唯人道爲～道也

 性 38/人之不能以僞也～知也

 性 46/人之悦然～與和安者不有夫奮猛之情則侮

 性 50/凡人情爲～悦也

 語一 56/不～爲也而不可不爲也

 語一 57/不可爲也而不～不爲也

 語一 86/勢與聲爲～察也

 語一 101/權～去可歸

 語一 101/權可去～歸

 語三 4/君臣不相存也則～已

 語三 4/不悦～去也

 語三 43/或由其避或由其不進或其～

 語四 6/喻之而不～必文以謁

 語四 25/故謀爲～貴

 老甲 36/故知足不辱知止不殆～以長久

 通作何 老乙 4/唯與呵相去幾～

 通作何 老乙 4/美與惡相去～若

 通作何 老乙 5/～謂寵辱

 通作何 老乙 18/吾～以知天〔下然哉〕

 通作何 老甲 30/吾～以知其然也

 通作何 魯 1/～如而可謂忠臣

 通作何 窮 2/苟有其世～難之有哉

 通作何 六 1/～謂六德

 （殘）通作何 老乙 7/及吾亡身又～〔患焉〕

 用作呵 老乙 4/唯與～相去幾何

 用作兮 老丙 5/故道〔之出言〕淡～其無味也

分　部

乎（虖）

虖

老甲 5/罪莫重～甚欲

老甲 5/咎莫僉～欲得

老甲 6/禍莫大～不知足

成 5/是故亡乎其身而存～其詞

尊 1/尊德義明～民倫可以爲君

尊 28/德之流速～置郵而傳命

尊 29/明德者且莫大～禮樂

老甲 8/豫～〔其〕如冬涉川

老甲 8/猶～其如畏四鄰

老甲 9/儼～其如客

老甲 9/渙～其如釋

老甲 9/純～其如樸

老甲 9/沌～其如濁

老丙 2/猶～其貴言也

緇 46/龜筮猶弗知而況於人～

魯 4/善哉言～

成 19/可不慎～

于　部

于

緇 32/淑慎尔止不愆～儀

緇 37/其集大命～厥身

性 18/教所以生德～中者也

五 6/五行皆形～内而時行之謂之君〔子〕

五 30/文〔王在上於昭〕～天

通作雩　緇 39/出入自尔師～庶言同

旨　部

旨（旨、餡）

旨

用作嗜　尊 26/不以～欲害其儀軌

用作者　緇 10/臻冬～寒小民亦唯日怨

通作示　緇 42/人之好我～我周行

餂
 用作稽　緇 33/故言則慮其所終行則～
其所敝

嘗

 魯 5/夫爲其君之故殺其身者～有
之矣

 唐 14/未～遇□□

喜　部

喜(壴、憙)

壴
 通作矣　老丙 12/慎終若始則無敗事～

 通作矣　性 36/從其所爲近得之～

 通作矣　性 37/求其心有僞也弗得之～

 通作矣　性 48/僞斯隱～隱斯慮矣慮斯
莫與之結矣

 通作矣　性 48/僞斯隱矣隱斯慮～慮斯
莫與之結矣

 通作矣　性 49/僞斯隱矣隱斯慮矣慮斯
莫與之結～

 通作矣　性 49/人不慎斯有過信～

 通作矣　性 51/苟有其情雖未之爲斯人
信之～

 通作矣　六 1/聖與智就～

 通作矣　六 2/仁與義就～

 通作矣　六 19/一與之齊終身弗改之～

 通作矣　六 24/觀諸詩書則亦在～

 通作矣　六 25/觀諸禮樂則亦在～

 通作矣　六 25/觀諸易春秋則亦在～

 通作矣　六 39/君子不啻明乎民微而已
又以知其一～

憙
 性 2/～怒哀悲之氣性也

 性 34/～斯陶

 性 34/舞～之終也

 性 63/～欲知而亡末

語一 45/凡有血氣者皆有～有怒有慎
有莊

語二 28/～生於性

 語二 28/樂生於～

 性 24/聞笑聲則侃如也斯～

 (訛)性 22/笑～之淺澤也

 (訛)性 23/樂～之深澤也

豆　部

豆

 用作囑 老甲 2/或命之或呼～

豐　部

豐

 用作禮 老丙 10/戰勝則以喪～居之

 用作禮 五 2/～形於内謂之德之行

 用作禮 五 22/不恭亡～

 用作禮 五 28/安而敬之～也

 用作禮 五 28/聖智～樂之所由生也五〔行之所和〕也

 用作禮 五 31/行而敬之～也

 用作禮 五 31/仁義～所由生也四行之所和也

 用作禮 五 37/恭而博交～也

 用作禮 語一 16/有仁有智有義有～

 用作禮 語一 31/～因人之情而爲之節文者也

 用作禮 語一 34/～繁樂零則蔑

 用作禮 語一 35/樂繁～零則慢

 用作禮 語一 63/知～然後知刑

 用作禮 語一 103/～不同不豐不殺

 用作禮 語二 1/～生於情

 用作禮 語二 2/嚴生於～

 用作禮 語二 5/文生於～

用作禮 語三 36/～行之也

用作禮 語三 60/～必兼

(重文)用作禮 語一 24/其刑生德德生～～生樂

(重文)用作禮 語一 27/知人而後知～知～而後知行

用作禮 語一 42/～交之行術也

用作禮 成 35/小人不程人於刃君子不程人於～

用作禮 尊 9/由～知樂

用作禮 尊 11/有知～而不知樂者

用作禮 尊 11/亡知樂而不知～者

用作禮 尊 13/教以～則民果以輕

用作禮 尊 16/教以權謀則民淫悃遠～亡親仁

用作禮 尊 20 下/尊仁親忠敬莊歸～

用作禮 尊 23 下/君民者治民復～

用作禮 尊 24/爲邦而不以～猶御之亡策也

用作禮 尊 24/非～而民悅戴此小人矣

用作禮 尊 29/明德者且莫大乎～樂

用作禮 尊 31/刑不逮於君子～不逮於小人

用作禮 老丙 9/言以喪～居之也

用作禮 五 50/聞道而恭者好～者也

用作禮 語一 33/～生於莊

(訛)用作禮 緇 24/長民者教之以德齊之以～則民有勸心

(訛)用作禮 性 15/詩書～樂其始出皆生於人

(訛)用作禮 性 16/～樂有爲舉之也

(訛)用作禮 性 18/～作於情或興之也

(訛)用作禮 性 66/賓客之～必有夫齊齊之容

(訛)用作禮 性 66/祭祀之～必有夫齊齊之敬

(訛)用作禮 六 2/作～樂制刑瀘

(訛)用作禮 六 25/觀諸～樂則亦在矣

（訛）用作禮　六 26/～樂共也

（訛殘）用作禮　唐 12/□□～嫠守樂訓民教也

（殘）用作體　語一 46/其～有容有色有聲有臭有味有氣有志

虍　部

虐（唐）

虐

六 4/寢四鄰之殃～非仁義者莫之能也

虎　部

虎（虎、虗）

虎

通作乎　唐 11/順～脂膚血氣之情養性命之正

通作乎　唐 17/求～大人之興微也

通作乎　唐 21/授賢則民興教而化～道

通作乎　唐 23/聞舜慈～弟〔知其能□□□〕爲民主也

通作乎　唐 25/故堯之禪～舜也如此也

通作乎　忠 9/是故古之所以行～閔嘍者如此也

通作乎　語一 60/政不達文生～不達其然也

通作乎　語一 91/缺生～未得也

通作乎　語一 96/有生～名

通作乎　語三 57/止～其孝

通作乎　語三 72 上/…～物

通作乎　語一 62/其生也亡爲～

用作呼　語三 58/有性有生～生

用作呼　語三 68 下/有性有生～名

虗

通作吾　老甲 21/～強爲之名曰大

通作吾　老甲 30/～何以知其然也

通作吾　老乙 7/～所以有大患者爲吾有身

通作吾　老乙 7/吾所以有大患者爲～有身

通作吾　老乙 7/及～亡身又何〔患焉〕

通作吾　老乙 18/～何以知天〔下然哉〕

通作吾　緇 26/～大夫恭且儉靡人不斂

通作吾　緇 44/人雖曰不利～弗信之矣

通作吾　魯 3/向者～問忠臣於子思

通作吾　魯 8/非子思～惡聞之矣

通作吾　語二 50/毋失～圖此圖得矣

通作人名,吾　窮 6/管夷～拘囚束縛

通作乎　成 4/是故亡～其身而存乎其詞

通作乎　六 38/君子不啻明～民微而已又以知其一矣

通作乎　六 42/君子明～此六者然後可以斷獄

號(虖)

虖

(重文)用作赫　緇 16/～～師尹民俱爾瞻

(重文)用作赫　五 25/～～聖也

(重文)用作赫　五 25/明明在下～～在上

皿　部

盛

唐 2/禪而不傳聖之～也

益(嗌)

嗌

　老甲 35/～生曰祥

盈(浧)

浧

　老乙 14/大～若沖其用不窮

　太 7/一缺一～以己爲萬物經

　性 64/怒欲～而毋暴

　語一 100/～聽之謂聖

　語四 24/金玉～室不如謀

　老甲 37/持而～之不{不}若已

　老甲 38/金玉～室莫能守也

　通作呈 老甲 16/高下之相～也

去　部

去(去、迲)

去

　老甲 18/夫唯弗居也是以弗～也

　老乙 4/唯與呵相～幾何

老乙 4/美與惡相～何若

 語一 101/權可～可歸

 語三 4/不悦可～也

辵

 老乙 8/愛以身爲天下若可以～天下矣

 成 21/是以智而求之不疾其～人弗遠矣

血　部

血

 唐 11/順乎脂膚～氣之情養性命之正

 六 15/非我～氣之親畜我如其子弟

 語一 45/凡有～氣者皆有喜有怒有慎有莊

青　部

青

 用作靜 老甲 32/我好～而民自正

 用作清 老乙 15/燥勝寒～勝熱

 用作請 太 10/道亦其字也～問其名

 用作情 唐 11/順乎脂膚血氣之～養性命之正

 用作情 性 3/始者近～終者近義

 用作情 性 18/理其～而出入之

 用作情 性 18/禮作於～或興之也

 用作情 性 20/君子美其～

 用作情 性 38/察其見者～焉失哉

 用作情 性 40/信～之方也

 用作情 性 40/～出於性

 用作情 性 42/用～之至者哀樂爲甚

 用作情 性 47/人之悦然可與和安者不有夫奮猛之～則侮

 用作情 性 50/凡人～爲可悦也

 用作情 性 50/苟以其～雖過不惡

 用作情 性 50/不以其～雖難不貴

 用作情 性 51/苟有其～雖未之爲斯人信之矣

 用作情 性 51/未言而信有美～者也

用作情 緇 3/有國者彰好彰惡以示民厚則民～不飾

 用作情 語一 88/賓客～貌之文也

 用作情 語三 44/文依物以～行之者

 （重文）用作情 性 3/道始於～～生於性

靜

 通作爭 語二 11/～生於悟

 通作爭 語二 12/黨生於～

 通作爭 尊 14/教以藝則民野以～

 通作爭 尊 27/民五之方格十之方～百之而後服

 通作爭 老甲 5/以其不爭也故天下莫能與之～

 通作爭 老甲 5/以其不～也故天下莫能與之爭

皀　部

即

 用作次 老丙 1/其～侮之

 用作次 性 26/其居～也久

 用作次 成 17/智而比～則民欲其智之遂也

 用作次 老丙 1/其～親譽之

 （訛作既）用作次 老丙 1/其～畏之

 用作節 性 17/體其義而～文之

 用作節 性 20/或敘爲之～則文也

 用作節 性 20/至容貌所以文～也

 用作節 性 21/善其～

 用作節 性 39/敬物之～也

 用作節 語一 97/禮因人之情而爲之～文者也

既

 語四 5/～得其急言必有及

 五 10/亦～見止亦既覯止我心則〔悅〕

 五 10/亦既見止亦～覯止我心則〔悅〕

 老丙 5/視之不足見聽之不足聞而不可～也

六 9/～有夫六位也以任此〔六職〕也

 六 10/六職～分以衮六德

 六 20/～生畜之又從而教誨之

 五 10/～見君子心不能悦

 五 12/～見君子心不能降

 老甲 20/名亦～有夫亦將知止

 緇 46/我龜～厭不我告猷

 緇 19/～見我弗迪聖

 通作氣 六 15/非我血～之親畜我如其子弟

食　部

養(敓)

敓

 唐 10/足民～〔也〕

 唐 11/順乎脂膚血氣之情～性命之正

 唐 11/安命而弗夭～生而弗傷

 唐 22/聞舜孝知其能～天下之老也

 唐 27/退而～其生

 唐 28/治之至～不肖

 忠 7/忠之爲道也百工不苦而人～皆足

 六 33/豫其志求～親之志

 忠 4/不奪而足～者地也

飤

 今作食 語一 110/～與色與疾

 今作食 語四 11/～韭惡知終其杪

 今作食 成 13/農夫務～不强耕糧弗足矣

 用作飾 語三 56/盡～之道此飾作焉

 用作飾 語三 56/盡飾之道此～作焉

人　部

僉(曾)

曾

 老甲 5/咎莫～乎欲得

 用作嬐 性 26/觀韶夏則勉如也斯～

 用作斂 性 64/憂欲～而毋惛

侖（侖）

侖

用作倫　成 31/天格大常以理人～

用作倫　成 32/君子治人～以順天德

用作倫　尊 1/尊德義明乎民～可以爲君

用作倫　尊 5/學非改～也學己也

用作倫　尊 25/非～而民服懾此亂矣

用作倫　尊 35/慧不足以知～

用作論　尊 30/故爲政者或～之或養之

用作論　尊 30/～列其類焉

用作論　性 17/聖人比其類而～會之

今（今、含）

今

唐 17/～之式於德者昧也

含

語一 38/詩所以會古～之志也者

語一 40/春秋所以會古～之事也

舍

用作徐　老甲 10/孰能濁以靜者將～清

用作徐　老甲 10/孰能以動者將～生

用作餘　老乙 16/修之家其德有～

用作斂　性 19/其先後之～則宜道也

用作斂　性 19/或～爲之節則文也

畲

用作合　老甲 26/～〔抱之木生於毫〕末

用作合　老甲 34/未知牝牡之～朘怒精之至也

用作合　成 29/襄我二人毋有～在音

（訛）用作合　老甲 19/天地相～也以揄甘露

會　部

會

語三 63/忠則～

六 21/子也者～融長材以事上

性 17/聖人比其類而論～之

語一 36/易所以～天道人道也

 語一 38/詩所以～古今之志也者

 語一 40/春秋所以～古今之事也

 語四 27 正中/聽君而～視貌而入

入　部

內

 五 1/仁形於～謂之德之行

 五 1/不形於～謂之行

 五 1/義形於～謂之德之行

 五 2/不形於～謂之行

 五 2/禮形於～謂之德之行

 五 2/不形於～謂之〔行〕

 五 3/〔智形〕於～謂之德之行

 五 3/不形於～謂之行

 五 3/聖形於～謂之德之行

 五 4/不形于～謂之{德之}行

 五 6/五行皆形于～而時行之謂之君〔子〕

 性 9/四海之～其性一也

 性 54/獨處而樂有～業者也

 性 58/門～之治欲其宛也

 六 26/仁～也義外也

 六 26/～位父子夫也外位君臣婦也

 六 30/門～之治恩掩義

 六 37/故外～皆得也

 語一 23/或生於～或生於外

 用作入 緇 39/出～自尔師雩庶言同

 用作入 唐 12/皋繇～用五刑出飭兵革罪淫暴〔也〕

 用作入 成 3/其所在者～矣

 用作入 成 15/苟不從其由不返其本雖強之弗～矣

 用作入 性 4/知〔情者能〕出之知義者能～之

 用作入 性 18/理其情而出～之

 用作入 性 23/然後其～拔人之心也厚

 用作入 性 27/其出～也順

 用作入 語四 27 正中/聽君而會視貌而～

 用作入 語四 27 背下/～之又入之至之又至之

用作入 語四 27 背下/人之又～之至之又至之

用作入 語一 20/或由中出或由外～

用作納 性 61/苟毋大害小枉～之可也

用作納 語三 60/賓客之用幣也非征～貨也

缶 部

匋(窑)

窑

通作陶 窮 2/舜耕於歷山～拍於河浦

用作謟 忠 3/～而者詹信之至也

用作謟 忠 1/不譌不～忠之至也

缺(块)

块

太 7/一～一盈以己爲萬物經

矢 部

䠶(弞)

弞

用作舍 窮 8/孫叔三～期思少司馬

矦(医)

医

今作侯 老甲 13/～王能守之而萬物將自化

今作侯 老甲 18/～王如能守之萬物將自賓

今作侯 窮 6/釋弋柙而爲諸～相遇齊桓也

(重文)今作侯 語四 8/竊邦者爲諸～諸～之門

矣(矣、𢘅、歖)

矣

老甲 6/知足之爲足此恆足～

老甲 11/慎終如始此亡敗事～

緇 15/上好此物也下必有甚焉者～

魯 2/亟稱其君之惡者可謂忠臣～

魯 4/亟稱其君之惡者可謂忠臣～

魯 5/夫爲其君之故殺其身者嘗有之～

魯 8/非子思吾惡聞之～

窮 1/察天人之分而知所行～

窮 2/有其人亡其世雖賢弗行～

尊 2/賞與刑禍福之旗也或延之者～

 尊 19/教其政不教其人政弗行～

 尊 21/行～而亡惟

 尊 23 上/桀不謂其民必亂而民有爲亂～

 尊 25/非禮而民悅戴此小人～

 尊 25/非倫而民服懼此亂～

 尊 29/其載也亡重焉交～而弗知也

 尊 31/反之此妄～

 緇 45/人雖曰不利吾弗信之～

 老乙 8/〔故貴以身〕爲天下若可以宅天下～

 老乙 8/愛以身爲天下若可以去天下～

 老乙 10/弗大笑不足以爲道～

 用作擬 尊 19/可學也而不可～也

叀

 成 3/其所在者入～

 成 4/其導民也不浸則其淳也弗深～

 成 5/雖厚其命民弗從之～

 成 9/上苟倡之則民鮮不從～

 成 10/雖然其存也不厚其重也弗多～

 成 11/不求諸其本而攻諸其末弗得～

 成 13/農夫務食不強耕糧弗足～

 成 13/士成言不行名弗得～

 成 15/苟不從其由不返其本雖強之弗入～

 成 21/是以智而求之不疾其去人弗遠～

 成 21/勇而行之不果其疑也弗往～

 成 24/形於中發於色其審也固～

 成 34/所宅不遠～

成 38/蓋言慎求之於己而可以至順天常～

歡

唐 22/知〔性命〕之正者能以天下禪～

唐 3/仁者爲此進而弗利窮仁～

唐 3/必正其身然後正世聖道備～

唐 15/縱仁聖可與時弗可及～

高　部

高

老甲 16/～下之相呈也

太 13/〔天不足〕於西北其下～以強

冂　部

央

用作殃 六 4/寢四鄰之～虐非仁義者莫之能也

京　部

京

用作諒 語一 33/樂生於～

就(就、邊)

就

六 1/聖與智～矣

六 2/仁與義～矣

六 2/忠與信～〔矣〕

通作戚 五 33/中心悅旃遷於兄弟～也

通作戚 五 33/～而信之親

(重文)通作戚 五 21/不悅不～不～不親

(重文)通作戚 五 13/悅則～～則親

邊

通作戚 六 48/材此親～遠近唯其人所在

亯　部

箐

通作篤 老甲 24/守中～也

通作篤 五 33/親而～之愛也

通作篤　唐 9/古者虞舜～事瞽瞍乃式其孝

 通作篤　性 39/～仁之方也

 通作篤　性 55/非之而不可惡者～於仁者也

 通作孰　老甲 35/名與身～親

 通作孰　老甲 36/身與貨～多

 通作孰　老甲 36/持與亡～病

 通作孰　成 24/民～弗從

 通作孰　成 24/民～弗信

 用作築　窮 4/釋板～而佐天子遇武丁也

量　部

厚(垕、旬)

垕

 老甲 4/其在民上也民弗～也

 老甲 33/含德之～者比於赤子

 緇 2/有國者彰好彰惡以示民～則民情不飾

 成 5/雖～其命民弗從之矣

 成 9/雖然其存也不～其重也弗多矣

 成 27/及其博長而～大也則聖人不可由與殫之

 語一 7/有地有形有盡而後有～

 語一 14/有物有容有盡有～

 語一 82/～於義薄於仁尊而不親

 語三 22/仁～之☐

旬

 老甲 36/甚愛必大費～藏必多亡

嗇　部

嗇(畓、糸)

畓

 老乙 1/治人事天莫若～

 老乙 1/夫唯～是以早{是以早}服

糸

 尊 15/教以事則民力～以面利

牆(牆)

牆

 語四 2/言而苟～有耳

夊 部

复

 今作復 老甲 1/絶爲棄慮民～季子

夏(頭、叀)

頭

 性 25/觀韶～則勉如也斯嬐

 性 28/韶～樂情

 通作雅 緇 7/大～云

 通作雅 緇 7/小～云

 通作雅 緇 36/小～云

叀

 唐 13/〔虞〕用威～用戈征不服也

 唐 13/愛而征之虞～之治也

 通作雅 緇 35/大～云

夒(蓤、蕺)

蓤

 用作柔 殘 5/剛～皆 □

蕺

 用作柔 六 31/仁類～而束義類剛而斷

 用作柔 六 32/仁～而暱義剛而簡

舛 部

舞(屳)

屳

 (重文)性 34/搖斯～～喜之終也

舜 部

舜(鑫)

鑫

 人名 窮 2/～耕於歷山陶拍於河浦

 人名 唐 1/堯～之王利天下而弗利也

人名 唐6/堯～之行愛親尊賢

人名 唐9/古者虞～篤事瞽瞍乃式其孝

人名 唐10/愛親尊賢虞～其人也

人名 唐16/夫古者～居於草茅之中而不憂

人名 唐22/古者堯之舉～也

人名 唐22/聞～孝知其能養天下之老也

人名 唐23/聞～悌知其能治天下之長也

人名 唐23/聞～慈乎弟〔知其能□□□〕爲民主也

人名 唐25/故堯之禪乎～也如此也

韋 部

韋

用作違 老甲30/夫天多期～而民彌叛

弟 部

弟

 六16/非我血氣之親畜我如其子～

 六29/爲昆～絶妻不爲妻絶昆弟

 六29/爲昆弟絶妻不爲妻絶昆～

 語一70/兄～至先後也

 六28/疏衰齊牡麻絰爲昆～也爲妻亦然

 六13/〔任〕諸父兄任諸子～

 唐23/聞舜慈乎～〔知其能□□□〕爲民主也

 今作悌 六40/是故先王之教民也始於孝～

 今作悌 語一55/爲～此非悌也

今作悌 語一56/爲悌此非～也

今作悌 語一80/長～親道也

今作悌 語三6/長～孝之方也

今作悌 唐5/太學之中天子親齒教民～也

今作悌 唐23/聞舜～知其能治天下之長也

羃（玽）

玽

用作軍　語三 2/其弗惡也猶三～之旌
也正也

桀　部

乘（烾、竉）

烾

用作勝　語二 26/～生於怒

竉

用作勝　語二 26/忌生於～

卷　六

木　部

木

 成 30/喬～三年不必爲邦旗

 語四 16/利～陰者不折其枝

權（鑵、蕿）

鑵

 語一 101/～可去可歸
案：權衡之"權"本字。

蕿

 尊 16/教以～謀則民淫悃遠禮亡親仁
案：權謀之"權"本字。

樑

 用作仇 五 41/不競不～不剛不柔

樹（桓、敳）

桓

 性 8/剛之～也剛取之也

敳

 語三 46/剛之～也剛取之也

本（杏）

杏

 成 10/不求諸其～而攻諸其末弗得矣

 成 11/非從末流者之貴窮源返～者之貴

 成 12/苟不從其由不返其～未有可得
也者

 成 12/君上享成不唯～功〔弗成矣〕

 成 14/非從末流者之貴窮源返～者之貴

 成 15/苟不從其由不返其～雖強之弗
入矣

 六 41/孝～也

 六 42/下修其～可以斷獄

末

 成 11/不求諸其本而攻諸其～弗得矣

 成 11/非從～流者之貴窮源返本者之貴

 成 14/非從～流者之貴窮源返本者之貴

 性 60/凡交毋烈必使有～

 性 63/喜欲知而亡～

 (殘)老甲 26/合〔抱之木生於毫〕～

果

 老甲 7/善者～而已不以取強

 老甲 7/～而弗伐果而弗驕果而弗矜

 老甲 7/果而弗伐～而弗驕果而弗矜

 老甲 7/果而弗伐果而弗驕～而弗矜

 老甲 7/是謂～而不強

 五 34/肆而不畏強禦～也

 成 21/勇而行之不～其疑也弗往矣

 尊 13/教以禮則民～以輕

 (重文)五 21/不肆不～不～不簡

枝(枳)

枳

 語四 17/利木陰者不折其～

 用作肢 唐 26/四～倦惰

條

 用作悠 性 31/～然以思

標(茮、藁)

茮

 今作杪 語四 11/食韭惡知終其～

藁

 用作表 緇 15/故上之好惡不可不慎也
民之～也

柾(桎)

桎

 性 61/苟毋大害小～納之可也

 用作往 成 21/勇而行之不果其疑也弗
～矣

橐

 用作喬 成 30/～木三年不必爲邦旗
案：或即喬木之"喬"專字。

樸（檏、藁）

檏

 老甲 32/我欲不欲而民自～

藁

 老甲 9/純乎其如～

柔（柔、柔）

柔

 性 8/～之約柔取之也

 性 9/柔之約～取之也

 性 63/〔心〕欲～齊而泊

 （省作矛）五 41/～仁之方也

 （省作矛）五 41/不競不仇不剛不～

柔

 老甲 33/骨弱筋～而捉固
案：雙聲符字。

材

 尊 32/依惠則民～足

六 11/～此親戚遠近唯其人所在

六 13/大～設諸大官小材設諸小官

六 14/大材設諸大官小～設諸小官

六 21/子也者會融長～以事上

語四 24/雖勇力聞於邦不如～

極（㔾）

㔾

 緇 32/君子導人以言而～以行

植（裛、櫝）

裛

用作直 緇 3/靖恭尔位好是貞～

用作直 五 34/中心辨然而正行之～也

用作直 老乙 14/大～若詘

櫝

用作置 尊 28/德之流速乎～郵而傳命

㝉

 通作亡 六 26/人道～止

援

 用作謜 語二 15/～生於欲

用作謜 語二 15/華生於～

臬(臲)

臲

　語一 93/仁義爲之～

樂(樂、藥、譽)

樂

　老丙 4/～與餌過客止

　老丙 7/美之是～殺人

　唐 12/□□禮僼守～訓民教也

　語一 24/其刑生德德生禮禮生～

　語一 24/由～知刑

　語一 32/善理而後～生

　語一 33/～生於諒

　語一 34/禮繁～零則蠠

　語一 34/～繁禮零則慢

　語一 43/～或生或教者也

　語一 112/～殳

　語二 28/～生於喜

　語二 29/悲生於～

　語三遺簡/從所小好與所小～損

　語三 54/～服德者之所樂也

　語三 54/樂服德者之所～也

　語三 59/得者～失者哀

　語三 66 下/亡非～者

　老甲 4/天下～進而弗厭

　老丙 7/夫～〔殺不可〕以得志於天下

　成 2/信不著則言不～

　尊 10/由～知哀

　尊 11/亡知～而不知禮者

尊 13/教以～則民德清牆

 尊 27/不安不～

 尊 29/明德者且莫大乎禮～

 尊 31/治～和哀民不可敬也

 性 15/詩書禮～其始出皆生於人

 性 16/禮～有爲舉之也

 性 23/～喜之深澤也

 性 27/鄭衛之～則非其聲而縱之也

 性 28/凡古～籠心益樂籠指皆教其人者也

 性 28/凡古樂籠心益～籠指皆教其人者也

 性 28/韶夏～情

 性 29/凡至～必悲哭亦悲皆至其情也

 性 29/哀～其性相近也是故其心不遠

 性 36/不如以～之速也

 性 43/用情之至者哀～爲甚

 性 44/目之好色耳之～聲

 性 54/獨處而～有内業者也

 性 61/父兄之所～

 性 62/凡憂患之事欲任～事欲後

 性 64/～欲繹而有志

 六 2/作禮～制刑濂

 六 25/觀諸禮～則亦在矣

 六 26/禮～共也

 性 28/賫武～取

 性 30/～之動心也濬深鬱陶

 性 32/凡～思而後忻

 性 21/～其道

 性 33/噪遊～也

 尊 10/由禮知～

 （重文）五 21/不安不～不～亡德

（殘）尊 11/有知禮而不知～者

藥

五 28/聖智禮～之所由生也五〔行之所和〕也

（重文）五 6/〔不〕安則不～不～則亡德

（重文）五 8/不安不～不～亡德

彎

（重文）五 29/和則～～則有德

五 50/聞道而～者好德者也

梁（沙）

沙

成 35/津～爭舟其先也不若其後也

采

性 45/不有夫簡簡之心則～

梏（皋）

皋

通作較 成 36/言語～之其勝也不若其已也

柙（麛、櫒、鹽）

麛

用作狎 語三 50/～於德

櫒

窮 6/釋弋～而爲諸侯相遇齊桓也

鹽

用作狎 五 49/其人施諸人～也

板

窮 4/釋～築而佐天子遇武丁也

（重文）緇 7/上帝～～下民卒癉

柿（柿、杖）

柿

用作輔 老丙 13/是以能～萬物之自然而弗敢爲

通作薄 太 1/水反～太一是以成天

通作薄 太 1/天反～太一是以成地

通作薄 太 2/神明復相～也是以成陰陽

通作薄 太 2/陰陽復相～也是以成四時

通作薄　太 3/四時復〔相〕～也是以成寒熱

通作薄　太 3/寒熱復相～也是以成濕燥

通作薄　太 3/濕燥復相～也成歲而止

校

用作槤　性 48/有其爲人之愿如也弗～不足

東　部

東

太 13/地不足於～南其上〔高以強〕

林　部

楚

窮 8/出而爲令尹遇～莊也

才　部

才

通作在　緇 37/昔～上帝蓋申觀文王德

用作在　唐 28/聖者不～上天下必壞

用作在　語四 12/賢人不～側是謂迷惑

用作在　語三 19/地能含之生之者～早

用作在　唐 18/方～下位不以匹夫爲輕

用作在　老甲 20/譬道之～天下也猶小谷之與江海

用作在　窮 14/德行一也譽毀～旁聽之置〔之〕

用作在　成 3/其所～者入矣

用作在　六 12/人之雖～草茅之中苟賢□

用作在　六 24/觀諸詩書則亦～矣

用作在　六 25/觀諸禮樂則亦～矣

用作在　六 25/觀諸易春秋則亦～矣

用作在　六 48/材此親戚遠近唯其人所～

用作在　老甲 3/聖人之～民前也以身後之

用作在　老甲 3/其～民上也以言下之

用作在　老甲 4/其～民上也民弗厚也

用作在　老甲 4/其～民前也民弗害也

用作在　五 25/明明～下赫赫在上

用作在　五 26/明明在下赫赫～上

用作在　成 22/是故凡物～疾之

用作在　成 25/是以上之恆務～信於衆

用作在　成 29/襄我二人毋有合～音

用作在　性 38/〔不〕過十舉其心必～焉

 用作哉　殘 1/…～

 用作哉　魯 4/善～言乎

 用作哉　性 38/察其見者情焉失～

 用作哉　窮 2/苟有其世何難之有～

 通作茲　成 33/舍～宅天心

 用作存　語三 15/～心益

用作存　語三 3/君臣不相～也則可已

北（北、杋）

北

 通作必　唐 3/～正其身然後正世聖道備矣

 通作必　唐 28/聖者不在上天下～壞

 通作必　忠 2/至信如時～至而不結

 通作必　語三 16/～行損

 通作必　語三 60/禮～兼

杋

通作必　語二 39/凡～有不行者也

 通作必　語二 47/知命者亡～
案：雙聲符字。

羋

用作字　老甲 21/未知其名～之曰道
案：雙聲符字。

櫧

用作津　成 35/～梁爭舟其先也不若其後也
案：雙聲符字。

之　部

之

老甲 2/或命～或呼嚠

老甲 3/聖人之在民前也以身後～

老甲 4/其在民上也以言下～

老甲 5/以其不爭也故天下莫能與～爭

老甲 8/是以爲～容

老甲 10/爲～者敗之

老甲 10/爲之者敗～

老甲 10/執～者遠之

老甲 11/執之者遠～

老甲 13/侯王能守～而萬物將自化

老甲 13/化而欲作將貞～以亡名之樸

老甲 15/是以聖人猶難～故終亡難

老甲 19/侯王如能守～萬物將自實

老甲 19/民莫～命而自均焉

老甲 21/未知其名字～曰道

老甲 22/吾強爲～名曰大

老甲 25/爲～於其亡有也

老甲 26/治～於其未亂

老甲 27/知～者弗言言之者弗知

老甲 27/知之者弗言言～者弗知

老甲 38/持而盈～不﹝不﹞若已

老甲 38/揣而群～不可長保也

老乙 3/損～又損以至亡爲也

老乙 6/得～若榮失之若榮

老乙 6/得之若榮失～若榮

老乙 9/下士聞道大笑～

老乙 10/是以建言有～

老乙 16/修～身其德乃貞

老乙 16/修～家其德有餘

老乙 17/修～鄉其德乃長

老乙 17/修～邦其德乃豐

老乙 17/修～天下﹝其德乃溥﹞

老丙 1/太上下知有～

老丙 1/其次親譽～

老丙 1/其次畏～

老丙 1/其次侮～

老丙 5/視～不足見聽之不足聞而不可既也

老丙 5/視之不足見聽～不足聞而不可既也

老丙 7/﹝不﹞得已而用～

老丙 7/美～是樂殺人

老丙 9/言以喪禮居～也

老丙 10/故殺﹝人衆﹞則以哀悲蒞～

老丙 10/戰勝則以喪禮居～

老丙 11/爲～者敗之

老丙 11/爲之者敗～

老丙 11/執～者失之

老丙 11/執之者失～

老丙 12/人之敗也恆於其且成也敗～

太 10/下土也而謂～地

太 10/上氣也而謂～天

緇 8/心好則體安～君好則民欲之

緇 9/心好則體安之君好則民欲～

緇 12/有覺德行四方順～

緇 14/一人有慶萬民賴～

緇 23/長民者教～以德齊之以禮則民
有勸心

緇 24/長民者教之以德齊～以禮則民
有勸心

緇 24/教～以政齊之以刑則民有免心

緇 24/教之以政齊～以刑則民有免心

緇 25/故慈以愛～則民有親

緇 25/信以結～則民不倍

緇 25/恭以涖～則民有遜心

緇 34/言從行～則行不可匿

緇 38/故君子多聞齊而守～

緇 39/多志齊而親～

緇 39/精知格而行～

緇 41/服～亡斁

緇 45/人雖曰不利吾弗信～矣

魯 2/揖而退～

魯 4/寡人惑焉而未～得也

魯 5/夫爲其君之故殺其身者嘗有
～矣

魯 6/亟稱其君之惡者未～有也

魯 8/非子思吾惡聞～矣

窮 12/〔隱非〕爲名也故莫～知而不閔

窮 14/德行一也譽毁在旁聽～置〔之〕

窮 14/梅{～}伯初醢醢後名揚非其德
加

五 1/仁形於內謂～德之行

五 1/不形於內謂～行

五 1/義形於內謂～德之行

五 2/不形於內謂～行

五 2/禮形於內謂～德之行

五 2/不形於內謂～〔行〕

五 3/〔智形〕於內謂～德之行

五 3/不形於內謂～行

五 3/聖形於內謂～德之行

五 4/不形于內謂～{德之}行

五 4/德之行五和謂～德

五 4/四行和謂～善

五 7/五行皆形于內而時行～謂之君
〔子〕

五 7/五行皆形于內而時行之謂～君
〔子〕

五 7/士有志於君子道謂～志士	五 34/中心辨然而正行～直也
五 19/金聲而玉振～有德者也	五 34/直而遂～肆也
五 20/唯有德者然後能金聲而玉振～	五 35/有大罪而大誅～行也
五 23/未嘗聞君子道謂～不聰	五 36/遠而莊～敬也
五 23/未嘗視賢人謂～不明	五 37/嚴而畏～尊也
五 24/聞君子道而不知其君子道也謂～不聖	五 38/有大罪而大誅～簡也
五 24/視賢人而不知其有德也謂～不智	五 38/有小罪而赦～暱也
五 25/視而知～智也	五 42/能進～爲君子弗能進也各止於其里
五 25/聞而知～聖也	五 43/索落落達諸君子道謂～賢
五 26/聞而知～聖也	五 44/君子知而舉～謂之尊賢
五 27/知而行～義也	五 44/君子知而舉之謂～尊賢
五 27/行～而時德也	五 44/知而事～謂之尊賢者也
五 27/視而知～智也	五 44/知而事之謂～尊賢者也
五 28/知而安～仁也	五 47/目而知～謂之進之
五 28/安而敬～禮也	五 47/目而知之謂～進之
五 30/視而知～智也	五 47/目而知之謂之進～
五 30/知而安～仁也	五 47/喻而知～謂之進之
五 31/安而行～義也	五 47/喻而知之謂～進之
五 31/行而敬～禮也	五 47/喻而知之謂之進～
五 33/戚而信～親	五 47/譬而知～謂之進之
五 33/親而篤～愛也	五 47/譬而知之謂～進之

五 47/譬而知之謂之進～

五 48/幾而知～天也

唐 13/愛而征～虞夏之治也

唐 15/傍於大時神明將從天地佑～

唐 21/不禪而能化民者自生民未～有也

唐 25/堯禪天下而授～

忠 2/忠信積而民弗親信者未～有也

成 1/是以君子貴成～

成 1/聞～曰

成 1/古之用民者求～於己爲恆

成 2/未～有也

成 3/身服善以先～

成 3/敬慎以重～

成 5/雖厚其命民弗從～矣

成 7/是故上苟身服～則民必有甚焉者

成 9/上苟倡～則民鮮不從矣

成 15/苟不從其由不返其本雖強～入矣

成 15/上不以其道民之從～也難

成 19/反此道也民必因此重也以復～

成 21/是以智而求～不疾其去人弗遠矣

成 21/勇而行～不果其疑也弗往矣

成 22/是故凡物在疾～

成 22/疾～可能終之爲難

成 23/雖有其恆而行～不疾未有能深之者也

成 23/雖有其恆而行之不疾未有能深～者也

成 26/聖人之性與中人之性其生而未有非～

成 28/及其博長而厚大也則聖人不可由與殫～

成 30/疾之可能終～爲難

成 30/蓋言寠～也

成 33/蓋此言也言舍～此而宅於天心也

成 36/言語較～其勝也不若其已也

成 38/蓋言慎求～於己而可以至順天常矣

尊 2/賞與刑禍福之旗也或延～者矣

尊 4/教非改道也教～也

尊 6/桀不易禹民而後亂～

尊 6/湯不易桀民而後治～

尊 11/善取人能從～上也

尊 22/民可使導～而不可使知之

尊 22/民可使導之而不可使知～

尊 24/劬勞～軌也

尊 26/民五～方格十之方爭百之而後服

尊 26/民五之方格十～方爭百之而後服

尊 26/民五之方格十之方爭百～而後服

尊 30/故爲政者或論～或養之

尊 30/故爲政者或論之或養～

尊 30/或由中出或設～外

尊 31/反～此安矣

尊 38/有是施小有利遭而大有害者有～

尊 38/有是施小有害遭而大有利者有～

性 2/及其見於外則物取～也

性 4/知〔情者能〕出～知義者能入之

性 4/知〔情者能〕出之知義者能入～

性 5/凡性爲主物取～也

性 8/〔人生〕而學或使～也

性 8/剛之樹也剛取～也

性 9/柔之約柔取～也

性 10/或動～

性 10/或逆～

性 10/或要～

性 10/或厲～

性 10/或出～

性 10/或養～

性 10/或長～

性 15/其三術者道～而已

性 16/詩有爲爲～也

性 16/書有爲言～也

性 16/禮樂有爲舉～也

性 17/聖人比其類而論會～

性 17/觀其先後而逆順～

性 17/體其義而節文～

性 18/理其情而出入～

性 19/禮作於情或興～也

性 19/當事因方而制～

性 20/或敘爲～節則文也

性 27/鄭衛之樂則非其聲而縱～也

性 36/從其所爲近得～矣

性 37/求其心有僞也弗得～矣

性 39/性或生～

性 44/鬱陶之氣也人不難爲～死

性 48/僞斯隱矣隱斯慮矣慮斯莫與～結矣

性 51/苟有其情雖未～爲斯人信之矣

性 51/苟有其情雖未之爲斯人信～矣

性 53/賤而民貴～有德者也

性 54/惡～而不可非者達於義者也

性 54/非～而不可惡者篤於仁者也

性 55/行～不過知道者也

性 59/凡悦人勿隱也身必從～

性 60/言及則明舉～而毋僞

性 61/苟毋大害小枉納～可也

六 3/教此民尔使～有向也非聖智者莫之能也

六 3/教此民尔使之有向也非聖智者莫～能也

六 4/寢四鄰之殃虐非仁義者莫～能也

六 5/足此民尔生死之用非忠信者莫～能也

六 7/〔不〕由其道雖堯求～弗得也

六 14/使～足以生足以死

六 15/謂～君

六 17/謂～〔臣〕

六 18/謂～夫

六 19/一與～齊終身弗改之矣

六 19/一與之齊終身弗改～矣

六 20/謂～婦

六 20/既生畜～又從而教誨之

六 21/既生畜之又從而教誨～

六 21/謂～聖

六 22/謂～義

六 22/謂～孝

六 44/其繹～也六

六 46/三者君子所生與～立死與之斃也

六 46/三者君子所生與之立死與～斃也

語一 31/禮因人之情而爲～節文者也

語一 54/賢者能理～

語一 57/爲～此非也

語一 72/亡物不物皆至焉而亡非己取～者

語一 93/仁義爲～臬

語一 106/皆有～

語一 111/止～

語二 52/其所～同其行者異

語三 19/地能含～生之者在早

語三 19/地能含之生～者在早

語三 36/義處～也

語三 36/禮行～也	老甲 15/有亡～相生也
語三 44/文依物以情行～者	老甲 16/難易～相成也
語三 46/剛之樹也剛取～也	老甲 16/長短～相形也
語四 14/邦有巨雄必先與～以爲朋	老甲 16/高下～相呈也
語四 15/及～而弗惡必盡其故	老甲 16/音聲～相和也
語四 15/盡～而疑必審喻之	老甲 16/先後～相隨也
語四 27 背下/人～又人之至之又至之	老甲 17/是以聖人居亡爲～事行不言之教
語四 27 背下/人之又人～至之又至之	老甲 17/是以聖人居亡爲之事行不言～教
語四 27 背下/人之又人之至～又至之	老甲 20/譬道～在天下也猶小谷之與江海
語四 27 背下/人之又人之至之又至～	老甲 20/譬道之在天下也猶小谷～與江海
(重文)語四 6/必審喻～喻～而不可	老甲 23/天地～間其猶橐籥歟
老甲 3/聖人～在民前也以身後之	老甲 26/九成～臺作〔於虆土〕
老甲 6/知足～爲足此恆足矣	老甲 31/是以聖人～言曰
老甲 8/古～善爲士者必微妙玄達深不可志	老甲 33/含德～厚者比於赤子
老甲 11/臨事～紀	老甲 34/未知牝牡～合朘怒精之至也
老甲 12/聖人欲不欲不貴難得～貨	老甲 34/未知牝牡之合朘怒精～至也
老甲 12/教不教復眾～所過	老甲 34/終日號而不嚘和～至也
老甲 12/是故聖人能輔萬物～自然而弗能爲	老甲 37/弱也者道～用也
老甲 13/化而欲作將貞之以亡名～樸	老甲 37/天下～物生於有有生於亡
老甲 14/大小～多易必多難	
老甲 15/天下皆知美～爲美也惡已	

老甲 39/功遂身退天～道也

老乙 2/有國～母可以長〔久〕

老乙 3/長生久視～道也

老丙 12/人～敗也恆於其且成也敗之

老丙 13/是以〔聖〕人欲不欲不貴難得～貨

老丙 14/是以能輔萬物～自然而弗敢爲

太 8/君子知此～謂□□□□□□

太 11/聖人～從事也亦宅其名

緇 8/非其止～恭唯王恭

緇 10/上好仁則下～爲仁也爭先

緇 13/成王～孚下土之式

緇 13/成王之孚下土～式

緇 14/下～事上也不從其所以命而從其所行

緇 15/故上～好惡不可不慎也民之表也

緇 15/故上之好惡不可不慎也民～表也

緇 20/大臣～不親也則忠敬不足而富貴已過也

緇 20/邦家～不寧也則大臣不治而褻臣宅也

緇 21/此以大臣不可不敬民～蕰也

緇 22/祭公～顧命云

緇 27/非用靈制以刑唯作五虐～刑曰灋

緇 27/政～不行教之不成也

緇 27/政之不行教～不成也

緇 29/播刑～迪

緇 35/白珪～玷尚可磨也

緇 36/此言～玷不可爲也

緇 41/人～好我示我周行

緇 42/故君子～友也有向其惡有方

緇 46/其古～遺言歟

魯 2/亞稱其君～惡者可謂忠臣矣

魯 3/亞稱其君～惡者可謂忠臣矣

魯 5/夫爲其君～故殺其身者嘗有之矣

魯 5/亞稱其君～惡者未之有也

魯 6/夫爲其君～故殺其身者要禄爵者也

魯 7/亞〔稱其君〕～惡〔者遠〕禄爵者也

窮 1/察天人～分而知所行矣

窮 2/苟有其世何難～有哉

五 1/仁形於內謂之德～行

五 1/義形於內謂之德～行

五 2/禮形於內謂之德～行

五 3/〔智形〕於內謂之德～行

五 4/聖形於內謂之德～行

五 4/不形于內謂之{德～}行

五 4/德～行五和謂之德

五 5/君子亡中心～憂則亡中心之智

五 11/此～謂〔也〕

五 12/仁～思也清

五 14/智～思也長

五 15/聖～思也輕

五 18/〔君〕子～爲善也有與始有與終也

五 18/君子～爲德也〔有與〕始亡〔與〕終也

五 26/此～謂也

五 28/聖智禮樂～所由生也五〔行之所和〕也

五 29/文王～視也如此

五 30/此～謂也

五 31/仁義禮所由生也四行～所和也

五 39/簡～爲言猶諫也大而罕者也

五 40/暱～爲言也猶暱暱也小而軫者也

五 40/簡義～方也

五 41/暱仁～方也

五 41/剛義～方

五 41/柔仁～方也

五 41/此～謂也

五 44/後士～尊賢者也

五 45/耳目鼻口手足六者心～役也

五 48/此～謂也

唐 1/唐虞～道禪而不傳

唐 1/堯舜～王利天下而弗利也

唐 1/禪而不傳聖～盛也

唐 2/利天下而弗利也仁～至也

唐 3/故唐虞～興〔也〕如此也

唐 5/太學～中天子親齒教民悌也

唐 6/先聖與後聖考後而歸先教民大順～道也

唐 6/堯舜～行愛親尊賢

唐 7/孝～殺愛天下之民

唐 7/孝之殺愛天下～民

唐 7/禪～繼世亡隱德

唐 7/孝仁～冕也

唐 8/禪義～至也

唐 11/順乎脂膚血氣～情養性命之正

唐 11/順乎脂膚血氣之情養性命～正

唐 13/愛而征之虞夏～治也

唐 16/夫古者舜居於草茅～中而不憂

唐 16/居草茅～中而不憂知命也

唐 17/求乎大人～興微也

唐 17/今～式於德者昧也

唐 20/極仁～至利天下而弗利也

唐 20/禪也者上德授賢～謂也

唐 22/知〔性命〕～正者能以天下禪矣

唐 22/古者堯～舉舜也

唐 23/聞舜孝知其能養天下～老也

唐 23/聞舜悌知其能治天下～長也

唐 25/故堯～禪乎舜也如此也

唐 28/治～至養不肖

唐 28/亂～至滅賢

忠 1/不謾不諼忠～至也

忠 1/不欺弗知信～至也

忠 3/大久而不渝忠～至也

忠 4/諼而者詹信～至也

忠 4/夫此～謂些

忠 5/配天地也者忠信～謂些

忠 6/忠～爲道也百工不苦而人養皆足

忠 7/信～爲道也群物皆成而百善皆立

忠 8/忠仁～實也

忠 8/信義～期也

忠 8/是故古～所以行乎閔嚶者如此也

成 1/古～用民者求之於己爲恆

成 2/民不從上～命不信其言而能含德者

成 3/故君子～蒞民也

成 4/君子～於教也

成 5/是故威服刑罰～屢行也由上之弗身也

成 6/是故威服刑罰之屢行也由上～弗身也

成 6/戰與刑人君子～墜德也

成 7/君袀冕而立於阼一宮～人不勝其敬

成 8/君衰絰而處位一宮～人不勝〔其哀〕

成 9/〔君冠胄帶甲而立於軍〕一軍～人不勝其勇

成 10/是故君子～求諸己也深

成 11/是〔故〕君子～於言也

成 11/非從末流者～貴窮源返本者之貴

成 11/非從末流者之貴窮源返本者～貴

成 14/是故君子～於言也

成 14/非從末流者～貴窮源返本者之貴

成 14/非從末流者之貴窮源返本者～貴

成 15/上不以其道民～從之也難

成 17/智而比次則民欲其智～邃也

成 18/富而分賤則民欲其富～大也

成 18/貴而一讓則民欲其貴～上也

成 19/故君子所復～不多所求之不遠

成 19/故君子所復之不多所求～不遠

成 20/是故欲人～愛己也則必先愛人

成 20/欲人～敬己也則必先敬人

成 23/勉～遂也強之功也

成 23/勉之遂也強～功也

成 23/堕～淹也怠之功也

成 23/堕之淹也怠～功也

成 24/是以上～恆務在信於眾

成 25/此言也言信於眾～可以濟德也

成 26/聖人～性與中人之性其生而未有非之

成 26/聖人之性與中人～性其生而未有非之

成 29/蓋道不悅～詞也

成 31/制爲君臣～義

成 31/著爲父子～親

成 32/分爲夫婦～辨

成 34/君子篤席～上讓而受幽

成 34/朝廷～位讓而處賤

成 39/蓋此言也言不奉大常者文王～刑莫重焉

尊 1/去忿怨改忌勝爲人上者～務也

尊 2/賞與刑禍福～旗也或延之者矣

尊 6/聖人～治民民之道也

尊 6/聖人之治民民～道也

尊 7/禹～行水水之道也

尊 7/禹之行水水～道也

尊 7/造父～御馬馬{也}之道也

尊 7/造父之御馬馬{也}～道也

尊 7/后稷～藝地地之道也

尊 7/后稷之藝地地～道也

尊 8/是以君子人道～取先

尊 13/是以爲政者教道～取先

尊 24/爲邦而不以禮猶御～亡策也

尊 28/德～流速乎置郵而傳命

尊 36/下～事上也不從其所命而從其所行

性 2/喜怒哀悲～氣性也

性 5/金石～有聲〔也弗扣不鳴〕

性 7/〔人之不可〕獨行猶口～不可獨言也

性 8/剛～樹也剛取之也

性 8/柔～約柔取之也

性 9/四海～內其性一也

性 12/凡見者～謂物

性 12/快於己者～謂悅

性 13/物～勢者之謂勢

性 13/物之勢者～謂勢

性 13/有爲也者～謂故

性 13/義也者群善～葢也

性 14/道者群物～道

性 19/其先後～敍則宜道也

性 22/笑喜～淺澤也

性 23/樂喜～深澤也

性 23/然後其入拔人～心也厚

性 24/聽琴瑟～聲則悸如也斯慸

性 27/鄭衛～樂則非其聲而縱之也

性 30/哭～動心也浸殺

性 30/樂～動心也濬深鬱陶

性 32/凡思～用心爲甚

性 32/歎思～方也

性 34/舞喜～終也

性 35/踊慍～終也

性 36/不如以樂～速也

性 37/人～不能以僞也可知也

性 38/恕義～方也

性 39/義敬～方也

性 39/敬物～節也

性 39/篤仁～方也

性 39/仁性～方也

性 40/忠信～方也

性 40/信情～方也

性 42/凡用心～躁者思爲甚

性 42/用智～疾者患爲甚

性 42/用情～至者哀樂爲甚

性 43/用身～繁者悅爲甚

性 43/用力～盡者利爲甚

性 43/目～好色耳之樂聲

性 44/目之好色耳～樂聲

性 44/鬱陶～氣也人不難爲之死

性 44/有其爲人～節節如也

性 45/不有夫簡簡～心則采

性 45/有其爲人～簡簡如也

性 45/人～巧言利詞者不有夫詘詘之心則流

性 46/人之巧言利詞者不有夫詘詘～心則流

性 46/人～悦然可與和安者不有夫奮猛之情則侮

性 47/人之悦然可與和安者不有夫奮猛～情則侮

性 47/有其爲人～慧如也弗牧不可

性 47/有其爲人～愿如也弗補不足

性 49/慎仁～方也

性 49/速謀～方也

性 58/門内～治欲其宛也

性 59/門外～治欲其折也

性 61/父兄～所樂

性 62/凡憂患～事欲任樂事欲後

性 65/君子執志必有夫廣廣～心

性 66/出言必有夫簡簡～信

性 66/賓客～禮必有夫齊齊之容

性 66/賓客之禮必有夫齊齊～容

性 66/祭祀～禮必有夫齊齊之敬

性 66/祭祀之禮必有夫齊齊～敬

性 67/居喪必有夫戀戀～哀

六 4/寢四鄰～殃虐非仁義者莫之能也

六 5/足此民尔生死～用非忠信者莫之能也

六 5/人～雖在草茅之中苟賢☐

六 12/人之雖在草茅～中苟賢☐

六 15/非我血氣～親畜我如其子弟

六 16/苟濟夫人～善也

六 16/勞其股肱～力弗敢憚也

六 22/上共下～義以奉社稷

六 31/門内～治恩掩義

六 31/門外～治義斬恩

六 32/暱～爲言也猶暱暱也小而輆多也

六 39/是故先王～教民也始於孝悌

六 41/是故先王～教民也

六 49/民～父母親民易使民相親也難

語一 19/…～道也

語一 31/禮因人～情而爲之節文者也

語一 38/詩所以會古今～志也者

語一 40/春秋所以會古今～事也

語一 42/禮交～行術也

語一 65/上下皆得其所～謂信

 語一 88/賓客情貌～文也

 語一 92/愛善～謂仁

 語一 94/備～謂聖

 語一 98/喪仁～端也

 語一 100/盈聽～謂聖

 語三 2/其弗惡也猶三軍～旌也正也

 語三 6/友君臣～道也

 語三 7/長悌孝～方也

 語三 23/〔喪仁〕～端也

 語三 24/義德～盡也

 語三 25/義善～方也

 語三 46/剛～樹也剛取之也

 語三 54/樂服德者～所樂也

 語三 55/賓客～用幣也非征納貨也

 語三 56/盡飾～道此飾作焉

 語三 57/人～性非歟

 語四 3/一言～善足以終世

 語四 3/三世～福不足以出亡

 語四 4/口不慎而戶～閉惡言復己而死無日

 語四 5/凡說～道急者爲首

 語四 8/諸侯～門義士之所存

 語四 9/諸侯之門義士～所存

 語四 10/車轍～鮒鮪不見江湖之水

 語四 10/車轍之鮒鮪不見江湖～水

 語四 11/匹婦偶夫不知其鄉～小人君子

 語四 18/善使其下若蚨蝥～足眾而不割割而不仆

 語四 19/善事其上者若齒～事舌而終弗噬

 語四 20/善□□□者若兩輪～相轉而終不相敗

 殘 3/智行人～☑

 殘 6/有哀～哀☑

 (重文)五 5/君子亡中心之憂則亡中心～智亡中心～智則亡中心〔之悅〕

 (殘)語三 22/仁厚～☑

 用作治 老甲 29/以正～邦

用作志 五 8/德弗～不成

 用作時 語四 27 正下/～至而藏流澤而行

 存疑 語一 74/…～弗也

圭

 用作廣 老乙 11/～德如不足

（重文）用作廣 性 65/君子執志必有夫～～之心

帀　部

師(帀)

帀

 成 25/允～濟德

 緇 16/赫赫～尹民俱尔瞻

 緇 39/出入自尔～雩庶言同

 窮 5/興而爲天子～遇周文也

出　部

出

 老甲 23/虛而不屈動而愈～

 緇 17/～言有遜黎民所訓

 緇 29/王言如絲其～如綸

 緇 30/王言如索其～如紼

 緇 30/慎尔～話敬尔威儀

 緇 39/～入自尔師雩庶言同

 窮 8/～而爲令尹遇楚莊也

 唐 12/皋繇入用五刑～飭兵革罪淫暴〔也〕

 唐 27/大明不～萬物皆伏

 尊 30/或由中～或設之外

 性 2/性自命～

 性 4/知〔情者能〕～之知義者能入之

 性 6/〔人〕雖有性心弗取不～

 性 10/或～之

 性 11/～性者勢也

 性 15/詩書禮樂其始～皆生於人

 性 18/理其情而～人之

 性 23/凡聲其～於情也信

性 27/其～入也順

性 40/情～於性

性 65/～言必有夫簡簡之信

語一 19/或由中～或由外入

語一 21/由中～者仁忠信

 語四 3/三世之福不足以～亡

宋　部

索

 緇 29/王言如～其出如紼

 用作素 老甲 2/視～保樸少私寡欲

孛

 用作昧 老乙 10/明道如～

南

 太 13/地不足於東～其上〔高以強〕

 唐 25/～面而王天下而甚君

生　部

生

 唐 14/古者堯～於天子而有天下

 語一 1/凡物由亡～

 語一 3/天～倫人生卯

語一 3/天生倫人～卯

語一 8/有～有智而後好惡生

語一 9/有生有智而後好惡～

語一 11/有物有由有遂而後諺～

語一 18/天～百物人爲貴

語一 23/或～於内或生於外

語一 23/或生於内或～於外

語一 24/其刑～德德生禮禮生樂

語一 24/其刑生德德～禮禮生樂

語一 24/其刑生德德生禮禮～樂

語一 32/善理而後樂～

語一 33/禮～於莊

語一 33/樂～於諒

語一 43/樂或～或教者也

語一 60/政不達文～乎不達其然也

 語一 62/其～也亡爲乎

語一 91/缺～乎未得也

語一 96/有～乎名

語二 1/情～於性

語二 1/禮～於情

語二 2/嚴～於禮

語二 2/敬～於嚴

語二 3/讓～於敬

語二 3/恥～於讓

語二 4/利～於恥

語二 4/廉～於利

語二 5/文～於禮

語二 5/博～於文

語二 6/大～於☐

語二 7/慍～於憂

語二 8/愛～於性

語二 8/親～於愛

語三 58/有性有～呼生

殘 4/～爲貴

老甲 15/有亡之相～也

老甲 35/益～曰羕

唐 21/不禪而能化民者自～民未之有也

語一 22/仁～於人

語一 22/義～於道

語一 104/凡物由亡～

語二 44/名數也由鼻倫～

語三 58/有性有生呼～

老乙 3/長～久視之道也

太 9/削成者以益～者

老甲 10/孰能 [圖] 以動者將徐～

老甲 21/有狀融成先天地～

老甲 37/天下之物～於有有生於亡

老甲 37/天下之物生於有有～於亡

太 1/太一～水

太 4/故歲者濕燥之所～也

太 4/濕燥者寒熱之所～也

太 5/〔四時〕者陰陽之所～〔也〕

太 5/陰陽者神明之所～也

太 5/神明者天地之所～也

太 6/天地者太一之所～也

緇 38/此以～不可奪志死不可奪名

五 28/聖智禮樂之所由～也五〔行之所和〕也

五 31/仁義禮所由～也四行之所和也

唐 11/安命而弗夭養～而弗傷

唐 27/退而養其～

忠 3/故不詿～不倍死也

成 26/聖人之性與中人之性其～而未有非之

尊 18/夫～而有職事者也非教所及也

尊 25/治民非率～而已也

性 3/道始於情情～於性

性 7/牛～而粮雁生而陣其性〔使然〕

性 7/牛生而粮雁～而陣其性〔使然〕

性 15/詩書禮樂其始出皆～於人

性 18/教所以～德于中者也

性 39/性或～之

六 5/足此民尔～死之用非忠信者莫之能也

六 7/～民〔斯必有夫婦父子君臣〕

六 14/使之足以～足以死

六 20/既～畜之又從而教誨之

六 34/男女辨～焉

六 34/父子親～焉

六 34/君臣義～焉

六 35/聖～仁

六 42/～民斯必有夫婦父子君臣

六 46/三者君子所～與之立死與之斃也

六 49/…～

語二 9/忠～於親

語二 10/欲～於性

語二 10/慮～於欲

語二 11/悟～於慮

語二 11/爭～於悟

語二 12/黨～於爭	語二 23/子～於性
語二 13/貪～於欲	語二 23/易～於子
語二 13/倍～於貪	語二 24/肆～於易
語二 14/由～於倍	語二 24/容～於肆
語二 15/諓～於欲	語二 25/惡～於性
語二 15/華～於諓	語二 25/怒～於惡
語二 16/妄～於華	語二 26/勝～於怒
語二 17/浸～於欲	語二 26/忌～於勝
語二 17/㤅～於浸	語二 27/賊～於忌
語二 18/逃～於㤅	語二 28/喜～於性
語二 19/急～於欲	語二 28/樂～於喜
語二 19/偏～於急	語二 29/悲～於樂
語二 20/智～於性	語二 30/慍～於性
語二 20/卯～於智	語二 30/憂～於慍
語二 21/悦～於卯	語二 31/哀～於憂
語二 21/好～於悦	語二 32/懼～於性
語二 22/從～於好	語二 32/監～於懼

語二 33/望～於監

語二 34/強～於性

語二 34/立～於強

語二 35/斷～於立

語二 36/弱～於性

語二 36/疑～於弱

語二 37/倍～於疑

語三 19/地能含之～之者在早

語三 20/春秋亡不以其～也亡耳

語三 67 下/～爲貴

語三 68 下/有性有～呼名

語三 70 上/…～

語三 71 下/有性有～者

殘 13/囗～

華　部

華(話、吁、早、嘩)

話

尊 15/教以言則民～以寡信

吁

語二 16/妄生於～

早

語二 15/～生於謾

嘩

語二 43/～自榮也

語二 46/未有～而忠者
案：皆言語浮華之"華"之本字。

稽　部

稽(秜)

秜

(訛)五 33/愛父其～愛人仁也

束　部

束(㯱、遬)

㯱

窮 6/管夷吾拘囚～縛

遬

六 31/仁類柔而～義類剛而斷
案：束縛之"束"異體，與"速"之異體
同形。

柬

 用作簡　五 35/不以小道害大道～也

 用作簡　六 32/仁柔而睏義剛而～

 （重文）用作簡　五 22/不果不～不～不行

 （重文）用作簡　性 45/不有夫～～之心則采

 （重文）用作簡　性 45/有其爲人之～～如也

 （重文）用作簡　性 66/出言必有夫～～之信

 （訛作柬）用作簡　五 37/不～不行

 （訛作柬）用作簡　五 38/有大罪而大誅之～也

 （訛作柬）用作簡　五 39/～之爲言猶諫也大而罕者也

 （訛作柬）用作簡　五 40/～義之方也

刺

 用作烈　性 30/其～戀戀如也戚然以終

 用作烈　性 31/其～則流如也以悲

 用作烈　性 60/凡交毋～必使有末

橐　部

橐（囝）

囝

 老甲 23/天地之間其猶～籥歟

囗　部

圖（意）

意

 緇 23/毋以小謀敗大～

 用作著　成 2/信不～則言不樂

 用作著　成 31/～爲父子之親

國（國、戜、郞、鄙）

國

 通作或　老甲 2/或命之～呼囑

 通作或　尊 2/賞與刑禍福之旂也～延之者矣

 通作或　尊 30/故爲政者～論之或養之

通作或 尊 30/故爲政者或論之～養之

 通作或 尊 30/～由中出或設之外

 通作或 尊 30/或由中出～設之外

 通作或 性 8/〔人生〕而學～使之也

 通作或 性 10/～動之

 通作或 性 10/～逆之

 通作或 性 10/～要之

 通作或 性 10/～屬之

 通作或 性 10/～出之

 通作或 性 10/～養之

 通作或 性 10/～長之

 通作或 性 19/禮作於情～興之也

 通作或 性 19/～敘爲之節則文也

 通作或 性 39/性～生之

 通作或 語三 42/～由其避或由其不進或由其可

 通作或 語三 42/或由其避～由其不進或由其可

 通作或 語三 43/或由其避或由其不進～由其可

 通作又 老乙 3/損之～損以至亡爲也

 通作又 老乙 7/及吾亡身～何〔患焉〕

 通作又 六 21/既生畜之～從而教誨之

 通作又 六 38/君子不啻明乎民微而已～以知其一矣

寀

 緇 9/誰秉～成不自爲貞卒勞百姓

郘

 緇 2/有～者彰好彰惡以示民厚則民情不飾

鄗

 (重文)老乙 2/莫知其極可以有～有～之母可以長〔久〕

囿(囯)

囯

 用作國 老甲 22/～中有四大焉王處一焉

因

 語一 31/禮～人之情而爲之節文者也

 成 18/反此道也民必～此重也以復之

尊 17/～恆則固

 性 19/當事～方而制之

 六 14/～而施禄焉

固

 老甲 34/骨弱筋柔而捉～

 成 24/形於中發於色其審也～矣

員　部

員（鼎）

鼎

 (重文)通作雲 老甲 24/天道～～各復其根

 用作損 唐 19/有天下弗能益亡天下弗能～

 用作損 語三 11/與諛者處～

 用作損 語三 12/與不好學者遊～

 用作損 語三 13/處而亡業習也～

 用作損 語三 13/自示其所能～

 用作損 語三 16/必行～

 用作損 語三遺簡/從所小好與所小樂～

 用作損 老乙 3/損之又～以至亡爲也

 (重文)用作損 老乙 3/爲道者日～～之又損

 通作云 緇 12/詩～

 通作云 緇 13/詩～

 通作云 緇 13/吕刑～

 通作云 緇 16/詩～

 通作云 緇 19/君陳～

 通作云 緇 28/康誥～

 通作云 緇 43/詩～

 通作云 緇 45/詩～

 通作云 緇 46/詩～

 通作云 緇 2/詩～

 通作云 緇 3/詩～

 通作云 緇 4/詩～

通作云 緇 5/尹誥～

 通作云 緇 7/大雅～

 通作云 緇 7/小雅～

 通作云 緇 9/詩～

 通作云 緇 9/君牙～

 通作云 緇 17/詩～

 通作云 緇 18/詩～

 通作云 緇 22/祭公之顧命～

 通作云 緇 26/詩～

 通作云 緇 26/呂刑～

 通作云 緇 29/呂刑～

 通作云 緇 30/詩～

 通作云 緇 32/詩～

 通作云 緇 33/詩～

 通作云 緇 36/小雅～

 通作云 緇 36/君奭～

 通作云 緇 39/詩～

 通作云 緇 39/君陳～

 通作云 緇 41/詩～

 通作云 緇 41/詩～

貝　部

貨（貨、㯱）

貨

 老甲 12/聖人欲不欲不貴難得之～

 老甲 35/身與～孰多

 老丙 13/是以〔聖〕人欲不欲不貴難得之～

㯱

 語三 60/賓客之用幣也非征納～也

資（整）

整

 性 25/觀～武則齊如也斯作

 性 28/～武樂取

賞（賞、賞）

賞

性 52/未～而民勸含福者也

賞

尊 2/～與刑禍福之旗也或延之者矣

六 11/☐而上有☐～慶焉知其以有所歸也

賴（購）

購

緇 13/一人有慶萬民～之

賓（賔、宁）

賔

性 66/～客之禮必有夫齊齊之容

宁

語一 88/～客情貌之文也

語三 55/～客之用幣也非征納貨也

費（賮）

賮

老甲 36/甚愛必大～厚藏必多亡

責

太 9/伐於強～於☐☐☐☐☐☐

賤（蓑）

蓑

成 17/富而分～則民欲其富之大也

貪（貪、念、念）

貪

用作含 語三 19/地能～之生之者在早

念

語二 13/倍生於～

念

語二 13/～生於欲

貧

緇 44/輕絕～賤而重絕富貴

性 53/～而民聚焉有道者也

賣（逳）

逳

通作鬻　窮 7/百里逳～五羊爲伯牧牛

貴

老甲 12/聖人欲不欲不～難得之貨

老甲 29/不可得而～亦｛可｝不可得而賤

老甲 29/故爲天下～

老甲 38/～富驕自遺咎也

老乙 5/人寵辱若榮～大患若身

老丙 2/猶乎其～言也

老丙 6/君子居則～左用兵則貴右

老丙 6/君子居則貴左用兵則～右

老丙 13/是以〔聖〕人欲不欲不～難得之貨

太 9/天道～弱

緇 20/大臣之不親也則忠敬不足而富～已過也

緇 44/輕絶貧賤而重絶富～

成 11/非從末流者之～窮源返本者之貴

成 11/非從末流者之貴窮源返本者之～

成 14/非從末流者之～窮源返本者之貴

成 14/非從末流者之貴窮源返本者之～

成 16/故君子不～庶物而貴與民有同也

成 16/故君子不貴庶物而～與民有同也

成 18/貴而一讓則民欲其～之上也

成 30/是以君子～成之

尊 14/教以辯説則民褻陵長～以妄

性 37/雖能其事不能其心不～

性 50/不以其情雖難不～

性 53/賤而民～之有德者也

 語一 18/天生百物人爲～

 語三 67 下/生爲～

 殘 4/生爲～

 成 18/～而一讓則民欲其貴之上也

 （重文）五 35/～～其等尊賢義也

 （訛）語四 25/故謀爲可～

 （殘）性 20/～〔其義〕

賽（賽、寶）

賽

 用作塞 語四 17/利其溺者不～其溪

 （訛）用作塞 老甲 27/～其門

寶

 用作塞 老乙 13/閉其門～其兌終身
不懃

 用作塞 老乙 13/啟其兌～其事終身
不仇

亡

 通作亡 老甲 36/持與～執病

通作亡 老甲 36/甚愛必大費厚藏必
多～
案：亡失之“亡”異體。

賷

 用作恆 緇 45/人而亡～不可爲卜筮也

敯（貿）

貿

 用作假 語四 26/破邦亡家事乃有～

邑　部

邦（邦、邖）

邦

 語四 6/破～亡家事乃有假

 語四 8/竊～者爲諸侯

語四 14/～有巨雄必先與之以爲朋

語四 24/雖勇力聞於～不如材

畊

老甲 29/以正治～

老甲 30/民多利器而～滋昏

老乙 17/修之～其德乃豊

老乙 18/以～觀邦

老乙 18/以邦觀～

老丙 3/～家昏亂焉有正臣

緇 2/儀型文王萬～作孚

緇 20/～家之不寧也則大臣不治而褻臣宅也

五 29/有德則～家舉

成 30/喬木三年不必爲～旗

尊 24/爲～而不以禮猶御之亡策也

鄰（笈）

笈

老甲 9/猶乎其如畏四～

六 3/寢四～之殃虐非仁義者莫之能也

用作閔 窮 12/〔隱非〕爲名也故莫之知而不～

用作閔 尊 34/正則民不～

用作隱 性 48/偽斯～矣隱斯慮矣慮斯莫與之結矣

用作隱 性 48/偽斯隱矣～斯慮矣慮斯莫與之結矣

用作吝 尊 15/教以技則民小以～

邵

通作吕 緇 13/～刑云

通作姓氏吕 窮 4/～望爲臧棘津戰監門棘地
案：姓氏“吕”之本字。

邲

通作期 窮 8/孫叔三舍～思少司馬
案：地名“期思”之“期”本字。

毗　部

毗（遰）

遰

今作巷 緇 1/好美如好緇衣惡惡如惡～伯

卷 七

日 部

日

老甲 34/終～號而不嘎和之至也

老乙 3/學者～益

老乙 3/爲道者～損

緇 9/～暑雨小民唯日怨

緇 10/日暑雨小民唯～怨

緇 10/臻冬耆寒小民亦唯～怨

尊 21/忠信～益而不自知也

語三 18/☐物以～物有理而☐

語三 52/善～過我我日過善

語三 52/善日過我我～過善

語四 4/口不慎而户之閉惡言復己而死無～

時（暁、暀、旹）

暁

太 4/寒熱者四～〔之所生也〕

太 6/是故太一藏於水行於～

（重文）太 2/是以成四～四～復〔相〕薄也

用作詩 性 15/～書禮樂其始出皆生於人

用作詩 性 16/～有爲爲之也

暀

五 6/五行皆形于内而～行之謂之君〔子〕

五 27/行之而～德也

旹

窮 14/善否己也窮達以～

窮 15/窮達以～

唐 4/～事山川教民有敬也

唐 14/聖以遇命仁以逢～

唐 15/傍於大～神明將從天地佑之

 唐 15/縱仁聖可與～弗可及矣

 忠 2/至信如～必至而不結

 尊 32/不～則亡勸也

 語四 21/善使其民者若四～一逝一來而民弗害也

語四 25/衆強甚多不如～

旱（暴、暮）

暴

 語三 19/地能含之生之者在～

 老乙 1/夫唯嗇是以～｛是以旱｝服

 老乙 1/夫唯嗇是以旱｛是以～｝服

語四 12/～與賢人是謂浸行

暮

 語四 13/～與智謀是謂重基

昭（弨）

弨

緇 11/故長民者彰志以～百姓

晉

 用作臻 緇 10/～冬耆寒小民亦唯日怨

 通作姓氏祭 緇 22/～公之顧命云

晏（晏）

晏

 通作罕 五 40/簡之爲言猶諫也大而～者也

通作罕 五 43/大而～者能有取焉

吳

 用作側 語四 12/賢人不在～是謂迷惑

昏（昏、緍）

昏

 老甲 30/民多利器而邦滋～

用作聞 老乙 9/上士～道僅能行於其中

用作聞 老乙 9/中士～道若聞若亡

用作聞 老乙 9/中士聞道若～若亡

用作聞 老乙 9/下士～道大笑之

用作聞 唐 23/～舜慈乎弟〔知其能□□□〕爲民主也

 用作聞 性 24/～歌謠則陶如也斯奮

用作閒 性 55/～道反上上交者也

 用作閒 性 56/～道反下下交者也

 用作閒 性 56/～道反己修身者也

 用作閒 唐 22/～舜孝知其能養天下之老也

 用作閒 唐 23/～舜悌知其能治天下之長也

 用作閒 魯 8/非子思吾惡～之矣

 用作問 太 10/請～其名

 用作問 魯 1/魯穆公～於子思曰

 用作問 魯 3/向者吾～忠臣於子思

緍

 老丙 3/邦家～亂焉有正臣

 六 38/～所由作也
案：昏亂之“昏”異體。

昌

 今作倡 緇 30/故大人不～流

 今作倡 成 9/上苟～之則民鮮不從矣

暑(唇)

唇

 緇 9/日～雨小民唯日怨

暴

 (訛)性 64/怒欲盈而毋～

 (訛)唐 12/皋繇入用五刑出飭兵革罪淫～〔也〕

昔(昔)

昔

 緇 37/～在上帝蓋申觀文王德

 唐 2/古～賢仁聖者如此

 成 6/～者君子有言曰

 成 37/～者君子有言曰

暊

 用作夏 成 38/不率大～文王作罰

軌 部

朝(朝)

朝

 窮 5/行年七十而屠牛於～歌

 成 34/～廷之位讓而處賤
案：“月”旁改造成激躍之“躍”初文，作聲符。

㫃　部

旂(斾)

斾

成 30/喬木三年不必爲邦～

尊 2/賞與刑禍福之～也或延之者矣

㫃(斿)

斿

語三 2/其弗惡也猶三軍之～也正也

游(遊)

遊

性 33/吟～哀也

性 33/噪～樂也

性 33/啾～聲〔也〕

性 33/噭～心也

語三 9/與爲義者～益

語三 12/與不好學者～損

語三 14/～蒽益

語三 51/～於藝

族

族

六 28/袒免爲宗～也爲朋友亦然

六 30/爲宗～離朋友不爲朋友離宗族

六 30/爲宗族離朋友不爲朋友離宗～

用作足 語三 14/自示其所不～益

晶　部

參(參、厽)

參

用作三 語三 67 上/名二物～

厽

用作三 性 15/其～術者道之而已

用作三 性 41/惡類～唯惡不仁爲近義

用作三 六 30/人有六德～親不斷

用作三 六 44/凡君子所以立身大灋～

用作三 六 45/～者通言行皆通

用作三 六 45/～者不通非言行也

 用作三 六 46/～者君子所生與之立死
與之獘也

 用作三 語四 3/～世之福不足以出亡

 (殘)用作三 六 46/～者皆通然後是也

月　部

期（晜）

晜

 老甲 30/夫天多～違而民彌叛

 忠 4/大忠不奪大信不～

忠 4/不～而可要者天也

忠 8/信義之～也

有　部

有

成 6/昔者君子～言曰

成 7/是故上苟身服之則民必～甚
焉者

成 12/苟不從其由不返其本未～可得
也者

成 37/昔者君子～言曰

明　部

明

 老甲 34/知和曰～

 老乙 10/～道如昧

 太 5/陰陽者神～之所生也

 太 5/神～者天地之所生也

 緇 29/敬～乃罰

 窮 15/幽～不再

 五 20/不聰不～

 五 23/未嘗視賢人謂之不～

 五 27/視賢人～也

 唐 15/傍於大時神～將從天地佑之

 唐 21/上德則天下有君而世～

 唐 26/耳目聰～衰

 唐 27/大～不出萬物皆伏

 尊 1/尊德義～乎民倫可以爲君

 六 38/君子不啻～乎民微而已又以知
其一矣

 六 42/君子～乎此六者然後可以斷獄

（重文）太 2/是以成神〜神〜復相薄也

（重文）五 14/不忘則〜〜則視賢人

（重文）五 25/〜〜〜智也

（重文）五 25/〜〜〜在下赫赫在上

（訛）性 60/言及則〜舉之而毋偽

夕　部

夜(麥)

麥

通作豫 老甲 8/〜乎〔其〕如冬涉川

外

五 36/以其〜心與人交遠也

尊 30/或由中出或設之〜

性 2/及其見於〜則物取之也

性 59/門〜之治欲其折也

六 26/仁內也義〜也

六 27/內位父子夫也〜位君臣婦也

六 31/門〜之治義斬恩

六 36/故〜內皆得也

語一 20/或由中出或由〜入

語一 23/或生於內或生於〜

彔

用作禄 魯 6/夫爲其君之故殺其身者要〜爵者也

用作禄 魯 7/亞〔稱其君〕之惡〔者遠〕〜爵者也

用作禄 魯 7/〔爲〕義而遠〜爵

多　部

多

老甲 14/大小之〜易必多難

老甲 14/大小之多易必〜難

老甲 30/夫天〜期違而民彌叛

老甲 30/民〜利器而邦滋昏

老甲 30/人〜智而奇物滋起灋物滋彰盜賊多有

老甲 31/人多智而奇物滋起灋物滋彰盜賊〜有

老甲 36/身與貨執〜

老甲 36/甚愛必大費厚藏必〜亡

緇 38/故君子〜聞齊而守之

緇 38/〜志齊而親之

窮 9/子胥前〜功後戮死非其智衰也

成 10/雖然其存也不厚其重也弗〜矣

成 19/故君子所復之不〜所求之不遠

成 27/雖其於善道也亦非有繹縷以〜也

語一 89/〜好者亡好者也

語四 25/衆強甚〜不如時

六 15/以義使人〜

六 17/以忠事人〜

六 18/以智率人〜

六 20/以信從人〜也

六 25/親此〜也

六 25/密此〜〔也〕

六 26/美此〜也

六 33/暱之爲言也猶暱暱也小而軫〜也

鬵

 通作由 五 28/聖智禮樂之所〜生也五〔行之所和〕也

(訛)通作由 五 31/仁義禮所〜生也四行之所和也

案：從"亯"從"肉"，皆是聲符，其餘偏旁是意符，一作"多"字形，一不成字，暫附多部。

弓　部

甬

通作用 老甲 29/以奇〜兵

通作用 老甲 37/弱也者道之〜也

通作用 老乙 14/大成若缺其〜不敝

通作用 老乙 14/大盈若沖其〜不窮

通作用 老丙 6/君子居則貴左〜兵則貴右

通作用 老丙 7/〔不〕得已而〜之

通作用 緇 26/非〜靈制以刑唯作五虐之刑曰灋

通作用 成 1/古之〜民者求之於己爲恆

通作用 性 9/其〜心各異教使然也

通作用 性 32/凡思之〜心爲甚

 通作用 性 42/凡〜心之躁者思爲甚

 通作用 性 42/〜智之疾者患爲甚

 通作用 性 42/〜情之至者哀樂爲甚

 通作用 性 43/〜身之繁者悦爲甚

 通作用 性 43/〜力之盡者利爲甚

通作用 六 5/足此民尔生死之～非忠
信者莫之能也

齊　部

齊

 緇 24/長民者教之以德～之以禮則民
有勸心

 緇 24/教之以政～之以刑則民有免心

 緇 38/故君子多聞～而守之

 緇 38/多志～而親之

 六 19/一與之～終身弗改之矣

 語一 66/信非至～也

 性 63/〔心〕欲柔～而泊

 六 28/疏衰～牡麻絰爲昆弟也爲妻
亦然

 性 25/觀賚武則～如也斯作

 窮 6/釋弓柙而爲諸侯相遇～桓也

 （重文）性 66/賓客之禮必有夫～～
之容

 （重文）性 66/祭祀之禮必有夫～～
之敬

朿　部

朿

 用作靜 老甲 9/孰能濁以～者將徐清

 用作靜 老甲 14/知足以～萬物將自定

克　部

克

 （重文）老乙 2/〔重積德則亡〕不～〔亡〕
不～則莫知其極

 （省）緇 19/未見聖如其弗～見我

录　部

录

 用作禄 六 14/因而施～焉

禾　部

穆

 魯 1/魯～公問於子思曰

窮 7/釋鞭箠而爲尊卿遇秦～〔也〕

 (重文)緇 33/～～文王於緝熙敬止

稷(襪)

襪

 人名 唐 10/后～治土

 人名 尊 7/后～之藝地地之道也

采

 通作由 唐 8/六帝興於古皆～此也

 通作由 忠 6/故行而爭悅民君子弗～也

 通作人名緜 唐 12/皋～入用五刑出飭兵革罪淫暴〔也〕

積(碔)

碔

 (省)忠 1/忠～則可親也

 (省)忠 1/信～則可信也

 (省)忠 2/忠信～而民弗親信者未之有也

稇(康、槳)

康

 今作康 緇 28/～誥云

槳

 今作康 成 38/～誥曰

年

 窮 5/行～七十而屠牛於朝歌

 成 30/喬木三～不必爲邦旟

 緇 12/禹立三～百姓以仁導

 用作身 唐 18/躬身不徇沒～不代

秋(祙)

祙

 六 25/觀諸易春～則亦在矣

 語一 40/春～所以會古今之事也

 (訛作穆)語三 20/春～亡不以其生也亡耳

秦(猋)

猋

 窮 7/釋鞭箠而爲尊卿遇～穆〔也〕

程(經)

經

 成 35/小人不～人於刃君子不程人於禮

成 35/小人不程人於刃君子不～人於禮

秝 部

兼

語三 33/～行則治者中

語三 60/禮必～

(訛)用作廉 語二 4/～生於利

米 部

精(精、稾)

精

緇 39/～知格而行之

稾

老甲 34/未知牝牡之合朘怒～之至也

糧(粻)

粻

成 13/農夫務食不強耕～弗足矣

竊(斁)

斁

語四 8/～鉤者誅

語四 8/～邦者爲諸侯

臼 部

舀(舀)

舀

通作陶 性 24/聞歌謠則～如也斯奮

通作陶 性 31/樂之動心也濬深鬱～

通作陶 性 44/鬱～之氣也人不難爲
之死

杣 部

杣

今作麻 六 28/疏衰齊牡～絰爲昆弟也
爲妻亦然

用作靡 緇 26/吾大夫恭且儉～人不斂

尚 部

尚

通作端 語一 98/喪仁之～也

通作端 語三 23/〔喪仁〕之～也

用作短 老甲 16/長～之相形也

韭 部

韭

語四 11/食～惡知終其杪

宀 部

家(家、豪、豪、豪)

家

唐 26/卅而有～

豪

老乙 16/修之～其德有餘

老乙 18/〔以家觀〕～

老丙 3/邦～昏亂焉有正臣

緇 20/邦～之不寧也則大臣不治而褻臣宅也

語四 26/破邦亡～事乃有假

豪

五 29/有德則邦～舉

豪

用作嫁 六 20/是故夫死有主終身不～

宅(厇)

厇

成 33/舍茲～天心

成 33/蓋此言也言舍之此而～於天心也

成 34/所～不遠矣

老乙 8/〔故貴以身〕爲天下若可以～天下矣

室

老甲 38/金玉盈～莫能守也

語四 24/金玉盈～不如謀

向

魯 3/～者吾問忠臣於子思

尊 28/故率民～方者唯德可

六 3/教此民爾使之有～也非聖智者莫之能也

緇 43/故君子之友也有～其惡有方

 通作鄉　語四 11/匹婦偶夫不知其～之小人君子

 通作鄉　老乙 17/修之～其德乃長

 通作鄉　老乙 18/以～觀鄉

 通作鄉　老乙 18/以鄉觀～

窑(窑)

窑

 今作寧　緇 20/邦家之不～也則大臣不治而褻臣宅也

定

 老甲 14/知足以靜萬物將自～

 用作正　老乙 15/清靜爲天下～

安

 老甲 25/其～也易持也

 緇 8/心好則體～之君好則民欲之

五 28/知而～之仁也

五 28/～而敬之禮也

五 30/知而～之仁也

五 30/～而行之義也

 (重文)五 6/亡中心〔之悦則不〕～〔不〕～則不樂

 (重文)五 8/不形不～不～不樂

 (重文)五 13/察則～～則温

 (重文)五 21/不仁不～不～不樂

 通作焉　五 43/大而罕者能有取～

 通作焉　五 43/小而軫者能有取～

 通作焉　語一 59/政其然而行治～尔也

 通作焉　語三 56/盡飾之道此飾作～

富(貪、稟)

貪

 緇 20/大臣之不親也則忠敬不足而～貴已過也

 緇 44/輕絕貧賤而重絕～貴

稟

 老甲 31/我無事而民自～

實(實、宭)

實

忠 5/口惠而～弗從君子弗言尔

忠 8/忠仁之～也

 用作絰 六 27/疏斬布～杖爲父也爲君亦然

 用作絰 六 28/疏衰齊牡麻～爲昆弟也爲妻亦然

寠

 用作寠 老甲 19/侯王如能守之萬物將自～

容(宏)

宏

 語一 13/有物有～有 有名

 語一 14/有物有～有盡有厚

 語一 47/其體有～有色有聲有臭有味有氣有志

 語一 50/～色目司也

 語一 52/氣～司也

 語一 109/虞與～與夫其行者

 語二 24/～生於肆

守

 唐 12/□□禮爨～樂訓民教也

 老甲 13/侯王能～之而萬物將自化
案：後一形或釋爲"攵"，讀爲"御"。

寵(態)

態

 老乙 5/人～辱若榮貴大患若身

 老乙 5/何謂～辱

 老乙 6/～爲下也

 老乙 6/是謂～辱榮

宜

 語三 35/義～也

 性 19/其先後之敘則～道也

 性 22/其詞～道也

 通作義 性 4/知〔情者能〕出之知～者能入之

 通作義 性 11/屬性者～也

 通作義 性 17/體其～而節文之

 通作義 性 38/恕～之方也

 通作義 性 39/～敬之方也

通作義　性 41/智類五唯～道爲近忠

 通作義　性 41/惡類三唯惡不仁爲近～

 通作義　六 1/聖智也仁～也忠信也

 通作義　六 2/仁與～就矣

 通作義　六 4/寢四鄰之殃虐非仁～者莫之能也

 通作義　六 15/以～使人多

 通作義　六 15/～者君德也

 通作義　六 22/謂之～

 通作義　六 22/上共下之～以奉社稷

 通作義　六 26/仁內也～外也

 通作義　六 31/門內之治恩掩～

 通作義　六 31/門外之治～斬恩

 通作義　六 31/仁類柔而束～類剛而斷

 通作義　六 32/仁柔而暱～剛而簡

 通作義　六 34/君臣～生焉

 通作義　六 34/父聖子仁夫智婦信君～臣忠

 通作義　六 35/～使忠

 通作義　六 39/父子不親君臣亡～

寢(帰)

帰

 今作寢　六 3/～四鄰之殃虐非仁義者莫之能也

寡(賣)

賣

 語三 31/智治者～悔

客

 老甲 9/儼乎其如～

 老丙 4/樂與餌過～止

 性 66/賓～之禮必有夫齊齊之容

 語一 88/賓～情貌之文也

 語三 55/賓～之用幣也非征納貨也

通作各 六 23/六者～行其職而獄訟亡
由作也

通作各 六 35/此六者～行其職而獄訟
蔑由作也

寒（寒、豪、蓑）

寒

太 4/濕燥者～熱之所生也

太 4/～熱者四時〔之所生也〕

（重文）太 3/是以成～熱～熱復相薄也

豪

緇 10/臻冬耆～小民亦唯日怨

蓑

老乙 15/燥勝～清勝熱清靜爲天下正

害（害、叡）

害

六 33/～亡不已也是以暱也

語四 21/善使其民者若四時一逝一來
而民弗～也

性 61/苟毋大～小枉納之可也

老丙 4/往而不～安平泰

（訛）尊 3/殺戮所以除～也

通作蓋 成 22/～言疾也

通作蓋 成 29/～道不悅詞也

通作蓋 成 30/～言賓之也

通作蓋 成 33/～此言也言舍之此而宅
於天心也

通作蓋 成 37/～言慎求之於己而可以
至順天常矣

通作蓋 成 39/～此言也言不奉大常者
文王之刑莫重焉

叡

老甲 28/不可得而利亦不可得而～

宋

緇 45/～人有言曰

宗

六 28/袒免爲～族也爲朋友亦然

六 30/爲～族離朋友不爲朋友離宗族

六 30/爲宗族離朋友不爲朋友離～族

宝

通作主 性 67/君子身以爲～心

通作主 六 19/是故夫死有～終身不嫁

通作主 老甲 6/以道佐人～者不欲以
兵強於天下

 通作主 唐 24/聞舜慈乎弟〔知其能
□□□〕爲民～也

 通作主 性 5/凡性爲～物取之也

 通作主 性 14/凡道心術爲～

宑

 用作人名瞽 唐 9/古者虞舜篤事～瞍乃
式其孝

 用作人名瞽 唐 24/故其爲～瞍子也甚
孝

宼

 通作從 緇 16/長民者衣服不改～容有
常則民德一
案：可能是尊崇之“崇”異體。

奉

 用作豐 語一 103/禮不同不～不殺

宭

 用作靜 性 62/身欲～而毋滯

 用作情 語四 1/言以詞～以舊

宼

 通作害 老甲 4/聖人之在民前也民弗
～也

宭

 用作留 緇 41/私惠不懷德君子不自～焉

宼

 用作瞍 唐 9/古者虞舜篤事瞽～乃式
其孝

 用作瞍 唐 24/故其爲瞽～子也甚孝

宮 部

宮

 成 7/君袀冕而立於阼一～之人不勝
其敬

 成 8/君衰絰而處位一～之人不勝
〔其哀〕

吕 部

吕

 緇 26/～刑云

 緇 29/～刑云

穴 部

窮（窞、窋、窞、穿）

窞

 今作窮 成 14/非從末流者之貴～源返
本者之貴

窻

 今作窮　唐 3/仁者爲此進而弗利～仁矣

窬

 今作窮　成 11/非從末流者之貴～源返本者之貴

穿

 今作窮　老乙 14/大盈若沖其用不～

 今作窮　窮 10/～四海至千里遇造父也

 今作窮　窮 11/動非爲達也故～而不〔怨〕

 今作窮　窮 14/善否己也～達以時

 今作窮　窮 15/～達以時

疒　部

疾

 成 22/蓋言～也

 成 21/是以智而求之不～其去人弗遠矣

 成 22/是故凡物在～之

成 22/～之可能終之爲難

成 23/雖有其恆而行之不～未有能深之者也

性 42/用智之～者患爲甚

語一 110/食與色與～

病（疒）

疒

老甲 36/持與亡執～

瘧（癢）

癢

今作虐　緇 27/非用靈制以刑唯作五～之刑曰瀘

冂　部

同（同、週）

同

 老甲 28/是謂玄～

 緇 40 正/出入自尓師雩庶言～

 成 17/故君子不貴庶物而貴與民有～也

 性 57/～方而交以道者也

 性 57/不～方而〔交以故者也〕

 性 58/～悅而交以德者也

 性 58/不～悅而交以猷者也

語一 102/凡～者通

語一 103/禮不～不豐不殺

語二 52/其所之～其行者異

(重文)五 32/和則～～則善

(重文)五 46/和則～～則善

週

老甲 27/～其塵

冡(冕)

冕

通作蒙　窮 3/傅説衣枲葛帽経～巾

冃　部

冕(免)

免

唐 7/孝仁之～也

用作勉　性 25/觀韶夏則～如也斯嬐

冒

用作帽　窮 3/傅説衣枲葛～経蒙巾

(訛)用作帽　唐 26/古者聖人廿而～

兩

語四 20/善□□□者若～輪之相轉而終不相敗

巾　部

幣(繒)

繒

語三 55/賓客之用～也非征納貨也

飾(紕、紞)

紕

緇 3/有國者彰好彰惡以示民厚則民情不～

紞

殘 2/盡其～道☐

席(箬)

箬

成 34/君子簟～之上讓而受幬

布

六 27/疏斬～経杖爲父也爲君亦然

帛　部

帛

 性 22/幣～所以爲信與證也

白　部

白

 老乙 11/大～如辱

 緇 35/～珪之玷尚可磨也

 用作伯 緇 1/好美如好緇衣惡惡如惡巷～

 用作伯 窮 14/梅{之}～初醯醯後名揚非其德加

 通作姓氏百 窮 7/～里遷鬻五羊爲伯牧牛

帗　部

帗

 今作敝 緇 40 正/苟有衣必見其～

今作敝 緇 33/故言則慮其所終行則稽其所～

今作敝 老乙 14/大成若缺其用不～

用作幣 性 22/～帛所以爲信與證也

卷　八

人　部

人

緇 40/～苟有言必聞其聲

緇 41/～之好我示我周行

緇 42/唯君子能好其匹小～豈能好其匹

緇 44/～雖曰不利吾弗信之矣

緇 45/宋～有言曰

緇 45/～而亡恆不可爲卜筮也

緇 46/龜筮猶弗知而況於～乎

魯 4/寡～惑焉而未之得也

窮 1/有天有～天人有分

窮 1/有天有人天～有分

窮 1/察天～之分而知所行矣

窮 1/有其～亡其世雖賢弗行矣

五 4/善～道也

五 16/淑～君子其儀一也

五 19/善～道也

五 23/未嘗視賢～謂之不明

五 24/視賢～而不知其有德也謂之不智

五 26/聖～知天道也

五 27/視賢～明也

五 32/以其中心與～交悅也

五 33/愛父其稽愛～仁也

五 36/以其外心與～交遠也

五 48/大施諸其～天也

五 49/其～施諸人犯也

五 49/其人施諸～犯也

唐 4/夫聖～上事天教民有尊也

唐 10/愛親尊賢虞舜其～也

唐 17/求乎大～之興微也

唐 25/古者聖～廿而帽

忠 2/忠～亡譌信人不倍

忠 3/忠人亡譌信～不倍

忠 6/三者忠～弗作信人弗爲也

忠 6/三者忠人弗作信～弗爲也

忠 7/忠之爲道也百工不苦而～養皆足

成 6/戰與刑～君子之墜德也

成 7/君裀冕而立於阼一宮之～不勝其敬

成 8/君衰絰而處位一宮之～不勝〔其哀〕

成 9/〔君冠胄帶甲而立於軍〕一軍之～不勝其勇

成 20/察反諸己而可以知～

成 20/是故欲～之愛己也則必先愛人

成 20/是故欲人之愛己也則必先愛～

成 20/欲～之敬己也則必先敬人

成 20/欲人之敬己也則必先敬～

成 21/是以智而求之不疾其去～弗遠矣

成 26/聖～之性與中人之性其生而未有非之

成 26/聖人之性與中～之性其生而未有非之

成 28/及其博長而厚大也則聖～不可由與殫之

成 28/此以民皆有性而聖～不可摹也

成 29/襄我二～毋有合在音

成 31/天格大常以理～倫

成 32/君子治～倫以順天德

成 34/小～不程人於刃君子不程人於禮

成 35/小人不程～於刃君子不程人於禮

成 35/小人不程人於刃君子不程～於禮

成 37/聖～天德

尊 1/去忿怨改忌勝爲～上者之務也

尊 5/禹以～道治其民

尊 5/桀以～道亂其民

尊 8/莫不有道焉～道爲近

尊 8/是以君子～道之取先

尊 11/善取～能從之上也

尊 19/教其政不教其～政弗行矣

性 1/凡～雖有性心亡奠志

性 15/道四術唯～道爲可道也

性 16/詩書禮樂其始出皆生於～

性 16/聖～比其類而論會之

性 23/然後其入拔～之心也厚

性 28/凡古樂籠心益樂籠指皆教其～也

性 37/～之不能以僞也可知也

性 41/所爲道者四唯～道爲可道也

性 44/鬱陶之氣也～不難爲之死

性 44/有其爲～之節節如也

性 45/有其爲～之簡簡如也

性 45/～之巧言利詞者不有夫詘詘之心則流

性 46/～之悅然可與和安者不有夫奮猛之情則侮

性 47/有其爲～之慧如也弗牧不可

性 47/有其爲～之愿如也弗補不足

性 48/凡～僞爲可惡也

性 49/～不慎斯有過信矣

性 50/凡～情爲可悅也

性 51/苟有其情雖未之爲斯～信之矣

性 59/凡悅～勿隱也身必從之

六 4/聚～民任土地

六 5/～之雖在草茅之中苟賢☒

六 6/君子如欲求～道□☒

六 8/有率～者有從人者

六 8/有率人者有從～者

六 9/有使～者有事人〔者〕

六 9/有使人者有事～〔者〕

六 15/以義使～多

六 16/苟濟夫～之善也

六 17/以忠事～多

六 18/以智率～多

六 20/以信從～多也

六 22/故～則爲〔人也謂之〕仁

六 30/～有六德三親不斷

六 47/☒～民

六 48/材此親戚遠近唯其～所在

六 48/得其～則舉焉不得其人則止也

六 48/得其人則舉焉不得其～則止也

語一 3/天生倫～生卯

語一 18/天生百物～爲貴

語一 18/～物各止於其所

語一 22/仁生於～義生於道

語一 29/知天所爲知～所爲

語一 31/禮因～之情而爲之節文者也

語一 36/易所以會天道～道也

語一 83/～亡能爲

語二 43/賊退～也

語二 45/未有善事～而不返者

語三 17/天刑成～與物斯理

語三 40/愛親則其殺愛～

語三 57/～之性非歟

語四 2/往言傷～來言傷己

語四 12/早與賢～是謂浸行

語四 12/賢～不在側是謂迷惑

殘 3/智行～之▨

殘 8/仁～也義〔道也〕

（重文）尊 9/知己所以知～知～所以知命

（重文）語一 26/知己而後知～知～而後知禮

（重文）五 14/明則視賢～視賢～則玉色

僮

用作動　老甲 37/反也者道〔之〕～也

保

老甲 2/視素～樸少私寡欲

老甲 10/～此道者不欲尚盈

老甲 38/揣而群之不可長～也

語四 27 正上/一王母～三嬰婗

（省）老乙 15/善～者不脫

仁（忈、忎、悥）

忈

唐 3/仁者爲此進而弗利窮～矣

唐 7/孝～之冕也

 唐 8/愛親忘賢～而未義也

 唐 9/尊賢遺親義而未～也

 唐 14/聖以遇命～以逢時

 唐 15/縱～聖可與時弗可及矣

忎

 唐 2/利天下而弗利也～之至也

 唐 2/古昔賢～聖者如此

 唐 19/極～之至利天下而弗利也

 唐 28/～者爲此進而弗利窮仁矣

 忠 8/忠～之實也

息

 老丙 3/故大道廢焉有～義

 緇 10/上好～則下之爲仁也爭先

 緇 11/上好仁則下之爲～也爭先

 緇 12/禹立三年百姓以～導

 緇 13/豈必盡～

 緇 44/則好～不堅而惡惡不著也

 五 9/不～思不能清

 五 9/不～不智未見君子憂心不能惙惙

 五 11/〔不〕～思不能清

 五 11/不～不聖未見君子憂心不能忡忡

 五 13/形則～

 五 21/不愛不～

 五 28/知而安之～也

 五 31/～義禮所由生也四行之所和也

 五 33/愛父其稽愛人～也

 五 41/暱～之方也

 五 41/柔～之方也

 五 49/聞道而悦者好～者也

語一 16/有～有智有義有禮

 語一 21/由中出者～忠信

 語一 22/～生於人義生於道

 語一 82/厚於義薄於～尊而不親

 語一 92/愛善之謂～

 語一 93/～義爲之㫑

 語一 98/喪～之端也

 語三 22/～厚之☒

 （殘）殘 22/〔厚於〕～薄於義親而不尊

 語三 28/未有其至則～

 語三 35/喪～也

 語三 35/愛～也

 語三 39/物不備不成～

 語三 51/灰 於～

 殘 8/～人也義〔道也〕

 殘 14/☒～

 五 1/～形於内謂之德之行

 五 12/～之思也清

 五 30/知而安之～也

 尊 3/～爲可親也

 尊 16/教以權謀則民淫惃遠禮亡親～

 性 57/修身近至～

 六 1/聖智也～義也忠信也

 六 4/寢四鄰之殃虐非～義者莫之能也

六 26/～内也義外也

 六 31/～類柔而束義類剛而斷

 六 32/～柔而暱義剛而簡

 六 34/父聖子～夫智婦信君義臣忠

 六 35/聖生～

 尊 20 下/尊～親忠敬莊歸禮

 性 49/慎～之方也

 性 39/篤～之方也

 性 55/非之而不可惡者篤於～者也

 六 2/～與義就矣

 性 39/～性之方也

 性 40/愛類七唯性愛爲近～

 性 41/惡類三唯惡不～爲近義

 (重文)五 21/不智不～不～不安

(重文)六 23/故人則爲〔人也謂之〕～～者子德也

傑

通作人名桀　尊 5/～以人道亂其民

通作人名桀　尊 5/～不易禹民而後亂之

通作人名桀　尊 6/湯不易～民而後治之

通作人名桀　尊 22/～不謂其民必亂而民有爲亂矣

佣(佣、偅)

佣

(訛)通作朋　六 28/祖免爲宗族也爲～友亦然

偅

通作朋　緇 45/～友攸攝攝以威儀

(訛)通作朋　六 30/爲宗族離～友不爲朋友離宗族

(訛)通作朋　六 30/爲宗族離朋友不爲～友離宗族

俶(俀)

俀

通作淑　五 16/～人君子其儀一也

備

 唐 3/必正其身然後正世聖道～矣

語一 94/～之謂聖

 用作服 老乙 1/夫唯嗇是以早｛是以早｝～

 用作服 緇 16/長民者衣～不改從容有常則民德一

 用作服 緇 41/～之亡斁

 用作服 唐 13/〔虞〕用威夏用戈征不～也

 用作服 成 3/身～善以先之

 用作服 成 5/是故威～刑罰之屢行也由上之弗身也

 用作服 成 7/是故上茍身～之則民必有甚焉者

 用作服 尊 25/非倫而民～懼此亂矣

 用作服 語三 54/樂～德者之所樂也

位

 用作範 老丙 10/故殺〔人衆〕則以哀悲～之

 用作範 緇 25/恭以～之則民有遜心

依

 尊 32/～惠則民材足

敝

 用作微 唐 17/求乎大人之興～也

 用作微 六 38/君子不啻明乎民～而已又以知其一矣

 用作美 老甲 15/天下皆知美之爲～也惡已

作（俊、复）

俊

 老甲 17/萬物～而弗始也爲而弗志也成而弗居

复

 老甲 13/化而欲～將貞之以亡名之樸

 成 38/不率大戛文王～罰

 性 1/待物而後～待悅而後行待習而後奠

 （訛）老甲 24/萬物旁～居以須復也

（訛）性 18/禮～於情或興之也

（訛）性 25/觀賚武則齊如也斯～

用作怍 成 7/君袀冕而立於～一宮之人不勝其敬

傍(仿)

仿

 通作旁 窮 14/德行一也譽毀在～聽之置〔之〕

任(妊、貢)

妊

 性 62/凡憂患之事欲～樂事欲後

貢

 六 4/聚人民～土地

 六 10/既有夫六位也以～此〔六職〕也

 六 13/〔任〕諸父兄～諸子弟

傳(連、徝)

連

 尊 28/德之流速乎置郵而～命

 唐 13/禪而不～義恆□□治也

徝

 唐 1/唐虞之道禪而不～

 唐 1/禪而不～聖之盛也

倍(伓)

伓

 老甲 1/絕智棄辯民利百～

 忠 3/忠人亡譌信人不～

 緇 25/信以結之則民不～

 語二 14/由生於～

 忠 4/至忠亡譌至信不～

 忠 3/故不誣生不～死也

 語二 13/～生於貪

 用作否 窮 14/善～己也窮達以時

偏(倅)

倅

 語二 19/～生於急
案：從"弁"省聲。

僞(愳)

愳

 性 48/凡人～爲可惡也

 性 48/～斯隱矣隱斯慮矣慮斯莫與之結矣

性 60/言及則明舉之而毋～

性 65/欲皆文而毋～

(殘)性 62/慮欲淵而毋～

用作化 語一 68/察天道以～民氣

(重文)用作化 老甲 13/侯王能守之而
萬物將自～～而欲作

用作爲 老甲 1/絕～棄慮民復季子

侮(悉)

悉

(省作悉) 性 47/人之悅然可與和安者
不有夫奮猛之情則～

傷(剔、戝)

剔

太 12/故功成而身不～

語四 2/往言～人來言傷己

語四 2/往言傷人來言～己

戝

唐 11/安命而弗夭養生而弗～

伐

太 9/～於強責於□□□□□

用作敗 語二 51/小不忍～大圖

仇(戜、䡅)

戜

緇 43/君子好～

(重文)緇 19/執我～～亦不我力

䡅

老乙 13/啟其兌塞其事終身不～

咎(咎、処)

咎

老甲 5/～莫僉乎欲得

性 49/有過則～

(訛)老甲 38/貴富驕自遺～也

通作人名皋 唐 12/～繇入用五刑出飭
兵革罪淫暴〔也〕

処

尊 34/～則民淫

倦(媵)

媵

 唐 26/四肢～惰

弔(叴)

叴

 通作淑 緇 4/～人君子其儀不忒

 通作淑 緇 32/～慎尔止不愆于儀

 通作淑 緇 39/～人君子其儀一也

 通作叔 窮 8/孫～三舍期思少司馬

癶(望)

望

 用作讓 語二 3/～生於敬

仳

用作拙 老乙 14/大巧若～

佷(臭)

臭

 通作良 尊 21/養心於子～
案：也可能釋寫爲"髟"。

七 部

化

用作禍 老甲 6/～莫大乎不知足

矣

用作喜 唐 18/君民而不驕卒王天下而不～

今作矣 語二 50/毋失吾圖此圖得～

今作矣 語三 62/行盡此友～

从 部

从

今作從 忠 5/口惠而實弗～君子弗言尔

從

太 11/以道～事者必宅其名

太 11/聖人之～事也亦宅其名

緇 14/下之事上也不～其所以命而從其所行

緇 14/下之事上也不從其所以命而～其所行

緇 34/言～行之則行不可匿

唐 15/傍於大時神明將～天地佑之

成 1/行不信則命不～

成 2/民不～上之命不信其言而能含德者

成 5/雖厚其命民弗～之矣

成 9/上苟倡之則民鮮不～矣

成 11/非～末流者之貴窮源返本者之貴

成 12/苟不～其由不返其本未有可得也者

成 14/非～末流者之貴窮源返本者之貴

成 14/苟不～其由不返其本雖强之弗入矣

成 15/上不以其道民之～之也難

成 24/民孰弗～

成 36/～允釋過則先者豫來者信

尊 11/善取人能～之上也

尊 23 下/可～也而不可及也

尊 36/下之事上也不～其所命而從其所行

尊 36/下之事上也不從其所命而～其所行

性 36/～其所爲近得之矣不如以樂之速也

性 57/下交得衆近～政

性 59/凡悦人勿隱也身必～之

六 8/有率人者有～人者

六 20/以信～人多也

六 21/既生畜之又～而教誨之

語一 75/逌不逮～一道

語二 22/～生於好

語三遺簡/～所小好與所小樂損

用作縱　唐 15/～仁聖可與時弗可及矣

用作縱　性 27/鄭衛之樂則非其聲而～之也

比　部

比

成 17/智而～次則民欲其智之逵也

性 16/聖人～其類而論會之

老甲 33/含德之厚者～於赤子

北　部

北

 太 13/〔天不足〕於西～其下高以強

 用作倍 語二 37/～生於疑

丘　部

虛

 老甲 23/～而不屈動而愈出

老甲 24/至～恆也

似　部

衆

老甲 12/教不教復～之所過

老丙 13/教不教復～之所過

成 25/是以上之恆務在信於～

成 25/此言也言信於～之可以濟德也

尊 35/勇不足以忢～

 語四 18/善使其下若蚚蚤之足～而不割割而不仆

 語四 25/～強甚多不如時

 性 57/下交得～近從政

 （重文）尊 12/善者民必～～未必治

聚（聚、聚）

聚

 六 4/～人民任土地

聚

 性 53/貧而民～焉有道者也

壬　部

皇

 用作毀 窮 14/德行一也譽～在旁聽之置〔之〕

案：或認爲是“毀”字省體。

重　部

重（重、至）

重

 成 10/雖然其存也不厚其～也弗多矣

唐 19/及其有天下也不以天下爲～

至

成 18/反此道也民必因此～也以復之

老甲 5/罪莫～乎甚欲

緇 44/輕絕貧賤而～絕富貴

尊 29/其載也亡～焉交矣而弗知也

(省)成 39/蓋此言也言不奉大常者文
王之刑莫～焉

臥　部

監

語二 32/～生於懼

語二 33/望生於～

窮 4/呂望爲臧棘津戰～門棘地

臨(臨、舉)

臨

(訛)老甲 11/～事之紀

舉

五 48/上帝～汝毋貳尔心

身　部

身

老甲 3/聖人之在民前也以～後之

老甲 35/名與～孰親

老甲 39/功遂～退天之道也

老乙 5/人寵辱若榮貴大患若～

老乙 7/〔何謂貴大患〕若～

老乙 7/吾所以有大患者爲吾有～

老乙 7/及吾亡～又何〔患焉〕

老乙 8/愛以～爲天下若可以去天
下矣

老乙 13/閉其門塞其兌終～不懃

老乙 13/啟其兌塞其事終～不仇

老乙 16/修之～其德乃貞

太 11/故事成而～長

太 12/故功成而～不傷

緇 37/其集大命于厥～

魯 5/夫爲其君之故殺其～者嘗有之矣

 魯 6/夫爲其君之故殺其～者要祿爵者也

 唐 3/必正其～然後正世聖道備矣

 成 3/～服善以先之

 成 4/是故亡乎其～而存乎其詞

 成 6/是故威服刑罰之屢行也由上之弗～也

 成 7/是故上苟～服之則民必有甚焉者

 性 43/用～之繁者悅爲甚

 性 56/聞道反己修～者也

 性 57/修～近至仁

 性 59/凡悅人勿隱也～必從之

 性 62/～欲靜而毋滯

 性 67/君子～以爲主心

 六 20/是故夫死有主終～不嫁

 六 41/不使此民也憂其～失其業

 六 47/小者以修其～

 老甲 35/～與貨孰多

 六 19/一與之齊終～弗改之矣

 六 44/凡君子所以立～大灋三

衣　部

衣

 緇 1/好美如好緇～惡惡如惡巷伯

 緇 16/長民者～服不改從容有常則民德一

 緇 40 正/苟有～必見其斃

 窮 3/傅説～枲葛帽絰蒙巾

 用作依 語三 44/文～物以情行之者

衵(曩)

曩

 六 28/～免爲宗族也爲朋友亦然

裵(衸)

衸

 通作邪 語三 48/思亡疆思亡期思亡～思亡不由我者

衰(肓)

肓

 成 8/君～絰而處位一宮之人不勝〔其哀〕

六 27/疏～齊牡麻經爲昆弟也爲妻亦然

唐 26/耳目聰明～

卒(卒、釆)

卒

⻌
唐 18/君民而不驕～王天下而不喜

釆

⻌
緇 7/上帝板板下民～瘅

⻌
緇 9/誰秉國成不自爲貞～勞百姓

裒　部

求

⻌
成 1/古之用民者～之於己爲恆

⻌
成 10/是故君子之～諸己也深

⻌
成 10/不～諸其本而攻諸其末弗得矣

⻌
成 19/故君子所復之不多所～之不遠

⻌
成 21/是以智而～之不疾其去人弗遠矣

⻌
成 37/是故唯君子道可近～而可遠措也

⻌
成 38/蓋言慎～之於己而可以至順天常矣

⻌
性 37/～其心有僞也弗得之矣

⻌
緇 18/彼～我則如不我得

⻌
尊 39/民心有恆～其羕

⻌
六 6/君子如欲～人道□□

⻌
六 7/□〔不〕由其道雖堯～之弗得也

⻌
六 33/豫其志～養親之志

(訛作隶)性 36/凡學者～其心爲難

老　部

老

⻌
老甲 35/物壯則～是謂不道

⻌
唐 23/聞舜孝知其能養天下之～也

考

⻌
唐 6/先聖與後聖～後而歸先教民大順之道也

孝

語三 61/止乎其～

語三 6/長悌～之方也

語一 55/爲～此非孝也

語一 55/爲孝此非～也

語三 8/父～子愛非有爲也

唐 5/親事祖廟教民～也

唐 7/愛親故～尊賢故禪

唐 7/～之殺愛天下之民

唐 7/～仁之冤也

唐 9/古者虞舜篤事瞽瞍乃式其～

唐 22/聞舜～知其能養天下之老也

唐 24/故其爲瞽瞍子也甚～

六 22/謂之～

六 40/是故先王之教民也始於～悌

六 41/～本也

老丙 3/六親不和焉有～慈

尸 部

居(居、尼)

居

老丙 9/是以偏將軍～左上將軍居右

老丙 9/是以偏將軍居左上將軍～右

性 26/其～次也久

性 67/～喪必有夫戀戀之哀

老甲 17/是以聖人～亡爲之事行不言之教

老甲 17/萬物作而弗始也爲而弗志也成而弗～

老甲 18/夫唯弗～也是以弗去也

老甲 24/萬物旁作～以須復也

老丙 6/君子～則貴左用兵則貴右

老丙 9/言以喪禮～之也

老丙 10/戰勝則以喪禮～之

昆

（訛作佢）唐 16/夫古者舜～於草茅之中而不憂

（訛作佢）唐 16/～草茅之中而不憂知命也

屠（膏）

膏

窮 5/行年七十而～牛於朝歌

尾　部

屈（屚）

屚

老甲 23/虛而不～動而愈出

用作詘 老乙 15/大直若～

舟　部

舟

成 35/津梁爭～其先也不若其後也

俞

用作渝 忠 3/大久而不～忠之至也

（訛）用作喻 五 47/～而知之謂之進之

方　部

方

老乙 12/大～亡隅

太 12/故過其～不使相當

緇 12/有覺德行四～順之

緇 43/故君子之友也有向其惡有～

性 32/歎思之～也

性 38/恕義之～也

性 39/義敬之～也

性 39/篤仁之～也

性 39/仁性之～也

性 40/忠信之～也

性 40/信情之～也

性 49/慎仁之～也

性 49/速謀之～也

性 57/同～而交以道者也

性 57/不同～而〔交以故者也〕

語三 25/義善之～也

唐 18/～在下位不以匹夫爲輕

 尊 26/民五之～格十之方爭百之而後服

 尊 27/民五之方格十之～爭百之而後服

 尊 28/故率民向～者唯德可

 性 19/當事因～而制之

 五 40/簡義之～也

 五 41/暱仁之～也

 五 41/剛義之～

 五 41/柔仁之～也

 用作旁 老甲 24/萬物～作居以須復也

儿　部

兒

用作婗 語四 27 正上/一王母保三嬰～

允（允、身）

允

 成 25/～師濟德

 成 36/從～釋過則先者豫來者信

身

 緇 5/唯尹～及湯咸有一德

 緇 36/～也君子展也大成

兌

 通作脫 老乙 16/善保者不～

 用作説 尊 14/教以辯～則民褻陵長貴以妄

 用作悅 五 10/既見君子心不能～

 用作悅 五 49/聞道而～者好仁者也

 用作悅 尊 24/非禮而民～戴此小人矣

 用作悅 性 1/待物而後作待～而後行待習而後奠

 用作悅 性 11/逆性者～也

 用作悅 性 12/快於己者之謂～

用作悅 性 21/～其教是以敬焉

用作悅 性 43/用身之繁者～爲甚

用作悦　性 50/凡人情爲可～也

 用作悦　性 58/同～而交以德者也

 用作悦　性 58/不同～而交以猷者也

 用作悦　性 59/凡～人勿隱也身必從之

 用作悦　忠 6/故行而爭～民君子弗由也

 用作悦　五 32/以其中心與人交～也

 用作悦　五 32/中心～㫷遷於兄弟戚也

 （重文）用作悦　五 13/温則～～則戚

 （重文）用作悦　五 21/不變不～不～不戚

 通作奪　忠 4/大忠不～大信不期

 通作奪　忠 4/不～而足養者地也

兄　部

兄

 性 61/父～之所樂

 六 13/〔任〕諸父～任諸子弟

 語一 70/～弟至先後也

兊　部

兊（伇）

伇

 今作貌　五 32/顔色容～温變也

覍（覍、㝅、睨）

覍

 用作繁　性 43/用身之～者悦爲甚

㝅

 用作繁　語一 34/禮～樂零則蹙

睨

 用作變　五 21/不～不悦

 用作變　五 32/顔色容貌温～也

 用作變　性 32/其聲～則〔心從之〕

用作變 性 33/其心～則其聲亦然

先　部

先

 老甲 16/～後之相隨也

 老甲 21/有狀融成～天地生

 緇 11/上好仁則下之爲仁也爭～

 唐 5/～聖與後聖考後而歸先教民大
順之道也

 唐 6/先聖與後聖考後而歸～教民大
順之道也

 成 3/身服善以～之

 成 20/是故欲人之愛己也則必～愛人

 成 20/欲人之敬己也則必～敬人

 成 35/津梁爭舟其～也不若其後也

 成 36/從允釋過則～者豫來者信

 尊 8/是以君子人道之取～

 尊 13/是以爲政者教道之取～

 性 19/其～後之敘則宜道也

 六 39/是故～王之教民也始於孝悌

 六 40/是故～王之教民也

 語一 70/兄弟至～後也

 語四 14/邦有巨雄必～與之以爲朋

 (訛作之)性 17/觀其～後而逆順之

見　部

見

 老丙 5/視之不足～聽之不足聞而不
可既也

 緇 19/未～聖如其弗克見我

 緇 19/未見聖如其弗克～我

 緇 19/既～我弗迪聖

 緇 40 正/苟有車必～其轍

緇 40 正/苟有衣必～其敝

 緇 40 正/苟有行必～其成

 魯 2/成孫弋～

 五 9/不仁不智未～君子憂心不能惙惙

 五 10/既～君子心不能悦

 五 10/亦既～止亦既覯止我心則〔悦〕

 五 12/不仁不聖未～君子憂心不能忡忡

 五 12/既～君子心不能降

 性 2/及其～於外則物取之也

 性 12/凡～者之謂物

 性 38/察其～者情焉失哉

 語四 10/車轍之鮒鮪不～江湖之水

視（見）

見

 老甲 2/～素保樸少私寡欲

 老乙 3/長生久～之道也

 老丙 5/～之不足見聽之不足聞而不可既也

 五 27/～而知之智也

 五 29/文王之～也如此

 五 30/～而知之智也

 語四 27 正中/聽君而會～貌而入

 五 25/～而知之智也

 五 27/～賢人明也

 五 23/未嘗～賢人謂之不明

 五 24/～賢人而不知其有德也謂之不智

 （訛作見，重文）五 14/明則～賢人～賢人則玉色

 通作示 語三 13/自～其所能損

通作示 語三 14/自～其所不足益

通作示　緇 2/有國者彰好彰惡以～民厚則民情不飾

通作示　緇 6/故君民者彰好以～民欲

觀（矔）

矔

老乙 18/以鄉～鄉

老乙 18/以邦～邦

老乙 18/以天下～天下

緇 37/昔在上帝蓋申～文王德

親（睪）

睪

語一 77/〔厚於〕仁薄於義～而不尊

語一 78/□□父有～有尊

語一 79/厚於義薄於仁尊而不～

語一 80/長悌～道也

語一 81/友君臣毋～也

語二 8/～生於愛

語二 9/忠生於～

語三 40/愛～則其殺愛人

唐 5/太學之中天子～齒教民悌也

唐 6/堯舜之行愛～尊賢

唐 7/愛～故孝尊賢故禪

唐 8/愛～忘賢仁而未義也

唐 9/尊賢遺～義而未仁也

唐 10/愛～尊賢虞舜其人也

忠 1/忠積則可～也

忠 2/忠信積而民弗～信者未之有也

忠 6/心疏〔而貌〕～君子弗陳尔

忠 8/君子其施也忠故蠻～薄也

語三 30/愛治者～

覤（覜）

覜

用作盜 老甲 1/絕巧棄利～賊亡有

用作盜 老甲 31/人多智而奇物滋起㶚
物滋彰～賊多有

欠　部

欽

用作禁 尊 2/政～所以攻□〔也〕
案：可能是禁止之"禁"本字。

欲（欲、忩、忿）

欲

老甲 2/視素保樸少私寡～

老甲 5/罪莫重乎甚～

老丙 13/是以〔聖〕人～不欲不貴難得
之貨

老丙 13/是以〔聖〕人欲不～不貴難得
之貨

（訛作雉）老甲 13/化而～作將貞之以
亡名之樸

忩

緇 6/故君民者彰好以示民～

緇 8/心好則體安之君好則民～之

忿

語二 10/～生於性

語二 10/慮生於～

語二 13/貪生於～

語二 15/諓生於～

語二 17/浸生於～

語二 19/急生於～

歌（訶）

訶

性 24/聞～謠則陶如也斯奮

窮 5/行年七十而屠牛於朝～

歎（戁）

戁

　性 32/～思之方也

　（重文）性 35/戚斯～～斯撫

欺（忈、忎）

忈

　忠 1/不～弗知信之至也

　通作其　六 41/下修～本可以斷獄

忎

　語四 13/不與智謀是謂自～

卷　九

頁　部

頌（頌、俗）

頌

 通作容　老甲 8/是以爲之～

 通作容　緇 16/長民者衣服不改從～有常則民德一

 通作容　緇 17/其～不改

 通作容　性 20/至～貌所以文節也

 通作容　性 21/好其～

 通作容　性 66/賓客之禮必有夫齊齊之～

俗

 通作容　五 32/顏色～貌溫變也

顧（募、賜）

募

 緇 22/祭公之～命云

 用作寡　魯 4/～人惑焉而未之得也

 用作寡　尊 15/教以言則民華以～信

 （訛作須）用作寡　老甲 2/視素保樸少私～欲

賜

 緇 34/故君子～言而行以成其信

順（巛）

巛

 緇 12/有覺德行四方～之

頪

 用作類　緇 4/爲上可望而知也爲下可～而志也

用作頪　尊 4/教爲可～也

 用作頪　性 17/聖人比其～而論會之

 用作頪　性 40/愛～七唯性愛爲近仁

 用作頪　性 40/智～五唯義道爲近忠

 用作頪　性 41/惡～三唯惡不仁爲近義

 用作頪　六 31/仁～柔而束義頪剛而斷

 用作頪　六 31/仁頪柔而束義～剛而斷

 用作頪　尊 30/論列其～焉

面　部

面

 唐 25/南～而王天下而甚君

 尊 15/教以事則民力嗇以～利

首　部

首

 語四 5/凡説之道急者爲～

須　部

須

 老甲 24/萬物旁作居以～復也

彡　部

彰

 用作章　語三 10/起習文～益
案：也可能是“章”字。

杉

 用作圖　語二 50/毋失吾～此圖得矣

 用作圖　語二 50/毋失吾圖此～得矣

 用作圖　語二 51/小不忍敗大～
案：可能是顯著之“著”異體。

弱（尿、尿）

尿

 老甲 33/骨～筋柔而捉固

 老甲 37/～也者道之用也

 太 9/天道貴～

 用作妙　老甲 8/古之善爲士者必微～
玄達深不可志

尿

 語二 36/疑生於～

 (訛)語二 36/～生於性

文　部

文

 緇 2/儀型～王萬邦作孚

 緇 34/穆穆～王於緝熙敬止

 緇 37/昔在上帝蓋申觀～王德

 窮 5/興而爲天子師遇周～也

 五 29/～王之視也如此

 五 29/～〔王在上於昭〕于天

 成 38/不率大戛～王作罰

 成 39/蓋此言也言不奉大常者～王之刑莫重焉

髟　部

髟

 通作冒 成 22/唯～丕單稱德

髳(髳)

髳

 用作侮 老丙 1/其次～之

 用作務 成 13/農夫～食不強耕糧弗足矣

 用作務 成 25/是以上之恆～在信於衆

 用作務 尊 1/去忿怨改忌勝爲人上者之～也

后　部

后

 唐 10/～稷治土

 用作後 唐 3/必正其身然～正世聖道備矣

司　部

司(司、𠨪、𠨪)

司

 窮 8/孫叔三舍期思少～馬

𠨪

 語一 50/容色目～也

 語一 50/聲耳～也

 語一 51/臭鼻～也

語一 51/味口～也

語一 52/志心～〔也〕

緎

語一 52/氣容～也

詞（訽）

訽

緇 7/臣事君言其所不能不～其所能

性 22/其～宜道也

性 46/人之巧言利～者不有夫詘詘之心則流

成 5/是故亡乎其身而存乎其～

語一 108/慧與信器也各以諎～毀也

用作治 成 32/君子～人倫以順天德

用作治 尊 31/～樂和哀民不可敬也

用作治 尊 5/禹以人道～其民

用作治 尊 6/聖人之～民民之道也

用作治 尊 12/衆未必～

用作治 尊 12/不～不順

用作治 尊 23 下/君民者～民復禮

用作治 尊 25/～民非率生而已也

用作治 尊 6/湯不易桀民而後～之

用作始 性 26/其返善復～也慎

用作始 殘 21/君子之爲德也〔有與〕～亡〔與〕終也

用作始 老甲 19/～制有名

用作始 老丙 12/慎終若～

用作殆 老甲 20/知止所以不～

用作怠 成 23/墮之淹也～之功也

祠

用作始 五 18/〔君〕子之爲善也有與～有與終也

用作始 性 15/詩書禮樂其～出皆生於人

用作始 性 27/～其德也

用作始 六 40/是故先王之教民也～於孝悌

 用作始 性 3/道～於情情生於性

 用作始 性 3/～者近情終者近義

 用作詞 成 29/蓋道不悦之～也

 用作詞 語四 1/言以～情以舊
案：雙聲符字。

卪　部

叺

 用作順 唐 11/～乎脂膚血氣之情養性命之正

色　部

色（色、頿、䫇、頴）

色

 成 24/形於中發於～其審也固矣

 性 44/目之好～耳之樂聲

 （重文）五 13/愛則玉～玉～則形

 （重文）五 14/視賢人則玉～玉～則形

頿

 語一 47/其體有容有～有聲有臭有味有氣有志

䫇

 語一 50/容～目司也

頴

 語一 110/食與～與疾

卯　部

卿

 窮 7/釋鞭箠而爲尊～遇秦穆〔也〕

 緇 23/毋以嬖士疾大夫～士

 用作享 成 12/君上～成不唯本功〔弗成矣〕

辟　部

辟

 用作譬 五 47/～而知之謂之進之

勹　部

匎（迺）

迺

 通作周　太 6/～而又〔始以己爲〕萬物母

臽（旬）

旬

 用作軌　尊 26/不以嗜欲害其儀～

 用作軌　尊 24/劬勞之～也

苟　部

敬

 緇 20/大臣之不親也則忠～不足而富貴已過也

 緇 21/此以大臣不可不～民之蔽也

 緇 28/～明乃罰

 緇 30/慎尔出話～尔威儀

 緇 34/穆穆文王於緝熙～止

 唐 5/時事山川教民有～也

 成 3/～慎以重之

 成 8/君袀冕而立於阼一宫之人不勝其～

 成 16/是以民可～導也而不可掩也

 成 20/欲人之～己也則必先敬人

 成 20/欲人之敬己也則必先～人

 尊 20 下/尊仁親忠～莊歸禮

 性 21/是以～焉

 性 39/義～之方也

 性 39/～物之節也

 性 66/祭祀之禮必有夫齊齊之～

 語一 95/詩由～作

 語二 2/～生於嚴

 語二 3/讓生於～

(訛)五 28/安而～之禮也

 (訛)五 31/行而～之禮也

 (訛)五 36/遠而莊之～也

 (訛)五 36/～而不懈{懈}嚴也

 (訛,重文)五 22/不遠不～不～不嚴

鬼　部

鬼(鬽)

鬽

 用作畏 老乙 5/人之所～亦不可以不畏

 用作畏 老乙 5/人之所畏亦不可以不～

由　部

畏(鬼、鬼)

鬼

 五 34/肆而不～強禦果也

 五 36/嚴而～之尊也

五 49/聞道而～者好義者也

用作威 成 5/是故～服刑罰之屢行也
由上之弗身也

鬼

 老丙 1/其次～之

 性 52/未刑而民～有心畏者也

 性 53/未刑而民畏有心～者也

 性 60/凡於路毋～毋獨言

 老甲 9/猶乎其如～四鄰

 尊 33/不理則亡～

 用作威 緇 30/慎尔出話敬尔～儀

 用作威 緇 45/朋友攸攝攝以～儀

 通作人名夒 唐 12/□□禮～守樂訓民
教也

禺

 用作偶 語四 10/匹婦～夫不知其鄉之
小人君子

 用作隅 老乙 12/大方亡～

ム　部

ム

通作私　老甲 2/視素保樸少～寡欲

通作私　緇 41/～惠不懷德君子不自留焉

山　部

山

窮 2/舜耕於歷～陶拍於河浦

窮 10/驥約張～

窮 13/瓅璐瑾瑜包～石不爲〔無人佩而〕不理

語四 22/～亡隨則阣

唐 4/時事～川教民有敬也

嵩（嵩）

嵩

用作崇　語三 15/～志益

孞

用作懋　老乙 13/閉其門塞其兌終身不～

广　部

廛（厵）

廛

通作展　緇 36/允也君子～也大成

庶

緇 40 正/出入自尔師雫～言同

廟（漳、冪、宙、厔）

漳

唐 5/親事祖～教民孝也

冪

用作貌　語一 88/賓客情～之文也

宙

用作貌　性 20/至容～所以文節也

用作貌　性 63/～欲莊而毋拔

厔

用作貌　語四 27 正中/聽君而會視～而入

厂　部

厥

通作嚴　語二 2/～生於禮

通作嚴　語二 2/敬生於～

危　部

危（卪）

卪

六 17/～其死弗敢愛也

石　部

石

性 5/金～之有聲〔也弗扣不鳴〕

窮 13/璑璐瑾瑜包山～不爲〔無人佩而〕不理

礪（礜）

礜

今作磨　緇 36/白珪之玷尚可～也

長　部

長（長、倀）

長

老甲 37/故知足不辱知止不殆可以～久

老甲 38/揣而群之不可～保也

老乙 2/有國之母可以～〔久〕

老乙 3/～生久視之道也

老乙 17/修之鄉其德乃～

太 11/故事成而身～

唐 23/聞舜悌知其能治天下之～也

成 27/及其博～而厚大也則聖人不可由與殫之

性 10/或～之

性 12/～性者道也

六 21/子也者會融～材以事上

語一 80/～悌親道也

語三 6/～悌孝之方也

老甲 8/其事好～

 老甲 16/～短之相形也

倀

 緇 6/上人疑則百姓惑下難知則君～勞

 緇 11/故～民者彰志以昭百姓

 緇 16/～民者衣服不改從容有常則民德一

 緇 23/～民者教之以德齊之以禮則民有勸心

 五 8/思不～不形

 五 9/不智思不能～

 (重文)五 14/智之思也～～則得

 (訛)尊 14/教以辯説則民褻陵～貴以妄

 用作倀 性 7/牛生而～雁生而陣其性〔使然〕

肆(遝)

遝

 通作肆 五 34/直而遝之～也

通作肆 五 34/～而不畏強禦果也

(重文)通作肆 五 21/不直不～不～不果

勿　部

勿

性 59/凡悦人～隱也身必從之

性 61/已則～復言也

用作物 性 4/所好所惡～也

用作物 性 5/凡性爲主～取之也

用作物 性 8/凡～亡不異也者

用作物 性 11/凡動性者～也

用作物 性 12/凡見者之謂～

用作物 性 12/～之勢者之謂勢

用作物 性 14/道者群～之道

用作物 性 39/敬～之節也

用作物 老甲 12/是故聖人能輔萬～之自然而弗能爲

用作物　老甲 13/侯王能守之而萬～將
自化

用作物　老甲 14/知足以靜萬～將自定

用作物　老甲 19/侯王如能守之萬～將
自實

用作物　老甲 31/人多智而奇～滋起㴵
物滋彰盜賊多有

用作物　老甲 31/人多智而奇物滋起㴵
～滋彰盜賊多有

用作物　老丙 13/是以能輔萬～之自然
而弗敢爲

用作物　太 7/周而又〔始以己爲〕萬
～母

用作物　太 7/一缺一盈以己爲萬～經

用作物　緇 14/上好此～也下必有甚焉
者矣

用作物　唐 27/大明不出萬～皆伏

用作物　忠 2/至忠如土化～而不廢

用作物　忠 7/信之爲道也群～皆成而
百善皆立

用作物　語一 1/凡～由亡生

用作物　語一 2/有天有命有～有名

用作物　語一 10/有～有由有遂而後
諺生

用作物　語一 13/有～有容有有名

用作物　語一 14/有～有容有盡有厚

用作物　語一 18/天生百～人爲貴

用作物　語一 48/凡～有本有標有終有
始

用作物　語一 71/亡～不物皆至焉而亡
非己取之者

用作物　語一 71/亡物不～皆至焉而亡
非己取之者

用作物　語一 104/凡～由亡生

用作物　語一 105/人～各止於其所

用作物　語三 17/天刑成人與～斯理

用作物　語三 18/□～以日物有理而□

用作物　語三 18/□物以日～有理而□

用作物　語三 39/～不備不成仁

用作物　語三 64 下/亡～不物皆至焉

用作物　語三 64 下/亡物不～皆至焉

用作物　語三 67 上/名二～三

用作物　語三 72 上/…乎～

用作物　語三 44/文依～以情行之者

用作物　成 16/故君子不貴庶～而貴與民有同也

用作物　成 22/是故凡～在疾之

用作物　尊 19/故共是～也而有深焉者

用作物　尊 36/上好是～也下必有甚焉者

用作物　性 1/待～而後作待悦而後行待習而後奠

用作物　性 2/及其見於外則～取之也

用作物　緇 37/君子言有～行有格

用作物　老甲 17/萬～作而弗始也爲而弗志也成而弗居

用作物　老甲 24/萬～旁作居以須復也

用作物　老甲 35/～壯則老是謂不道

用作物　老甲 37/天下之～生於有有生於亡

易

今作陽　太 5/〔四時〕者陰～之所生〔也〕

今作陽　太 5/陰～者神明之所生也

今作陽　太 8/陰～之所不能成

（重文）今作陽　太 2/是以成陰～陰～復相薄也

用作揚　窮 9/梅{之}伯初醯醯後名～非其德加

而　部

而

老甲 4/天下樂進～弗厭

老甲 7/果而弗伐果～弗驕果而弗矜

老甲 7/果而弗伐果而弗驕果～弗矜

老甲 7/是謂果～不強

老甲 12/是故聖人能輔萬物之自然～弗能爲

老甲 13/侯王能守之～萬物將自化

老甲 13/化～欲作將貞之以亡名之樸

老甲 23/虛而不屈動～愈出

老甲 28/故不可得而親亦不可得～疏

老乙 4/亡爲～亡不爲

老丙 2/成事遂功～百姓曰我自然也

老丙 4/往～不害安平泰

老丙 5/視之不足見聽之不足聞～不可既也

老丙 7/〔不〕得已～用之

老丙 14/是以能輔萬物之自然～弗敢爲

太 4/濕燥復相薄也成歲～止

太 6/周～又〔始以己爲〕萬物母

太 10/下土也～謂之地

太 10/上氣也～謂之天

太 11/故事成～身長

太 12/故功成～身不傷

緇 14/下之事上也不從其所以命～從其所行

緇 43/此以邇者不惑～遠者不疑

緇 44/輕絶貧賤～重絶富貴

緇 44/則好仁不堅～惡惡不著也

緇 45/人～亡恆不可爲卜筮也

唐 1/唐虞之道禪～不傳

性 52/未刑～民畏有心畏者也

性 53/賤～民貴之有德者也

性 53/貧～民聚焉有道者也

性 58/同悦～交以德者也

性 60/言及則明舉之～毋僞

性 64/進欲遜～毋巧

性 65/退欲尋～毋徑

性 65/欲皆文～毋僞

六 14/因～施禄焉

六 21/既生畜之又從～教誨之

六 24/六者各行其職～獄訟亡由作也

六 31/仁類柔～束義類剛而斷

六 32/仁類柔而束義類剛～斷

六 32/仁柔～暖義剛而簡

六 36/此六者各行其職～獄訟蔑由作也

六 38/君子不啻明乎民微～已又以知其一矣

語四 4/口不慎～户之閉惡言復己而死無日

語四 4/口不慎而户之閉惡言復己～死無日

語四 7/時至而藏流澤～行

語四 15/及之～弗惡必盡其故

語四 15/盡之～疑必審喻之

語四 27 正中/聽君～會視貌而入

語四 27 正中/聽君而會視貌～入

語四 27 正下/時至～藏流澤而行

老甲 7/善者果～已不以取強

老甲 7/果～弗伐果而弗驕果而弗矜

老甲 17/萬物作～弗始也爲而弗志也
成而弗居

老甲 17/萬物作而弗始也爲～弗志也
成而弗居

老甲 17/萬物作而弗始也爲而弗志也
成～弗居

老甲 23/虛～不屈動而愈出

老甲 28/不可得～利亦不可得而害

老甲 28/不可得而利亦不可得～害

老甲 29/不可得～貴亦{可}不可得而賤

老甲 29/不可得而貴亦{可}不可得～賤

老甲 30/夫天多期違～民彌叛

老甲 30/民多利器～邦滋昏

老甲 31/我無事～民自富

老甲 32/我亡爲～民自化

老甲 32/我好靜～民自正

老甲 32/我欲不欲～民自樸

老甲 33/骨弱筋柔～捉固

老甲 34/終日號～不嗄和之至也

老甲 37/持～盈之不{不}若已

老甲 38/揣～群之不可長保也

緇 1/則民咸飭～刑不頓

緇 3/爲上可望～知也爲下可類而志也

緇 4/爲上可望而知也爲下可類～志也

緇 17/大人不親其所賢～信其所賤

緇 20/大臣之不親也則忠敬不足～富
貴已過也

緇 21/邦家之不寧也則大臣不治～褻
臣宅也

緇 28/則刑罰不足恥～爵不足勸也

緇 28/故上不可以褻刑～輕爵

緇 32/君子導人以言～極以行

緇 33/則民慎於言～謹於行

緇 34/故君子顧言～行以成其信

緇 35/則民不能大其美～小其惡

緇 38/故君子多聞齊～守之

緇 38/多志齊～親之

緇 39/精知格～行之

 緇 46/龜筮猶弗知～況於人乎

 魯 1/何如～可謂忠臣

 魯 2/揖～退之

 魯 4/寡人惑焉～未之得也

 魯 7/〔爲〕義～遠禄爵

 窮 1/察天人之分～知所行矣

 窮 3/立～爲天子遇堯也

 窮 4/釋板築～佐天子遇武丁也

 窮 5/行年七十～屠牛於朝歌

 窮 5/興～爲天子師遇周文也

 窮 6/釋弋柙～爲諸侯相遇齊桓也

 窮 7/釋鞭箠～爲尊卿遇秦穆〔也〕

 窮 8/出～爲令尹遇楚莊也

 窮 11/動非爲達也故窮～不〔怨〕

 窮 12/〔隱非〕爲名也故莫之知～不閔

 窮 13/苣〔蘭生於幽谷不爲無人〕嗅～不芳

 五 6/五行皆形于内～時行之謂之君〔子〕

 五 19/金聲～玉振之有德者也

 五 20/唯有德者然後能金聲～玉振之

 五 23/聞君子道～不知其君子道也謂之不聖

 五 24/視賢人～不知其有德也謂之不智

 五 25/視～知之智也

 五 25/聞～知之聖也

 五 26/聞～知之聖也

 五 27/知～行之義也

 五 27/行之～時德也

 五 27/視～知之智也

 五 28/知～安之仁也

 五 28/安～敬之禮也

 五 30/視～知之智也

 五 30/知～安之仁也

 五 31/安～行之義也

五 31/行～敬之禮也

五 33/戚～信之親

五 33/親～篤之愛也

五 34/中心辨然～正行之直也

五 34/直～遂之肆也

五 34/肆～不畏強禦果也

五 35/有大罪～大誅之行也

五 36/遠～莊之敬也

五 36/敬～不懈{懈}嚴也

五 36/嚴～畏之尊也

五 37/尊～不驕恭也

五 37/恭～博交禮也

五 38/有大罪～大誅之簡也

五 38/有小罪～赦之暱也

五 38/有大罪～弗大誅也不行也

五 39/有小罪～弗赦也不辨于道也

五 40/簡之爲言猶諫也大～罕者也

五 40/暱之爲言也猶暱暱也小～軫者也

五 42/大～罕者能有取焉

五 43/小～軫者能有取焉

五 44/君子知～舉之謂之尊賢

五 44/知～事之謂之尊賢者也

五 47/目～知之謂之進之

五 47/喻～知之謂之進之

五 47/譬～知之謂之進之

五 48/幾～知之天也

五 49/聞道～悦者好仁者也

五 49/聞道～畏者好義者也

五 50/聞道～恭者好禮者也

五 50/聞道～樂者好德者也

尊 6/桀不易禹民～後亂之

尊 6/湯不易桀民～後治之

尊 9/知命～後知道

尊 9/知道～後知行

 尊 10/有知己～不知命者

 尊 10/亡知命～不知己者

 尊 11/有知禮～不知樂者

 尊 11/亡知樂～不知禮者

 尊 18/夫生～有職事者也非教所及也

 尊 19/故共是物也～有深焉者

 尊 19/可學也～不可擬也

 尊 20 上/可教也～不可若也

 尊 20 下/紂不迪其民～民不可止也

 尊 21/行矣～亡惟

 尊 21/忠信日益～不自知也

 尊 22/民可使導之～不可使知之

 尊 22/民可導也～不可強也

 尊 22/桀不謂其民必亂～民有爲亂矣

 尊 23 下/可從也～不可及也

 尊 24/爲邦～不以禮猶御之亡策也

 尊 24/非禮～民悦戴此小人矣

 尊 25/非倫～民服懾此亂矣

 尊 25/治民非率生～已也

 尊 27/民五之方格十之方爭百之～後服

 尊 28/德之流速乎置郵～傳命

 尊 29/其載也亡重焉交矣～弗知也

 尊 36/下之事上也不從其所命～從其所行

 尊 37/夫唯是故德可易～施可遷也

 尊 38/有是施小有利遷～大有害者有之

 尊 38/有是施小有害遷～大有利者有之

 性 1/待物～後作待悦而後行待習而後奠

 性 1/待物而後作待悦～後行待習而後奠

 性 1/待物而後作待悦而後行待習～後奠

 性 7/牛生～粮雁生而陣其性〔使然〕

 性 7/牛生而粮雁生～陣其性〔使然〕

 性 8/〔人生〕～學或使之也

性 15/其三術者道之～已

 性 17/聖人比其類～論會之

 性 17/觀其先後～逆順之

 性 17/體其義～節文之

 性 18/理其情～出入之

 性 19/當事因方～制之

 性 26/羨思～動心喟如也

 性 27/鄭衛之樂則非其聲～縱之也

 性 31/凡憂思～後悲

 性 32/凡樂思～後忻

 性 49/然～其過不惡

 性 51/未言～信有美情者也

 性 52/未教～民極性善者也

 性 52/未賞～民勸含福者也

 性 54/獨處～樂有內業者也

 性 54/惡之～不可非者達於義者也

 性 55/非之～不可惡者篤於仁者也

 性 57/同方～交以道者也

 性 57/不同方～〔交以故者也〕

 性 58/不同悅～交以猷者也

 性 62/身欲靜～毋滯

 性 62/慮欲淵～毋偽

 性 63/行欲勇～必至

 性 63/貌欲莊～毋拔

 性 63/〔心〕欲柔齊～泊

 性 63/喜欲知～亡末

 性 64/樂欲繹～有志

 性 64/憂欲斂～毋惛

 性 64/怒欲盈～毋暴

 六 32/仁柔而暱義剛～簡

 六 32/暱之為言也猶暱暱也小～輇多也

 語四 2/言～苟牆有耳

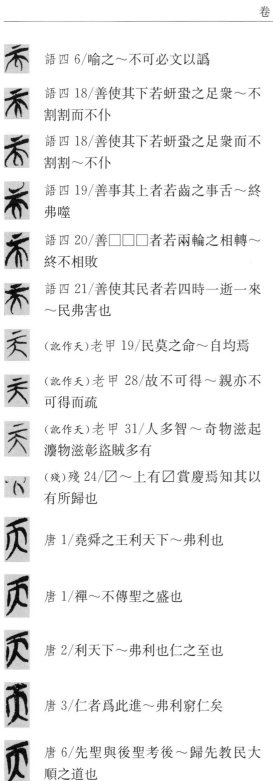

語四 6/喻之～不可必文以誷

語四 18/善使其下若蚈蚕之足眾～不割割而不仆

語四 18/善使其下若蚈蚕之足眾而不割割～不仆

語四 19/善事其上者若齒之事舌～終弗噬

語四 20/善□□□者若兩輪之相轉～終不相敗

語四 21/善使其民者若四時一逝一來～民弗害也

(訛作天)老甲 19/民莫之命～自均焉

(訛作天)老甲 28/故不可得～親亦不可得而疏

(訛作天)老甲 31/人多智～奇物滋起灋物滋彰盜賊多有

(殘)殘 24/☒～上有☒賞慶焉知其以有所歸也

唐 1/堯舜之王利天下～弗利也

唐 1/禪～不傳聖之盛也

唐 2/利天下～弗利也仁之至也

唐 3/仁者爲此進～弗利窮仁矣

唐 6/先聖與後聖考後～歸先教民大順之道也

唐 8/愛親忘賢仁～未義也

唐 9/尊賢遺親義～未仁也

唐 11/安命～弗夭養生而弗傷

唐 11/安命而弗夭養生～弗傷

唐 13/愛～征之虞夏之治也

唐 13/禪～不傳義恆□□治也

唐 14/古者堯生於天子～有天下

唐 16/夫古者舜居於草茅之中～不憂

唐 16/登爲天子～不驕

唐 16/居草茅之中～不憂知命也

唐 17/登爲天子～不驕不繼也

唐 18/君民～不驕卒王天下而不喜

唐 18/君民而不驕卒王天下～不喜

唐 20/極仁之至利天下～弗利也

唐 20/上德則天下有君～世明

唐 21/授賢則民興教～化乎道

 唐21/不禪～能化民者自生民未之有也

唐25/堯禪天下～授之

唐25/南面～王天下而甚君

唐25/南面而王天下～甚君

唐25/古者聖人廿～帽

唐26/卅～有家

唐26/五十～治天下

唐26/七十～致政

唐26/禪天下～授賢

唐27/退～養其生

忠2/忠信積～民弗親信者未之有也

忠2/至忠如土化物～不廢

忠2/至信如時必至～不結

忠3/諂～者詹信之至也

忠4/不奪～足養者地也

忠5/不期～可要者天也

忠5/口惠～實弗從君子弗言尔

忠7/忠之爲道也百工不苦～人養皆足

忠7/信之爲道也群物皆成～百善皆立

忠8/其言尔信故遷～可授也

語二53/有行而不由有由～不行

語一4/有命有文有名～後有倫

語一6/有地有形有盡～後有厚

語一8/有生有智～後好惡生

語一10/有物有由有遂～後諺生

語一26/知己～後知人

語一26/知人～後知禮

語一27/知禮～後知行

語一31/禮因人之情～爲之節文者也

語一32/善理～後樂生

語一59/政其然～行治焉尔也

語一 67/政其然～行治焉

語一 71/亡物不物皆至焉～亡非己取之者

語一 77/〔厚於〕仁薄於義親～不尊

語一 79/厚於義薄於仁尊～不親

語二 45/未有善事人～不返者

語二 46/未有華～忠者

語三 5/不義～加諸己弗受也

語一 57/不可爲也～不可不爲也

語二 53/有行～不由有由而不行

忠 3/大久～不渝忠之至也

忠 6/故行～爭悅民君子弗由也

語三 12/處～亡業習也損

語三 18/☐物以日物有理～☐

成 2/民不從上之命不信其言～能含德者

成 4/是故亡乎其身～存乎其詞

成 7/君袀冕～立於阼一宮之人不勝其敬

成 8/君衰経～處位一宮之人不勝〔其哀〕

成 10/不求諸其本～攻諸其末弗得矣

成 16/是以民可敬導也～不可掩也

成 16/可御也～不可牽也

成 16/故君子不貴庶物～貴與民有同也

成 17/智～比次則民欲其智之遂也

成 17/富～分賤則民欲其富之大也

成 18/貴～一讓則民欲其貴之上也

成 19/察反諸己～可以知人

成 21/是以智～求之不疾其去人弗遠矣

成 21/勇～行之不果其疑也弗往矣

成 26/聖人之性與中人之性其生～未有非之

成 27/及其博長～厚大也則聖人不可由與殫之

成 28/此以民皆有性～聖人不可摹也

成 29/雖有其恆～行之不疾未有能深之者也

成 33/蓋此言也言舍之此～宅於天心也

成 34/君子簞席之上讓～受幽

成 34/朝廷之位讓～處賤

成 37/是故唯君子道可近求～可遠措也

 成 38/蓋言慎求之於己～可以至順天常矣

 通作能 成 26/即於～也則猶是也

帝 部

帝

 通作肆 語二 24/～生於易

 通作肆 語二 24/容生於～

易 部

易

 老甲 25/其安也～持也

 老甲 25/其未兆也～謀也

 老甲 25/其脆也～判也

 老甲 25/其幾也～散也

 尊 5/桀不～禹民而後亂之

 尊 6/湯不～桀民而後治之

 尊 37/夫唯是故德可～而施可還也

 六 25/觀諸～春秋則亦在矣

 六 49/民之父母親民～使民相親也難

 語一 36/～所以會天道人道也

 語二 23/～生於子

 語二 24/肆生於～

象 部

象

 老乙 12/大～亡形

 老丙 4/設大～天下往

豫(餓)

餓

 (訛)六 33/～其志求養親之志

卷 十

馬 部

馬

 窮 8/孫叔三舍期思少司～

 (重文)尊 7/造父之御～～{也}之道也

騏(騹)

騹

 窮 10/～困於負楅

駒

 用作約 窮 10/騏～張山

驥(戬)

戬

 窮 10/～約張山

廌 部

廌

 用作存 成 5/是故亡乎其身而～乎其詞

 用作存 成 9/雖然其～也不厚其重也弗多矣

 用作存 語四 9/諸侯之門義士之所～

 (訛)用作朘 老甲 34/未知牝牡之合～怒精之至也

灋(鬻、鬻、罏)

鬻

 緇 27/非用靈制以刑唯作五虐之刑曰～

 用作廢 緇 9/故心以體～君以民亡

鬻

 老甲 23/人～地

 老甲 23/地～天

老甲 23/天～道

 老甲 23/道～自然

 老甲 31/人多智而奇物滋起～物滋彰盜賊多有

壚

 六 2/作禮樂制刑～

 六 44/凡君子所以立身大～三

 用作廢 六 40/君子於此一業者亡所～

鹿　部

麗（丽）

丽

 通作離 六 30/爲宗族～朋友不爲朋友離宗族

 通作離 六 30/爲宗族離朋友不爲朋友～宗族

犬　部

狗（犹）

犹

 通作苟 語四 2/言而～牆有耳

狀（獋）

獋

 老甲 21/有～融成先天地生

 通作莊 五 36/遠而～之敬也

犯（𡘙）

𡘙

 語三 45/卯則難～也

猛（㺇、猷）

㺇

 性 47/人之悦然可與和安者不有夫奮～之情則侮

猷

 老甲 33/攫鳥～獸弗扣

臭

 語一 47/其體有容有色有聲有～有味有氣有志

 語一 51/～鼻司也

獘（逎）

逎

 六 46/三者君子所生與之立死與之～也

猷（猷、猷）

猷

緇 47/我龜既厭不我告～

性 58/不同悦而交以～者也

今作猶 成 27/即於能也則～是也

今作猶 老甲 8/～乎其如畏四鄰

今作猶 老甲 15/是以聖人～難之故終亡難

今作猶 老甲 20/譬道之在天下也～小谷之與江海

今作猶 老甲 23/天地之間其～橐籥歟

今作猶 老丙 2/～乎其貴言也

今作猶 緇 46/龜筮～弗知而況於人乎

今作猶 五 39/簡之爲言～諫也大而罕者也

今作猶 五 40/暱之爲言也～暱暱也小而軫者也

今作猶 尊 24/爲邦而不以禮～御之亡策也

今作猶 性 7/〔人之不可〕獨行～口之不可獨言也

今作猶 六 32/暱之爲言也～暱暱也小而軫多也

（重文）用作搖 性 34/詠斯～～斯舞

猷

今作猶 語三 1/父亡惡君～父也

今作猶 語三 2/其弗惡也～三軍之旃也正也

狀　部

獄（咨）

咨

六 24/六者各行其職而～訟亡由作也

六 36/此六者各行其職而～訟蔑由作也

六 42/下修其本可以斷～

六 43/君子明乎此六者然後可以斷～

六 44/是以其斷～速

能　部

能

緇 7/臣事君言其所不～不詞其所能

緇 7/臣事君言其所不能不詞其所～

 語三 13/自示其所～損

 成 30/疾之可～終之爲難

 性 37/雖～其事不能其心不貴

 性 37/雖能其事不～其心不貴

 六 3/教此民尔使之有向也非聖智者莫之～也

 六 4/寢四鄰之殃虐非仁義者莫之～也

 六 5/足此民尔生死之用非忠信者莫之～也

 老甲 3/江海所以爲百谷王以其～爲百谷下

 老甲 3/是以～爲百谷王

 老甲 5/以其不爭也故天下莫～與之爭

 老甲 9/孰～濁以靜者將徐清

 老甲 10/孰～以動者將徐生

 老甲 12/是故聖人～輔萬物之自然而弗能爲

 老甲 13/是故聖人能輔萬物之自然而弗～爲

 老甲 13/侯王～守之而萬物將自化

 老甲 18/侯王如～守之萬物將自賓

 老甲 38/金玉盈室莫～守也

 老乙 9/上士聞道僅～行於其中

 老丙 13/是以～輔萬物之自然而弗敢爲

 太 7/此天之所不～殺

 太 8/地之所不～埋

 太 8/陰陽之所不～成

 緇 35/則民不～大其美而小其惡

 緇 42/唯君子～好其匹小人豈能好其匹

 緇 42/唯君子能好其匹小人豈～好其匹

 五 9/不仁思不～清

 五 9/不智思不～長

 五 10/不仁不智未見君子憂心不～惙惙

 五 10/既見君子心不～悦

 五 11/〔不〕仁思不～清

五 11/不聖思不～輕

五 12/不仁不聖未見君子憂心不～仲仲

五 12/既見君子心不～降

五 16/～爲一然後能爲君子

五 16/能爲一然後～爲君子

五 17/～差池其羽然後能至哀

五 17/能差池其羽然後～至哀

五 20/唯有德者然後～金聲而玉振之

五 42/～進之爲君子弗能進也各止於其里

五 42/能進之爲君子弗～進也各止於其里

五 43/大而罕者～有取焉

五 43/小而軫者～有取焉

唐 21/不禪而～化民者自生民未之有也

成 2/民不從上之命不信其言而～含德者

成 23/雖有其恆而行之不疾未有～深之者也

尊 11/善取人～從之上也

性 4/知〔情者能〕出之知義者～人之

性 37/人之不～以僞也可知也

六 43/～守一曲焉可以違其惡

語一 83/人亡～爲

語一 53/義亡～爲也

語一 54/賢者～理之

語三 19/地～含之生之者在早

唐 19/有天下弗～益亡天下弗能損

唐 19/有天下弗能益亡天下弗～損

唐 22/知〔性命〕之正者～以天下禪矣

唐 22/聞舜孝知其～養天下之老也

唐 23/聞舜悌知其～治天下之長也

火　部

火

唐 10/益治～

然

用作熱　太 4/濕燥者寒～之所生也

用作熱　太 4/寒～者四時〔之所生也〕

用作熱　老乙 15/燥勝寒清勝～

（重文）用作熱　太 3/是以成寒～寒～復相薄也

光

老甲 27/和其～

燥（澡）

澡

太 4/故歲者濕～之所生也

太 4/濕～者寒熱之所生也

（重文）太 3/是以成濕～濕～復相薄也

焒

用作箴　六 36/君子言信言尔言～言尔

赤　部

赤

（訛）老甲 33/含德之厚者比於～子

大　部

大

老甲 6/禍莫～乎不知足

老甲 14/～小之多易必多難

老甲 22/天～地大道大王亦大

老甲 22/天大地～道大王亦大

老甲 22/天大地大道～王亦大

老甲 22/天大地大道大王亦～

老甲 22/國中有四～焉王處一焉

老甲 36/甚愛必～費厚藏必多亡

老乙 5/人寵辱若榮貴～患若身

老乙 7/吾所以有～患者爲吾有身

老乙 9/下士聞道～笑之

老乙 9/弗～笑不足以爲道矣

老乙 11/～白如辱

大 老乙 12/～方亡隅

大 老乙 12/～器蔑成

大 老乙 12/～音希聲

大 老乙 13/～成若缺其用不敝

大 老乙 14/～盈若沖其用不窮

大 老乙 14/～巧若拙

大 老乙 14/～成若屈

大 老乙 14/～直若詘

大 老丙 2/故～道廢焉有仁義

大 老丙 4/設～象天下往

大 緇 7/～雅云

大 緇 17/～人不親其所賢而信其所賤

大 緇 20/～臣之不親也則忠敬不足而富貴已過也

大 緇 21/邦家之不寧也則～臣不治而褻臣宅也

大 緇 21/此以～臣不可不敬民之蕝也

大 緇 22/故君不與小謀～則大臣不怨

大 緇 22/故君不與小謀大則～臣不怨

大 緇 22/毋以小謀敗～圖

大 緇 30/故～人不倡流

大 緇 35/則民不能～其美而小其惡

大 緇 35/～雅云

大 緇 36/允也君子展也～成

大 緇 37/其集～命于厥身

大 五 35/不以小道害～道簡也

大 五 35/有～罪而大誅之行也

大 五 35/有大罪而～誅之行也

大 五 38/有～罪而大誅之簡也

大 五 38/有大罪而～誅之簡也

大 五 38/有～罪而弗大誅也不行也

大 五 38/有大罪而弗～誅也不行也

大 五 40/簡之爲言猶諫也～而罕者也

大 五 42/君子集～成

大 五 42/～而罕者能有取焉

大 五 48/～施諸其人天也

大 唐 6/先聖與後聖考後而歸先教民～順之道也

大 唐 15/傍於～時神明將從天地佑之

大 唐 17/求乎～人之興微也

唐 27/～明不出萬物皆伏

 忠 3/～久而不渝忠之至也

 忠 4/～忠不奪大信不期

 忠 4/大忠不奪～信不期

 成 18/富而分賤則民欲其富之～也

 成 28/及其博長而厚～也則聖人不可由與殫之

 成 31/天格～常以理人倫

 成 32/是故小人亂天常以逆～道

 成 33/～禹曰

 成 38/不率～戛文王作罰

 成 39/蓋此言也言不奉～常者文王之刑莫重焉

 尊 29/明德者且莫～乎禮樂

 尊 38/有是施小有利遵而～有害者有之

 尊 38/有是施小有害遵而～有利者有之

 性 61/苟毋～害小枉納之可也

 六 3/親父子和～臣

 六 13/～材設諸大官小材設諸小官

 六 14/大材設諸～官小材設諸小官

 六 44/凡君子所以立身～瀘三

 語二 6/～生於☒

 語二 51/小不忍敗～圖

（重文）老甲 22/吾強爲之名曰～～曰逝

今作太 老丙 1/～上下知有之

今作太 太 1/～一生水

今作太 太 1/水反薄～一是以成天

今作太 太 1/天反薄～一是以成地

今作太 太 6/天地者～一之所生也

今作太 太 6/是故～一藏於水行於時

今作太 唐 5/～學之中天子親齒教民悌也

用作泰 老丙 4/往而不害安平～

巺

 （重文）用作攝　緇 45/朋友攸～～以威儀

亦　部

亦

 老甲 14/夫～將知足

老甲 20/名～既有夫亦將知止

老甲 20/名亦既有夫～將知止

老甲 22/天大地大道大王～大

老甲 28/故不可得而親～不可得而疏

老甲 28/不可得而利～不可得而害

老甲 29/不可得而貴～〔可〕不可得而賤

老乙 5/人之所畏～不可以不畏

太 10/道～其字也

太 11/聖人之從事也～宅其名

緇 10/臻冬耆寒小民～唯日怨

緇 19/執我仇仇～不我力

五 10/～既見止亦既覯止我心則〔悦〕

五 10/亦既見止～既覯止我心則〔悦〕

成 27/雖其於善道也～非有繹緩以多也

性 29/凡至樂必悲哭～悲皆至其情也

性 33/其心變則其聲～然

六 24/觀諸詩書則～在矣

六 25/觀諸禮樂則～在矣

六 25/觀諸易春秋則～在矣

六 27/疏斬布絰杖爲父也爲君～然

六 28/疏衰齊牡麻絰爲昆弟也爲妻～然

六 29/祖免爲宗族也爲朋友～然

用作赦 五 38/有小罪而～之曀也

用作赦 五 39/有小罪而弗～也不辨于道也

矢　部
吳

通作虞 唐 1/唐～之道禪而不傳

通作虞 唐 3/故唐～之興〔也〕如此也

通作虞 唐 9/古者～舜篤事瞽瞍乃式其孝

通作虞 唐 10/愛親尊賢～舜其人也

通作虞 唐 13/愛而征之～夏之治也

通作虞 唐 27/～志日

天　部
夭

唐 11/安命而弗～養生而弗傷

喬(高)

用作驕 唐 16/登爲天子而不～

用作驕 唐 17/登爲天子而不～不繼也

 用作驕 唐 18/君民而不～卒王天下而不喜

 用作驕 老甲 7/果而弗伐果而弗～果而弗矜

 用作驕 老甲 38/貴富～自遺咎也

 用作驕 五 37/尊而不～恭也

交　部

交

 五 32/以其中心與人～悦也

 五 36/以其外心與人～遠也

 五 37/恭而博～禮也

 尊 29/其載也亡重焉～矣而弗知也

 性 55/聞道反上上～者也

 性 56/聞道反下下～者也

 性 56/上～近事君

 性 56/下～得衆近從政

 性 57/同方而～以道者也

 性 58/同悦而～以德者也

 性 58/不同悦而～以猷者也

 性 60/凡～毋烈必使有末

 語一 42/禮～之行術也

 語三 34/～行則□▨

 用作要 魯 6/夫爲其君之故殺其身者～禄爵者也

 用作要 性 10/或～之

 用作要 性 11/～性者故也

睪　部

睪

 用作擇 語三 38/不善～不爲智

 用作繹 六 44/其～之也六

 用作繹 性 64/樂欲～而有志

執(鞍)

鞍

 老甲 10/～之者遠之

老甲 11/是以聖人亡爲故亡敗亡～故亡失

 老丙 11/～之者失之

 老丙 11/聖人無爲故無敗也無～故〔無失也〕

 緇 18/～我仇仇亦不我力

 （殘）性 65/君子～志必有夫廣廣之心

亣　部

臬

 用作擇 語一 87/君臣朋友其～者也

夫　部

夫

 緇 1/～子曰

六 42/生民斯必有～婦父子君臣

語四 10/匹婦偶～不知其鄉之小人君子

成 13/農～務食不強耕糧弗足矣

成 32/分爲～婦之辨

（重文）六 23/故～～婦婦父父子子君君臣臣

（重文）六 35/故～～婦婦父父子子君君臣臣

老甲 13/～亦將知足

魯 5/～爲其君之故殺其身者嘗有之矣

魯 6/～爲其君之故殺其身者要禄爵者也

唐 4/～聖人上事天教民有尊也

唐 15/～古者舜居於草茅之中而不憂

尊 18/～生而有職事者也非教所及也

尊 37/～唯是故德可易而施可遷也

老甲 20/名亦既有～亦將知止

老甲 30/～天多期違而民彌叛

老乙 1/～唯嗇是以早{是以早}服

老丙 7/～樂〔殺不可〕以得志於天下

唐 18/方在下位不以匹～爲輕

六 18/謂之～

六 19/智也者～德也

六 27/内位父子～也外位君臣婦也

六 34/父聖子仁～智婦信君義臣忠

六 37/～不夫

六 37/夫不～

忠 4/～此之謂些

殘 1/～其勢☐

(訛作天) 老甲 17/～唯弗居也是以弗去也

性 45/不有～簡簡之心則采

性 45/不有～恆怡之志則慢

性 46/人之巧言利詞者不有～詀詀之心則流

性 46/人之悦然可與和安者不有～奮猛之情則侮

性 65/君子執志必有～廣廣之心

性 66/出言必有～簡簡之信

性 66/賓客之禮必有～齊齊之容

性 66/祭祀之禮必有～齊齊之敬

性 67/居喪必有～戀戀之哀

六 10/既有～六位也以任此〔六職〕也

六 16/苟濟～人之善也

存疑 語一 109/唐與容與～其行者

立　部

立

老甲 21/遄穆獨～不孩可以爲天下母

窮 3/～而爲天子遇堯也

忠 7/信之爲道也群物皆成而百善皆～

語二 34/～生於強

語二 35/斷生於～

緇 12/禹～三年百姓以仁導

成 7/君袀冕而～於阵一宫之人不勝其敬

六 44/凡君子所以～身大灈三

六 46/三者君子所生與之～死與之樊也

用作位 唐 18/方在下～不以匹夫爲輕

用作位 成 40/是故君子慎六～以嗣天常

用作位 緇 3/靖恭尔～好是貞直

用作位 成 8/君衰絰而處～一宫之人不勝〔其哀〕

用作位 成 34/朝廷之～讓而處賤

用作位 尊 2/爵～所以信其然也

用作位 六 8/〔此〕六～也

用作位 六 10/既有夫六～也以任此〔六職〕也

用作位 六 26/内～父子夫也外位君臣婦也

用作位　六 27/内位父子夫也外～君臣婦也

用作莅　成 3/故君子之～民也

靖（意）

意

緇 3/～恭尔位好是貞直
案：表敬義之"靖"的本字。

堂

通作尚　老甲 10/保此道者不欲～盈

用作當　性 19/～事因方而制之

（殘）用作當　太 12/故過其方不使相～

竝　部

並（竝）

竝

用作傍　唐 15/～於大時神明將從天地佑之

凶　部

凶

用作使　太 12/故過其方不～相當

鼠

用作業　性 54/獨處而樂有内～者也

思　部

思

窮 8/孫叔三舍期～少司馬

五 8/智弗～不得

五 8/～不長不形

五 9/不仁～不能清

五 9/不智～不能長

五 11/〔不〕仁～不能清

五 11/不聖～不能輕

五 12/仁之～也清

五 14/智之～也長

性 26/羕～而動心喟如也

性 31/悠然以～

性 31/凡憂～而後悲

性 32/凡樂～而後忻

性 32/凡～之用心爲甚

 性 32/歎～之方也

 性 42/凡用心之躁者～爲甚

 語三 48/～亡疆思亡期思亡邪思亡不由我者

 語三 48/思亡疆～亡期思亡邪思亡不由我者

 語三 48/思亡疆思亡期～亡邪思亡不由我者

 語三 48/思亡疆思亡期思亡邪～亡不由我者

 五 8/～不清不察

 五 15/聖之～也輕

 尊 18/上～則□□

 人名 魯 1/魯穆公問於子～曰

 人名 魯 1/子～曰

 人名 魯 8/非子～吾惡聞之矣

 （重文）人名 魯 3/向者吾問忠臣於子～子～曰

慮（慮、慮、慮）

慮

 性 48/僞斯隱矣隱斯～矣慮斯莫與之結矣

 性 48/僞斯隱矣隱斯慮矣～斯莫與之結矣

 語二 10/～生於欲

 語二 11/悟生於～

 （訛）老甲 1/絕僞棄～民復季子

慮

 緇 33/故言則～其所終行則稽其所敝

慮

 （省）性 62/～欲淵而毋僞

心　部

心

 五 10/亦既見止亦既覯止我～則〔悅〕

 老甲 35/～使氣曰強

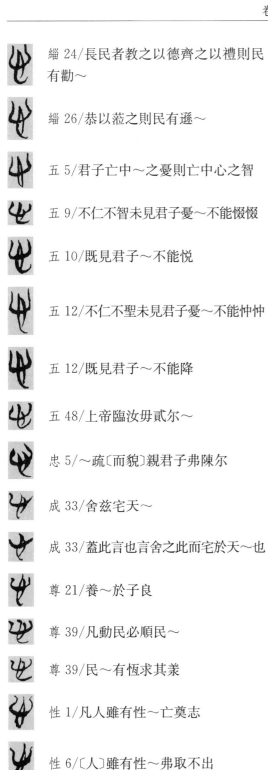

緇 24/長民者教之以德齊之以禮則民有勸～

緇 26/恭以蒞之則民有遜～

五 5/君子亡中～之憂則亡中心之智

五 9/不仁不智未見君子憂～不能惄惄

五 10/既見君子～不能悦

五 12/不仁不聖未見君子憂～不能忡忡

五 12/既見君子～不能降

五 48/上帝臨汝毋貳尔～

忠 5/～疏〔而貌〕親君子弗陳尔

成 33/舍兹宅天～

成 33/蓋此言也言舍之此而宅於天～也

尊 21/養～於子良

尊 39/凡動民必順民～

尊 39/民～有恆求其羕

性 1/凡人雖有性～亡奠志

性 6/〔人〕雖有性～弗取不出

性 6/凡～有志也亡與不〔可〕

性 9/其用～各異教使然也

性 14/凡道～術爲主

性 23/然後其入拔人之～也厚

性 26/羕思而動～喟如也

性 28/凡古樂籠～益樂籠指皆教其人者也

性 29/哀樂其性相近也是故其～不遠

性 30/哭之動～也浸殺

性 30/樂之動～也濬深鬱陶

性 32/凡思之用～爲甚

性 33/其～變則其聲亦然

性 33/嘁遊～也

性 36/凡學者求其～爲難

性 37/雖能其事不能其～不貴

性 37/求其～有僞也弗得之矣

性 38/〔不〕過十舉其～必在焉

性 42/凡用～之躁者思爲甚

性 45/不有夫簡簡之～則采

性 46/人之巧言利詞者不有夫詘詘之～則流

性 53/未刑而民畏有～畏者也

 性 65/君子執志必有夫廣廣之～

 性 67/君子身以爲主～

 語三 15/存～益

 緇 24/教之以政齊之以刑則民有免～

 五 45/耳目鼻口手足六者～之役也

 緇 8/民以君爲～君以民爲體

 緇 8/～好則體安之君好則民欲之

 緇 9/故～以體廢君以民亡

 五 32/以其中～與人交悦也

 五 32/中～悦㤅遷於兄弟戚也

 五 33/中～辨然而正行之直也

 五 36/以其外～與人交遠也

 五 45/～曰唯莫敢不唯

 （重文）五 5/君子亡中心之憂則亡中～之智亡中～之智則亡中心〔之悦〕

 （重文）五 5/亡中心之智則亡中～〔之悦〕亡中～〔之悦則不〕安

情（悥）

悥

 性 29/凡至樂必悲哭亦悲皆至其～也

 性 23/凡聲其出於～也信

 性 28/韶夏樂～

 語二 1/～生於性

 語二 1/禮生於～

 語一 31/禮因人之～而爲之節文者也

志（志、恄）

志

 老甲 8/古之善爲士者必微妙玄達深不可～

老甲 17/萬物作而弗始也爲而弗～也成而弗居

老丙 8/夫樂〔殺不可〕以得～於天下

緇 11/故長民者彰～以昭百姓

緇 38/此以生不可奪～死不可奪名

緇 38/多～齊而親之

五 7/士有～於君子道謂之志士

性 1/凡人雖有性心亡奠～

 性 6/凡心有～也亡與不〔可〕

 性 64/樂欲繹而有～

 性 65/君子執～必有夫廣廣之心

 六 33/豫其～求養親之志

 語一 48/其體有容有色有聲有臭有味有氣有～

 語三 15/崇～益

 語三 50/～於道

恀

 語一 38/詩所以會古今之～也者

恴

 通作德 語三 26/～至厚者治者至亡間

 通作德 語三 54/樂服～者之所樂也

 通作德 語三 50/狎於～

 通作德 語三 24/義～之盡也

 通作德 老甲 33/含～之厚者比於赤子

 通作德 五 1/義形於内謂之～之行

 通作德 五 21/不樂亡～

 通作德 緇 24/長民者教之以～齊之以禮則民有勸心

 通作德 緇 5/唯尹允及湯咸有一～

 通作德 窮 14/～行一也譽毀在旁聽之置〔之〕

 通作德 成 2/民不從上之命不信其言而能含～者

 通作德 成 6/戰與刑人君子之墜～也

 通作德 成 22/唯冒丕單稱～

 通作德 成 25/允師濟～

 通作德 成 26/此言也言信於衆之可以濟～也

通作德 成 33/君子治人倫以順天～

通作德 成 37/聖人天～

通作德 尊 1/尊～義明乎民倫可以爲君

通作德 尊 13/教以樂則民～清𥅆

通作德 尊 16/先之以～則民進善焉

通作德 尊 28/故率民向方者唯～可

通作德 尊 28/～之流速乎置郵而傳命

通作德 尊 29/明～者且莫大乎禮樂

通作德 尊 37/夫唯是故～可易而施可遵也

通作德 性 18/教所以生～于中者也

通作德 性 27/始其～也

通作德 性 53/賤而民貴之有～者也

通作德 性 58/同悦而交以～者也

通作德 六 1/何謂六～

通作德 六 15/義者君～也

通作德 六 17/忠者臣～也

通作德 六 19/智也者夫～也

通作德 六 20/信也者婦～也

通作德 六 21/聖也者父～也

通作德 六 23/仁者子～也

通作德 六 30/人有六～三親不斷

通作德 語二 48/有～者不移

通作德 語四 1/非言不酬非～亡復

通作德 緇 16/長民者衣服不改從容有常則民～一

通作德 緇 37/昔在上帝蓋申觀文王～

通作德 緇 41/私惠不懷～

通作德 窮 9/梅{之}伯初醢醢後名揚非其～加

通作德 五 1/仁形於内謂之～之行

(重文)通作德　六 10/六職既分以衣六〜六〜者…

 (重文)通作德　語一 24/其刑生〜〜生禮禮生樂

 通作德　老乙 11/上〜如谷

 通作德　老乙 11/廣〜如不足

 通作德　老乙 11/建〜如〔偷〕

 通作德　老乙 16/修之身其〜乃貞

 通作德　老乙 16/修之家其〜有餘

 通作德　老乙 17/修之鄉其〜乃長

 通作德　老乙 17/修之邦其〜乃豐

 通作德　緇 12/有覺〜行四方順之

 通作德　五 2/禮形於內謂之〜之行

 通作德　五 3/〔智形〕於內謂之〜之行

 通作德　五 3/聖形於內謂之〜之行

 通作德　五 4/不形于內謂之{〜之}行

 通作德　五 4/〜之行五和謂之德

 通作德　五 4/德之行五和謂之〜

 通作德　五 5/〜天道也

 通作德　五 6/不樂則亡〜

 通作德　五 9/不樂亡〜

 通作德　五 18/君子之爲〜也〔有與〕始亡〔與〕終也

 通作德　五 19/金聲而玉振之有〜者也

 通作德　五 20/〜天道〔也〕

 通作德　五 20/唯有〜者然後能金聲而玉振之

 通作德　五 24/視賢人而不知其有〜也謂之不智

 通作德　五 27/行之而時〜也

 通作德　五 50/聞道而樂者好〜者也

 通作德　五 7/〜弗志不成

 (重文)通作德　五 29/樂則有〜有〜則邦家舉

 用作直　五 21/不〜不肆

用作直 五 34/～而遂之肆也

慎（訢、訢、諰、諰、旮、睿）

訢

老丙 12/～終若始則無敗事矣

成 3/敬～以重之

成 19/可不～乎

成 38/蓋言～求之於己而可以至順天常矣

成 40/是故君子～六位以嗣天常

性 27/其返善復始也～

性 49/～仁之方也

性 49/人不～斯有過信矣

用作塵 老甲 27/同其～

訢

老甲 11/～終如始此亡敗事矣

緇 30/～尔出話敬尔威儀

緇 32/淑～尔止不愆于儀

緇 33/則民～於言而謹於行

語四 4/口不～而戶之閉惡言復己而死無日

緇 15/故上之好惡不可不～也民之表也

諰

五 17/君子～其〔獨也〕

諰

五 16/君子～其獨也

旮

語一 46/凡有血氣者皆有喜有怒有～有莊

睿

用作矜 六 33/䁾之爲言也猶䁾䁾也小而～多也

忠（忠、惪）

忠

忠 1/～積則可親也

忠 1/～信積而民弗親信者未之有也

忠 2/至～如土化物而不廢

忠 2/～人亡譌信人不倍

忠 3/大久而不渝～之至也

忠 6/三者～人弗作信人弗爲也

忠 6/～之爲道也百工不苦而人養皆足

忠 8/君子其施也～故蠻親薄也

語三 63/～則會

忠 1/不譌不謟～之至也

忠 4/至～亡譌至信不倍

忠 4/大～不奪大信不期

忠 5/配天地也者～信之謂些

忠 8/～仁之實也

語一 21/由中出者仁～信

語二 9/～生於親

唐 9/～事帝堯乃式其臣

唐 24/及其爲堯臣也甚～

語二 46/未有華而～者

魯 1/何如而可謂～臣

緇 20/大臣之不親也則～敬不足而富貴已過也

魯 2/亟稱其君之惡者可謂～臣矣

魯 3/向者吾問～臣於子思

魯 3/亟稱其君之惡者可謂～臣矣

㤖

性 39/～信之方也

性 41/智類五唯義道爲近～

尊 4/～爲可信也

六 17/以～事人多

六 17/～者臣德也

尊 20 下/尊仁親～敬莊歸禮

尊 21/～信日益而不自知也

尊 33/不～則不信

 六 1/聖智也仁義也～信也

 六 2/～與信就〔矣〕

 六 35/義使～

 六 5/足此民尔生死之用非～信者莫之能也

 (訛作宜)六 35/父聖子仁夫智婦信君義臣～

快(㥛)

㥛

 性 12/～於己者之謂悦

念(㐺)

㐺

 用作含 成 2/民不從上之命不信其言而能～德者

戁

 性 25/聽琴瑟之聲則悸如也斯～

忻(㤅)

㤅

 性 32/凡樂思而後～

 用作近 性 41/智類五唯義道爲～忠

 用作近 性 41/惡類三唯惡不仁爲～義

惇(憛)

憛

 通作敦 窮 15/故君子～於反己

慧(㤅)

㤅

 尊 35/～不足以知倫

 性 47/有其爲人之～如也弗牧不可

 語一 107/～與信器也各以諯詞毀也

恭(龏)

龏

 緇 8/非其止之恭唯王～

恕(詺)

詺

 性 38/～義之方也

怡(㤅)

㤅

 性 45/不有夫恆～之志則慢

慈(慈、孳)

慈

 用作滋 老甲 30/民多利器而邦～昏

 用作滋 老甲 31/人多智而奇物～起瀘
物滋彰盗賊多有

 用作滋 老甲 31/人多智而奇物滋起瀘
物～彰盗賊多有

孳

 老丙 3/六親不和焉有孝～

 緇 25/故～以愛之則民有親

慶

 緇 13/一人有～萬民賴之

 六 11/□而上有□賞～焉知其以有所
歸也

愻

 通作遜 緇 26/恭以蒞之則民有～心

惟(雟)

雟

 (殘)尊 21/行矣而亡～

懷(愢)

愢

 尊 33/不緩則弗～

悉(悉、悲)

悉

 通作愛 緇 25/故慈以～之則民有親

 通作愛 成 20/是故欲人之～己也則必
先愛人

 通作愛 成 20/是故欲人之愛己也則必
先～人

 通作愛 尊 26/民～則子也弗愛則讎也

 通作愛 尊 26/民愛則子也弗～則讎也

 通作愛 尊 33/不～則不親

 通作愛 老甲 36/甚～必大費厚藏必
多亡

 通作愛 老乙 8/～以身爲天下若可以
去天下矣

 通作愛 性 40/～類七唯性愛爲近仁

通作愛 性 40/愛類七唯性～爲近仁

通作愛 六 17/危其死弗敢～也

（訛）通作愛　五 33/親而篤之～也

（訛）通作愛　五 33/～父其稽愛人仁也

（訛）通作愛　五 33/愛父其稽～人仁也

（訛）通作愛　唐 6/堯舜之行～親尊賢

（訛）通作愛　唐 7/孝之殺～天下之民

（訛）通作愛　唐 8/～親忘賢仁而未義也

（訛）通作愛　唐 10/～親尊賢虞舜其人也

（訛）通作愛　唐 13/～而征之虞夏之治也

（訛）通作愛　唐 6/～親故孝

（訛，重文）通作愛　五 13/親則～～則玉色

（訛，重文）通作愛　五 21/不親不～不～不仁

愍

通作愛　語一 92/～善之謂仁

通作愛　語二 8/～生於性

通作愛　語二 8/親生於～

通作愛　語三 8/父孝子～非有爲也

通作愛　語三 30/～治者親

通作愛　語三 35/～仁也

通作愛　語三 40/～親則其殺愛人

通作愛　語三 40/愛親則其殺～人

惛（嚞）

嚞

（重文）通作陶　性 34/喜斯～～斯奮

悸（諮）

諮

性 25/聽琴瑟之聲則～如也斯懟

惑（惑、賊）

惑

魯 4/寡人～焉而未之得也

語四 13/賢人不在側是謂迷～

緇 4/則君不疑其臣臣不～於君

賊

緇 5/上人疑則百姓～下難知則君
長勞

緇 6/則民不～

緇 43/此以邇者不～而遠者不疑

惛(悥)

悥

性 64/憂欲斂而毋～

忌(忌、忈、忌)

忌

用作己 語一 26/知～而後知人

忈

語二 26/～生於勝

語二 27/賊生於～

忌

尊 1/去忿怨改～勝爲人上者之務也

忿

尊 1/去～怨改忌勝爲人上者之務也

怨(悬)

悬

緇 10/日暑雨小民唯日～

緇 10/臻冬耆寒小民亦唯日～

尊 34/恭則民不～

緇 22/故君不與小謀大則大臣不～

尊 18/不黨則亡～

怒(忞、惹)

忞

語一 46/凡有血氣者皆有喜有～有慎
有莊

語二 25/～生於惡

語二 26/勝生於～

惹

 性 2/喜～哀悲之氣性也

 性 64/～欲盈而毋暴

 老甲 34/未知牝牡之合脧～精之至也

愠（㤗）

㤗

 性 34/～斯憂

 性 35/踊～之終也

 語二 7/～生於憂

 語二 30/～生於性

 語二 30/憂生於～

惡

 語二 25/～生於性

 語二 25/怒生於～

悔（㤗）

㤗

 語三 31/智治者寡～

悲

 老丙 10/故殺〔人衆〕則以哀～蒞之

 性 2/喜怒哀～之氣性也

 性 29/凡至樂必～哭亦悲皆至其情也

 性 29/凡至樂必悲哭亦～皆至其情也

 性 31/其烈則流如也以～

 性 31/凡憂思而後～

 語一 73/～作其所也亡非是

 語二 29/～生於樂

惙（㤗）

㤗

(重文)五 10/不仁不智未見君子憂心不能～～

忡（惡）

惡

(重文)五 12/不仁不聖未見君子憂心不能～～

㤗（㤗、㤗）

㤗

通作憂 老乙 4/絕學亡～

用作憂　六 41/不使此民也～其身失其業

 通作憂　五 9/不仁不智未見君子～心不能慅慅

 (訛)通作憂　唐 16/夫古者舜居於草茅之中而不～

 (訛)通作憂　唐 16/居草茅之中而不～知命也

 用作嗄　老甲 34/終日號而不～和之至也

慐

 通作憂　五 5/君子亡中心之～則亡中心之智

 通作憂　五 12/不仁不聖未見君子～心不能忡忡

 通作憂　性 31/凡～思而後悲

 通作憂　性 62/凡～患之事欲任樂事欲後

 通作憂　性 64/～欲斂而毋惛

 通作憂　語二 7/慍生於～

 通作憂　語二 30/～生於慍

 通作憂　語二 31/哀生於～

 (重文)通作憂　性 34/慍斯～～斯戚

患

 老乙 5/人寵辱若榮貴大～若身

 老乙 7/吾所以有大～者爲吾有身

 性 42/用智之疾者～爲甚

 性 62/凡憂～之事欲任樂事欲後

恥(恥惄)

恥

 緇 28/則刑罰不足～而爵不足勸也

 語二 3/～生於讓

惄

 語二 4/利生於～

惡

 語二 17/～生於淩

 語二 18/逃生於～

忍

 語二 51/小不～敗大圖

忈

用作字 太 10/道亦其～也請問其名

用作字 太 12/天地名～並立

怮

(訛作忧)用作胘 六 16/勞其股～之力弗敢憚也

慂

 通作衰 窮 10/子胥前多功後戮死非其智～也

幻

 用作始 老甲 11/慎終如～此亡敗事矣

 用作始 老甲 17/萬物作而弗～也

辰

 用作宅 太 11/以道從事者必～其名

 用作宅 太 11/聖人之從事也亦～其名

 用作宅 緇 21/邦家之不寧也則大臣不治而褻臣～也

晷

 用作榮 語二 43/華自～也
案：榮辱之"榮"本字。

怘

 通作求 語一 99/我行～者亡有自來也

怭

 通作亟 魯 1/～稱其君之惡者可謂忠臣矣
案：亟急之"亟"本字。

悶(惡)

惡

尊 16/教以權謀則民淫～遠禮亡親仁

悎(意)

意

 語二 11/～生於慮

 語二 11/爭生於～

悡

 用作利 語二 4/～生於恥

用作利 語二 4/廉生於～

⿱句心

用作劬 尊 24/～勞之軌也

⿱⿰阝乇心

用作詭 緇 31/則民言不～行行不詭言

用作詭 緇 31/則民言不詭行行不～言

惖

通作易 老甲 16/難～之相成也

通作易 老甲 14/大小之多～必多難

案：難易之“易”本字。

⿱刑心

用作形 語一 12/有天有命有地有～

愈(愈、⿱亼⿱目心)

愈

用作瑜 窮 13/瑰璐瑾～包山石不爲〔無人佩而〕不理

⿱亼⿱目心

老甲 23/虛而不屈動而～出

用作渝 老乙 11/〔質〕貞如～

憲(⿱害心)

⿱害心

通作害 尊 38/有是施小有～逜而大有利者有之

通作害 尊 38/有是施小有利逜而大有～者有之

通作害 尊 23 下/民除～知爲

感(感、⿱艹感)

感

(重文)通作戚 性 34/憂斯～～斯歎

⿱艹感

通作戚 性 30/～然以終

⿱目心

用作疾 緇 23/毋以嬖御～莊后

用作疾 緇 23/毋以嬖士～大夫卿士

⿱霝心

用作零 語一 34/禮繁樂～則蹙

用作零 語一 35/樂繁禮～則慢

卷十一

水　部

水

太 6/是故太一藏於～行於時

唐 10/禹治～

語四 10/車轍之鮒鮪不見江湖之～

（重文）太 1/太一生～～反薄太一是以成天

（重文）尊 7/禹之行～～之道也

河

窮 3/舜耕於歷山陶拍於～浦

江

老甲 2/～海所以爲百谷王以其能爲百谷下

老甲 20/譬道之在天下也猶小谷之與～海

語四 10/車轍之鮒鮪不見～湖之水

溫（恩）

恩

（訛作恩）五 32/顔色容貌～變也

（訛作恩）（重文）五 13/安則～～則悅
案：溫和、溫柔之"溫"本字。

深（深、窊、浽、宋）

深

 性 23/樂喜之～澤也

窊

 老甲 8/古之善爲士者必微妙玄達～不可志

 成 4/其導民也不浸則其淳也弗～矣

 成 10/是故君子之求諸己也～

 成 23/雖有其恆而行之不疾未有能～之者也

性 31/樂之動心也濬～鬱陶

徎

 尊 19/故共是物也而有～焉者

宋

 五 46/～莫敢不深

 五 46/深莫敢不～

濁

 老甲 9/沌乎其如～

 老甲 9/孰能～以靜者將徐清

治（曼、嫚、緔、翕、刍、悥）

曼

 語三 27/德至厚者～者至亡間

 語三 32/…～者卯

 語三 33/兼行則～者中

嫚

 語三 28/～者至亡間則成名

 語三 30/愛～者親

 語三 31/智～者寡悔

緔

 性 58/門內之～欲其宛也

 性 59/門外之～欲其折也

 六 31/門內之～恩掩義

 六 31/門外之～義斬恩

 老甲 26/爲之於其亡有也～之於其未亂

 （訛作絢）老乙 1/～人事天莫若嗇

 用作始　語一 49/凡物有本有標有終有～

翕

 唐 26/五十而～天下

 唐 23/聞舜悌知其能～天下之長也

刍

 唐 10/禹～水

唐 10/益～火

 唐 10/后稷～土

 唐 13/愛而征之虞夏之～也

 唐 14/禪而不傳義恆□□～也

 唐 28/～之至養不肖

息

 語一 67/政其然而行～焉

 (殘)語一 59/政其然而行～焉尔也

濅(𡩋、湑、憗、憲)

𡩋

 今作浸 語四 12/早與賢人是謂～行

湑

 今作浸 語二 17/～生於欲

 今作浸 語二 17/惡生於～

憗

 今作浸 性 30/哭之動心也～殺

憲

 今作浸 成 4/其導民也不～則其淳也弗深矣

濟(湞)

湞

 成 25/允師～德

 成 26/此言也言信於衆之可以～德也

 六 16/苟～夫人之善也

海(洟、洀)

洟

 窮 10/窮四～至千里遇造父也

洀

 老甲 2/江～所以爲百谷王以其能爲百谷下

 老甲 20/譬道之在天下也猶小谷之與江～

 性 9/四～之内其性一也

湍

 用作揣 老甲 38/～而群之不可長保也

清(清、臺)

清

五 11/〔不〕仁思不能～

五 8/思不～不察

五 9/不仁思不能～

(重文)五 12/仁之思也～～則察

臺

老甲 10/孰能濁以靜者將徐～

尊 13/教以樂則民□德～牆

淵(困)

困

性 62/慮欲～而毋僞

澹(㑣)

㑣

用作讁 語一 107/慧與信器也各以～
詞毀也
案：疊加"㑣""淡"二形而成。

澤(澤、溴)

澤

性 23/樂喜之深～也

溴

語四 7/時至而藏流～而行

淫(淫、潯、㥃)

淫

緇 6/謹惡以遏民～

唐 12/皋繇入用五刑出飭兵革罪～暴〔也〕

潯

尊 16/教以權謀則民～悃遠禮亡親仁

㥃

尊 34/咎則民～

淺(㴑)

㴑

五 46/～莫敢不淺

五 46/淺莫敢不～

湖(沽)

沽

語四 10/車轍之鮒鮪不見江～之水

津(瀘)

瀘

窮 4/呂望爲藏棘～戰監門棘地

濩(彙)

彙

　通作去　尊 1/～忿怨改忌勝爲人上者之務也

沈(滷)

滷

　用作醢　窮 9/梅{之}伯初～醢後名揚非其德加

淫

　今作濕　太 4/故歲者～燥之所生也

　今作濕　太 4/～燥者寒熱之所生也

　(重文)今作濕　太 3/是以成～燥～燥復相薄也

湯

　人名　緇 5/唯尹允及～咸有一德

　人名　尊 6/～不易桀民而後治之

　用作唐　唐 1/～虞之道禪而不傳

　用作唐　唐 3/故～虞之興〔也〕如此也

淡

　老丙 5/故道〔之出言〕～兮其無味也

沫

　用作态　尊 35/勇不足以～衆

淳(漳)

漳

　成 4/其導民也不浸則其～也弗深矣

泣(深)

深

　五 17/〔瞻望弗〕及～涕如雨

涕

　五 17/〔瞻望弗〕及泣～如雨

滅(威)

威

　唐 28/亂之至～賢

池(沱)

沱

　五 17/能差～其羽然後能至哀

泊

　性 63/〔心〕欲柔齊而～

泳

通作求　唐 17/～乎大人之興微也

淶(棶)

棶

用作過　緇 6/謹惡以～民淫

毅(毇)

毇

用作殺　性 30/哭之動心也浸～

案：減殺、等殺之"殺"本字。

潴(渚)

渚

語四 17/利其～者不塞其溪

㳊　部

㵞(㵞)

㵞

今作流　緇 30/故大人不倡～

今作流　成 11/非從末～者之貴窮源返
本者之貴

今作流　成 14/非從末～者之貴窮源返
本者之貴

今作流　尊 28/德之～速乎置郵而傳命

今作流　性 31/其烈則～如也以悲

今作流　性 46/人之巧言利詞者不有夫
詘詘之心則～

今作流　語四 7/時至而藏～澤而行

㴑(涉)

涉

今作涉　老甲 8/豫乎〔其〕如冬～川

川　部

川

老甲 8/豫乎〔其〕如冬涉～

唐 4/時事山～教民有敬也

用作順　唐 6/先聖與後聖考後而歸先
教民大～之道也

用作順　成 32/君子治人倫以～天德

用作順　成 38/蓋言慎求之於己而可以
至～天常矣

(重文)用作順　尊 12/不治不～不～不
平

巠

用作輕　尊 13/教以禮則民果以～

用作輕 唐 19/方在下位不以匹夫爲～

 用作徑 性 65/退欲尋而毋～

亢

 用作忘 唐 8/愛親～賢仁而未義也

侃

 用作愆 緇 32/淑慎尔止不～于儀

泉　部

裳

 用作愿 性 47/有其爲人之～如也弗補
不足
案：雙聲符字。

蟲　部

原（潒、濴）

潒
 今作源 成 14/非從末流者之貴窮～返
本者之貴

濴
 今作源 成 11/非從末流者之貴窮～返
本者之貴

永　部

羕

 尊 39/民心有恆求其～

 老甲 35/益生曰～

 性 26/～思而動心喟如也

 用作養 尊 21/～心於子良

 用作養 尊 30/故爲政者或論之或～之

 用作養 性 10/或～之

 用作養 性 11/～性者習也

 （重文）用作詠 性 34/奮斯～～斯搖

谷　部

谷（谷、浴、粂）

谷
 用作欲 老甲 5/咎莫僉乎～得

 用作欲 老甲 6/以道佐人主者不～以
兵強於天下

 用作欲 老甲 10/保此道者不～尚盈

用作欲 老甲 11/聖人～不欲不貴難得之貨

 用作欲 老甲 12/聖人欲不～不貴難得之貨

 用作欲 老甲 32/我～不欲而民自樸

 用作欲 老甲 32/我欲不～而民自樸

 用作欲 成 17/智而比次則民～其智之遬也

 用作欲 成 17/富而分賤則民～其富之大也

 用作欲 成 18/貴而一讓則民～其貴之上也

 用作欲 成 20/是故～人之愛己也則必先愛人

 用作欲 成 20/～人之敬己也則必先敬人

 用作欲 尊 26/不以嗜～害其儀軌

 用作欲 性 58/門內之治～其宛也

 用作欲 性 59/門外之治～其折也

 用作欲 性 62/凡憂患之事～任樂事欲後

 用作欲 性 62/凡憂患之事欲任樂事～後

 用作欲 性 62/身～靜而毋滯

 用作欲 性 62/慮～淵而毋偽

 用作欲 性 63/行～勇而必至

 用作欲 性 63/貌～莊而毋拔

 用作欲 性 63/〔心〕～柔齊而泊

 用作欲 性 63/喜～知而亡末

 用作欲 性 64/樂～繹而有志

 用作欲 性 64/憂～斂而毋惛

 用作欲 性 64/怒～盈而毋暴

 用作欲 性 64/進～遜而毋巧

 用作欲 性 65/退～尋而毋徑

 用作欲 性 65/～皆文而毋偽

 用作欲 六 6/君子如～求人道□□

浴

 老甲 20/譬道之在天下也猶小～之與江海

 老乙 11/上德如～

浴

 （訛）老甲 2/江海所以爲百～王以其能爲百谷下

 （訛）老甲 3/江海所以爲百谷王以其能爲百～下

 （訛）老甲 3/是以能爲百～王

豁（溪）

溪

 今作溪 語四 17/利其潃者不塞其～

容(溶)

溶

 今作溶　性 31/樂之動心也～深鬱陶

久　部

冬(宮)

宮

 老甲 8/豫乎〔其〕如～涉川

 緇 10/臻～耆寒小民亦唯日怨

 用作終　老甲 11/慎～如始此亡敗事矣

 用作終　五 18/〔君〕子之爲善也有與始有與～也

雨　部

雨

 緇 9/日暑～小民唯日怨

 五 17/〔瞻望弗〕及泣涕如～

震(晨)

晨

 通作振　五 19/金聲而玉～之有德者也

 通作振　五 20/唯有德者然後能金聲而玉～之

雪

 (省)用作脆　老甲 25/其～也易判也

露(霥)

霥

老甲 19/天地相合也以揄甘～

霏

用作奉　成 39/蓋此言也言不～大常者文王之刑莫重焉

雲　部

雲(云)

云

緇 35/大雅～

霒(兗)

兗

今作陰　太 5/〔四時〕者～陽之所生〔也〕

今作陰　太 5/～陽者神明之所生也

今作陰　太 8/～陽之所不能成

今作陰　語四 16/利木～者不折其枝

（重文）今作陰 太 2/是以成～陽～陽復相薄也

魚　部

鯀

用作倫 語一 3/天生～人生卯

用作倫 語一 5/有命有文有名而後有～

用作倫 語二 44/名數也由鼻～生

鮮

（殘）成 9/上苟倡之則民～不從矣

鯖

通作爭 忠 6/故行而～悦民君子弗由也

龍　部

龍

用作寵 性 28/凡古樂～心益樂寵指皆教其人者也

用作寵 性 28/凡古樂寵心益樂～指皆教其人者也

飛　部

翼（罷、能）

罷

用作一 太 7/～缺一盈以己爲萬物經

用作一 太 7/一缺～盈以己爲萬物經

用作一 五 16/淑人君子其儀～也

用作一 五 16/能爲～然後能爲君子

用作一 語四 25/～言之善足以終世

用作一 成 18/貴而～讓則民欲其貴之上也

能

用作一 六 19/～與之齊終身弗改之矣

非　部

非

緇 7/～其止之恭唯王恭

緇 26/～用靈制以刑唯作五虐之刑曰瀘

魯 7/～子思吾惡聞之矣

窮 9/梅{之}伯初醯醯後名揚～其德加

窮 9/子胥前多功後戮死～其智衰也

窮 10/～亡體狀也

窮 11/動～爲達也故窮而不〔怨〕

成 11/～從末流者之貴窮源返本者之貴

成 14/～從末流者之貴窮源返本者之貴

成 26/聖人之性與中人之性其生而未有～之

成 27/雖其於善道也亦～有繹縷以多也

尊 4/教～改道也教之也

尊 5/學～改倫也學已也

尊 18/夫生而有職事者也～教所及也

尊 24/～禮而民悅戴此小人矣

尊 25/～倫而民服懾此亂矣

尊 25/治民～率生而已也

性 27/鄭衛之樂則～其聲而縱之也

性 54/惡之而不可～者達於義者也

性 54/～之而不可惡者篤於仁者也

六 3/教此民尔使之有向也～聖智者莫之能也

六 4/寢四鄰之殃虐～仁義者莫之能也

六 5/足此民尔生死之用～忠信者莫之能也

六 15/～我血氣之親畜我如其子弟

六 45/三者不通～言行也

語一 55/爲孝此～孝也

語一 56/爲悌此～悌也

語一 58/爲之此～也

語一 58/弗爲此～也

語一 64/刑～嚴也

語一 66/信～至齊也

語一 72/亡物不物皆至焉而亡～己取之者

語一 73/悲作其所也亡～是

語三 8/父孝子愛～有爲也

語三 55/賓客之用幣也～征納貨也

語三 57/人之性～歟

語三 66 下/亡～樂者

語四 1/～言不醨非德亡復

語四 1/非言不醨～德亡復

用作微 老甲 8/古之善爲士者必～妙玄達深不可志

卷十二

不　部

不

老丙 1/信～足焉有不信

老丙 2/信不足焉有～信

老丙 3/六親～和焉有孝慈

老丙 4/往而～害安平泰

老丙 5/視之～足見聽之不足聞而不可既也

老丙 5/視之不足見聽之～足聞而不可既也

老丙 5/視之不足見聽之不足聞而～可既也

太 7/此天之所～能殺

太 12/故功成而身～傷

太 12/故過其方～使相當

太 13/地～足於東南其上〔高以強〕

太 14/～足於下者有餘於上

五 8/思～清不察

五 9/～智思不能長

唐 1/唐虞之道禪而～傳

唐 1/禪而～傳聖之盛也

唐 2/躬身～徇没身不代

唐 13/〔虞〕用威夏用戈征～服也

唐 13/禪而～傳義恆□□治也

唐 16/夫古者舜居於草茅之中而～憂

唐 16/登爲天子而～驕

唐 16/居草茅之中而～憂知命也

唐 17/登爲天子而～驕不繼也

唐 17/登爲天子而不驕～繼也

唐 18/躬身不徇没身～代

唐 18/君民而～驕卒王天下而不喜

唐 18/君民而不驕卒王天下而～喜

唐 18/方在下位～以匹夫爲輕

唐 19/及其有天下也～以天下爲重

唐 21/～禪而能化民者自生民未之有也

唐 27/大明～出萬物皆伏

唐 28/聖者～在上天下必壞

唐 28/治之至養～肖

忠 1/～欺弗知信之至也

忠 2/至忠如土化物而～廢

忠 2/至信如時必至而～結

忠 3/忠人亡譌信人～倍

忠 3/故不誑生～倍死也

忠 3/大久而～渝忠之至也

忠 4/至忠亡譌至信～倍

忠 4/大忠～奪大信不期

忠 4/大忠不奪大信～期

忠 4/～奪而足養者地也

忠 4/～期而可要者天也

忠 7/忠之爲道也百工～苦而人養皆足

語四 12/賢人～在側是謂迷惑

語四 13/～與智謀是謂自欺

語四 4/口～慎而户之閉惡言復己而死無日

老甲 5/以其～爭也故天下莫能與之爭

老甲 7/是謂果而～強

老甲 8/古之善爲士者必微妙玄達深～可志

老甲 12/教～教復衆之所過

老甲 15/皆知善此其～善已

老乙 4/亡爲而亡～爲

老乙 5/人之所畏亦～可以不畏

老乙 5/人之所畏亦不可以～畏

老乙 14/大成若缺其用～敝

老乙 14/大盈若沖其用～窮

老乙 15/善建者～拔

老乙 16/善保者～脫

老乙 16/子孫以其祭祀～輟

老丙 13/教～教復衆之所過

緇 14/下之事上也～從其所以命而從其所行

緇 43/此以邇者～惑而遠者不疑

緇 43/此以邇者不惑而遠者～疑

緇 44/則好仁～堅而惡惡不著也

緇 45/人而亡恆～可爲卜筮也

語一 79/厚於義薄於仁尊而～親

語一 103/禮～同不豐不殺

語一 103/禮不同～豐不殺

語一 103/禮不同不豐～殺

語二 39/凡必有～行者也

（重文）老乙 2/〔重積德則亡〕～克〔亡〕～克則莫知其極

老丙 13/是以〔聖〕人欲～欲不貴難得之貨

老丙 13/是以〔聖〕人欲不欲～貴難得之貨

忠 1/～讒不諂忠之至也

忠 1/不讒～諂忠之至也

忠 3/故～諓生不倍死也

成 1/行～信則命不從

成 1/行不信則命～從

成 2/信～著則言不樂

成 2/信不著則言～樂

成 2/民～從上之命不信其言而能含德者

成 4 其導民也～浸則其淳也弗深矣

成 7/君袀冕而立於阼一宮之人～勝其敬

成 8/君衰絰而處位一宮之人～勝〔其哀〕

成 9/〔君冠胄帶甲而立於軍〕一軍之人～勝其勇

成 9/上苟倡之則民鮮～從矣

成 9/雖然其存也～厚其重也弗多矣

成 10/～求諸其本而攻諸其末弗得矣

成 12/苟～從其由不返其本未有可得也者

成 12/苟不從其由～返其本未有可得也者

成 12/君上享成～唯本功〔弗成矣〕

成 13/農夫務食～強耕糧弗足矣

成 13/士成言～行名弗得矣

成 14/苟～從其由不返其本雖強之弗入矣

成 15/苟不從其由～返其本雖強之弗入矣

成 15/上～以其道民之從之也難

成 16/是以民可敬導也而～可掩也

成 16/可御也而～可牽也

成 16/故君子～貴庶物而貴與民有同也

成 19/可～慎乎

成 19/故君子所復之～多所求之不遠

成 19/故君子所復之不多所求之～遠

成 21/是以智而求之～疾其去人弗遠矣

成 21/勇而行之～果其疑也弗往矣

成 23/雖有其恆而行之～疾未有能深之者也

成 28/及其博長而厚大也則聖人～可由與殫之

成 28/此以民皆有性而聖人～可摹也

成 30/喬木三年～必爲邦旗

成 34/所宅～遠矣

成 35/小人不程人於刃君子～程人於禮

成 35/津梁爭舟其先也～若其後也

成 36/言語較之其勝也～若其已也

成 38/～率大戛文王作罰

成 39/蓋此言也言～奉大常者文王之刑莫重焉

尊 3/～由其道不行

尊 3/不由其道～行

尊 23 下/可從也而～可及也

尊 31/刑～逮於君子禮不逮於小人

尊 33/～忠則不信

尊 34/均～足以平政

性 6/〔人〕雖有性心弗取～出

性 7/〔人之不可〕獨行猶口之～可獨言也

性 37/雖能其事～能其心不貴

性 37/雖能其事不能其心～貴

性 37/人之～能以僞也可知也

性 41/惡類三唯惡～仁爲近義

性 44/鬱陶之氣也人～難爲之死

性 45/～有夫恆怡之志則慢

性 46/人之悦然可與和安者～有夫奮猛之情則侮

不	性 47/有其爲人之慧如也弗牧～可
不	性 48/有其爲人之愿如也弗補～足
不	性 49/然而其過～惡
不	性 49/人～慎斯有過信矣
不	性 50/～以其情雖難不貴
不	性 54/惡之而～可非者達於義者也
不	性 55/非之而～可惡者篤於仁者也
不	六 5/君子～偏如人道
不	六 18/知可爲者知～可爲者
不	六 20/是故夫死有主終身～嫁
不	六 29/爲父絶君～爲君絶父
不	六 30/爲宗族離朋友～爲朋友離宗族
不	六 30/人有六德三親～斷
不	六 33/害亡～已也是以暇也
不	六 37/婦～婦
不	六 37/父～父
不	六 38/君子～啻明乎民微而已又以知 其一矣
不	六 39/男女～辨父子不親
不	六 41/～使此民也憂其身失其業
不	六 43/道～可躐也

不	六 45/三者～通非言行也
不	(重文)六 39/父子～親父子～親
不	老甲 2/三言以爲使～足
不	老甲 10/保此道者～欲尚盈
不	老甲 12/聖人欲～欲不貴難得之貨
不	老甲 12/聖人欲不欲～貴難得之貨
不	老甲 17/是以聖人居亡爲之事行～言 之教
不	老甲 20/知止所以～殆
不	老甲 21/遴穆獨立～孩可以爲天下母
不	老甲 23/虛而～屈動而愈出
不	老甲 28/故不可得而親亦～可得而疏
不	老甲 28/～可得而利亦不可得而害
不	老甲 28/不可得而利亦～可得而害
不	老甲 29/～可得而貴亦{可}不可得而賤
不	老甲 29/不可得而貴亦{可}～可得而賤
不	老甲 32/我欲～欲而民自樸
不	老甲 34/終日號而～嗄和之至也
不	老甲 35/物壯則老是謂～道

老甲 36/故知足～辱知止不殆可以長久

老甲 36/故知足不辱知止～殆可以長久

老甲 38/持而盈之～{不}若已

老甲 38/持而盈之不{～}若已

老甲 38/揣而群之～可長保也

老乙 10/弗大笑～足以爲道矣

太 8/地之所～能埋

太 8/陰陽之所～能成

緇 21/邦家之不寧也則大臣～治而褻臣宅也

緇 21/此以大臣不可～敬民之蘁也

緇 25/信以結之則民～倍

緇 41/私惠不懷德君子～自留焉

魯 2/公～悦

窮 11/遇～遇天也

窮 11/動非爲達也故窮而～〔怨〕

窮 12/〔隱非〕爲名也故莫之知而～閔

窮 13/茝〔蘭生於幽谷不爲無人〕嗅而～芳

窮 13/珬璐瑾瑜包山石～爲〔無人佩而〕不理

窮 15/珬璐瑾瑜包山石不爲〔無人佩而〕～理

窮 15/幽明～再

五 8/思不清～察

五 8/思～長不形

五 9/～仁思不能清

五 9/不仁思～能清

五 9/不智思～能長

五 9/～仁不智未見君子憂心不能惙惙

五 9/不仁～智未見君子憂心不能惙惙

五 20/～聰不明

五 20/不聰～明

五 20/～聖不智

五 21/～變不悦

五 21/不愛～仁

五 21/～直不肆

五 37/～簡不行

五 39/有大罪而弗大誅也～行也

 五 46/後莫敢～後

 五 46/深莫敢～深

 語三 3/君臣～相存也則可已

 語三 4/～悦可去也

 語三 4/～義而加諸己弗受也

 語三 11/與～好學者遊損

 語三 14/自示其所～足益

 語三 16/所～行益

 語三 20/春秋亡～以其生也亡耳

 語三 49/思亡疆思亡期思亡邪思亡～由我者

 語四 1/非言～醻非德亡復

 語四 3/三世之福～足以出亡

 語四 11/匹婦偶夫～知其鄉之小人君子

 語四 17/利其溣者～塞其溪

 語四 18/善使其下若蚈蚤之足衆而～割割而不仆

 語四 18/善使其下若蚈蚤之足衆而不割割而～仆

 語四 20/善□□□者若兩輪之相轉而終～相敗

 語四 6/喻之而～可必文以譌

 語四 22/士亡友～可

 語四 23/君有謀臣則壞地～削

 語四 23/士有謀友則言談～弱

 語四 24/雖勇力聞於邦～如材

 語四 24/金玉盈室～如謀

 語四 25/衆強甚多～如時

 (重文)五 8/思不長～形～形不安

 (重文)五 8/不形～安～安不樂

 (重文)五 8/不安～樂～樂亡德

 (重文)五 15/形則～忘～忘則聰

 (重文)五 20/不聖～智～智不仁

(重文)五 21/不智～仁～仁不安

(重文)五 21/不仁～安～安不樂

（重文）五 21/不安～樂～樂亡德

（重文）五 21/不變～悦～悦不戚

（重文）五 21/不悦～戚～戚不親

（重文）五 21/不戚～親～親不愛

（重文）五 21/不親～愛～愛不仁

（重文）五 21/不直～肆～肆不果

（重文）五 21/不肆～果～果不簡

（重文）五 22/不果～簡～簡不行

（重文）五 22/不簡～行～行不義

老甲 6/以道佐人主者～欲以兵強於天下

老甲 6/禍莫大乎～知足

老乙 11/廣德如～足

老乙 13/閉其門塞其兌終身～懋

老乙 13/啟其兌塞其事終身～仇

緇 1/則民咸飭而刑～頓

緇 3/有國者彰好彰惡以示民厚則民情～飾

緇 4/則君～疑其臣臣不惑於君

緇 4/則君不疑其臣臣～惑於君

緇 4/淑人君子其儀～忒

緇 6/則民～惑

緇 7/臣事君言其所～能不詞其所能

緇 7/臣事君言其所不能～詞其所能

緇 7/則君～勞

緇 9/誰秉國成～自爲貞卒勞百姓

緇 15/故上之好惡～可不慎也民之表也

緇 15/故上之好惡不可～慎也民之表也

緇 16/子曰長民者衣服～改從容有常則民德一

緇 17/其容～改

緇 17/大人～親其所賢而信其所賤

緇 18/彼求我則如～我得

緇 19/執我仇仇亦～我力

緇 20/大臣之～親也則忠敬不足而富貴已過也

緇 20/大臣之不親也則忠敬～足而富貴已過也

緇 20/邦家之～寧也則大臣不治而褻臣宅也

緇 21/此以大臣～可不敬民之蕝也

緇 22/故君～與小謀大則大臣不怨

緇 22/故君不與小謀大則大臣～怨

緇 26/吾大夫恭且儉靡人～斂

緇 27/政之～行教之不成也

緇 27/政之不行教之～成也

緇 27/則刑罰～足恥而爵不足勸也

緇 28/則刑罰不足恥而爵～足勸也

緇 28/故上～可以褻刑而輕爵

緇 30/故大人～倡流

緇 31/可言～可行君子弗言

緇 31/可行～可言君子弗行

緇 31/則民言～詭行行不詭言

緇 31/則民言不詭行行～詭言

緇 32/淑慎尔止～愆于儀

緇 34/言從行之則行～可匿

緇 35/則民～能大其美而小其惡

緇 36/此言之玷～可爲也

緇 38/此以生～可奪志死不可奪名

緇 38/此以生不可奪志死～可奪名

緇 41/私惠～懷德君子不自留焉

緇 44/則好仁不堅而惡惡～著也

緇 44/人雖曰～利吾弗信之矣

緇 47/我龜既厭～我告猷

五 1/～形於內謂之行

五 2/～形於內謂之行

五 2/～形於內謂之〔行〕

五 3/～形於內謂之行

五 4/～形于內謂之{德之}行

五 8/德弗志～成

五 8/智弗思～得

　五 11/～聖思不能輕

　五 11/不聖思～能輕

　五 11/～仁不聖未見君子憂心不能忡忡

　五 11/不仁～聖未見君子憂心不能忡忡

　五 12/不仁不聖未見君子憂心～能忡忡

　五 12/既見君子心～能降

　五 22/不行～義

　五 22/～遠不敬

　五 23/未嘗聞君子道謂之～聰

　五 23/未嘗視賢人謂之～明

　五 23/聞君子道而～知其君子道也謂之不聖

　五 24/聞君子道而不知其君子道也謂之～聖

　五 24/視賢人而～知其有德也謂之不智

　五 24/視賢人而不知其有德也謂之～智

　五 34/肆而～畏強禦果也

　五 34/～以小道害大道簡也

　五 36/敬而～懈{懈}嚴也

　五 37/尊而～驕恭也

　五 37/不簡～行

　五 37/～暱不辨於道

　五 37/不暱～辨於道

　五 39/有小罪而弗赦也～辨于道也

　五 41/～競不仇不剛不柔

　五 41/不競～仇不剛不柔

　五 41/不競不仇～剛不柔

　五 41/不競不仇不剛～柔

　五 45/心曰唯莫敢～唯

　五 45/諾莫敢～諾

　五 46/進莫敢～進

　五 46/淺莫敢～淺

語一 57/不可爲也而～可不爲也

語一 57/不可爲也而不可～爲也

語一 71/亡物～物皆至焉而亡非己取之者

語一 82/〔厚於〕仁薄於義親而～尊

語一 85/察所知察所～知

語一 90/數～盡也

語二 48/有德者～移

語二 51/小～忍敗大圖

語二 53/有行而～由有由而不行

語二 53/有行而不由有由而～行

語三 38/不善擇～爲智

語三 39/物～備不成仁

語三 39/物不備～成仁

語三 42/或由其避或由其～進或由其可

語四 10/車轍之鮒鮪～見江湖之水

語四 16/利木陰者～折其枝

(殘)語三 38/～善擇不爲智

(重文)五 6/〔不〕安則～樂～樂則亡德

(重文)五 14/得則～忘～忘則明

(重文)五 22/不遠～敬～敬不嚴

(重文)五 22/不敬～嚴～嚴不尊

(重文)五 22/不嚴～尊～尊不恭

(重文)五 22/不尊～恭～恭亡禮

老甲 7/善者果而已～以取強

老甲 28/故～可得而親亦不可得而疏

五 10/不仁不智未見君子憂心～能惙惙

成 2/民不從上之命～信其言而能含德者

 成 29/蓋道～悦之詞也

 成 35/小人～程人於刃君子不程人於禮

成 尊 5/桀～易禹民而後亂之

尊 6/湯～易桀民而後治之

尊 8/莫～有道焉人道爲近

尊 10/有知己而～知命者

尊 10/亡知命而～知己者

尊 11/有知禮而～知樂者

尊 11/亡知樂而～知禮者

尊 12/～治不順

尊 12/不順～平

尊 17/～黨則亡怨

尊 19/教其政～教其人政弗行矣

尊 19/可學也而～可擬也

尊 20 上/可教也而～可若也

尊 20 下/紂不迪其民而民～可止也

尊 21/忠信日益而～自知也

尊 22/民可使導之而～可使知之

尊 22/民可導也而～可強也

尊 22/桀～謂其民必亂而民有爲亂矣

尊 23 上/紂～迪其民而民不可止也

尊 24/爲邦而～以禮猶御之亡策也

尊 26/～以嗜欲害其儀軌

尊 27/～和不安

尊 27/不安～樂

尊 31/治樂和哀民～可敬也

尊 31/刑不逮於君子禮～逮於小人

尊 32/～時則亡勸也

尊 32/～愛則不親

尊 33/不愛則～親

尊 33/～緩則弗懷

尊 33/～理則亡畏

尊 33/不忠則～信

尊 34/正則民～閔

尊 34/恭則民～怨

尊 35/緩～足以安民

尊 35/勇～足以忿衆

尊 35/博～足以知善

尊 35/慧～足以知倫

尊 36/殺～足以勝民

尊 36/下之事上也～從其所命而從其所行

性 5/所善所～善勢也

性 6/凡心有志也亡與～〔可〕

性 8/凡物亡～異也者

性 30/哀樂其性相近也是故其心～遠

性 36/～如以樂之速也

性 46/人之巧言利詞者～有夫詘詘之心則流

性 50/苟以其情雖過～惡

性 50/不以其情雖難～貴

性 55/行之～過知道者也

性 57/～同方而〔交以故者也〕

性 58/～同悅而交以猷者也

六 18/知行者知～行者

六 29/爲昆弟絕妻～爲妻絕昆弟

六 37/夫～夫

六 37/子～子

六 37/君～君

六 38/臣～臣

六 48/得其人則舉焉～得其人則止也

(重文)尊 12/不治～順～順不平

(重文)尊 27/不和～安～安不樂

語一 60/政～達文生乎不達其然也

語一 60/政不達文生乎～達其然也

語一 75/迨～逮從一道

語一 76/□□者義然～然

語三 64 下/亡物～物皆至焉

語二 45/未有善事人而～返者

五 10/既見君子心～能悅

五 11/〔不〕仁思～能清

 性 45/～有夫簡簡之心則采

 (殘)語一 56/～可爲也而不可不爲也

 (殘)性 4/善～〔善性也〕

 (殘)10/☐ 亡～由☐

 今作丕 成 22/唯冒～單稱德

至　部

至

 老乙 3/損之又損以～亡爲也

 忠 1/不謁不謟忠之～也

 忠 1/不欺弗知信之～也

 忠 2/～忠如土化物而不廢

 忠 2/～信如時必至而不結

 忠 2/至信如時必～而不結

 忠 3/大久而不渝忠之～也

 忠 4/謟而者詹信之～也

 忠 4/～忠亡謁至信不倍

 忠 4/至忠亡謁～信不倍

 語一 66/信非～齊也

 語一 69/父子～上下也

 語一 71/亡物不物皆～焉而亡非己取之者

 語三 26/德～厚者治者至亡間

 語三 26/德至厚者治者～亡間

 語三 28/未有其～則仁

 語三 29/治者～亡間則成名

 老甲 24/～虛恆也

 老甲 34/未知牝牡之合朘怒精之～也

 老甲 34/終日號而不嚘和之～也

 緇 11/則民～行己以悅上

 窮 10/窮四海～千里遇造父也

 五 17/能差池其羽然後能～哀

 唐 2/利天下而弗利也仁之～也

 唐 8/禪義之～也

 唐 20/極仁之～利天下而弗利也

 唐 28/治之～養不肖

唐 28/亂之～滅賢

 成 38/蓋言慎求之於己而可以～順天常矣

 性 20/～容貌所以文節也

 性 29/凡～樂必悲哭亦悲皆至其情也

 性 29/凡至樂必悲哭亦悲皆～其情也

 性 43/用情之～者哀樂爲甚

 性 57/修身近～仁

 性 63/行欲勇而必～

 語四 27 正下/時～而藏流澤而行

 語四 27 背下/人之又人之～之又至之

 語四 27 背下/人之又人之至之又～之

 語三 65 下/亡物不物皆～焉

 (殘)語一 70/兄弟～先後也

 用作致 唐 26/七十而～政

臺(臺)

臺

 老甲 26/九成之～作〔於壘土〕

㧑

 通作靈 緇 26/非用～制以刑唯作五虐之刑曰瀘

西　部

西

 太 13/〔天不足〕於～北其下高以強

戶　部

戶(床)

床

太 語四 4/口不慎而～之閉惡言復己而死無日

門　部

門

 老甲 27/塞其～

 老乙 13/閉其～塞其兌終身不懋

 窮 4/呂望爲臧棘津戰監～棘地

 性 58/～內之治欲其宛也

 性 59/～外之治欲其折也

 六 30/～內之治恩掩義

 六 31/～外之治義斬恩

 語四 8/諸侯之～義士之所存

闦(閿)

閿

用作避　語三 42/或由其～或由其不進
或由其可

閟

今作閉　老乙 13/～其門塞其兌終身
不懋

今作閉　語四 4/口不慎而户之～惡言
復己而死無日

(訛)今作閉　老甲 27/～其兌

閒(閑)

閑

今作間　語三 27/德至厚者治者至亡～

今作間　語三 29/治者至亡～則成名

耳　部

耳

五 45/～目鼻口手足六者心之役也

唐 26/～目聰明衰

語四 2/言而苟牆有～

性 44/目之好色～之樂聲

語一 50/聲～司也

語三 21/春秋亡不以其生也亡～

聯(縺、纍)

縺

(重文)用作戀　性 67/居喪必有夫～～
之哀

(重文)用作戀　性 30/其烈～～如也

用作蠻　忠 8/君子其施也忠故～親
薄也

纍

用作怨　尊 1/去忿～改忌勝爲人上者
之務也

聖(聖、罶、耴、臤)

聖

老甲 3/～人之在民前也以身後之

老甲 11/是以～人亡爲故亡敗亡執故
亡失

老甲 11/～人欲不欲不貴難得之貨

老甲 12/是故～人能輔萬物之自然而
弗能爲

老甲 14/是以～人猶難之故終亡難

老甲 17/是以～人居亡爲之事行不言之教

 老甲 31/是以～人之言曰

 老丙 11/～人無爲故無敗無執故〔無失也〕

 五 3/～形於内謂之德之行

 五 11/不～思不能輕

 五 11/不仁不～未見君子憂心不能忡忡

 五 15/～之思也輕

 五 16/形則～

 五 24/聞君子道而不知其君子道也謂之不～

 五 25/聞而知之～也

 五 25/赫赫～也

 五 26/聞而知之～也

 五 26/～人知天道也

 五 28/～智禮樂之所由生也五〔行之所和〕也

成 26/～人之性與中人之性其生而未有非之

成 28/此以民皆有性而～人不可摹也

成 37/～人天德

 性 16/～人比其類而論會之

 六 1/～智也仁義也忠信也

 六 1/～與智就矣

 六 3/教此民尔使之有向也非～智者莫之能也

 六 34/父～子仁夫智婦信君義臣忠

 六 35/～生仁

 語一 17/有～有善

 語一 94/備之謂～

 語一 100/盈聽之謂～

 太 11/～人之從事也亦宅其名

 緇 19/未見～如其弗克見我

 緇 19/既見我弗迪～

 五 19/玉音～也

 五 20/不～不智

 成 28/及其博長而厚大也則～人不可由與殲之

 唐 3/必正其身然後正世～道備矣

（重文）六 21/謂之～～也者父德也

 用作聲 老甲 16/音～之相和也

 用作聲 五 19/金～而玉振之有德者也

 用作聲 性 23/凡～其出於情也信

 用作聲 性 24/聞笑～則侃如也斯喜

 用作聲 性 24/聽琴瑟之～則悸如也斯懍

 用作聲 性 27/鄭衛之樂則非其～而縱之也

 用作聲 性 32/其～變則〔心從之〕

 用作聲 性 33/其心變則其～亦然

 用作聲 性 33/啾遊～〔也〕

 用作聲 性 44/目之好色耳之樂～

 用作聲 語一 47/其體有容有色有～有臭有味有氣有志

 用作聲 語一 50/～耳司也

 用作聲 語一 86/勢與～爲可察也

 用作聲 老乙 12/大音希～

 用作聲 緇 40 背/人苟有言必聞其～

 用作聲 五 19/金～善也

 用作聲 五 20/唯有德者然後能金～而玉振之

 （殘）用作聲 性 5/金石之有～〔也弗扣不鳴〕

 通作聽 老丙 5/視之不足見～之不足聞而不可既也

 通作聽 窮 14/德行一也譽毀在旁～之置〔之〕

 通作聽 性 24/～琴瑟之聲則悸如也斯懍

 通作聽 語四 27 正中/～君而會視貌而入

 通作聽 語一 100/盈～之謂聖

叟

 唐 1/禪而不傳～之盛也

 唐 2/古昔賢仁～者如此

 唐 4/夫～人上事天教民有尊也

 唐 5/先～與後聖考後而歸先教民大順之道也

 唐 14/～以遇命仁以逢時

 唐 15/縱仁～可與時弗可及矣

 唐 27/～者不在上天下必壞

耶

唐 6/先聖與後～考後而歸先教民大順之道也

罂

唐 25/古者～人廿而帽

聰(聼、聆)

聼

五 20/不～不明

五 23/未嘗聞君子道謂之不～

五 26/聞君子道～也

(重文)五 15/不忘則～～則聞君子道

聆

唐 26/耳目～明衰

聞(聋、聉)

聋

五 23/未嘗～君子道謂之不聰

五 23/～君子道而不知其君子道也謂之不聖

五 25/～而知之聖也

五 26/～君子道聰也

五 26/～而知之聖也

五 49/～道而悦者好仁者也

五 49/～道而畏者好義者也

五 50/～道而樂者好德者也

(重文)五 15/聰則～君子道～君子道則玉音

(訛)五 50/～道而恭者好禮者也

聉

老丙 5/視之不足見聽之不足～而不可既也

緇 38/故君子多～齊而守之

緇 40 背/人苟有言必～其聲

語四 24/雖勇力～於邦不如材

性 24/～笑聲則侃如也斯喜

成 1/～之曰

手　部

手(孚)

孚

五 45/耳目鼻口～足六者心之役也

拇(曼)

曼

用作文 尊17/言此彰也行此～也

用作文 語一88/賓客情貌之～也

用作文 性17/體其義而節～之

用作文 語四6/喻之而不可必～以謌

用作文 性20/或敘爲之節則～也

用作文 性20/至容貌所以～節也

用作文 性22/拜所以〔爲敬也〕其數～也

用作文 語一4/有命有～有名而後有倫

用作文 語一60/政不達～生乎不達其然也

用作文 語一97/禮因人之情而爲之節～者也

用作文 語三10/起習～章益

用作文 語二5/～生於禮

用作文 語二5/博生於～

用作文 語三41/三踊～也

用作文 語三44/～依物以情行之者

用作文 語三71上/命與～與…

用作文 性65/欲皆～而毋僞

用作文 殘18/□～

指(䳘)

䳘

性28/凡古樂籠心益樂籠～皆教其人者也

拜(𢁇)

𢁇

性21/～所以〔爲敬也〕其數文也

抵(甹)

甹

通作希 老乙12/大音～聲

持（峕、枬）

峕

 老甲 36/～與亡執病

枬

來 老甲 25/其安也易～也

來 老甲 37/～而盈之不｛不｝若已

措（遒）

遒

（省）成 37/是故唯君子道可近求而可遠～也

捉

 老甲 33/骨弱筋柔而～固

舉（與、牙、塱、㞼）

與

 五 44/君子知而～之謂之尊賢

通作與 老甲 35/名～身執親

通作與 老甲 35/身～貨執多

通作與 老甲 36/持～亡執病

通作與 老乙 4/唯～呵相去幾何

通作與 老丙 4/樂～餌過客止

通作與 成 6/戰～刑人君子之墜德也

通作與 成 26/聖人之性～中人之性其生而未有非之

通作與 尊 2/賞～刑禍福之旗也或延之者矣

通作與 緇 22/故君不～小謀大則大臣不怨

通作與 五 32/以其中心～人交悦也

通作與 五 36/以其外心～人交遠也

通作與 成 16/故君子不貴庶物而貴～民有同也

通作與 五 18/〔君〕子之爲善也有～始有與終也

通作與 五 18/〔君〕子之爲善也有與始有～終也

通作與 成 28/及其博長而厚大也則聖人不可由～殫之

通作與 語四 12/早～賢人是謂浸行

通作與 語四 13/不～智謀是謂自欺

通作與 語四 13/早～智謀是謂重基

通作與 語四 14/邦有巨雄必先～之以爲朋

用作歟 老甲 23/天地之間其猶橐籥～

用作歟 語三 57/人之性非～

牙

 唐 22/古者堯之～舜也

 通作與 老甲 20/譬道之在天下也猶小谷之～江海

 通作與 語三 17/天刑成人～物斯理

 通作與 老甲 5/以其不爭也故天下莫能～之爭

嬰

 五 29/有德則邦家～

 六 48/得其人則～焉不得其人則止也

 用作歟 緇 46/其古之遺言～

坒

 性 16/禮樂有爲～之也

 性 38/〔不〕過十～其心必在焉

 性 60/言及則明～之而毋僞

失（迭）

迭

 老丙 11/執之者～之

 六 41/不使此民也憂其身～其業

 老乙 6/得之若榮～之若榮

 緇 18/教此以～民此以煩

性 38/察其見者情焉～哉

語二 40/凡過正一以～其他者也

語二 50/毋～吾圖此圖得矣

語三 59/得者樂～者哀

老甲 11/是以聖人亡爲故亡敗亡執故亡～

攫

 老甲 33/～鳥猛獸弗扣

拔（果）

果

 老乙 15/善建者不～

性 63/貌欲莊而毋～

 性 23/然後其入～人之心也厚

扣

老甲 33/攫鳥猛獸弗～

担(貙)

貙

 用作癉　緇 7/上帝板板下民卒～

女　部

女

 六 33/男～辨生焉

 六 39/男～不辨父子不親

 通作如　老甲 11/慎終～始此亡敗事矣

 通作如　老乙 10/明道～昧

 通作如　老乙 11/上德～谷

 通作如　老乙 11/大白～辱

 通作如　老乙 11/廣德～不足

 通作如　老乙 11/〔質〕貞～渝

 通作如　緇 1/好美～好緇衣惡惡如惡巷伯

 通作如　緇 1/好美如好緇衣惡惡～惡巷伯

 通作如　緇 18/彼求我則～不我得

 通作如　緇 29/王言～絲其出如綸

 通作如　緇 29/王言如絲其出～綸

 通作如　緇 29/王言～索其出如綍

 通作如　緇 30/王言如索其出～綍

 通作如　五 17/〔瞻望弗〕及泣涕～雨

 通作如　五 29/文王之視也～此

 通作如　唐 2/古昔賢仁聖者～此

 通作如　唐 25/故堯之禪乎舜也～此也

 通作如　唐 29/故唐虞之興〔也〕～此也

 通作如　忠 2/至忠～土化物而不廢

 通作如　忠 2/至信～時必至而不結

 通作如　忠 3/君子～此

 通作如　忠 9/是故古之所以行乎閔嘍者～此也

 通作如　六 5/君子不偏～人道

 通作如　六 15/非我血氣之親畜我～其子弟

 通作如　殘 20/夷道～纇

 通作如　老甲 18/侯王～能守之萬物將自實

 通作如　六 6/君子～欲求人道□▨

 通作如　語四 16/～將有敗雄是爲害

 通作如　魯 1/何～而可謂忠臣

 通作如　性 24/聞笑聲則侃～也斯喜

通作如 性 24/聞歌謡則陶～也斯奮

 通作如 性 25/聽琴瑟之聲則悸～也斯戁

 通作如 性 25/觀賚武則齊～也斯作

 通作如 性 25/觀韶夏則勉～也斯嬐

 通作如 性 26/羕思而動心喟～也

 通作如 性 30/其烈戀戀～也

 通作如 性 31/其烈則流～也以悲

 通作如 性 44/有其爲人之節節～也

 通作如 性 45/有其爲人之簡簡～也

 通作如 性 47/有其爲人之慧～也弗牧不可

 通作如 性 47/有其爲人之愿～也弗補不足

 通作如 性 36/不～以樂之速也

 通作如 語四 24/雖勇力聞於邦不～材

 通作如 語四 25/金玉盈室不～謀

 通作如 語四 25/衆強甚多不～時

 (殘)通作如 老乙 11/建德～〔偷〕

 通作汝 五 48/上帝臨～毋貳尔心

妻

 六 28/疏衰齊牡麻絰爲昆弟也爲～亦然

 六 29/爲昆弟絶～不爲妻絶昆弟

 六 29/爲昆弟絶妻不爲～絶昆弟

 用作細 老甲 18/樸雖～天地弗敢臣

婦(婦、敂)

婦

 六 20/謂之～

 六 20/信也者～德也

 六 27/内位父子夫也外位君臣～也

 六 34/父聖子仁夫智～信君義臣忠

 六 37/～不婦

 六 37/婦不～

 六 42/生民斯必有夫～父子君臣

 語四 10/匹～偶夫不知其鄉之小人君子

 (重文)六 23/故夫夫～～父父子子君君臣臣

 (重文)六 35/故夫夫～～父父子子君君臣臣

欹

　成 32/分爲夫～之辨

妃（仉）

仉

　通作配　忠 5/～天地也者忠信之謂些

母

　老甲 21/遯穆獨立不孩可以爲天下～

　老乙 2/有國之～可以長〔久〕

　　太 7/周而又〔始以己爲〕萬物～

　　語四 26/一王～保三嬰婉

　　通作姓氏梅　窮 14/～{之}伯初醓醓後
名揚非其德加

　　今作毋　語一 81/友君臣～親也

　　今作毋　語二 50/～失吾圖此圖得矣

　　今作毋　語四 6/～令知我

威（戫）

戫

　　唐 13/〔虞〕用～夏用戈征不服也

奴（亥）

亥

　通作如 老甲 8/豫乎〔其〕～冬涉川

　　通作如 老甲 9/猶乎其～畏四鄰

　　通作如 老甲 9/儼乎其～客

　　通作如 老甲 9/渙乎其～釋

　　通作如 老甲 9/純乎其～樸

　　通作如 老甲 9/沌乎其～濁

好（好、孜、孛、玗）

好

　　老甲 8/其事～長

　　五 49/聞道而悦者～仁者也

　　五 49/聞道而畏者～義者也

　　五 50/聞道而恭者～禮者也

　　五 50/聞道而樂者～德者也

　　尊 36/上～是物也下必有甚焉者

　　性 4/～惡性也

　　性 4/所～所惡物也

　性 21/～其容

孜

語三 11/與不～學者遊損

語三遺簡/從所小～與所小樂損

㚻

老甲 32/我～靜而民自正

緇 1/～美如好緇衣惡惡如惡巷伯

緇 1/好美如～緇衣惡惡如惡巷伯

緇 2/有國者彰～彰惡以示民厚則民情不飾

緇 3/靖恭尔位～是貞直

緇 6/故君民者彰～以示民欲

緇 8/心～則體安之君好則民欲之

緇 8/心好則體安之君～則民欲之

緇 10/上～仁則下之爲仁也爭先

緇 14/上～此物也下必有甚焉者矣

緇 15/故上之～惡不可不慎也民之表也

緇 41/人之～我示我周行

緇 42/唯君子能～其匹小人豈能好其匹

緇 42/唯君子能好其匹小人豈能～其匹

緇 43/君子～仇

緇 44/則～仁不堅而惡惡不著也

性 43/目之～色耳之樂聲

語一 8/有生有智而後～惡生

玗

語二 21/～生於悅

語二 22/從生於～

語一 89/多～者亡好者也

語一 89/多好者亡～者也

如(各)

各

緇 19/未見聖～其弗克見我

嬗(𢶍、迿)

𢶍

通作禪　唐 7/尊賢故～

通作禪　唐 13/～而不傳義恆□□治也

通作禪　唐 24/堯～天下而授之

通作禪　唐 25/故堯之～乎舜也如此也

通作禪　唐 1/唐虞之道～而不傳

通作禪　唐 1/～而不傳聖之盛也

通作禪　唐 7/～之繼世亡隱德

通作禪　唐 8/～義之至也

通作禪　唐 22/知〔性命〕之正者能以天下～矣

通作禪　唐 26/～天下而授賢

迿

通作禪　唐 20/～也者上德授賢之謂也

通作禪　唐 21/不～而能化民者自生民未之有也

妄(忘)

忘

尊 14/教以辯説則民褻陵長貴以～

語二 16/～生於華

娄(婁、嘍)

婁

通作屢　成 5/是故威服刑罰之～行也由上之弗身也

用作縷　成 27/雖其於善道也亦非有繹～以多也

用作數　語一 90/～不盡也

用作數　語二 44/名～也由鼻倫生

嘍

存疑　忠 9/是故古之所以行乎閔～者如此也

女

通作焉　老甲 19/民莫之命而自均～

通作焉　老甲 22/國中有四大～王處一焉

通作焉　老甲 22/國中有四大焉王處一～

通作焉　魯 4/寡人惑～而未之得也

 通作焉　尊 8/莫不有道～人道爲近

 通作焉　尊 16/先之以德則民進善～

 通作焉　尊 29/其載也亡重～交矣而弗知也

 通作焉　尊 31/論列其類～

 通作焉　性 21/是以敬～

 通作焉　性 53/貧而民聚～有道者也

 通作焉　六 11/☐而上有☐賞慶～知其以有所歸也

 通作焉　六 14/因而施禄～

 通作焉　六 43/能守一曲～可以違其惡

 通作焉　六 48/得其人則舉～不得其人則止也

 通作焉　語一 67/政其然而行治～

 通作焉　語一 71/亡物不物皆至～而亡非己取之者

 通作焉　語三 65 下/亡物不物皆至～

 通作焉　緇 15/上好此物也下必有甚～者矣

 通作焉　成 7/是故上苟身服之則民必有甚～者

 通作焉　成 39/蓋此言也言不奉大常者文王之刑莫重～

 通作焉　尊 19/故共是物也而有深～者

 通作焉　尊 37/上好是物也下必有甚～者

 通作焉　性 38/〔不〕過十舉其心必在～

 通作焉　老丙 1/信不足～有不信

 通作焉　老丙 3/故大道廢～有仁義

 通作焉　老丙 3/六親不和～有孝慈

 通作焉　性 38/察其見者情～失哉

 （訛作女）通作焉　緇 41/私惠不懷德君子不自留～

 （殘）通作焉　老丙 3/邦家昏亂～有正臣

 今作安　老丙 4/往而不害～平泰

今作安　唐 11/～命而弗夭養生而弗傷

今作安　尊 35/緩不足以～民

今作安　性 46/人之悅然可與和～者不有夫奮猛之情則侮

 （重文）今作安　尊 27/不和不～不不樂

毋　部

毋（毋、母）

毋

緇 23/～以嬖御疾莊后

緇 23/～以嬖士疾大夫卿士

五 48/上帝臨汝～貳尔心

 成 29/襄我二人～有合在音

 性 60/言及則明舉之而～僞

 性 60/凡交～烈必使有末

 性 60/凡於路～畏毋獨言

 性 60/凡於路毋畏～獨言

 性 61/苟～大害小枉納之可也

 性 62/身欲靜而～滯

 性 62/慮欲淵而～僞

 性 63/貌欲莊而～拔

 性 64/憂欲斂而～惛

 性 64/怒欲盈而～暴

 性 64/進欲遜而～巧

 性 65/退欲尋而～徑

 性 65/欲皆文而～僞

 今作母 六 49/民之父～親民易使民相親也難

毋

 緇 22/～以小謀敗大圖

民　部

民

 唐 4/下事地教～有親也

 唐 4/時事山川教～有敬也

 唐 5/親事祖廟教～孝也

 唐 5/太學之中天子親齒教～悌也

 唐 6/先聖與後聖考後而歸先教～大順之道也

 唐 7/孝之殺愛天下之～

 唐 10/足～養〔也〕

 唐 12/□□禮儀守樂訓～教也

 唐 21/不禪而能化民者自生～未之有也

 老甲 1/絕智棄辯～利百倍

 老甲 1/絕爲棄慮～復季子

 老甲 3/聖人之在～前也以身後之

 老甲 3/其在～上也以言下之

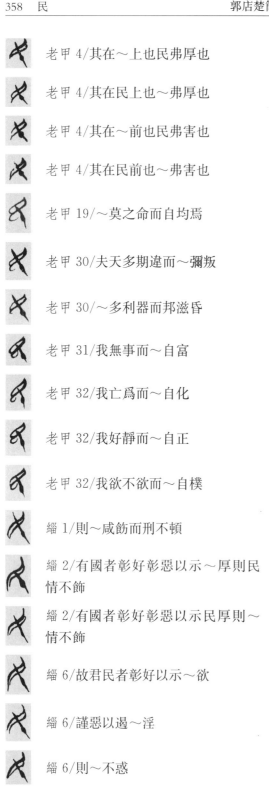

老甲 4/其在～上也民弗厚也

老甲 4/其在民上也～弗厚也

老甲 4/其在～前也民弗害也

老甲 4/其在民前也～弗害也

老甲 19/～莫之命而自均焉

老甲 30/夫天多期違而～彌叛

老甲 30/～多利器而邦滋昏

老甲 31/我無事而～自富

老甲 32/我亡爲而～自化

老甲 32/我好靜而～自正

老甲 32/我欲不欲而～自樸

緇 1/則～咸飭而刑不頓

緇 2/有國者彰好彰惡以示～厚則民情不飾

緇 2/有國者彰好彰惡以示民厚則～情不飾

緇 6/故君民者彰好以示～欲

緇 6/謹惡以遏～淫

緇 6/則～不惑

緇 7/上帝板板下～卒癉

緇 8/～以君爲心君以民爲體

緇 8/民以君爲心君以～爲體

緇 8/心好則體安之君好則～欲之

緇 9/故心以體廢君以～亡

緇 10/日暑雨小～唯曰怨

緇 10/臻冬耆寒小～亦唯曰怨

緇 11/故長～者彰志以昭百姓

緇 11/則～至行己以悦上

緇 13/一人有慶萬～賴之

緇 15/故上之好惡不可不慎也～之表也

緇 16/赫赫師尹～俱爾瞻

緇 16/長～者衣服不改從容有常則民德一

緇 16/長民者衣服不改從容有常則～德一

緇 17/出言有遜黎～所訓

緇 18/教此以失～此以煩

緇 21/此以大臣不可不敬～之蕰也

緇 23/長～者教之以德齊之以禮則民有勸心

緇 24/長民者教之以德齊之以禮則～有勸心

緇 24/教之以政齊之以刑則～有免心

緇 25/故慈以愛之則～有親

緇 25/信以結之則～不倍

緇 25/恭以蒞之則～有遜心

緇 31/則～言不詭行行不詭言

緇 33/則～慎於言而謹於行

緇 35/則～不能大其美而小其惡

唐 18/君～而不驕卒王天下而不喜

唐 21/授賢則～興教而化乎道

唐 21/不禪而能化～者自生民未之有也

唐 24/聞舜慈乎弟〔知其能□□□〕為～主也

唐 4/夫聖人上事天教～有尊也

緇 6/故君～者彰好以示民欲

尊 1/尊德義明乎～倫可以為君

尊 5/禹以人道治其～

尊 5/桀以人道亂其～

尊 6/桀不易禹～而後亂之

尊 6/湯不易桀～而後治之

尊 12/善者～必眾

尊 13/教以禮則～果以輕

尊 13/教以樂則～德清䣿

尊 14/教以辯說則～褻陵長貴以妄

尊 14/教以藝則～野以爭

尊 15/教以技則～小以吝

尊 15/教以言則～華以寡信

尊 15/教以事則～力嗇以面利

尊 16/教以權謀則～淫惛遠禮亡親仁

尊 16/先之以德則～進善焉

尊 20 下/紂不迪其～而民不可止也

尊 20 下/紂不迪其民而～不可止也

尊 21/～可使導之而不可使知之

　尊 22/～可導也而不可強也

　尊 22/桀不謂其～必亂而民有爲亂矣

　尊 22/桀不謂其民必亂而～有爲亂矣

　尊 23 下/君～者治民復禮

　尊 23 下/君民者治～復禮

　尊 23 下/～除害知爲

　尊 24/非禮而～悦戴此小人矣

　尊 25/非倫而～服懾此亂矣

　尊 25/治～非率生而已也

　尊 26/～愛則子也弗愛則讎也

　尊 26/～五之方格十之方爭百之而後服

　尊 27/善者～必富

　尊 28/故率～向方者唯德可

　尊 31/治樂和哀～不可敬也

　尊 32/依惠則～材足

　尊 34/咎則～淫

　尊 34/正則～不閔

　尊 34/恭則～不怨

　尊 35/緩不足以安～

　尊 36/殺不足以勝～

　尊 39/凡動～必順民心

　尊 39/凡動民必順～心

　尊 39/～心有恆求其兼

　性 52/未教而～極性善者也

　性 52/未賞而～勸含福者也

　性 52/未刑而～畏有心畏者也

　性 53/賤而～貴之有德者也

　性 53/貧而～聚焉有道者也

　六 2/教此～尔使之有向也非聖智者莫之能也

　六 4/聚人～任土地

　六 4/足此～尔生死之用非忠信者莫之能也

　六 7/生～〔斯必有夫婦父子君臣此〕六位也

六 38/君子不啻明乎～微而已又以知其一矣

六 40/是故先王之教～也始於孝悌

六 41/是故先王之教～也

六 41/不使此～也憂其身失其業

六 42/生～斯必有夫婦父子君臣

六 47/□人～

六 49/～之父母親民易使民相親也難

六 49/民之父母親～易使民相親也難

六 49/民之父母親民易使～相親也難

語四 21/善使其～者若四時一逝一來而民弗害也

語四 21/善使其民者若四時一逝一來而～弗害也

(重文)尊 6/聖人之治～～之道也

語一 68/察天道以化～氣

忠 2/忠信積而～弗親信者未之有也

忠 6/故行而爭悅～君子弗由也

成 1/古之用～者求之於己爲恆

成 2/～不從上之命不信其言而能含德者

成 3/故君子之蒞～也

成 4/其導～也不浸則其淳也弗深矣

成 5/雖厚其命～弗從之矣

成 7/是故上苟身服之則～必有甚焉者

成 9/上苟倡之則～鮮不從矣

成 15/上不以其道～之從之也難

成 15/是以～可敬導也而不可掩也

成 17/故君子不貴庶物而貴與～有同也

成 17/智而比次則～欲其智之邃也

成 17/富而分賤則～欲其富之大也

成 18/貴而一讓則～欲其貴之上也

成 18/反此道也～必因此重也以復之

成 24/～埶弗從

	成 24/～執弗信
	成 28/此以～皆有性而聖人不可摹也

Ｊ　部

弗

老甲 17/萬物作而～始也爲而弗志也成而弗居

老甲 17/萬物作而弗始也爲而～志也成而弗居

老甲 17/萬物作而弗始也爲而弗志也成而～居

老甲 18/夫唯～居也是以弗去也

老甲 18/夫唯弗居也是以～去也

老甲 18/樸雖細天地～敢臣

老甲 27/知之者～言言之者弗知

老甲 27/知之者弗言言之者～知

老甲 33/虺蠆蟲蛇～蠚

老甲 33/攫鳥猛獸～扣

老乙 9/～大笑不足以爲道矣

老丙 7/銛鋏爲上～美也

老丙 14/是以能輔萬物之自然而～敢爲

緇 19/未見聖如其～克見我

緇 19/既見我～迪聖

緇 31/可言不可行君子～言

緇 31/可行不可言君子～行

緇 44/人雖曰不利吾～信之矣

緇 46/龜筮猶～知而況於人乎

窮 2/有其人亡其世雖賢～行矣

五 7/善～爲亡近

五 7/德～志不成

五 8/智～思不得

五 38/有大罪而～大誅也不行也

五 39/有小罪而～赦也不辨于道也

五 42/能進之爲君子～能進也各止於其里

語四 15/及之而～惡必盡其故

語四 21/善使其民者若四時一逝一來而民～害也

語一 58/～爲此非也

成 4/其導民也不浸則其淳也～深矣

成 5/雖厚其命民～從之矣

成 6/是故威服刑罰之屢行也由上之～身也

成 10/雖然其存也不厚其重也～多矣

 成 11/不求諸其本而攻諸其末～得矣

 成 13/農夫務食不強耕糧～足矣

 成 13/士成言不行名～得矣

 成 15/苟不從其由不返其本雖強之～入矣

 成 21/是以智而求之不疾其去人～遠矣

 成 21/勇而行之不果其疑也～往矣

 成 24/民孰～從

 成 24/民孰～信

 尊 19/教其政不教其人政～行矣

 尊 26/民愛則子也～愛則讎也

 尊 29/其載也亡重焉交矣而～知也

 尊 33/不緩則～懷

 尊 33/～勇則亡復

 性 6/〔人〕雖有性心～取不出

 性 37/求其心有偽也～得之矣

 性 47/有其爲人之慧如也～牧不可

 性 48/有其爲人之愿如也～補不足

 六 7/〔不〕由其道雖堯求之～得也

 六 16/勞其股肱之力～敢憚也

 六 17/危其死～敢愛也

 六 19/一與之齊終身～改之矣

 語四 19/善事其上者若齒之事舌而終～噬

 語三 1/其～惡也猶三軍之旌也正也

 語三 5/不義而加諸己～受也

 老甲 4/其在民前也民～害也

 老甲 4/天下樂進而～厭

 老甲 7/果而～伐

 老甲 7/果而～驕

 老甲 7/果而～矜

 老甲 4/其在民上也民～厚也

 老甲 12/是故聖人能輔萬物之自然而～能爲

 唐 1/堯舜之王利天下而～利也

唐 2/利天下而～利也仁之至也

 唐 3/仁者爲此進而～利窮仁矣

 唐 11/安命而～夭養生而弗傷

 唐 11/安命而弗夭養生而～傷

 唐 15/縱仁聖可與時～可及矣

 唐 19/有天下～能益亡天下弗能損

 唐 19/有天下弗能益亡天下～能損

 唐 20/極仁之至利天下而～利也

 唐 27/此以知其～利也

 忠 1/不欺～知信之至也

 忠 2/忠信積而民～親信者未之有也

 忠 5/口惠而實～從君子弗言尓

 忠 5/口惠而實弗從君子～言尓

 忠 6/心疏〔而貌〕親君子～陳尓

 忠 6/故行而爭悅民君子～由也

 忠 6/三者忠人～作信人弗爲也

 忠 6/三者忠人弗作信人～爲也

 存疑 語一 74/…之～也

厂　部

弌（弋、杕）

弌

 用作式 緇 13/成王之孚下土之～

 用作式 唐 9/古者虞舜篤事瞽瞍乃～其孝

 用作式 唐 9/忠事帝堯乃～其臣

 用作式 唐 17/今之～於德者昧也

 用作代 唐 18/躬身不徇沒身不～

 用作飭 唐 12/皋繇入用五刑出～兵革罪淫暴〔也〕

 用作忒 緇 5/淑人君子其儀不～

 用作置 窮 14/德行一也譽毀在旁聽之～〔之〕

 人名 魯 2/成孫～見

 人名 魯 4/成孫～曰

杙

窮 6/釋〜枏而爲諸侯相遇齊桓也

丶 部

也

緇 11/上好仁則下之爲仁〜爭先

魯 4/寡人惑焉而未之得〜

魯 6/亟稱其君之惡者未之有〜

魯 6/夫爲其君之故殺其身者要禄爵者〜

窮 4/釋板築而佐天子遇武丁〜

窮 5/興而爲天子師遇周文〜

窮 8/出而爲令尹遇楚莊〜

窮 10/非亡體狀〜

窮 11/窮四海至千里遇造父〜

窮 11/遇不遇天〜

窮 11/動非爲達〜故窮而不〔怨〕

窮 12/〔隱非〕爲名〜故莫之知而不閔

窮 14/德行一〜譽毀在旁聽之置〔之〕

五 25/視而知之智〜

五 25/聞而知之聖〜

五 39/有大罪而弗大誅也不行〜

五 44/後士之尊賢者〜

成 4/君子之於教〜

成 4/其導民〜不浸則其淳也弗深矣

成 4/其導民也不浸則其淳〜弗深矣

成 5/是故威服刑罰之屢行〜由上之弗身也

成 6/是故威服刑罰之屢行也由上之弗身〜

成 6/戰與刑人君子之墜德〜

成 15/上不以其道民之從之〜難

成 16/是以民可敬導也而不可掩〜

成 18/反此道〜民必因此重也以復之

成 18/反此道也民必因此重〜以復之

成 24/其審〜固矣

成 27/雖其於善道〜亦非有繹纑以多也

成 35/津梁爭舟其先～不若其後也

成 35/津梁爭舟其先也不若其後～

尊 1/去忿怨改忌勝爲人上者之務～

尊 2/賞與刑禍福之旗～或延之者矣

尊 2/爵位所以信其然～

尊 3/刑罰所以 赦～

尊 3/殺戮所以除害～

尊 4/仁爲可親～

尊 4/義爲可尊～

尊 4/忠爲可信～

尊 4/學爲可益～

尊 4/教爲可類～

尊 4/教非改道～教之也

尊 4/教非改道也教之～

尊 5/學非改倫～學已也

尊 5/學非改倫也學己～

尊 7/禹之行水水之道～

尊 7/造父之御馬馬{～}之道也

尊 7/造父之御馬馬{也}之道～

忠 4/不奪而足養者地～

忠 9/是故古之所以行乎閔嘍者如此～

語一 19/…之道～

語一 37/易所以會天道人道～

語一 39/詩所以會古今之志～者

語一 41/春秋所以會古今之事～

語一 42/禮交之行術～

語一 43/樂或生或教者～

語一 44/〔書〕☒者～

語一 50/容色目司～

語一 51/聲耳司～

語一 51/臭鼻司～

語一 52/味口司～

語一 52/氣容司～

語一53/義亡能爲～

 語一58/爲之此非～

 語一58/弗爲此非～

 語一61/教學己～

 語一64/刑非嚴～

 語一66/信非至齊～

 語一69/父子至上下～

 語一70/兄弟至先後～

 語一73/悲作其所～亡非是

 語一74/…之弗～

 語一80/長悌親道～

 語一81/友君臣毋親～

 語一86/勢與聲爲可察～

 語一87/君臣朋友其擇者～

 語一88/賓客情貌之文～

 語一89/多好者亡好者～

 語一90/數不盡～

 語一91/缺生乎未得～

 語一97/禮因人之情而爲之節文者～

 語一98/喪仁之端～

 語一99/我行求者亡有自來～

 語一107/慧與信器～各以譖詞毀也

 語一108/慧與信器也各以譖詞毀～

 語二38/凡謀已道者～

 語二39/凡必有不行者～

語二 41/凡過正一以失其他者～

 語二 42/凡悅作於譽者～

 語二 43/華自榮～

 語二 43/賊退人～

 語二 44/名數～由鼻倫生

 語三 1/父亡惡君猶父～

 語三 2/其弗惡～猶三軍之旌也正也

 語三 2/其弗惡也猶三軍之旌～正也

 語三 2/其弗惡也猶三軍之旌也正～

 語三 3/君臣不相存～則可已

 語三 4/不悅可去～

 語三 5/不義而加諸己弗受～

 語三 6/友君臣之道～

 語三 7/長悌孝之方～

 語三 8/父孝子愛非有爲～

 語三 13/處而亡業習～損

 語三 35/喪仁～

 語三 35/義宜～

 語三 36/愛仁～

 語三 36/義處之～

 語三 37/禮行之～

 語三 41/踊哀～

 語三 41/三踊文～

 語三 45/卯則難犯～

 語三 46/剛之樹～剛取之也

 語三 46/剛之樹也剛取之～

語三 54/樂服德者之所樂～

語三 55/賓客之用幣～非征納貨也

語三 60/賓客之用幣也非征納貨～

殘 8/仁人～義〔道也〕

（殘）魯 7/亟〔稱其君〕之惡〔者遠〕祿爵者～

唐 1/堯舜之王利天下而弗利～

唐 2/禪而不傳聖之盛～

唐 2/利天下而弗利～仁之至也

唐 2/利天下而弗利也仁之至～

唐 4/今之式於德者昧～

唐 4/夫聖人上事天教民有尊～

唐 4/下事地教民有親～

唐 5/時事山川教民有敬～

唐 5/親事祖廟教民孝～

唐 5/太學之中天子親齒教民悌～

唐 6/先聖與後聖考後而歸先教民大順之道～

唐 7/孝仁之冕～

唐 8/禪義之至～

唐 8/六帝興於古皆由此～

唐 8/愛親忘賢仁而未義～

唐 9/尊賢遺親義而未仁～

唐 10/愛親尊賢虞舜其人～

唐 12/□□禮燮守樂訓民教～

唐 13/〔虞〕用威夏用戈征不服～

唐 13/愛而征之虞夏之治～

唐 14/禪而不傳義恆□□治～

 唐 17/居草茅之中而不憂知命～

 唐 17/登爲天子而不驕不繼～

 唐 17/求乎大人之興微～

 唐 19/及其有天下～不以天下爲重

 唐 20/極仁之至利天下而弗利～

 唐 20/禪～者上德授賢之謂也

 唐 20/禪也者上德授賢之謂～

 唐 21/不禪而能化民者自生民未之有～

 唐 22/古者堯之舉舜～

 唐 23/聞舜孝知其能養天下之老～

 唐 23/聞舜悌知其能治天下之長～

 唐 24/聞舜慈乎弟〔知其能□□□〕爲民主～

 唐 24/故其爲瞽瞍子～甚孝

 唐 24/及其爲堯臣～甚忠

 唐 25/故堯之禪乎舜～如此也

 唐 25/故堯之禪乎舜也如此～

 唐 27/此以知其弗利～

 唐 29/故唐虞之興〔也〕如此～

 忠 1/不謾不諂忠之至～

 忠 1/不欺弗知信之至～

 忠 1/忠積則可親～

 忠 1/信積則可信～

 忠 2/忠信積而民弗親信者未之有～

 忠 3/故不誑生不倍死～

忠 3/大久而不渝忠之至～

忠 4/諂而者詹信之至～

忠 5/不期而可要者天～

忠 5/配天地～者忠信之謂些

忠 6/故行而爭悦民君子弗由～

忠 6/三者忠人弗作信人弗爲～

忠 7/忠之爲道～百工不苦而人養皆足

忠 7/信之爲道～群物皆成而百善皆立

忠 7/君子其施～忠故蠻親薄也

忠 8/其言尔信故遷而可授～

忠 8/信義之期～

老甲 3/聖人之在民前～以身後之

老甲 3/其在民上～以言下之

老甲 4/其在民上～民弗厚也

老甲 4/其在民上也民弗厚～

老甲 4/其在民前～民弗害也

老甲 4/其在民前也民弗害～

老甲 5/以其不爭～故天下莫能與之爭

老甲 13/道恆亡爲～

老甲 15/天下皆知美之爲美～惡已

老甲 15/有亡之相生～

老甲 16/難易之相成～

老甲 16/長短之相形～

老甲 16/高下之相呈～

老甲 16/音聲之相和～

老甲 16/先後之相隨～

老甲 17/萬物作而弗始～爲而弗志也
成而弗居

老甲 17/萬物作而弗始也爲而弗志～
成而弗居

老甲 18/夫唯弗居～是以弗去也

老甲 18/夫唯弗居也是以弗去～

老甲 19/天地相合～以揄甘露

老甲 20/譬道之在天下～猶小谷之與
江海

老甲 24/至虛恆～

老甲 24/守中篤～

老甲 24/萬物旁作居以須復～

老甲 25/其安～易持也

老甲 25/其安也易持～

老甲 25/其未兆～易謀也

老甲 25/其未兆也易謀～	老丙 2/猶乎其貴言～
老甲 25/其脆～易判也	老丙 2/成事遂功而百姓曰我自然～
老甲 25/其脆也易判～	老丙 5/故道〔之出言〕淡兮其無味～
老甲 25/其幾～易散也	老丙 5/視之不足見聽之不足聞而不可既～
老甲 25/其幾也易散～	老丙 7/銛鑱爲上弗美～
老甲 26/爲之於其亡有～治之於其未亂	老丙 9/言以喪禮居之～
老甲 30/吾何以知其然～	老丙 11/聖人無爲故無敗～無執故〔無失也〕
老甲 34/未知牝牡之合脧怒精之至～	老丙 12/人之敗～恆於其且成也敗之
老甲 34/終日號而不嚘和之至～	老丙 12/人之敗也恆於其且成～敗之
老甲 37/反～者道〔之〕動也	太 2/天地〔復相薄〕～是以成神明
老甲 37/反也者道〔之〕動～	太 2/神明復相薄～是以成陰陽
老甲 37/弱～者道之用也	太 2/陰陽復相薄～是以成四時
老甲 37/弱也者道之用～	太 3/四時復〔相〕薄～是以成寒熱
老甲 38/揣而群之不可長保～	太 3/寒熱復相薄～是以成濕燥
老甲 38/金玉盈室莫能守～	太 3/濕燥復相薄～成歲而止
老甲 39/貴富驕自遺咎～	太 4/故歲者濕燥之所生～
老甲 39/功遂身退天之道～	太 4/濕燥者寒熱之所生～
老乙 3/長生久視之道～	太 5/陰陽者神明之所生～
老乙 4/損之又損以至亡爲～	太 5/神明者天地之所生～
老乙 6/寵爲下～	太 6/天地者太一之所生～
	太 10/下土～而謂之地

太 10/上氣～而謂之天	緇 36/此言之玷不可爲～
太 10/道亦其字～請問其名	緇 36/允～君子展也大成
太 11/聖人之從事～亦宅其名	緇 36/允也君子展～大成
緇 3/爲上可望而知～爲下可類而志也	緇 39/淑人君子其儀一～
緇 4/爲上可望而知也爲下可類而志～	緇 42/故君子之友～有向其惡有方
緇 14/下之事上～不從其所以命而從其所行	緇 44/則好仁不堅而惡惡不著～
緇 14/上好此物～下必有甚焉者矣	緇 46/人而亡恆不可爲卜筮～
緇 15/故上之好惡不可不慎～民之表也	窮 3/立而爲天子遇堯～
緇 15/故上之好惡不可不慎也民之表～	窮 6/釋弓枏而爲諸侯相遇齊桓～
緇 20/大臣之不親～則忠敬不足而富貴已過也	窮 10/子胥前多功後戮死非其智衰～
緇 20/大臣之不親也則忠敬不足而富貴已過～	窮 14/善否己～窮達以時
緇 21/邦家之不寧～則大臣不治而褻臣宅也	五 5/善人道～
緇 21/邦家之不寧也則大臣不治而褻臣宅～	五 5/德天道～
緇 21/此以大臣不可不敬民之蕝～	五 12/仁之思～清
緇 27/政之不行教之不成～	五 14/智之思～長
緇 28/則刑罰不足恥而爵不足勸～	五 15/聖之思～輕
緇 36/白珪之玷尚可磨～	五 16/淑人君子其儀一～

五 16/君子慎其獨～

五 18/〔君〕子之爲善～有與始有與終也

五 18/〔君〕子之爲善也有與始有與終～

五 18/君子之爲德～有〔與〕始亡〔與〕終也

五 19/君子之爲德也有〔與〕始亡〔與〕終～

五 19/金聲而玉振之有德者～

五 19/金聲善～

五 19/玉音聖～

五 20/善人道～

五 24/聞君子道而不知其君子道～謂之不聖

五 24/視賢人而不知其有德～謂之不智

五 25/明明智～

五 25/赫赫聖～

五 26/此之謂～

五 26/聞君子道聰～

五 26/聞而知之聖～

五 27/聖人知天道～

五 27/知而行之義～

五 27/行之而時德～

五 27/視賢人明～

五 28/視而知之智～

五 28/知而安之仁～

五 28/安而敬之禮～

五 28/聖智禮樂之所由生～五〔行之所和〕也

五 29/文王之視～如此

五 30/此之謂～

五 30/視而知之智～

五 30/知而安之仁～

五 31/安而行之義～

五 31/行而敬之禮～

五 31/仁義禮所由生～四行之所和也

五 31/仁義禮所由生也四行之所和～

五32/顔色容貌温變～

 五32/以其中心與人交悦～

 五33/中心悦旃遷於兄弟戚～

 五33/親而篤之愛～

 五33/愛父其稽愛人仁～

 五34/中心辨然而正行之直～

 五34/直而遂之肆～

 五34/肆而不畏強禦果～

 五35/不以小道害大道簡～

 五35/有大罪而大誅之行～

 五35/貴貴其等尊賢義～

 五36/以其外心與人交遠～

 五36/遠而莊之敬～

 五36/敬而不懈{懈}嚴～

 五37/嚴而畏之尊～

 五37/尊而不驕恭～

 五37/恭而博交禮～

 五38/有大罪而大誅之簡～

 五38/有小罪而赦之曘～

 五39/有大罪而弗大誅～不行也

 五39/有小罪而弗赦～不辨于道也

 五39/有小罪而弗赦也不辨于道～

 五40/簡之爲言猶諫～大而罕者也

 五40/簡之爲言猶諫也大而罕者～

 五40/曘之爲言～猶曘曘也小而軫者也

 五40/曘之爲言也猶曘曘～小而軫者也

 五40/曘之爲言也猶曘曘也小而軫者～

 五40/簡義之方～

 五41/曘仁之方～

 五41/柔仁之方～

 五42/此之謂～

 五42/能進之爲君子弗能進～各止於其里

五 44/知而事之謂之尊賢者～

 五 45/耳目鼻口手足六者心之役～

 五 48/幾而知之天～

 五 48/此之謂～

 五 48/大施諸其人天～

 五 49/其人施諸人犲～

 五 49/聞道而悅者好仁者～

 五 50/聞道而畏者好義者～

 五 50/聞道而恭者好禮者～

 五 50/聞道而樂者好德者～

 語一 55/爲孝此非孝～

 語一 56/爲悌此非悌～

 語一 56/不可爲～而不可不爲也

 語一 57/不可爲也而不可不爲～

 語一 59/政其然而行治焉尒～

 語一 61/政不達文生乎不達其然～

 語一 62/其生～亡爲乎

 語三 23/〔喪仁〕之端～

 語三 25/義善之方～

 語三 53/賢者唯其止～以異

 語四 27 背上/亡及～已

 語四 21/善使其民者若四時一逝一來而民弗害～

 (殘)五 29/聖智禮樂之所由生也五〔行之所和〕～

 (殘)語三 24/義德之盡～

 成 10/雖然其存也不厚其重～弗多矣

 成 10/是故君子之求諸己～深

 成 11/是〔故〕君子之於言～

 成 12/苟不從其由不返其本未有可得～者

 成 14/是故君子之於言～

 成 17/智而比次則民欲其智之遂～

 成 18/貴而一讓則民欲其貴之上～

成 39/蓋此言～言不奉大常者文王之刑莫重焉

 忠 8/君子其施也忠故蠻親薄～

 忠 8/忠仁之實～

 成 3/未之有～

 成 3/故君子之蒞民～

 成 9/雖然其存～不厚其重也弗多矣

 成 16/是以民可敬導～而不可掩也

 成 16/可御～而不可牽也

 成 16/可御也而不可牽～

 成 17/故君子不貴庶物而貴與民有同～

 成 18/富而分賤則民欲其富之大～

 成 20/是故欲人之愛己～則必先愛人

 成 20/欲人之敬己～則必先敬人

 成 21/勇而行之不果其疑～弗往矣

 成 22/蓋言疾～

 成 23/雖有其恆而行之不疾未有能深之者～

 成 23/勉之遂～強之功也

 成 23/勉之遂也強之功～

 成 23/堕之淹～怠之功也

 成 23/堕之淹也怠之功～

 成 25/此言～言信於衆之可以濟德也

 成 26/此言也言信於衆之可以濟德～

 成 26/即於能～則猶是也

 成 27/即於能也則猶是～

 成 27/雖其於善道也亦非有繹縷以多～

 成 28/及其博長而厚大～則聖人不可由與殫之

 成 28/此以民皆有性而聖人不可摹～

 成 29/蓋道不悦之詞～

 成 30/蓋言審之～

 成 33/蓋此言～言舍之此而宅於天心也

 成 33/蓋此言也言舍之此而宅於天心～

成 36/言語較之其勝～不若其已也

 成 36/言語較之其勝也不若其已～

 成 37/是故唯君子道可近求而可遠措～

 尊 7/后稷之藝地地之道～

 尊 11/善取人能從之上～

 尊 17/言此彰也行此文～

 尊 17/然後可逾～

 尊 18/夫生而有職事者～非教所及也

 尊 18/夫生而有職事者也非教所及～

 尊 19/是故共是物～而有深焉者

 尊 19/可學～而不可擬也

 尊 19/可學也而不可擬～

 尊 20 上/可教～而不可若也

 尊 20 下/紂不迪其民而民不可止～

 尊 21/忠信日益而不自知～

 尊 22/民可導～而不可強也

 尊 22/民可導也而不可強～

 尊 23 下/可教也而不可若～

 尊 23 下/可從～而不可及也

 尊 23 下/可從也而不可及～

 尊 24/劬勞之軌～

 尊 24/爲邦而不以禮猶御之亡策～

 尊 25/治民非率生而已～

 尊 26/民愛則子～弗愛則讎也

 尊 26/民愛則子也弗愛則讎～

 尊 29/其載～亡重焉交矣而弗知也

 尊 29/其載也亡重焉交矣而弗知～

 尊 31/治樂和哀民不可敬～

 尊 32/不時則亡勸～

 尊 36/下之事上～不從其所命而從其所行

 尊 36/上好是物～下必有甚焉者

 尊 37/夫唯是故德可易而施可邅～

 尊 39/言此彰～行此文也

 性 2/喜怒哀悲之氣性～

 性 2/及其見於外則物取之～

性 4/好惡性～

 性 4/所好所惡物～

 性 5/所善所不善勢～

 性 5/凡性爲主物取之～

 性 6/凡心有志～亡與不〔可〕

 性 7/〔人之不可〕獨行猶口之不可獨言～

 性 8/〔人生〕而學或使之～

 性 8/凡物亡不異～者

 性 8/剛之樹～剛取之也

 性 8/剛之樹也剛取之～

 性 9/柔之約柔取之～

 性 9/四海之內其性一～

 性 9/其用心各異教使然～

 性 11/凡動性者物～

 性 11/逆性者悅～

 性 11/要性者故～

 性 11/屬性者義～

 性 11/出性者勢～

 性 12/養性者習～

 性 12/長性者道～

 性 13/有爲～者之謂故

 性 13/義～者群善之蕝也

 性 13/義也者群善之蕝～

 性 13/習～者有以習其性也

 性 14/習也者有以習其性～

 性 15/道四術唯人道爲可道～

 性 16/詩有爲爲之～

 性 16/書有爲言之～

 性 16/禮樂有爲舉之～

性18/教所以生德于中者～

 性19/禮作於情或興之～

 性19/其先後之敘則宜道～

 性20/或敘爲之節則文～

 性20/至容貌所以文節～

 性22/拜所以〔爲敬也〕其數文～

 性22/幣帛所以爲信與證～

 性22/其詞宜道～

 性22/笑喜之淺澤～

 性23/樂喜之深澤～

 性23/凡聲其出於情～信

 性23/然後其入拔人之心～厚

 性24/聞笑聲則侃如～斯喜

 性24/聞歌謠則陶如～斯奮

 性25/聽琴瑟之聲則悸如～斯戁

 性25/觀賫武則齊如～斯作

 性25/觀韶夏則勉如～斯嬐

 性26/羕思而動心喟如～

 性26/其居次～久

 性26/其返善復始～慎

 性27/其出入～順

 性27/始其德～

 性27/鄭衛之樂則非其聲而縱之～

 性28/凡古樂籠心益樂籠指皆教其人者～

 性29/凡至樂必悲哭亦悲皆至其情～

 性29/哀樂其性相近～是故其心不遠

 性30/哭之動心～浸殺

 性30/其烈戀戀如～

 性30/樂之動心～濬深鬱陶

 性31/其烈則流如～以悲

性 32/歎思之方～

 性 33/吟遊哀～

 性 33/噪遊樂～

 性 33/嘁遊心～

 性 34/舞喜之終～

 性 35/踊愠之終～

 性 36/不如以樂之速～

 性 37/求其心有爲～弗得之矣

 性 37/人之不能以僞～可知也

 性 38/人之不能以僞也可知～

 性 38/恕義之方～

 性 39/義敬之方～

 性 39/敬物之節～

 性 39/篤仁之方～

 性 39/仁性之方～

 性 40/忠信之方～

 性 40/信情之方～

 性 42/所爲道者四唯人道爲可道～

 性 44/鬱陶之氣～人不難爲之死

 性 44/有其爲人之節節如～

 性 45/有其爲人之簡簡如～

 性 47/有其爲人之慧如～弗牧不可

 性 47/有其爲人之愿如～弗補不足

 性 48/凡人僞爲可惡～

 性 49/慎仁之方～

 性 49/速謀之方～

 性 50/凡人情爲可悦～

 性 51/未言而信有美情者～

 性 52/未教而民極性善者～

 性 52/未賞而民勸含福者～

 性 53/未刑而民畏有心畏者～

 性 53/賤而民貴之有德者～

 性 53/貧而民聚焉有道者～

 性 54/獨處而樂有内業者～

性54/惡之而不可非者達於義者～

 性55/非之而不可惡者篤於仁者～

 性55/行之不過知道者～

 性55/聞道反上上交者～

 性56/聞道反下下交者～

 性56/聞道反己修身者～

 性57/同方而交以道者～

 性58/同悦而交以德者～

 性58/不同悦而交以猷者～

 性59/門内之治欲其宛～

 性59/門外之治欲其折～

 性59/凡悦人勿隱～身必從之

 性61/苟毋大害小枉納之可～

 性61/已則勿復言～

 六1/聖智～仁義也忠信也

 六1/聖智也仁義～忠信也

 六1/聖智也仁義也忠信～

 六3/教此民尔使之有向～非聖智者莫之能也

 六3/教此民尔使之有向也非聖智者莫之能～

 六4/寢四鄰之殃虐非仁義者莫之能～

 六5/足此民尔生死之用非忠信者莫之能～

 六7/〔不〕由其道雖堯求之弗得～

 六8/生民〔斯必有夫婦父子君臣此〕六位～

 六9/此六職～

 六10/既有夫六位～以任此〔六職〕也

 六11/☐而上有☐賞慶焉知其以有所歸～

 六15/義者君德～

 六16/勞其股肱之力弗敢憚～

 六17/危其死弗敢愛～

 六17/忠者臣德～

 六19/智～者夫德也

 六19/智也者夫德～

 六20/以信從人多～

六 20/信～者婦德也

 六 20/信也者婦德～

 六 21/聖～者父德也

 六 21/聖也者父德～

 六 21/子～者會融長材以事上

 六 23/仁者子德～

 六 24/六者各行其職而獄訟亡由作～

 六 25/親此多～

 六 26/美此多～

 六 26/仁内～義外也

 六 26/仁内也義外～

 六 26/禮樂共～

 六 27/内位父子夫～外位君臣婦也

 六 27/内位父子夫也外位君臣婦～

 六 27/疏斬布経杖爲父～爲君亦然

 六 28/疏衰齊牡麻経爲昆弟～爲妻亦然

 六 28/袒免爲宗族～爲朋友亦然

 六 32/暱之爲言～猶暱暱也小而軫多也

 六 32/暱之爲言也猶暱暱～小而軫多也

 六 33/暱之爲言也猶暱暱也小而軫多～

 六 33/害亡不已～是以暱也

 六 33/害亡不已也是以暱～

 六 36/此六者各行其職而獄訟蔑由作～

 六 37/故外内皆得～

 六 38/昏所由作～

 六 40/是故先王之教民～始於孝悌

 六 41/是故先王之教民～

 六 41/不使此民～憂其身失其業

 六 41/孝本～

 六 43/道不可躐～

 六 44/其繹之～六

 六 45/三者不通非言行～

 六 46/三者皆通然後是～

 六 46/三者君子所生與之立死與之獘～

 六 48/得其人則舉焉不得其人則止～

 六 49/民之父母親民易使民相親～難

 （殘）六 10/既有夫六位也以任此〔六職〕～

語三 20/春秋亡不以其生～亡耳

語三 66 上/亡亡由～者

(訛)尊 6/聖人之治民民之道～

(訛)六 16/苟濟夫人之善～

氏　部

氏

通作是 緇 3/靖恭尔位好～貞直

通作是 忠 8/～故古之所以行乎閔嘍
者如此也

乇

通作厎 緇 37/其集大命于～身

戈　部

戈

唐 13/〔虞〕用威夏用～征不服也

戎

用作農 成 13/～夫務食不強耕糧弗足矣

賊(悬、悬)

悬

語二 27/～生於忌

語二 43/～退人也

悬

老甲 31/人多智而奇物滋起灣物滋彰
盜～多有

老甲 1/絶巧棄利盜～亡有

戰(戰、戭)

戰

成 6/～與刑人君子之墜德也

窮 4/吕望爲臧棘津～監門棘地

戭

老丙 10/～勝則以喪禮居之

戲

(訛)用作嚱 性 33/～遊心也

或

語一 19/～由中出或由外入

語一 19/或由中出～由外入

語一 23/～生於内或生於外

語一 23/或生於内～生於外

語一 43/樂～生或教者也

 語一 43/樂或生～教者也

 老甲 2/～命之或呼囑

 通作又 太 6/周而～〔始以己爲〕萬物母

 通作又 語四 27 背下/人之～人之至之又至之

通作又 語四 27 背下/人之又人之至之～至之

戓(戙)

戙

通作莊 窮 8/出而爲令尹遇楚～也

戮(弒)

弒

尊 3/殺～所以除害也

戡(戗)

戗

 通作甚 性 42/凡用心之躁者思爲～

武

 性 25/觀賔～則齊如也斯作

 性 28/賔～樂取

 人名 窮 4/釋板築而佐天子遇～丁也

戠

 用作職 尊 18/夫生而有～事者也非教所及也

 用作職 六 9/此六～也

 用作職 六 10/六～既分以衮六德

 用作職 六 24/六者各行其～而獄訟亡由作也

 用作職 六 36/此六者各行其～而獄訟蔑由作也

戔(戧)

戧

 用作賤 老甲 29/不可得而貴亦{可}不可得而～

 用作賤 緇 18/大人不親其所賢而信其所～

 用作賤 緇 44/輕絶貧～而重絶富貴

 用作賤 性 53/～而民貴之有德者也

用作賤 成 34/朝廷之位讓而處～

戫(戭、戯)

戭

 用作奇 老甲 29/以～用兵

戯

 用作奇 老甲 31/人多智而～物滋起灢物滋彰盜賊多有

戈　部

戔（戭）

戭

　通作人名造　尊 7/～父之御馬馬{也}之道也

　用作戔　語一 34/禮繁樂零則～

我　部

我（我、耤）

我

　老甲 31/～無事而民自富

　老甲 32/～亡爲而民自化

　老甲 32/～好靜而民自正

　老甲 32/～欲不欲而民自樸

　老丙 2/成事遂功而百姓曰～自然也

　緇 18/彼求～則如不我得

　緇 18/彼求我則如不～得

　緇 18/執～仇仇亦不我力

　緇 19/執我仇仇亦不～力

　緇 19/未見聖如其弗克見～

　緇 19/既見～弗迪聖

　緇 41/人之好～示我周行

　緇 42/人之好我示～周行

　緇 46/～龜既厭不我告猷

　緇 47/我龜既厭不～告猷

　成 29/襄～二人毋有合在音

　六 15/非～血氣之親畜我如其子弟

　六 15/非我血氣之親畜～如其子弟

　語一 105/～行求者亡有自來也

　語三 49/思亡疆思亡期思亡邪思亡不由～者

　語四 6/毋令知～

（重文）語三 52/善日過～～日過善

（訛）五 10/亦既見止亦既覯止～心則〔悅〕

通作義　唐 9/尊賢遺親～而未仁也

通作義　語一 22/仁生於人～生於道

通作義　語三 5/不～而加諸己弗受也

晳

通作義　忠 8/信～之期也

義

老丙 3/故大道廢焉有仁～

魯 7/〔爲〕～而遠禄爵

五 1/～形於内謂之德之行

五 22/不行不～

五 27/知而行之～也

五 31/安而行之～也

五 31/仁～禮所由生也四行之所和也

五 35/貴貴其等尊賢～也

五 40/簡～之方也

五 41/剛～之方

五 50/聞道而畏者好～者也

唐 8/禪～之至也

成 31/制爲君臣之～

尊 1/尊德～明乎民倫可以爲君

尊 4/～爲可尊也

尊 39/重～襲理

性 13/～也者群善之蕝也

性 54/惡之而不可非者達於～者也

語一 16/有仁有智有～有禮

語一 77/〔厚於〕仁薄於～親而不尊

語一 82/厚於～薄於仁尊而不親

語四 8/諸侯之門～士之所存

（殘）性 3/始者近情終者近～

語一 53/～亡能爲也

殘 8/仁人也～〔道也〕

（訛）唐 8/愛親忘賢仁而未～也

（訛）唐 13/禪而不傳～恆□□治也

今作儀 緇 4/淑人君子其～不忒

今作儀 緇 30/慎尔出話敬尔威～

今作儀 緇 32/淑慎尔止不愆于～

今作儀 緇 39/淑人君子其～一也

今作儀 緇 45/朋友攸攝攝以威～

今作儀 五 16/淑人君子其～一也

今作儀 尊 26/不以嗜欲害其～軌

通作我 語三 65 上/亡意亡固亡～亡必

存疑 殘 7/～天道☒

亅 部

乚

用作報 老乙 16/子孫以其祭祀不～

琴 部

琴（盎）

盎

性 24/聽～瑟之聲則悸如也斯戁

瑟（幵）

幵

性 24/聽琴～之聲則悸如也斯歎

乚 部

直

通作德 唐 7/禪之繼世亡隱～

通作德 唐 17/今之式於～者昧也

通作德 唐 20/禪也者上～授賢之謂也

通作德 唐 20/上～則天下有君而世明

亡 部

亡

老甲 1/絕巧棄利盜賊～有

老甲 11/是以聖人～爲故亡敗亡執故亡失

老甲 11/是以聖人亡爲故～敗亡執故亡失	五 21/不樂～德
老甲 11/是以聖人亡爲故亡敗～執故亡失	窮 1/有其人～其世雖賢弗行矣
老甲 11/是以聖人亡爲故亡敗亡執故～失	窮 10/非～體狀也
老甲 11/慎終如始此～敗事矣	六 33/害～不已也是以曀也
老甲 13/道恆～爲也	六 39/父子不親君臣～義
老甲 13/化而欲作將貞之以～名之樸	忠 2/忠人～謌信人不倍
老甲 14/爲～爲	忠 4/至忠～謌至信不倍
老甲 14/事～事	成 39/刑茲～赦
老甲 14/味～味	尊 10/～知命而不知己者
老甲 15/是以聖人猶難之故終～難	尊 11/～知樂而不知禮者
老甲 15/有～之相生也	尊 16/教以權謀則民淫悋遠禮～親仁
老甲 17/是以聖人居～爲之事行不言之教	尊 17/察曀則～僻
老甲 18/道恆～名	尊 17/不黨則～怨
老甲 26/爲之於其～有也治之於其未亂	尊 21/行矣而～惟
老甲 32/我～爲而民自化	尊 24/爲邦而不以禮猶御之～策也
老乙 4/絕學～憂	尊 29/其載也～重焉交矣而弗知也
老乙 7/及吾～身又何〔患焉〕	尊 32/不時則～勸也
老乙 9/中士聞道若聞若～	尊 34/弗勇則～復
緇 41/服之～戁	性 6/凡心有志也～與不〔可〕
緇 45/人而～恆不可爲卜筮也	語一 53/義～能爲也
	語一 62/其生也～爲乎

語三 1/父～惡君猶父也

語三 12/處而～業習也損

語三 48/思～疆思亡期思亡邪思亡不由我者

語三 48/思亡疆思～期思亡邪思亡不由我者

語三 48/思亡疆思亡期思～邪思亡不由我者

語三 49/思亡疆思亡期思亡邪思～不由我者

語四 1/非言不醻非德～復

語四 22/士～友不可

殘 21/君子之爲德也〔有與〕始～〔與〕終也

老甲 37/天下之物生於有有生於～

六 24/六者各行其職而獄訟～由作也

唐 19/有天下弗能益～天下弗能損

老乙 3/損之又損以至～爲也

老乙 4/～爲而亡不爲

老乙 4/亡爲而～不爲

老乙 12/大方～隅

老乙 12/大象～形

語四 22/山～隨則陊

語四 27 背上/～及也已

五 5/君子～中心之憂則亡中心之智

五 6/不樂則～德

五 7/善弗爲～近

五 9/不樂～德

五 22/不恭～禮

成 4/是故～乎其身而存乎其詞

語一 71/～物不物皆至焉而亡非己取之者

語一 72/亡物不物皆至焉而～非己取之者

語一 73/悲作其所也～非是

語一 83/人～能爲

語一 84 有察善～爲善

語一 89/多好者～好者也

語一 99/我行求者～有自來也

語二 47/知命者～必

語三 26/德至厚者治者至～間

語三 29/治者至～間則成名

語三 64 下/～物不物皆至焉

語三 66 下/～非樂者

語三 65 上/亡意亡固～我亡必

語三 65 上/亡意亡固亡我～必

(重文)五 5/君子亡中心之憂則～中心之智～中心之智則亡中心〔之悅〕

（重文）五 5/亡中心之智則～中心〔之悦〕～中心〔之悦則不〕安

（重文）語三 66 上/～～由也者

性 63/喜欲知而～末

尊 33/不理則～畏

老甲 29/以～事取天下

唐 7/禪之繼世～隱德

六 40/君子於此一業者～所廢

性 8/凡物～不異也者

性 1/凡人雖有性心～奠志

語三 20/春秋～不以其生也亡耳

語三 20/春秋亡不以其生也～耳

語三 64 上/～意亡固亡我亡必

語三 64 上/亡意～固亡我亡必

（重文）用作忘 五 15/形則不～不～則聰

（重文）用作忘 五 14/得則不～不～則明

用作明 尊 29/～德者且莫大乎禮樂

存疑 殘 10/☐八～不繇☐

乇

用作作 語一 95/詩由敬～

用作作 忠 6/三者忠人弗～信人弗爲也

用作作 六 2/～禮樂制刑灋

用作作 語二 42/凡悅～於譽者也

用作作 語三 56/盡飾之道此飾～焉

用作作 緇 2/儀型文王萬邦～孚

用作作 緇 27/非用靈制以刑唯～五虐之刑曰灋

（訛作甲）用作作 老甲 26/九成之臺～〔於壘土〕

（訛作亡）用作作 六 36/此六者各行其職而獄訟蔑由～也

望（望、睡、灾、室）

望

語二 33/～生於監

通作亡 語一 104/凡物由～生

睡

緇 3/爲上可～而知也爲下可類而志也

灾

（重文）用作撫 性 35/歎斯～～斯踊

室

通作亡 語一 1/凡物由～生

人名 窮 4/呂～爲臧棘津戰監門棘地

無

老甲 31/我～事而民自富

老丙 5/故道〔之出言〕淡兮其～味也

老丙 11/聖人～爲故 無敗也無執故〔無失也〕

老丙 11/聖人無爲故～敗也無執故〔無失也〕

老丙 11/聖人無爲故無敗也～執故〔無失也〕

老丙 12/慎終若始則～敗事矣

語四 4/口不慎而户之閉惡言復己而死～日

語四 22/城～衰則陊

用作瑅 窮 13/～璐瑾瑜包山石不爲〔無人佩而〕不理

匚　部

區

用作厚 語三 26/德至～者治者至亡間

匿

緇 34/言從行之則行不可～

用作暱 五 37/不～不辨於道

用作暱 五 38/有小罪而赦之～也

用作暱 五 40/～之爲言也猶暱暱也小而軫者也

用作暱 五 40/～仁之方也

(重文)用作暱 五 40/暱之爲言也猶～～也小而軫者也

匹〔匹、佖、馺〕

匹

唐 18/方在下位不以～夫爲輕

佖

語四 10/～婦偶夫不知其鄉之小人君子

馺

緇 42/唯君子能好其～小人豈能好其匹

緇 42/唯君子能好其匹小人豈能好其～

匚　部

臣

用作浦 窮 3/舜耕於歷山陶拍於河～

曲　部

曲

六 43/能守一～焉可以違其惡

瓦　部

瓶（瓨）

瓨

 語四 26/三～一甚

弓　部

張

 窮 10/驥約～山

彊（彊、弜、彊、弡、弱）

彊

 用作剛 語三 46/～之樹也剛取之也

 用作剛 語三 46/剛之樹也～取之也

 用作彊 語三 48/思亡～思亡期思亡邪思亡不由我者

弜

 （省）通作強 五 34/肆而不畏～禦果也

 （省）用作競 五 41/不～不仇不剛不柔

彊

 通作強 語二 34/～生於性

 通作強 語二 34/立生於～

弡

 通作強 成 13/農夫務食不～耕糧弗足矣

 通作強 成 15/苟不從其由不返其本雖～之弗入矣

 通作強 成 23/勉之遂也～之功也

 通作強 語四 25/衆～甚多不如時

 通作強 老甲 6/以道佐人主者不欲以兵～於天下

 通作強 老甲 7/善者果而已不以取～

 通作強 老甲 7/是謂果而不～

 用作剛 六 32/仁柔而暭義～而簡

 用作剛 殘 5/～柔皆 □

弱

 通作強 老甲 22/吾～爲之名曰大

 通作強 老甲 35/心使氣曰～

 通作強 太 9/伐於～責於□□□□□□

 通作強 太 13/〔天不足〕於西北其下高以～

通作強　尊 22/民可導也而不可〜也

 用作剛　五 41/〜義之方

 用作剛　五 41/不競不仇不〜不柔

系　部

孫

 用作遜　性 64/進欲〜而毋巧

 用作訓　唐 12/□□禮夔守樂〜民教也

 姓氏　魯 2/成〜弋見

 姓氏　魯 4/成〜弋曰

 姓氏　窮 8/〜叔三舍期思少司馬

緐(緐、猻)

緐

 通作由　成 6/是故威服刑罰之屢行也〜上之弗身也

 通作由　成 12/苟不從其〜不返其本未有可得也者

 通作由　成 14/苟不從其〜不返其本雖強之弗入矣

 通作由　尊 3/不〜其道不行

 通作由　尊 30/或〜中出或設之外

 通作由　六 24/六者各行其職而獄訟亡〜作也

 通作由　六 36/此六者各行其職而獄訟蔑〜作也

 通作由　六 38/昏所〜作也

 通作由　語三 66/亡亡〜也者

 通作由　語一 1/凡物〜亡生

 通作由　語一 10/有物有〜有遂而後謅生

 通作由　六 47/爲道者必〜☒

 (殘)通作由 10/☒▲亡不〜☒

 (殘)通作由　六 7/〔不〕〜其道雖堯求之弗得也

 用作囚　窮 6/管夷吾拘〜束縛

 通作人名説　窮 3/傅〜衣枲葛帽絰蒙巾

猻

 通作由　尊 9/〜禮知樂

 通作由　尊 10/〜樂知哀

卷十三

糸　部

經

 太 7/一缺一盈以己爲萬物～

緯（緯）

緯

用作違　六 43/能守一曲焉可以～其惡

紀

老甲 11/臨事之～

纇（續）

續

殘 20/夷道如～

紡

通作方　語三 7/長悌孝之～也
案：方法之"方"本字。

絕（幽、𢆶）

幽

老乙 4/～學亡憂

緇 44/輕～貧賤而重絕富貴

緇 44/輕絕貧賤而重～富貴

六 29/爲昆弟絕妻不爲妻～昆弟

六 29/爲父～君不爲君絕父

六 29/爲父絕君不爲君～父

六 29/爲昆弟～妻不爲妻絕昆弟

𢆶

老甲 1/～智棄辯民利百倍

老甲 1/～巧棄利盜賊亡有

老甲 1/～爲棄慮民復季子

紹（絽）

絽

 存疑　殘 27/□□～□

級

 用作急　語四 5/凡說之道～者爲首

 用作急　語四 5/既得其～言必有及

約

 性 9/柔之～柔取之也

結

 緇 25/信以～之則民不倍

 忠 2/至信如時必至而不～

 性 49/偽斯隱矣隱斯慮矣慮斯莫與之～矣

縛

 窮 6/管夷吾拘囚束～

終（宎、絑）

宎

 老甲 15/是以聖人猶難之故～亡難

 語四 3/一言之善足以～世

 老甲 34/～日號而不嚘和之至也

 老乙 13/閉其門塞其兌～身不懃

 老乙 13/啟其兌塞其事～身不仇

 老丙 12/慎～若始則無敗事矣

 緇 33/故言則慮其所～行則稽其所敝

 五 19/君子之爲德也〔有與〕始亡〔與〕～也

 成 30/疾之可能～之爲難

性 3/始者近情～者近義

性 30/戚然以～

性 34/舞喜之～也

性 35/踊愠之～也

六 19/一與之齊～身弗改之矣

六 19/是故夫死有主～身不嫁

語四 11/食韭惡知～其杪

語四 19/善事其上者若齒之事舌而～弗噬

語四 20/善□□□者若兩輪之相轉而～不相敗

絑

 語一 49/凡物有本有標有～有始

練

 用作諫 五 39/簡之爲言猶～也大而罕者也

縵

 用作慢 性 45/不有夫恆怡之志則～

纓（䋼）

䋼

 用作縈 老乙 6/得之若榮失之若～

用作榮 老乙6/是謂寵辱～

用作榮 老乙5/人寵辱若～貴大患若身

用作榮 老乙6/得之若～失之若榮

紳(繻)

繻

通作申 緇37/昔在上帝蓋～觀文王德

紉

用作恩 六31/門内之治～掩義

用作恩 六31/門外之治義斬～

緎(每、繏)

每

(省)今作繁 語一34/樂～禮零則慢

繏

用作煩 緇18/教此以失民此以～

紛

老甲27/解其～

緔

緇29/王言如絲其出如～

繋(潅)

潅

用作繼 唐17/登爲天子而不驕不～也

用作繼 唐7/禪之～世亡隱德

経(袞、蟊)

袞

窮3/傅説衣枲葛帽～蒙巾

蟊

成8/君衰～而處位一宮之人不勝〔其哀〕

紼(緤)

緤

緇30/王言如索其出如～

綻(絫)

絫

用作著 緇44/則好仁不堅而惡惡不～也
案：也可能是止著、附著之"著"異體。

總

用作遂 語一10/有物有由有～而後諺生

纋

通作穆 老甲21/迥～獨立不孩可以爲天下母

纏

 用作鋑 老丙 7/銛～爲上弗美也
案：從"龖"省聲。

素　部

緩(寰)

寰

 尊 34/～不足以安民

 (殘)尊 33/不～則弗懷

絲　部

絲

 (訛)緇 29/王言如～其出如緄

虫　部

虺(蟲)

蟲

 (省)老甲 33/～螫蟲蛇弗蠚

蜀

 用作獨 老甲 21/遜穆～立不孩可以爲
天下母

 用作獨 五 16/君子慎其～也

 用作獨 性 7/〔人之不可〕～行猶口之
不可獨言也

 用作獨 性 7/〔人之不可〕獨行猶口之
不可～言也

 用作獨 性 54/～處而樂有內業者也

 用作獨 性 60/凡於路毋畏毋～言

 用作獨 性 60/～處則習

螫(蠚)

蠚

 今作蠚 老甲 33/虺螫蟲蛇弗～

蛮(蟲)

蟲

 語四 18/善使其下若蚈～之足衆而不
割割而不仆

蚤

 用作郵 尊 28/德之流速乎置～而傳命

蚈(蜇)

蜇

 語四 18/善使其下若～蛮之足衆而不
割割而不仆

蚰 部

蚰(黽)

黽

通作昆 六 28/疏衰齊牡麻経爲～弟也
爲妻亦然

通作昆 六 29/爲～弟絶妻不爲妻絶昆
弟

通作昆 六 29/爲昆弟絶妻不爲妻絶～
弟

蜜(審)

審

通作密 六 25/～此多〔也〕

存疑 殘 11/☒□逍～

蘽

用作本 語一 49/凡物有～有標有終
有始

蟲 部

蟲

用作融 老甲 21/有狀～成先天地生

它 部

它

今作蛇 老甲 33/虺䖵蟲～弗蘽

通作施 忠 7/君子其～也忠故蠻親薄也

通作施 六 14/因而～禄焉

龜 部

龜(龟)

龟

緇 46/～筮猶弗知而況於人乎

緇 46/我～既厭不我告猷

黽 部

蠅(冨)

冨

用作尊 窮 7/釋鞭箠而爲～卿遇秦穆
〔也〕

二 部

二(二、式、戌)

二

緇 47/～十又三

成 29/襄我～人毋有合在音

六 45/其衍十又～

式

語三 67 上/名～物三

戌

 通作貳　五 48/上帝臨汝毋～尔心

亟(亟)

亟

 用作極　唐 19/～仁之至利天下而弗利也

恆(死、死)

死

 老甲 6/知足之爲足此～足矣

老甲 13/道～亡爲也

老甲 18/道～亡名

老甲 24/至虛～也

老丙 12/人之敗也～於其且成也敗之

唐 13/禪而不傳義～□□治也

成 1/古之用民者求之於己爲～

成 24/是以上之～務在信於衆

成 29/雖有其～而行之不疾未有能深之者也

尊 17/因～則固

性 45/不有夫～怡之志則慢

通作亟　魯 3/～稱其君之惡者可謂忠臣矣

通作亟　魯 5/～稱其君之惡者未之有也

通作亟　魯 6/～〔稱其君〕之惡〔者遠〕禄爵者也

用作極　性 52/未教而民～性善者也

(重文)用作極　老乙 2/〔亡〕不克則莫知其～莫知其～可以有國

死

尊 39/民心有～求其羕

竺

通作孰　老甲 9/～能濁以靜者將徐清

通作孰　老甲 10/～能 以動者將徐生

凡

 成 22/是故～物在疾之

 尊 39/～動民必順民心

 性 1/～人雖有性心亡奠志

 性 5/～性爲主物取之也

 性 6/～心有志也亡與不〔可〕

 性 8/～物亡不異也者

 性 9/～性

 性 10/～動性者物也

性 12/～見者之謂物

性 14/～道心術爲主

 性 23/～聲其出於情也信

 性 29/～至樂必悲哭亦悲皆至其情也

 性 31/～憂思而後悲

 性 32/～樂思而後忻

 性 32/～思之用心爲甚

 性 42/～用心之躁者思爲甚

 性 48/～人僞爲可惡也

 性 50/～人情爲可悦也

 性 59/～悦人勿隱也身必從之

 性 60/～交毋烈必使有末

 性 60/～於路毋畏毋獨言

 性 62/～憂患之事欲任樂事欲後

 六 44/～君子所以立身大灋三

 語一 1/～物由亡生

 語一 45/～有血氣者皆有喜有怒有慎有莊

 語一 48/～物有本有標有終有始

 語一 102/～同者通

 語一 104/～物由亡生

 語二 38/～謀已道者也

 語二 39/～必有不行者也

 語二 40/～過正一以失其他者也

 語二 42/～悦作於譽者也

 語四 5/～説之道急者爲首

 (殘)性 28/～古樂籠心益樂籠指皆教其人者也

 (殘)性 36/～學者求其心爲難

土　部

土

 緇 13/成王之孚下～之式

 唐 10/后稷治～

 太 10/下～也而謂之地

 忠 2/至忠如～化物而不廢

地(堕、墜)

堕

 太 1/天反薄太一是以成～

 太 5/天～者太一之所生也

太 10/下土也而謂之～

太 12/天～名字並立

太 13/～不足於東南其上〔高以強〕

唐 15/傍於大時神明將從天～佑之

老甲 18/樸雖細天～弗敢臣

老甲 19/天～相合也以揄甘露

老甲 21/有狀融成先天～生

老甲 22/天大～大道大王亦大

老甲 23/天～之間其猶橐籥歟

太 5/神明者天～之所生也

太 7/～之所不能埋

窮 5/呂望爲臧棘津戰監門棘～

唐 4/下事～教民有親也

語三 19/～能含之生之者在早

語四 23/君有謀臣則壞～不削

(重文)老甲 23/人瀍～～瀍天

(重文)尊 7/后稷之藝～～之道也

(殘)太 1/天～〔復相薄〕也是以成神明

 通作施　五 48/大～諸其人天也

 通作施　五 49/其人～諸人狎也

墬

忠 4/不奪而足養者～也

忠 5/配天～也者忠信之謂些

塴(罍)

罍

 用作遇　唐 14/聖以～命仁以逢時

 用作遇　窮 3/立而爲天子～堯也

 用作遇　窮 4/釋板築而佐天子～武丁也

 用作遇　窮 5/興而爲天子師～周文也

 用作遇　窮 6/釋弋杸而爲諸侯相～齊桓也

 用作遇　窮 11/遇不～天也

 用作遇　窮 7/釋鞭箠而爲尊卿～秦穆〔也〕

 用作遇　窮 8/出而爲令尹～楚莊也

用作遇　窮 11/窮四海至千里～造父也

用作遇　窮 11/～不遇天也

 （殘）用作遇　唐 14/未嘗～□□

坪(坘)

坘

 用作平　老丙 4/往而不害安～泰

 用作平　尊 34/均不足以～政

 用作平　尊 12/不順不～

均(均、坰)

均

 老甲 19/民莫之命而自～焉

坰

 尊 34/～不足以平政

 （訛）用作徇　唐 2/躬身不～沒身不代

基(坖)

坖

 語四 14/早與智謀是謂重～

型(型、垫)

型

 用作形　老甲 16/長短之相～也

 用作形　五 1/仁～於內謂之德之行

 用作形　五 1/不～於內謂之行

 用作形　五 1/義～於內謂之德之行

 用作形　五 2/不～於內謂之行

 用作形　五 2/禮～於內謂之德之行

 用作形　五 2/不～於內謂之〔行〕

 用作形　五 3/不～於內謂之行

 用作形　五 3/聖～於內謂之德之行

 用作形　五 4/不～于內謂之｛德之｝行

 用作形　五 6/五行皆～于內而時行之謂之君〔子〕

 用作形　語一 6/有地有～有盡而後有厚

 用作形　成 24/～於中發於色其審也固矣

 （重文）用作形　五 8/思不長不～不～不安

 （重文）用作形　五 13/玉色則～～則仁

 （重文）用作形　五 14/玉色則～～則智

 （重文）用作形　五 15/輕則～～則不忘

(重文)用作形 五 15/玉音則～～則聖

 用作刑 唐 12/皋繇入用五～出飭兵革罪淫暴〔也〕

 用作刑 成 5/是故威服～罰之屢行也由上之弗身也

 用作刑 成 6/戰與～人君子之墜德也

 用作刑 語一 25/由樂知～

 用作刑 語一 62/其～生德德生禮禮生樂

 用作刑 語一 63/知禮然後知～

 用作刑 語一 64/～非嚴也

 用作刑 語三 17/天～成人與物斯理

 用作刑 成 39/～茲亡赦

 用作刑 性 52/未～而民畏有心畏者也

 用作刑 成 39/蓋此言也言不奉大常者文王之～莫重焉

 存疑 語三 70 下/爲其～

坓

 緇 2/儀～文王萬邦作孚

 用作形 老乙 12/大象亡～

 用作刑 緇 13/呂～云

 用作刑 緇 1/則民咸飭而～不頓

 用作刑 緇 24/教之以政齊之以～則民有免心

 用作刑 緇 26/呂～云

 用作刑 緇 26/非用靈制以～唯作五虐之刑曰瀘

 用作刑 緇 27/非用靈制以刑唯作五虐之～曰瀘

 用作刑 緇 27/則～罰不足恥而爵不足勸也

 用作刑 緇 28/故上不可以褻～而輕爵

 用作刑 緇 29/呂～云

 用作刑 緇 29/播～之迪

 用作刑 尊 2/賞與～禍福之旗也或延之者矣

用作刑 尊 31/～不逮於君子禮不逮於小人

用作刑 六 2/作禮樂制～瀘

(殘)用作刑 尊 3/～罰所以赦也

城(戌)

戌

 語四 22/～無衰則陜

用作成　老甲 16/難易之相～也

用作成　語三 29/治者至亡間則～名

用作成　語三 39/物不備不～仁

用作成　老丙 12/人之敗也恆於其且～也敗之

用作成　緇 13/～王之孚下土之式

用作成　語三 17/天刑～人與物斯理

用作成　老甲 17/萬物作而弗始也爲而弗志也～而弗居

用作成　老甲 21/有狀融～先天地生

用作成　老甲 26/九～之臺作〔於壘土〕

用作成　緇 9/誰秉國～不自爲貞卒勞百姓

用作成　緇 27/政之不行教之不～也

用作成　緇 36/允也君子展也大～

用作成　緇 40 正/苟有行必見其～

用作成　五 8/德弗志不～

用作成　五 42/君子集大～

用作成　老乙 13/大～若缺其用不敝

用作成　老乙 14/大～若屈

用作成　成 1/是以君子貴～之

用作成　成 12/君上享～不唯本功〔弗成矣〕

用作成　成 13/士～言不行名弗得矣

用作成　老乙 12/大器莬～

用作成　老丙 2/～事遂功而百姓曰我自然也

用作成　太 1/水反薄太一是以～天

用作成　太 1/天反薄太一是以～地

用作成　太 2/天地〔復相薄〕也是以～神明

用作成　太 2/神明復相薄也是以～陰陽

用作成　太 2/陰陽復相薄也是以～四時

用作成　太 3/四時復〔相〕薄也是以～寒熱

用作成　太 3/寒熱復相薄也是以～濕燥

用作成　太 3/濕燥復相薄也～歲而止

用作成　太 8/陰陽之所不能～

用作成　太 9/削～者以益生者

用作成　太 11/故事～而身長

用作成　太 12/故功～而身不傷

通作姓氏成 魯 2/～孫弋見

通作姓氏成 魯 4/～孫弋曰

墉(墑)

墑

用作融 六 21/子也者會～長材以事上

墠(壘)

壘

用作彈 成 28/及其博長而厚大也則聖
人不可由與～之

毁(毇)

毇

語一 108/慧與信器也各以讒詞～也

壞(壞、㻸)

壞

(訛)用作懷 緇 41/私惠不～德君子不
自留焉

㻸

唐 28/聖者不在上天下必～

壇(亶)

亶

通作辨 五 32/中心悦～遷於兄弟戚也

圭(珪)

珪

緇 35/白～之玷尚可磨也

坉

用作沌 老甲 9/～乎其如濁

空

用作困 窮 10/騏～於負檻

垿(埈)

埈

用作詩 語一 95/～由敬作

垢

用作包 窮 13/瓃璐瑾瑜～山石不爲
〔無人佩而〕不理

鼍

用作要 忠 5/不期而可～者天也

墼

用作壯 老甲 35/物～則老是謂不道

垚 部

堯(兂、尭、埜)

兂

人名 窮 3/立而爲天子遇～也

尭

人名 六 7/〔不〕由其道雖～求之弗得也

埜

人名 唐 1/～舜之王利天下而弗利也

人名 唐 6/～舜之行愛親尊賢

人名 唐 9/忠事帝～乃式其臣

人名 唐 14/古者～生於天子而有天下

人名 唐 22/古者～之舉舜也

人名 唐 24/及其爲～臣也甚忠

人名 唐 24/～禪天下而授之

人名 唐 25/故～之禪乎舜也如此也

堇 部

堇

用作根 老甲 24/天道雲雲各復其～

用作僅 老乙 9/上士聞道～能行於其中

里 部

里

 窮 11/窮四海至千～遇造父也

 五 42/能進之爲君子弗能進也各止於其～

 姓氏 窮 7/百～遭鬻五羊爲伯牧牛

 用作理 語一 32/善～而後樂生

 用作理 語一 54/賢者能～之

 用作理 成 31/天格大常以～人倫

 用作理 性 17/～其情而出入之

 用作理 語三 17/天刑成人與物斯～

 用作理 語三 18/□物以日物有～而□

釐(釐)

釐

 用作理 窮 15/珤璐瑾瑜包山石不爲〔無人佩而〕不～

 用作理 尊 33/不～則亡畏

用作理 尊 39/重義襲～

用作埋　太 8/地之所不能～

野(埜)

埜

尊 14/教以藝則民～以爭

黨

通作黨　尊 17/不～則亡怨
案：鄉黨之"黨"本字。

田　部

畔(畚)

畚

用作判　老甲 25/其脆也易～也

用作叛　老甲 30/夫天多期違而民彌～

畜(育)

育

六 15/非我血氣之親～我如其子弟

六 20/既生～之又從而教誨之

由

成 28/及其博長而厚大也則聖人不可
～與殫之

男　部

男(盼)

盼

六 33/～女辨生焉

六 39/～女不辨父子不親

力　部

力

尊 15/教以事則民～嗇以面利

性 43/用～之盡者利爲甚

六 16/勞其股肱之～弗敢憚也

語四 24/雖勇～聞於邦不如材

(訛)緇 19/執我仇仇亦不我～

功(虹、攻)

虹

老丙 2/成事遂～而百姓曰我自然也

太 12/故～成而身不傷

窮 9/子胥前多～後戮死非其智衰也

攻

老甲 39/～遂身退天之道也

勸（蘫）

蘫

緇 24/長民者教之以德齊之以禮則民
有～心

緇 28/則刑罰不足恥而爵不足～也

尊 32/不時則亡～也

性 52/未賞而民～含福者也

勝（努、努）

努

老乙 15/燥～寒清勝熱

老乙 15/燥勝寒清～熱

老丙 10/戰～則以喪禮居之

成 36/言語較之其～也不若其已也

（訛）尊 1/去忿怨改忌～爲人上者之
務也

努

成 7/君袀冕而立於阼一宮之人不～
其敬

成 8/君衰絰而處位一宮之人不～〔其
哀〕

成 9/〔君冠胄帶甲而立於軍〕一軍之
人不～其勇

（省）尊 36/殺不足以～民

斅（斅）

斅

用作轍 緇 40 正/苟有車必見其～

用作轍 語四 10/車～之鮒鮪不見江湖
之水

動（斳、斳、達、迏）

斳

性 10/或～之

斳

性 10/凡～性者物也

性 26/羕思而～心喟如也

性 30/哭之～心也浸殺

性 30/樂之～心也濬深鬱陶

達

尊 39/凡～民必順民心

老甲 23/虛而不屈～而愈出

迂

老甲 10/孰能以～者將徐生

勞（裻、裻）

裻

緇 6/上人疑則百姓惑下難知則君長～

緇 7/則君不～

緇 9/誰秉國成不自爲貞卒～百姓

尊 24/劬～之軌也

裻

六 16/～其股肱之力弗敢憚也

加（加、劦）

加

窮 9/梅{之}伯初醢醢後名揚非其德～

劦

語三 5/不義而～諸己弗受也

勇（戜、惠）

戜

成 9/〔君冠胄帶甲而立於軍〕一軍之人不勝其～

成 21/～而行之不果其疑也弗往矣

尊 35/～不足以忞衆

語四 24/雖～力聞於邦不如材

惠

尊 33/弗～則亡復

性 63/行欲～而必至

飭（放）

放

緇 1/則民咸～而刑不頓

卷十四

金 部

金

（列第一字示意略）

語四 24/～玉盈室不如謀

老甲 38/～玉盈室莫能守也

五 19/～聲而玉振之有德者也

五 19/～聲善也

性 5/～石之有聲〔也弗扣不鳴〕

(訛)五 20/唯有德者然後能～聲而玉振之

鉛

(重文)用作喻 語四 15/必審～之～之而不可

銛（鎬）

鎬

老丙 7/～鎍爲上弗美也

針（丨）

丨

用作遯 緇 17/出言有～黎民所訓

勺 部

勺

用作弱 語四 24/士有謀友則言談不～

几 部

處（尻）

尻

語三 11/與謏者～損

語三 12/～而亡業習也損

語三 36/義～之也

成 34/朝廷之位讓而～賤

性 54/獨～而樂有内業者也

成 8/君衰絰而～位一宫之人不勝〔其哀〕

性 61/獨～則習

語三 10/與莊者～益

 老甲 22/國中有四大焉王～一焉

且　部

且

 用作祖 唐 5/親事～廟教民孝也

斤　部

斸(劃)

劃

 通作祝 老甲 27/～其銳

所(所、厫)

所

 老甲 2/江海～以爲百谷王以其能爲百谷下

老甲 12/教不教復衆之～過

老乙 7/吾～以有大患者爲吾有身

緇 7/臣事君言其～不能不詞其所能

緇 7/臣事君言其所不能不詞其～能

緇 14/下之事上也不從其所以命而從其～行

緇 33/故言則慮其～終行則稽其所敝

緇 33/故言則慮其所終行則稽其～敝

窮 1/察天人之分而知～行矣

五 28/聖智禮樂之～由生也五〔行之所和〕也

五 31/仁義禮～由生也四行之所和也

五 31/仁義禮所由生也四行之～和也

忠 8/是故古之～以行乎閔嘆者如此也

語一 29/知天～爲知人所爲

語一 65/上下皆得其～之謂信

語一 85/察～知察所不知

語四 9/諸侯之門義士之～存

 尊 2/爵位～以信其然也

尊 2/政禁～以攻□〔也〕

尊 3/殺戮～以除害也

尊 9/知己～以知人

尊 18/夫生而有職事者也非教～及也

尊 36/下之事上也不從其所命而從其～行

性 4/～好所惡物也

性 4/所好～惡物也

性 5/～善所不善勢也

性 5/所善～不善勢也

性 20/至容貌～以文節也

性 21/拜～以〔爲敬也〕其數文也

性 22/幣帛～以爲信與證也

性 36/從其～爲近得之矣

性 61/父兄之～樂

六 11/☒而上有☒賞慶焉知其以有～歸也

六 40/君子於此一業者亡～廢

六 44/凡君子～以立身大濾三

六 46/三者君子～生與之立死與之樊也

六 48/材此親戚遠近唯其人～在

六 38/昏～由作也

成 3/其～在者入矣

成 19/故君子～復之不多所求之不遠

成 19/故君子所復之不多～求之不遠

成 34/～宅不遠矣

緇 14/下之事上也不從其～以命而從其所行

緇 17/出言有遜黎民～訓

緇 17/大人不親其～賢而信其所賤

緇 18/大人不親其所賢而信其～賤

語一 29/知天所爲知人～爲

語一 36/易～以會天道人道也

語一 38/詩～以會古今之志也者

語一 40/春秋～以會古今之事也

語一 85/察所知察～不知

語一 105/人物各止於其～

語二 52/其～之同其行者異

語三 2/～以異於父

語三 13/自示其～能損

語三 14/自示其～不足益

語三 16/～不行益

語三遺簡/從～小好與所小樂損

語三遺簡/從所小好與～小樂損

 語三 47/莫得善其～

 語三 54/樂服德者之～樂也

 尊 8/察諸此～以知己

 尊 9/知人～以知命

 尊 36/下之事上也不從其～命而從其所行

 性 18/教～以生德于中者也

 (殘)尊 3/刑罰～以 赦也

 (殘)性 41/～爲道者四唯人道爲可道也

 (殘)語一 73/悲作其～也亡非是

 老甲 20/知止～以不殆

戻

 用作御 尊 24/爲邦而不以禮猶～之亡策也

斯(斯)

斯

 性 24/聞笑聲則侃如也～喜

 性 24/聞歌謠則陶如也～奮

 性 25/聽琴瑟之聲則悸如也～戀

 六 42/生民～必有夫婦父子君臣

 語三 17/天刑成人與物～理

斷(𧘱、𢆶)

𧘱

 六 30/人有六德三親不～

 六 42/下修其本可以～獄

 六 43/君子明乎此六者然後可以～獄

 六 44/是以其～獄速

 語二 35/～生於立

𢆶

 六 32/仁類柔而束義類剛而～

新(𣂪、新)

𣂪

 用作親 六 25/～此多也

 用作親 六 49/民之父母親民易使民相～也難

 用作親 老甲 28/故不可得而～亦不可得而疏

用作親 老甲 35/名與身孰～

 用作親 緇 17/大人不～其所賢而信其所賤

 用作親 緇 20/大臣之不～也則忠敬不足而富貴已過也

 用作親 緇 39/多志齊而～之

 用作親 老丙 1/其次～譽之

 用作親 老丙 3/六～不和焉有孝慈

 用作親 成 31/著爲父子之～

 用作親 尊 16/教以權謀則民淫惽遠禮亡～仁

 用作親 尊 33/不愛則不～

 用作親 六 3/～父子和大臣

 用作親 六 15/非我血氣之～畜我如其子弟

 用作親 六 30/人有六德三～不斷

 用作親 六 33/豫其志求養～之志

 用作親 六 34/父子～生焉

 用作親 六 48/材此～戚遠近唯其人所在

 用作親 六 49/民之父母～民易使民相親也難

 用作親 尊 3/仁爲可～也

 用作親 尊 20 下/尊仁～忠敬莊歸禮

 （重文）用作親 五 21/不戚不～不～不愛

 （重文）用作親 五 13/戚則～～則愛

 （重文）用作親 五 33/戚而信之～～而篤之愛也

 （重文）用作親 六 39/父子不～父子不～

新

 用作親 緇 25/故慈以愛之則民有～

 用作親 唐 4/下事地教民有～也

 用作親 唐 5/～事祖廟教民孝也

斗　部

升

 用作登 唐 16/～爲天子而不驕

用作登　唐 17/～爲天子而不驕不繼也

矛　部

矜(稱)

稱
 老甲 7/果而弗～

車　部

車

 載(韋)

韋
 尊 29/其～也亡重焉交矣而弗知也

軍

 老丙 9/是以偏將～居左上將軍居右

 老丙 9/是以偏將軍居左上將～居右

 成 9/〔君冠胄帶甲而立於軍〕一～之人不勝其勇

轉(連、逦)

連
 (重文)老甲 22/大曰逝逝曰～～曰返

逦
 語四 20/善□□□者若兩輪之相～而終不相敗

車
 緇 40 正/苟有～必見其轍

車
 語四 10/～轍之鮒鮪不見江湖之水

輕(翌)

翌
 緇 28/故上不可以褻刑而～爵

 緇 44/～絶貧賤而重絶富貴

 五 11/不聖思不能～

 (重文)五 15/聖之思也～～則形
案：輕重之“輕”本字。

輪(輪)

輪
 語四 20/善□□□者若兩～之相轉而終不相敗

斬

 六 27/疏～布絰杖爲父也爲君亦然

 六 31/門外之治義～恩

軫

 五 43/小而～者能有取焉

𦥑 部

官

 六 14/大材設諸大〜小材設諸小官

 六 14/大材設諸大官小材設諸小〜

阜 部

陵(隂)

隂
 尊 14/教以辯說則民褻〜長貴以妄

降(降、陲)

降
 性 3/性自命出命自天〜

陲
 五 12/既見君子心不能〜

陸(陞、陞、陵、陸)

陞
 通作墮 成 23/〜之淹也怠之功也

陞
 用作隨 老甲 16/先後之相〜也

陵
 用作隨 語四 22/山亡〜則陜

陸
 用作惰 唐 26/四肢倦〜

陜(室)

室
 語四 22/山亡隨則〜

 語四 22/城無衰則〜

隱(忘、签)

忘
 唐 7/禪之繼世亡〜德

签
 性 59/凡悅人勿〜也身必從之

峙(陵)

陵
 用作志 唐 27/虞〜曰

隴(隴、隴)

隴
 通作尊 語一 82/〔厚於〕仁薄於義親而不〜

隓

通作尊 五 35/貴貴其等～賢義也

通作尊 五 37/嚴而畏之～也

通作尊 五 37/～而不驕恭也

通作尊 五 44/君子知而舉之謂之～賢

通作尊 五 44/知而事之謂之～賢者也

通作尊 五 44/後士之～賢者也

通作尊 語一 78/□□父有親有～

通作尊 語一 79/厚於義薄於仁～而不親

(重文)通作尊 五 22/不嚴不～不～不恭

(訛)通作尊 唐 6/堯舜之行愛親～賢

四　部

四(四、三)

四

性 9/～海之内其性一也

性 14/道～術唯人道爲可道也

性 41/所爲道者～唯人道爲可道也

六 3/寢～鄰之殃虐非仁義者莫之能也

窮 10/窮～海至千里遇造父也

五 4/～行和謂之善

五 31/仁義禮所由生也～行之所和也

語四 21/善使其民者若～時一逝一來而民弗害也

老甲 9/猶乎其如畏～鄰

老甲 22/國中有～大焉王處一焉

太 4/寒熱者～時〔之所生也〕

(重文)太 2/是以成～時～時復〔相〕薄也

緇 12/有覺德行～方順之

三

唐 26/～肢倦惰

亞　部

亞

用作惡 語一 8/有生有智而後好～生

用作惡 語三 1/父亡～君猶父也

用作惡 語三 1/其弗～也猶三軍之旌也正也

 用作惡 性 4/好～性也

 用作惡 性 4/所好所～物也

 用作惡 性 50/苟以其情雖過不～

 用作惡 性 55/非之而不可～者篤於仁者也

 用作惡 六 44/能守一曲焉可以違其～

 用作惡 性 41/惡類三唯～不仁爲近義

 用作惡 性 49/然而其過不～

 用作惡 性 41/～類三唯惡不仁爲近義

 用作惡 性 48/凡人偽爲可～也

 用作惡 性 54/～之而不可非者達於義者也

 (重文)用作惡 緇 44/則好仁不堅而～～不著也

 用作惡 緇 1/好美如好緇衣惡惡如～巷伯

 用作惡 緇 2/有國者彰好彰～以示民厚則民情不飾

 用作惡 緇 6/謹～以遏民淫

 用作惡 緇 35/則民不能大其美而小其～

 (重文)用作惡 緇 1/好美如好緇衣～～如惡巷伯

用作惡 老乙 4/美與～相去何若

用作惡 老甲 15/天下皆知美之爲美也～已

用作惡 魯 2/嘔稱其君之～者可謂忠臣矣

用作惡 魯 3/嘔稱其君之～者可謂忠臣矣

用作惡 緇 15/故上之好～不可不慎也民之表也

用作惡 緇 43/故君子之友也有向其～有方

用作惡 語四 4/口不慎而戶之閉～言復已而死無日

用作惡 語四 15/及之而弗～必盡其故

用作惡 魯 5/嘔稱其君之～者未之有也

通作惡 語四 11/食韭～知終其杪

用作惡 魯 7/嘔〔稱其君〕之～〔者遠〕禄爵者也

通作惡 魯 8/非子思吾～聞之矣

五　部

五

 性 40/智類～唯義道爲近忠

五 6/～行皆形于内而時行之謂之君〔子〕

五 28/聖智禮樂之所由生也～〔行之所和〕也

唐 12/皋繇入用～刑出飭兵革罪淫暴〔也〕

緇 27/非用靈制以刑唯作～虐之刑曰瀆

五 1/～行

五 4/德之行～和謂之德

窮 7/百里遺鬻～羊爲伯牧牛

尊 26/民～之方格十之方爭百之而後服

六　部

六

老丙 3/～親不和焉有孝慈

五 45/耳目鼻口手足～者心之役也

唐 8/～帝興於古皆由此也

成 40/是故君子慎～位以嗣天常

六 1/何謂～德

六 8/生民〔斯必有夫婦父子君臣此〕～位也

六 9/此～職也

六 10/既有夫～位也以任此〔六職〕也

六 10/～職既分以袞六德

六 23/～者各行其職而獄訟亡由作也

六 30/人有～德三親不斷

六 35/此～者各行其職而獄訟蔑由作也

六 43/君子明乎此～者然後可以斷獄

六 45/其繹之也～

（重文）六 10/六職既分以袞～德～德者…

七　部

七

性 40/愛類～唯性愛爲近仁

九　部

九

老甲 26/～成之臺作〔於壘土〕

內　部

萬（萬、蠆）

萬

老甲 12/是故聖人能輔～物之自然而弗能爲

老甲 13/侯王能守之而～物將自化

老甲 14/知足以靜～物將自定

老甲 17/～物作而弗始也爲而弗志也成而弗居

老甲 19/侯王如能守之～物將自賓

 老甲 24/～物旁作居以須復也

 緇 2/儀型文王～邦作孚

 用作屬 性 10/或～之

 用作屬 性 11/～性者義也

蠆

 太 7/周而又〔始以己爲〕～物母

 緇 13/一人有慶～民賴之

 老丙 13/是以能輔～物之自然而弗敢爲

 太 7/一缺一盈以己爲～物經

禹(psi)

psi

 人名 緇 12/～立三年百姓以仁導

 人名 唐 10/～治水

 人名 成 33/大～曰

 人名 尊 6/～之行水水之道也

 人名 尊 5/～以人道治其民

 人名 尊 6/桀不易～民而後亂之

禼(禼、薹)

禼

 通作害 尊 26/不以嗜欲～其儀軌

薹

 通作害 五 35/不以小道～大道簡也

嘼 部

獸(獸)

獸

 老甲 33/攫鳥猛～弗扣

 用作守 老甲 19/侯王如能～之萬物將自賓

 用作守 老甲 24/～中篤也

 用作守 老甲 38/金玉盈室莫能～也

 用作守 緇 38/故君子多聞齊而～之

 用作守 六 43/能～一曲焉可以違其惡

乙 部

亂(亂)

亂

 尊 6/桀不易禹民而後～之

尊 22/桀不謂其民必～而民有爲亂矣

尊 23 上/桀不謂其民必亂而民有爲～矣

唐 28/～之至滅賢

尊 5/桀以人道～其民

尊 25/非倫而民服憛此～矣

(省)老甲 26/治之於其未～

(訛)成 32/是故小人～天常以逆大道

(殘)老丙 3/邦家昬～焉有正臣

丁　部

丁

人名 窮 4/釋板築而佐天子遇武～也

戊　部

戊

用作牡 老甲 34/未知牝～之合朘怒精之至也

用作牡 六 28/疏衰齊～麻絰爲昆弟也爲妻亦然

成

緇 35/故君子顧言而行以～其信

忠 7/信之爲道也群物皆～而百善皆立

己　部

己(己、弖)

己

語三 5/不義而加諸～弗受也

語四 4/口不慎而户之閉惡言復～而死無日

弖

窮 14/善否～也窮達以時

窮 15/故君子敦於反～

成 1/古之用民者求之於～爲恆

成 10/是故君子之求諸～也深

成 19/察反諸～而可以知人

成 20/欲人之敬～也則必先敬人

尊 10/有知～而不知命者

尊 10/亡知命而不知～者

性 12/快於～者之謂悦

性 56/聞道反～修身者也

語一 72/亡物不物皆至焉而亡非～取之者

 語四 2/往言傷人來言傷～

 (重文)尊 9/察諸此所以知～知～所以知人

 成 20/是故欲人之愛～也則必先愛人

 成 38/蓋言慎求之於～而可以至順天常矣

 太 7/一缺一盈以～爲萬物經

异

 通作己 緇 11/則民至行～以悦上

通作己 尊 5/學非改倫也學～也

辛　部

皋

 通作罪 五 35/有大～而大誅之行也

 通作罪 五 38/有大～而大誅之簡也

 通作罪 五 38/有小～而赦之曬也

 通作罪 五 38/有大～而弗大誅也不行也

 通作罪 五 39/有小～而弗赦也不辨于道也

 通作罪 唐 12/皋繇入用五刑出餝兵革～淫暴〔也〕

 通作罪 老甲 5/～莫重乎甚欲

辡　部

辯(諓)

諓

 用作辯 五 34/中心～然而正行之直也

子　部

子

 老甲 1/絶爲棄慮民復季～

 老甲 33/含德之厚者比於赤～

子 老丙 6/君～居則貴左用兵則貴右

子 太 8/君～知此之謂□□□□□□

子 緇 1/夫～曰

子 緇 2/～曰

子 緇 3/～曰

緇 4/淑人君～其儀不忒

 緇 5/～曰

 緇 8/～曰

 緇 10/～曰

 緇 12/～曰

 緇 14/～曰

 緇 16/～曰

 緇 17/～曰

 緇 19/～曰

 緇 23/～曰

 緇 27/～曰

 緇 29/～曰

 緇 30/～曰

 緇 31/可言不可行君～弗言

 緇 31/可行不可言君～弗行

 緇 32/～曰

緇 32/君～導人以言而極以行

 緇 34/～曰

 緇 34/故君～顧言而行以成其信

 緇 36/允也君～展也大成

 緇 37/～曰

 緇 37/君～言有物行有格

 緇 38/故君～多聞齊而守之

 緇 39/淑人君～其儀一也

 緇 40 正/～曰

 緇 41/～曰

 緇 41/私惠不懷德君～不自留焉

 緇 42/～曰

 緇 42/唯君～能好其匹小人豈能好其匹

 緇 42/故君～之友也有向其惡有方

 緇 43/君～好仇

緇 43/～曰

緇 45/～曰

 魯 1/魯穆公問於～思曰

 魯 1/～思曰

 魯 8/非～思吾惡聞之矣

 窮 3/立而爲天～遇堯也

 窮 4/釋板築而佐天～遇武丁也

 窮 5/興而爲天～師遇周文也

 窮 9/～胥前多功後戮死非其智衰也

 窮 15/故君～敦於反己

 五 5/君～亡中心之憂則亡中心之智

 五 7/士有志於君～道謂之志士

 五 9/不仁不智未見君～憂心不能惙惙

 五 10/既見君～心不能悦

 五 12/不仁不聖未見君～憂心不能忡忡

 五 12/既見君～心不能降

 五 16/淑人君～其儀一也

 五 17/君～慎其〔獨也〕

 五 18/〔君〕～之爲善也有與始有與終也

 五 18/君～之爲德也〔有與〕始亡〔與〕
終也

 五 23/未嘗聞君～道謂之不聰

 五 23/聞君～道而不知其君子道也謂
之不聖

 五 24/聞君子道而不知其君～道也謂
之不聖

 五 26/聞君～道聰也

 五 42/君～集大成

 五 42/能進之爲君～弗能進也各止於
其里

 五 43/索落落達諸君～道謂之賢

 五 44/君～知而舉之謂之尊賢

 唐 5/太學之中天～親齒教民悌也

 唐 14/古者堯生於天～而有天下

 唐 16/登爲天～而不驕

 唐 17/登爲天～而不驕不繼也

唐 24/故其爲瞽瞍～也甚孝

 成 4/君～之於教也

 成 6/昔者君～有言曰

 成 6/戰與刑人君～之墜德也

 成 10/是故君～之求諸己也深

 成 11/是〔故〕君～之於言也

 成 19/故君～所復之不多所求之不遠

 成 22/君～曰

 成 31/著爲父～之親

 成 32/君～治人倫以順天德

 成 35/小人不程人於刃君～不程人於禮

 成 36/君～曰

 成 37/是故唯君～道可近求而可遠措也

 成 40/是故君～慎六位以嗣天常

 尊 8/是以君～人道之取先

 尊 21/養心於～良

 尊 26/民愛則～也弗愛則讎也

 尊 31/刑不逮於君～禮不逮於小人

 六 3/親父～和大臣

 六 5/君～不偏如人道

 六 6/君～如欲求人道□☒

 六 13/〔任〕諸父兄任諸～弟

 六 16/非我血氣之親畜我如其～弟

 六 21/～也者會融長材以事上

 六 23/仁者～德也

 六 26/内位父～夫也外位君臣婦也

 六 34/父～親生焉

 六 34/父聖～仁夫智婦信君義臣忠

 六 36/君～言信言尔言箴言尔

 六 37/～不子

 六 37/子不～

 六 40/君～於此一業者亡所廢

 六 42/生民斯必有夫婦父～君臣

 六 44/凡君～所以立身大灋三

六 46/三者君～所生與之立死與之 獘也

語一 69/父～至上下也

語二 23/～生於性

語二 23/易生於～

語三 8/父孝～愛非有爲也

語四 11/匹婦偶夫不知其鄉之小人 君～

(重文)五 16/能爲一然後能爲君～君 ～慎其獨也

(重文)魯 3/向者吾問忠臣於～思～ 思曰

(重文)五 15/聰則聞君～道聞君～道 則玉音

(重文)六 23/故夫夫婦婦父父～～君 君臣臣

(重文)六 35/故夫夫婦婦父父～～君 君臣臣

(重文)六 39/父～不親父～不親

㧑(㝬、㝬)

㝬

通作免 六 28/祖～爲宗族也爲朋友 亦然

㝬

通作免 緇 24/教之以政齊之以刑則民 有～心

用作勉 成 23/～之遂也強之功也

季

老甲 1/絶爲棄慮民復～子

疑(惥、悆)

惥

語二 49/～取再

語二 36/～生於弱

語二 37/倍生於～

悆

緇 4/則君不～其臣臣不惑於君

緇 5/上人～則百姓惑下難知則君 長勞

成 21/勇而行之不果其～也弗往矣

語四 15/盡之而～必審喻之

緇 43/此以邇者不惑而遠者不～

掔（掔）

掔

 用作牽　成 16/可御也而不可～也

學

 用作幽　窮 15/～明不再

 用作幽　成 34/君子簟席之上讓而受～

卯　部

卯

用作標　語一 49/凡物有本有～有終有始

存疑　語一 3/天生倫人生～

存疑　語二 20/～生於智

存疑　語二 21/悅生於～

存疑　語三 32/…治者～

存疑　語三 45/～則難犯也

辰　部

辱（辱、辱）

辱

 老甲 36/故知足不～知止不殆可以長久

辱

 老乙 5/人寵～若榮貴大患若身

 老乙 6/何謂寵～

 老乙 6/是謂寵～榮

 老乙 11/大白如～

巳　部

巳

今作已　老甲 38/持而盈之不｛不｝若～

今作已　老丙 7/〔不〕得～而用之

今作已　成 36/言語較之其勝也不若其～也

今作已　語三 4/君臣不相存也則可～

今作已　性 61/～則勿復言也

今作已　緇 20/大臣之不親也則忠敬不足而富貴～過也

今作已　語二 38/凡謀～道者也

今作已　老甲 7/善者果而～不以取強

今作已　老甲 15/天下皆知美之爲美也惡～

今作已　老甲 15/皆知善此其不善～

今作巳 尊 25/治民非率生而～也

今作巳 性 15/其三術者道之而～

今作巳 六 38/君子不啻明乎民微而～
又以知其一矣

今作巳 語四 27 背上/亡及也～

用作嗣 成 40/是故君子慎六位以～
天常

目

今作以 老甲 1/三言～爲使不足

今作以 老甲 2/江海所～爲百谷王以
其能爲百谷下

今作以 老甲 2/江海所以爲百谷王～
其能爲百谷下

今作以 老甲 3/是～能爲百谷王

今作以 老甲 3/聖人之在民前也～身
後之

今作以 老甲 3/其在民上也～言下之

今作以 老甲 5/～其不爭也故天下莫
能與之爭

今作以 老甲 6/～道佐人主者不欲以
兵强於天下

今作以 老甲 6/以道佐人主者不欲～
兵强於天下

今作以 老甲 7/善者果而已不～取强

今作以 老甲 8/是～爲之容

今作以 老甲 9/孰能濁～靜者將徐清

今作以 老甲 10/孰能 🄵 ～動者將
徐生

今作以 老甲 11/是～聖人亡爲故亡敗
亡執故亡失

今作以 老甲 13/化而欲作將貞之～亡
名之樸

今作以 老甲 14/知足～靜萬物將自定

今作以 老甲 14/是～聖人猶難之故終
亡難

今作以 老甲 17/是～聖人居亡爲之事
行不言之教

今作以 老甲 18/夫唯弗居也是～弗
去也

今作以 老甲 19/天地相合也～揄甘露

今作以 老甲 20/知止所～不殆

今作以 老甲 21/遊穆獨立不孩可～爲
天下母

今作以 老甲 24/萬物旁作居～須復也

今作以 老甲 29/～正治邦

今作以 老甲 29/～奇用兵

今作以 老甲 29/～亡事取天下

今作以 老甲 30/吾何～知其然也

今作以 老甲 31/是～聖人之言曰

今作以 老甲 37/故知足不辱知止不殆
可～長久

今作以 老乙 1/夫唯嗇是～早{是以
早}服

今作以 老乙 1/夫唯嗇是以早{是～
早}服

今作以　老乙 2/莫知其極可～有國

今作以　老乙 2/有國之母可～長〔久〕

今作以　老乙 3/損之又損～至亡爲也

今作以　老乙 5/人之所畏亦不可～不畏

今作以　老乙 7/吾所～有大患者爲吾有身

今作以　老乙 8/〔故貴以身〕爲天下若可～宅天下矣

今作以　老乙 8/愛～身爲天下若可以去天下矣

今作以　老乙 8/愛以身爲天下若可～去天下矣

今作以　老乙 10/弗大笑不足～爲道矣

今作以　老乙 10/是～建言有之

今作以　老乙 16/子孫～其祭祀不輟

今作以　老乙 18/～鄉觀鄉

今作以　老乙 18/～邦觀邦

今作以　老乙 18/～天下觀天下

今作以　老乙 18/吾何～知天〔下然哉以此〕

今作以　老丙 8/夫樂〔殺不可〕～得志於天下

今作以　老丙 8/是～偏將軍居左上將軍居右

今作以　老丙 9/言～喪禮居之也

今作以　老丙 10/故殺〔人衆〕則～哀悲蒞之

今作以　老丙 10/戰勝則～喪禮居之

今作以　老丙 12/是～〔聖〕人欲不欲不貴難得之貨

今作以　老丙 13/是～能輔萬物之自然而弗敢爲

今作以　太 1/水反薄太一是～成天

今作以　太 1/天反薄太一是～成地

今作以　太 2/天地〔復相薄〕也是～成神明

今作以　太 2/神明復相薄也是～成陰陽

今作以　太 2/陰陽復相薄也是～成四時

今作以　太 3/四時復〔相〕薄也是～成寒熱

今作以　太 3/寒熱復相薄也是～成濕燥

今作以　太 7/一缺一盈～己爲萬物經

今作以　太 9/削成者～益生者

今作以　太 10/～道從事者必宅其名

今作以　太 13/〔天不足〕於西北其下高～強

今作以　緇 2/有國者彰好彰惡～示民厚則民情不飾

今作以　緇 6/故君民者彰好～示民欲

今作以　緇 6/謹惡～遏民淫

今作以　緇 8/民～君爲心君以民爲體

今作以　緇 8/民以君爲心君～民爲體

今作以　緇 9/故心～體廢君以民亡

今作以 緇 9/故心以體廢君～民亡

今作以 緇 11/故長民者彰志～昭百姓

今作以 緇 11/則民至行己～悦上

今作以 緇 12/禹立三年百姓～仁導

今作以 緇 14/下之事上也不從其所～命而從其所行

今作以 緇 18/教此～失民此以煩

今作以 緇 18/教此以失民此～煩

今作以 緇 21/此～大臣不可不敬民之蕬也

今作以 緇 22/毋～小謀敗大圖

今作以 緇 23/毋～嬖御疾莊后

今作以 緇 23/毋～嬖士疾大夫卿士

今作以 緇 24/長民者教之～德齊之以禮則民有勸心

今作以 緇 24/長民者教之以德齊之～禮則民有勸心

今作以 緇 24/教之～政齊之以刑則民有免心

今作以 緇 24/教之以政齊之～刑則民有免心

今作以 緇 25/故慈～愛之則民有親

今作以 緇 25/信～結之則民不倍

今作以 緇 25/恭～蒞之則民有遜心

今作以 緇 26/非用靈制～刑唯作五虐之刑曰灋

今作以 緇 28/故上不可～褻刑而輕爵

今作以 緇 32/君子導人～言而極以行

今作以 緇 32/君子導人以言而極～行

今作以 緇 35/故君子顧言而行～成其信

今作以 緇 38/此～生不可奪志死不可奪名

今作以 緇 43/此～邇者不惑而遠者不疑

今作以 緇 45/朋友攸攝攝～威儀

今作以 窮 14/善否己也窮達～時

今作以 窮 15/窮達～時

今作以 五 32/～其中心與人交悦也

今作以 五 35/不～小道害大道簡也

今作以 五 36/～其外心與人交遠也

今作以 唐 14/聖～遇命仁以逢時

今作以 唐 14/聖以遇命仁～逢時

今作以 唐 18/方在下位不～匹夫爲輕

今作以 唐 19/及其有天下也不～天下爲重

今作以 唐 22/知〔性命〕之正者能～天下禪矣

今作以 唐 27/此～知其弗利也

今作以 忠 9/是故古之所～行乎閨壼者如此也

今作以 成 3/身服善～先之

今作以 成 3/敬慎～重之

今作以 成 15/上不～其道民之從之也難

今作以 成 15/是～民可敬導也而不可掩也

今作以 成 19/反此道也民必因此重也～復之

今作以 成 19/察反諸己而可～知人

今作以 成 21/是～智而求之不疾其去人弗遠矣

今作以 成 24/是～上之恆務在信於眾

今作以 成 25/此言也言信於眾之可～濟德也

今作以 成 27/雖其於善道也亦非有繹緒～多也

今作以 成 28/此～民皆有性而聖人不可慕也

今作以 成 30/是～君子貴成之

今作以 成 31/天格大常～理人倫

今作以 成 32/是故小人亂天常～逆大道

今作以 成 32/君子治人倫～順天德

今作以 成 38/蓋言慎求之於己而可～至順天常矣

今作以 成 40/是故君子慎六位～嗣天常

今作以 尊 1/尊德義明乎民倫可～爲君

今作以 尊 2/爵位所～信其然也

今作以 尊 2/政禁所～攻□〔也〕

今作以 尊 3/刑罰所～赦也

今作以 尊 3/殺戮所～除害也

今作以 尊 5/禹～人道治其民

今作以 尊 5/桀～人道亂其民

今作以 尊 8/是～君子人道之取先

今作以 尊 8/察諸此所～知己

今作以 尊 9/知己所～知人

今作以 尊 9/知人所～知命

今作以 尊 12/是～爲政者教道之取先

今作以 尊 13/教～禮則民果以輕

今作以 尊 13/教以禮則民果～輕

今作以 尊 13/教～樂則民德清牆

今作以 尊 14/教以辯說則民褻陵長貴～妄

今作以 尊 14/教～藝則民野以爭

今作以 尊 14/教以藝則民野～爭

今作㠯　六 14/使之足以生足～死

今作㠯　六 15/～義使人多

今作㠯　六 17/～忠事人多

今作㠯　六 18/～智率人多

今作㠯　六 20/～信從人多也

今作㠯　六 22/子也者會融長材～事上

今作㠯　六 22/上共下之義～奉社稷

今作㠯　六 33/害亡不已也是～暱也

今作㠯　六 38/君子不啻明乎民微而已又～知其一矣

今作㠯　六 42/下修其本可～斷獄

今作㠯　六 43/君子明乎此六者然後可～斷獄

今作㠯　六 43/能守一曲焉可～違其惡

今作㠯　六 44/是～其斷獄速

今作㠯　六 44/凡君子所～立身大濾三

今作㠯　六 47/小者～修其身

今作㠯　語一 36/易所～會天道人道也

今作㠯　語一 38/詩所～會古今之志也者

今作㠯　語一 40/春秋所～會古今之事也

今作㠯　語一 68/察天道～化民氣

今作㠯　語一 107/慧與信器也各～譖詞毀也

今作㠯　語二 40/凡過正一～失其他者也

今作㠯　語三 3/所～異於父

今作㠯　語三 18/☐物～曰物有理而☐

今作㠯　語三 20/春秋亡不～其生也亡耳

今作㠯　語三 44/文依物～情行之者

今作㠯　語三 53/賢者唯其止也～異

今作㠯　語四 1/言～詞情以舊

今作㠯　語四 1/言以詞情～舊

今作㠯　語四 3/一言之善足～終世

今作㠯　語四 3/三世之福不足～出亡

今作㠯　語四 6/喻之而不可必文～讕

今作㠯　語四 14/邦有巨雄必先與之～爲朋

（殘）今作㠯　尊 14/教～辯說則民褻陵長貴以妄

通作已　六 33/害亡不～也是以暱也

未　部

未

緇 19/～見聖如其弗克見我

五 9/不仁不智～見君子憂心不能惙惙

唐 8/愛親忘賢仁而～義也

 唐 9/尊賢遺親義而～仁也

 唐 21/不禪而能化民者自生民～之有也

 語二 45/～有善事人而不返者

 語二 46/～有華而忠者

 語三 28/～有其至則仁

 唐 14/～嘗遇□□

 老甲 21/～知其名字之曰道

 老甲 25/其～兆也易謀也

 老甲 26/爲之於其亡有也治之於其～亂

 忠 2/忠信積而民弗親信者～之有也

 成 26/聖人之性與中人之性其生而～有非之

 尊 27/富～必和

 語一 91/缺生乎～得也

 魯 4/寡人惑焉而～之得也

 魯 6/嘔稱其君之惡者～之有也

 尊 12/衆～必治

 五 12/不仁不聖～見君子憂心不能忡忡

 五 22/～嘗聞君子道謂之不聰

 五 23/～嘗視賢人謂之不明

 老甲 34/～知牝牡之合朘怒精之至也

 性 51/苟有其情雖～之爲斯人信之矣

 性 51/～言而信有美情者也

 性 51/～教而民極性善者也

 性 52/～賞而民勸含福者也

 性 52/～刑而民畏有心畏者也

 成 2/～之有也

 成 12/苟不從其由不返其本～有可得也者

 成 23/雖有其恆而行之不疾～有能深之者也

 用作味 老甲 14/～亡味

 用作味 老甲 14/味亡～

用作味 語一 48/其體有容有色有聲有嗅有～有氣有志

 用作味 語一 51/～口司也

 用作眛 唐 17/今之式於德者～也

申　部

申

 通作陳 忠 6/心疏〔而貌〕親君子弗～尔

酉　部

醻(賵)

賵

 語四 1/非言不～非德亡復

牂(percolation)

percolation

 通作將 老甲 13/侯王能守之而萬物～自化

 通作將 老甲 13/化而欲作～貞之以亡名之樸

通作將 老甲 20/名亦既有夫亦～知止

通作將 老甲 19/侯王如能守之萬物～自實

通作將 老甲 10/孰能濁以靜者～徐清

通作將 老甲 10/孰能 以動者～徐生

通作將 老甲 14/夫亦～知足

通作將 老甲 14/知足以靜萬物～自定

通作將 語四 16/如～有敗雄是爲害

用作將 老丙 8/是以偏～軍居左上將軍居右

用作將 老丙 9/是以偏將軍居左上～軍居右

存疑 尊 13/教以樂則民德清～

醢(酳)

酳

窮 9/梅{之}伯初醢～後名揚非其德加

用作鮪 語四 10/車轍之鮴～不見江湖之水

酓

用作舍 老甲 33/～德之厚者比於赤子
案：也可能是"歓"字異體。

酉　部

尊(奠、酓)

尊

今作尊 唐 4/夫聖人上事天教民有～也

今作尊 唐 7/～賢故禪

今作尊 唐 8/～賢遺親義而未仁也

今作尊 唐 10/愛親～賢虞舜其人也

嗇

今作尊 尊 20 下/～仁親忠敬莊歸禮

今作尊 尊 4/義爲可～也

今作尊 尊 1/～德義明乎民倫可以爲君

亥　部

亥

用作孩 老甲 21/遫穆獨立不～可以爲天下母

合　文

君子 忠 7/～～其施也忠故蠻親薄也

 君子 成 3/故～～之蒞民也

 君子 成 13/是故～～之於言也

 君子 成 16/故～～不貴庶物而貴與民有同也

 君子 成 29/～～曰

 君子 成 30/是以～～貴成之

 君子 成 34/～～簟席之上讓而受幽

 君子 成 37/昔者～～有言曰

 君子 性 20/～～美其情

 君子 性 65/～～執志必有夫廣廣之心

 君子 性 67/～～身以爲主心

 君子 六 38/～～不嗇明乎民微而已又以知其一矣

 君子 六 42/～～明乎此六者然後可以斷獄

茅

 艸(草)茅 唐 16/夫古者舜居於～～之中而不憂

 艸(草)茅 唐 16/居～～之中而不憂知命也

衍

 人衍(道) 六 5/君子不偏如～～

 人衍(道) 六 26/～～亡止

竝

 竝(並)立 太 12/天地名字～～

孫

 子孫 老乙 16/～～以其祭祀不輟

陞

 土陞(地) 六 4/聚人民任～～

清

 清青(靜) 老乙 15/～～爲天下正

魃

 兄弟 五 33/中心悅旃遷於～～戚也

⿱山所

之所 老乙 5/人～～畏亦不可以不畏

之所 老丙 13/教不教復衆～～過

之所 太 4/故歲者濕燥～～生也

之所 太 4/濕燥者寒熱～～生也

之所 太 5/〔四時〕者陰陽～～生〔也〕

之所 太 5/陰陽者神明～～生也

之所 太 5/神明者天地～～生也

之所 太 6/天地者太一～～生也

之所 太 7/此天～～不能殺

之所 太 7/地～～不能埋

之所 太 8/陰陽～～不能成

庤

庤(顏)色 五 32/～～容貌溫變也

聖

聖人 尊 6/～～之治民民之道也

躳

躳(躬)身 唐 2/～～不徇没身不代

斆

斆(教)學 語一 61/～～己也

禝

社禝(稷) 六 22/上共下之義以奉～～

⿰氵⿱丵羊

浑(淺)浡(澤) 性 22/笑喜之～～也

蠹

蠹(蠆)虫(蟲) 老甲 33/虺～～蛇弗蠚

乇

六十七 成 18 背/～～～

宊

六十八 成 17 背/～～～

奆

六十九 成 16 背/～～～

㞢

七十一 成 14 背/～～～

㞢

七十三 成 12 背/～～～

齿

七十四 成 11 背/～～～

美

七十六 成 9 背/～～～

㞢

七十九 成 6 背/～～～

仐

八十 成 5 背/～～

仝

八十一 成 4 背/～～～

乇

八十七 尊 25 背/～～～

夫

八十八 尊 24 背/～～～

舍

八十□ 尊 29 背/～～～

亘

百三 尊 13 背/～～

冥

百六 尊 26 背/～～

冕

百九 尊 10 背/～～～

存 疑 字

 老甲 10/孰能～以動者將徐生

 忠 9/是故古之所以行乎～嘍者如此也

 成 25/～命曰

 成 30/蓋言～之也

 尊 3/刑罰所以～赦也

 尊 13/教以樂則民～德清㵼

 六 10/六職既分以～六德

 語一 13/有物有容有～有名

 語一 75/～迖 不逮從一道

 語一 75/ 迖～不逮從一道

 語二 14/～生於倍
案：此字亦見於清華簡《子產》簡 20、
《五紀》簡 4，此處讀爲"由"。

 語三 15/遊～益

 語三 50/～於仁

 (殘)殘 5/剛柔皆～☐

 (殘)殘 10/☐～亡不由☐

(殘)殘 23/☐天下～☐

附錄一　郭店楚簡字詞關係表

字		詞	頻　次
A			
哀	哀	哀	5
	忢	哀	8
	憝	哀	1
愛	炁	愛	24(含重文2)
	懣	愛	8
安		安	14(含重文4)
		焉	4
女		焉	29
		安	6(含重文1)
B			
八		八	7(含合文7)
拔	臬	拔	3
笘		拍	1
白		白	2
		伯	2
		百	1
百		百	17(含合文3)
敗	敗	敗	11
拜	犇	拜	1

字		詞	頻　次
板		板	3(含重文1)
邦	邦	邦	4
	畔	邦	11
傍	仿	旁	1
保		保	5
暴		暴	2
悲		悲	8
卑		變	2
		譬	1
北		北	1
		倍	1
葡		服	1
		備	1
孛		昧	1
悖	意	悖	2
備		備	2
		服	9
倍	怀	倍	7
		否	1
本	杏	本	8

字		詞	頻　次	字		詞	頻　次
蠡		本	1	標	茮	杪	1
鼻		鼻	1		菒	表	1
		存疑	1	賓	賓	賓	1
比		比	3		宁	賓	2
朼	朼	必	5	兵		兵	5
	刂	必	2	秉		秉	1
閟		閉	3	病	疕	病	1
畀		鼻	1	並	立	並	1(含合文1)
㡀		敝	3			傍	1
		幣	1	帛		帛	1
㷒	遞	㷒	1	脖	肯	鬱	2
幣	繼	幣	1	泊		泊	1
必		必	41	發	雙	發	1
避		僻	1			伐	1
鞭	夆	辯	2			廢	1
		辨	1		肇	廢	1
		偏	1	卜		卜	1
	卞	辨	2	不		不	452(含重文22)
		偏	1			丕	1
	板	鞭	1	布		布	1
覍	覍	繁	1	C			
	宴	繁	1	材		材	6
	畀	變	4	才		在	23
辯	詥	辨	1			哉	4
辨	羑	辨	2			兹	1
髟		冒	1			存	2

字		詞	頻　次	字		詞	頻　次
忞		字	2	城	戚	成	36
采		采	1	成		成	2
藏	贊	藏	2	呈		盈	1
	㝛	藏	1	乘	㢱	勝	1
艸	艸	草	2(含合文2)		竁	勝	1
	中	草	1	程	綎	程	2
差	硰	佐	2	甚		甚	1
督	諅	察	5(含重文1)	持	啫	持	1
	瞥	察	3		枈	持	2
	慸	察	4	池	沱	池	1
苴	芭	苴	1	遲	迡	夷	1
蠆	蠆	蠆	1(含合文1)	恥	恥	恥	2
厘	厘	展	1		㥏	恥	1
刬	戕	察	1	齒	齔	齒	2
昌		倡	2	赤		赤	1
長	長	長	15	飭	攽	飭	1
	倀	長	9(含重文1)	忡	惡	忡	2(含重文1)
	粻		1	蟲	蟲	融	1
棠		常	6		虫	蟲	1(含合文1)
嘗		嘗	2	寵	慰	寵	4
車		車	2	醻	賵	醻	1
觭	敽	轍	2	仇	㦲	仇	3(含重文1)
臣		臣	35(含重文3)		㤅	仇	1
沈	渃	醢	1	讎	戠	讎	1
再	叟	稱	4	初		初	1
城	戚	城	1	出		出	24

字		詞	頻　次	字		詞	頻　次
楚		楚	1	從		從	30
尻		處	9			縱	2
俶	叔	淑	1	从		從	1
川		川	2	措	遣	措	1
		順	5(含重文 1)	D			
傳	連	傳	2	達	迖	達	7
	徫	傳	2		逹	達	1
箽	柽	箽	1	大		大	75(含重文 1、合文 2)
春	旾	春	3			太	7
淳	漳	淳	1			泰	1
惙	惢	惙	2(含重文 1)	戴	尣	戴	1
雌	魛	雌	1	待	坒	待	3
詞	詞	詞	5	逮		逮	1
		治	9	殆	怠	殆	1
		始	4	担	鉏	瘅	1
		殆	1	單	嘼	單	1
		怠	1			憚	1
慈	慈	滋	3	澹	絛	譫	1
	孿	慈	2	淡		淡	1
此		此	62	堂		黨	1
		些	2	道	道	道	80(含重文 4)
朿		靜	2			導	4
遬		策	1		逍	道	4
聰	聰	聰	5(含重文 1)			導	2
	聑	聰	1		銜	道	1
崇(?)	宭	從	1		術	道	35(含合文 2)

字		詞	頻　　次	字		詞	頻　　次
悳	悳	德	74(含重文 3)	定		定	1
		直	2			正	1
得	旻	得	33(含重文 1)	東		東	1
耑		等	1	冬	宮	冬	2
等	筬	志	1			終	2
馰		約	1	動	敏	動	1
迪		迪	3		敨	動	4
抵	鬐	希	1		達	動	2
地	埅	地	23(含重文 2、合文 1)		迬	動	1
		施	2	豆		囑	1
	墜	施	2	管		篤	5
帝		帝	5			執	5
		啻	1			築	1
弟		弟	8(含合文 1)	耑		端	2
		悌	7			短	1
砧	砧	砧	2	斷	軔	斷	5
簟	簽	簟	1		幽	斷	1
奠	賈	奠	2	兌		脱	1
		鄭	1			説	1
弔	舀	淑	3			悦	19(含重文 2)
		叔	1			奪	2
殜		世	4	送		兌	3
		懾	1	敓		奪	2
經	襃	經	1			避	1
	巤	經	1	惇	惇	敦	1
丁		丁	1	多		多	24

續　表

字		詞	頻　次	字		詞	頻　次
陝	窒	陝	2	灋	塷	廢	1
E				番	畨	播	1
譌	譽	譌	3	絲	每	繁	1
	訛	譌	1		繛	煩	1
惡		惡	2	凡		凡	35
而		而	314	反	反	反	8
		能	1			返	6
兒		婗	1		忌	反	1
耳		耳耳朵	5	返		返	1
		耳語氣詞	1			反	2
爾		彌	1	犯	堅	犯	1
邇	徶	邇	1	芳		芳	1
尔		尔代詞	7	方		方	25
		尔語氣詞	8			旁	1
鬻	餌	餌	1	紡		方	1
二	二	二	3	非		非	39
	弍	二	1			微	1
	戉	貳	1	妃	仰	配	1
F				費	賮	費	1
罰		罰	5	分		分	4
伐		伐	1			貧	1
		敗	1	紛		紛	1
灋	壞	灋	1	奮	畜	奮	1
	壞	廢	1		杏	奮	2(含重文1)
	鬃	灋	5		意	奮	1
	塷	灋	2	忿		忿	1

字		詞	頻　次	字		詞	頻　次
逢	遣	逢	1	復	遻	復	19
霏		奉	1	父		父	29(含重文 3)
奉		奉	1	富	賁	富	2
		豐	1		寏	富	1
峯		豐	1	婦	婦	婦	12(含重文 2)
垳		包	1		敬	婦	1
夫		夫_{成年男子}	18(含重文 2、合文 2)	縛		縛	1
		夫_{語氣詞}	14			G	
		夫_{代詞}	11	改	改	改	6
		存疑	1	甘		甘	1
専		輔	1	敢	敔	敢	10
		博	5			儆	1
		薄	3			嚴	1
孚		孚	2	剛		剛	2
勹		負	1	瓴	䑱	瓴	1
		傅	1	弅		剛	1
匐		伏	1	高		高	2
福	喿	福	3	槀		喬	1
		富	5(含重文 1)	告		告	1
弗		弗	82	誥	亯	誥	3
		存疑	1	歌	訶	歌	2
緋	緯	緋	1	戈		戈	1
補	補	輔	1	割	割	割	2(含重文 1)
		薄	7			害	1
	枚	補	1		戠	蓋	1
复		復	1	革		革	1

字		詞	頻　次	字		詞	頻　次
茖		璐	1	古		古	14(含重文 1)
佫	夆	格	1			故	77(含重文 1)
	迲	格	2	古		父	1
葛	蓋	葛	1			苦	1
各		各	5			固	2
		格	1	骨		骨	1
耕	稦	爭	1		谷	欲	30
	畊	耕	2	谷	浴	谷	2
工		工	1		湬	谷	3
		功	3	逧		存疑	1
恭	恭	恭	1	股		股	1
攻	攻	攻	2	故	敳	故	1
	戕	攻	1	梏	夅	較	1
功	江	功	3	固		固	2
	攻	功	1		募	顧	1
公		公	4	顧		寡	3
龏		恭	1		賵	顧	1
宮		宮	2	宎		瞽	2
蚤	蝨	蚤	1	寡	賔	寡	1
共		共	3	夬		缺	2
		恭	9(含重文 1)	觀	雚	觀	4
鉤		鉤	1	官		官	2
狗	狀	苟	1	堇		觀	6
詢		覯	1	光		光	1
蟊		由	2	圭	珪	圭	1
臣		浦	1	鼁	龜	鼁	2

續　表

字		詞	頻次
歸	逯	歸	4
鬼	㩻	畏	2
貴		貴	32(含重文 1)
惃	憲	惃	1
鯀		倫	3
國	國	或	20
		又	4
	宬	國	1
	邚	國	1
	鄾	國	2(含重文 1)
果		果	10(含重文 1)
過	過	過	2
	㢧	過	4
	𠈃	過	1
	怣	過	7
	愆	過	1
H			
醢	醢	醢	1
		鮪	1
海	毋	海	1
	泋	海	3
萬	萬	害	1
	䖵	害	1
亥		孩	1
害	害	害	5
		蓋	6

字		詞	頻次
害	㝬	害	1
憲	憲	害	3
含		含	1
寒	寒	寒	4(含重文 1)
	寨	寒	1
	蕫	寒	1
唬	虐	號	1
好	好	好	9
	孜	好	2
	孞	好	18
	玨	好	4
葚	葚	蘊	1
和		和	17
龠		合	4
河		河	1
貢		恆	1
恆	亙	恆	11
		亟	3
		極	3(含重文 1)
	丞	恆	1
忲		肱	1
矦	仄	侯	5(含重文 1)
厚	垕	厚	10
	厝	厚	1
后		后	1
		後	1

字		詞	頻　次	字		詞	頻　次
後	逡	後	14	皇		況	1
嘑	虖	呼	1			誑	1
乎	虖	乎介詞	7	虺	蟲	虺	1
		乎語氣詞	10	陸		墮	墮	1
湖	沽	湖	1			墮	隨	1
虎	虎	乎介詞	11			陵	隨	1
		乎語氣詞	1			陸	惰	1
		呼	2	悔	忢	悔	1
	虐	吾	12	毀	嫛	毀	1
		乎介詞	3	呈		毀	1
膚		存疑	1	慧	恚	慧	3
户	床	户	1	重		惠	1
華	話	華	1	惠	惠	惠	1
	吁	華	1		憲	惠	1
	旱	華	1	會		會	7
	嘩	華	2	誨	忢	誨	1
化		禍	1	沬		忞	1
話		話	1	惛	惥	惛	1
懷	恩	懷	1	昏	昏	昏	1
壞	壞	懷	1			聞	12
	塸	壞	1			問	3
逗		桓	1		繙	昏	2
緩	窶	緩	2	繙		繙	1
患		患	4	火		火	1
坒		廣	3(含重文1)	或		或	7
亢		忘	1			又	3

字		詞	頻　次	字		詞	頻　次
惑	惑	惑	3	及	返	及	2
	賊	惑	3		遑	急	2
貨	貨	貨	3	疾		疾	7
	䝉	貨	1	即		次	5
濩	彙	去	1			節	6
禍	柴	禍	1	迎		節	2(含重文 1)
J				亟	亟	極	1
基	坙	基	1	級		急	2
	觳	懈	1	己	己	己	2
積	碜	積	3		㠯	己	17(含重文 1)
稽	秖	稽	1	异		己	2
箕	其	其	1	驥	戲	驥	1
	𠀐	其	7	稷	稷	稷	3(含合文 1)
幾	戋	幾幾微	2	季		季	1
		幾幾何	1	祭	祭	祭	2
吉	吉	吉	1	濟	淒	濟	3
葉	棄	襲	1	既		既	12
極	坙	極	1			氣	1
棘		棘	2	悸	誖	悸	1
		椧	1	忌	忌	己	1
愁		亟	1		忎	忌	2
集	集	集	1		惎	忌	1
	寅	集	1	紀		紀	1
愳		疾	2	繫	溥	繼	2
及	及	及	9(含重文 1)	家	家	家	1
	萐	及	3		豂	家	5

字		詞	頻　次	字		詞	頻　次
家	寏	家	1	教	敎	教	2(含合文1)
	嫁	嫁	1		孚	教	8
加	加	加	1		效	教	8
	邓	加	1		嗇	教	25(含重文1)
瑕	叚	假	1		敳	教	1
監		監	3	交		交	14
堅	磬	堅	1			要	3
戔	戈	賤	5	皆	皆	皆	12
閒	閔	間	2		虗	皆	6
後		散	1		虗	皆	1
列		間	1		膚	皆	3
兼		兼	2	節		即	1
		廉	1	傑		桀	4
柬		簡	18(含重文8)	深	桼	過	1
賤	賚	賤	1	結		結	3
見		見	17	解		解	1
覷		衍	1			懈	1
建	聿	建	3	㯻		津	1
將	䢃	將	1	金		金	6
江		江	3	今	今	今	1
牆	牺	將	11		含	今	2
		存疑	1	津	瀖	津	1
降	降	降	1	聿		盡	9
	隆	降	1			進	3
教	教	教	1	矜	孫	矜	1
		學	2	菫		筋	1

續　表

字	字	詞	頻次
董		瑾	1
堇		根	1
堇		僅	1
謹	蕙	謹	2
謹	蕙	巾	1
羥		靈	1
晉		臻	1
晉		祭	1
進		進	11
近	近	近	11
近	坚	近	1
欽		禁	1
濅	潯	浸	1
濅	浧	浸	2
濅	敳	浸	1
濅	憲	浸	1
巠		輕	2
巠		徑	1
京		諒	1
旌	旟	旌	1
精	精	精	1
精	臬	精	1
經		經	1
靜		爭	6
敬		敬	25(含重文1)
靖	意	靖	1

字	字	詞	頻次
啾	瞥	啾	1
韭		韭	1
九		九	4(含合文3)
舊	舊	舊	1
舊	舊	久	3
舊	售	久	1
咎	咎	咎	3
咎	咎	皋	1
咎	从	咎	1
匓	匃	軌	2
就	臺	就	3
就	臺	戚	6(含重文2)
就	遫	戚	1
拘	夠	拘	1
居	居	居	11
居	尼	居	2
舉		舉	1
舉		與	19
舉		歟	2
舉	牙	舉	1
舉	牙	與	3
舉	垦	舉	2
舉	垦	歟	1
舉	坙	舉	3
聚		聚	1
聚		聚	1

字		詞	頻　次	字		詞	頻　次
巨		巨	1	考		考	1
具		俱	1	攷		巧	4
瞿		懼	2	可		可	105
句		后	2			何	9
		苟	14			呵	1
		後	30			兮	1
倦	勝	倦	1	克		克	3(含重文 1)
	弄	管	1	客		客	5
蕬	虅	蕬	2			各	2
	攫	攫	1	口		口	5
	竺	厥	1	扣		扣	1
	Ｌ	輚	1	敏		厚	1
絕	幽	絕	7	哭		哭	2
	匸	絕	3	快	㤅	快	1
均	均	均	1	蚰	䖵	昆	3
	坰	均	1	羈	㸬	軍	1
		徇	1			**L**	
軍		軍	3	剌		烈	3
君		君	131(含重文 4、合文 17)	秂		來	4
		K		賚	秂	賚	2
剴		豈	2	賴	購	賴	1
戡	戢	甚	1	勞	袈	勞	4
厰		嚴	2		嶵	勞	1
侃		愆	1	老		老	2
稴	康	康	1	顡		類	9
	稴	康	1	纇	纃	纇	1

字		詞	頻　次	字		詞	頻　次
釐	釐	理	3	梁	沙	梁	1
		埋	1	兩		兩	1
悡		利	2	鼠		業	1
里		里	3	歔		業	3
		理	6	躐	徹	躐	1
豊		禮	49(含重文 2)	臨	臨	臨	1
		體	1		睪	臨	1
鬲	鬲	歷	1	鄰	竺	鄰	2
麗	而	離	2			閔	2
利	利	利	2			隱	2
	称	利	2			吝	1
	称	利	16	恡		零	2
		黎	1	陵	坴	陵	1
立		立	10(含合文 1)	畱		留	1
		位	10	淑	湺	流	7
		莅	1	六		六	21(含重文 1、合文 5)
隶		列	1	翏		戮	1
		逮	2	龍		籠	2
力		力	5	婁	婁	屢	1
聯	絲	戀	4(含重文 2)			縷	1
		蠻	1			數	2
	纍	怨	1		嘍	存疑	1
斂	斂	斂	1	臚	膚	膚	1
練		諫	1			落	2(含重文 1)
侵	臭	良	1	魯		魯	1
糧	量	糧	1	露	雺	露	1

字		詞	頻　次
路	逄	路	1
彔		禄	3
录		禄	1
戮	罷	戮	1
亂	矞	亂	9
輪	輪	輪	1
侖	龠	倫	6
		論	3
吕		吕	2
邵		吕	2
慮	慮	慮	5
	慮	慮	1
	慮	慮	1
M			
馬		馬	3(含重文1)
曼		蔓	1
褭		冕	1
縵		慢	1
宋		亡	1
芒	芷	亡	3
髳	炙	侮	1
		務	3
茅	茅	茅	2(含合文2)
	茆	茅	1
孞		懋	1
卯		標	1

字		詞	頻　次
卯		存疑	5
冒		帽	2
兒	倪	貌	1
美	岂	美	1
	頯	美	2
	媺	美	4
	敚	美	2
	媄	美	1
門		門	8
冢	冕	蒙	1
猛	㸒	猛	1
	猷	猛	1
迷		迷	1
蜜	審	密	1
		存疑	1
冕	免	免	1
		勉	1
挽	勻	免	1
	孚	免	1
		勉	1
面		面	2
廟	漳	廟	1
	寏	貌	1
	宙	貌	2
	届	貌	1
蔑	薉	蔑	1

續　表

字		詞	頻　次	字		詞	頻　次
滅	威	滅	1	牧	敳	牧	1
民		民	145(含重文1)	N			
明		明	25(含重文4)	乃		乃	7
名	名	名	1	鸛	難	難	7
	呂	名	23(含重文1)		雙	難	1
命	命	命	28(含重文1)		雙	難	2
		令	2		戀	難	3
	會	命	1		戀	難	1
礦	磻	磨	1		蕙	難	1
末		末	6		雜	難	1
莫		莫	24(含重文1)	南		南	2
		摹	1	男	昐	男	2
旻		没	1	戀		戀	1
謀	愳	謀	8	燮	莖	柔	1
	愳	謀	3		歟	柔	2
	愳	謀	1	内		内	19
拇	憂	文	18			入	12
母		母	4			納	2
		梅	1	敁		暱	5(含重文1)
		毋	3	能		能	60
木		木	2	匿		匿	1
目	目	目	4			暱	6(含重文1)
	宜	目	1	逆		逆	5
穆		穆	4(含重文1)	迟	汇	暱	1
繆		穆	1	年		年	3
牧	牧	牧	1			身	1

續　表

字	詞	頻　次
廿	廿	1
念　悥	含	1
鳥	鳥	1
臬　臲	臬	1
窋　窋	寧	1
牛	牛	3
奴　叏	如像	6
怒　忞	怒	3
惹	怒	3
諾　㕯	諾	2
女	女	2
	如像	26
	如如果	3
	如如何	1
	如形容詞詞尾	12
	如比得過	4
	汝	1
恧	恧	2
虐　唐	虐	1
瘧　牏	虐	1
P		
林	麻	1
	麿	1
畔　畚	判	1
	叛	1
伷	伷	朋

字	詞	頻　次
伷	俚	朋	3
朋	朋	朋	1
	塱	朋	1
皮		彼	1
		破	1
匹	匹	匹	1
	必	匹	1
	駜	匹	2
鬪	閦	避	1
辟		譬	1
偏	倖	偏	1
牝		牝	1
貧		貧	2
坪	坖	平	3
旳		伯	1
樸	檏	樸	1
	藁	樸	1
僕	僬	樸	1
	蓥	樸	1
	蓥	樸	1
		仆	1
Q		
騏	騹	騏	1
期	异	期	4
欺	忎	欺	1
		其	1

續　表

字	詞		頻次
欺	忎	欺	1
丌	丌	其	130(含重文1)
		己	1
		存疑	1
	亓	其	143
		期	1
戚	戙	造	1
		蹙	1
慼	慼	戚	2(含重文1)
	薽	戚	1
邪		期	1
七		七	10(含合文9)
妻		妻	3
		細	1
戟	戟	奇	1
	戓	奇	1
齊		齊	14(含重文2)
旗	旂	旗	2
起	記	起	1
	迠	起	1
啟		啟	1
舁		捐	1
		緝	1
器		器	3
气	燹	氣	8
	劈	氣	1

字	詞		頻次
棄	弃	棄	3
泣	渓	泣	1
遷	罨	遷	1
臤	臤	賢	1
	臤	賢	16(含重文1)
掔	掔	牽	1
蚈	蛋	蚈	1
千		千	1
僉	會	僉	1
		嬐	1
		斂	1
韽		僉	1
牽	又	賢	10
歬		前	3
淺	湔	淺	2
	澤	淺	1(含合文1)
牂		壯	1
戕	戙	莊	1
牆	牂	牆	1
彊	彊	剛	2
		疆	1
	勥	強	1
		競	1
	勥	強	2
	弜	強	7
		剛	2

字		詞	頻　次	字		詞	頻　次
彊	弜	強	5	窮	窮	窮	1
		剛	2			躬	1(含合文 1)
喬	高	驕	6		竆	窮	1
且		祖	1		穿	窮	5
竊	敝	竊	2	秋	秌	秋	3
親	睪	親	19	梂		仇	1
秦	焱	秦	1	求		求	14
琴	坴	琴	1	惄		求	1
寑	帰	寢	1	逑		求	1
青		靜	2(含合文 1)	區		厚	1
		清	1	詘		詘彎曲	2(含重文 1)
		請	1			屈竭盡	1
		情	20(含重文 1)	屈	屚	屈竭盡	1
輕	翌	輕	5(含重文 1)			詘彎曲	1
鯖		爭	1	取		取	14
卿		卿	2		叙	取	2
		享	1	曲		曲	1
宵		靜	1	去	去	去	5
		情	1		达	去	2
清	清	清	6(含重文 1、合文 1)	權	鑵	權	1
	夏	清	2		蘿	權	1
情	惪	情	6	勸	蘿	勸	4
慶		慶	2	崇		願	1
睘	賸	遠	1	缺	块	缺	1
	鑺	渙	1	雀	雀	削	1
窮	窮	窮	1			爵	3

字		詞	頻　次	字		詞	頻　次
雀	舊	爵	1	容	澹	澹	1
	箮	爵	2	叡	寠	諛	1
群	羣	群	4		顳	銳	1
R				若		若 比得過	4
狀	狀	然	28			若 如何	1
	麃	然	7			若 像	19
然		熱	5(含重文1)			若 這樣	2
讓	峕	讓	1	弱	屙	弱	3
尺	呈	讓	1			妙	1
仁	忢	仁	6		尿	弱	2
	忎	仁	5	S			
	悤	仁	59(含重文2)	卅	卅	卅	1
人		人	157(含重文3、合文7)	賽	賽	塞	2
忍		忍	1		寋	塞	2
任	妊	任	1	三		三	13(含合文2)
	賷	任	3	喪	喪	喪	2
刃		刃	1		霎	喪	4
紉		恩	2	瑟	珏	瑟	1
日		日	11	嗇	嗇	嗇	2
容		容	7		罷	嗇	1
戎		農	1	色	色	色	7(含重文2、合文1)
柔	柔	柔	5		頔	色	1
	棐	柔	1		艴	色	1
如	吾	如 像	1		頔	色	1
辱	昼	辱	1	殺	敆	殺	7
	昼	辱	4		布	殺	3

字		詞	頻　　次	字		詞	頻　　次
猌	猌	殺	1	巺		攝	2(含重文 1)
山		山	5	躰	弞	舍	1
羴		侃	1			徐	2
埋	堲	殫	1	舍		餘	1
膳		善	9			敘	2
譱	善	善	40(含重文 1)	社		社	1(含合文 1)
嬗	徝	禪	10	梺	涉	涉	1
	遄	禪	2	申		陳	1
傷	剔	傷	3	身		身	34(含合文 1)
	戕	傷	1		深	深	1
賞	賞	賞	1		深	深	5
	賞	賞	2	深	徚	深	1
上	上	上	45(含重文 1)		宋	深	2
		尚	2	參	參	三	1
	丄	上	4		厽	三	9
尚		尚	1	紳	繧	申	1
		嘗	2	神		神	5(含重文 1)
		黨	1	宷		審	1
堂		尚	1	甚	旵	甚	14
		當	2			慎	8
勹		弱	1		訢	塵	1
少		少	29(含合文 2)		訢	慎	6
紹	絮	存疑	1	慎	詑	慎	1
舌	育	舌	1		詁	慎	1
赦		赦	1		旹	慎	1
	愳	赦	1		睿	軫	1

續　表

字		詞	頻　次
生		生	137
升		登	2
眚		性	45
		姓	5
		存疑	1
聖	聖	聖	41(含重文1、合文1)
		聲	18
		聽	5
	睪	聖	7
	耴	聖	1
	䎵	聖	1
盛		盛	1
勝	𤔡	勝	5
	𤔡	勝	4
失	迭	失	9
師	帀	師	4
詩	誌	詩	1
	唝	詩	1
淫		濕	4(含重文1)
攸	攻	施	3
十		十	20(含合文16)
妝		審	1
石		石	2
時	旹	時	4(含重文1)
		詩	2
	晛	時	2

字		詞	頻　次
時	旹	時	10
實	實	實	2
		經	2
	宗	賓	1
史		使	16
		事	1
士		士	12
執	埶	勢	7
		藝	3
		設	4
		褻	3
世		世	3
事		事	41
		士	1
奭		奭	3
逝	道	逝	1
是		是	65
噬	歕	滯	1
	懿	噬	1
	懿	逝	2(含重文1)
筮	箺	筮	1
	耆	筮	1
釋	睪	釋	3
	惥	釋	2
飾	紸	飾	1
	紴	飾	1

字		詞	頻　次	字		詞	頻　次
氏		是	2	束	歂	束	1
室		室	2		遯	束	1
視	貝	視	13（含重文 1）	數	嚮	數	1
		示	4	術	述	術	4
手	孚	手	1	庶		庶	1
守		守	2	庶		庶	1
首		首	1	恕	訫	恕	1
獸	獸	獸	1	悥		衰	1
		守	5	衰	鬲	衰	3
受		受	2	退		率	2
		授	5	達	衝	率	4
		紂	1	水		水	7（含重文 2）
疋	紕	疏	2	順	巛	順	1
荲		鮢	1	舜	麥	舜	11
書	箸	書	3	舁		斯	17
疋		疏	2	斯	斯	斯	5
		索	1	思		思	28（含重文 1）
		胥	1	囟		使	1
殳		存疑	1	司	司	司	1
暑	昬	暑	1		緐	司	5
蜀		獨	7		緐	司	1
樹	桓	樹	1	厶		私	2
	敱	樹	1	枲		始	6
述		遂	4			詞	2
		墜	1	玅		始	2
		遂	1	絲		絲	1

字		詞	頻　　次	字		詞	頻　　次
死	死	死	9	蓑	菁	衰	1
	炙	死	1	索		索	1
肆	遼	肆	4(含重文 1)			素	1
寺	攴	詩	19	所	所	所	80(含合文 11)
		夷	1		庋	御	1
	吱	志	1	T			
埘	埪	詩	1	它		蛇	1
四	四	四	15(含重文 1、合文 1)			施	2
	三	四	1	臺	峇	臺	1
飤		食	3	腒		臬	1
		飾	2	台		治	1
祀		祀	2	貪	貪	含	1
巳		已	14		念	貪	1
		嗣	1		意	貪	1
峕	陵	志	1	壇	眞	㫃	1
嵩	亯	崇	1	談		談	1
頌	頌	容	6	袒	晨	袒	1
	仫	容	1	歎	戁	歎	3(含重文 1)
訟	審	訟	2	湯		湯	2
宋		宋	1			唐	2
竁		睄	2	惛	惎	陶陶陶	2(含重文 1)
速	遬	速	4	匋	窑	陶陶器	1
歲	散	歲	2			謟	2
孫		孫	4(含合文 1)	逃		逃	1
		遜	1	通	迵	通	5
		訓	1	僮		動	1

字		詞	頻　次
體	體體	體	4
	膿	體	1
涕		涕	1
天		天	100(含重文2)
		大	1
條		悠	1
覜	覜	盜	2
廷		廷	1
同	同	同	14(含重文2)
	迵	同	1
杲		同	1
童		動	1
		重	2
圖	煮	圖	1
		著	2
屠	肯	屠	1
土		土	5(含合文1)
湍		揣	1
退	退	退	4
	遄	退	2
坉		沌	1
屯		純	1
		頓	1
橐	臼	橐	1
W			
外		外	10

字		詞	頻　次
萬	萬	萬	7
		厲	2
	蠆	萬	4
分		萬	1
訜		慢	1
王		王	22
亡		亡	99(含重文3)
		忘	4(含重文2)
		明	1
		存疑	1
頁		亡	2
枉	桂	枉	1
		往	1
徃	徃	往	2(含重文1)
	遑	往	2
		妄	1
望	望	望	1
		亡	1
	脞	望	1
	突	撫	2(含重文1)
	室	望	1
		亡	1
妄	忘	妄	2
威	戮	威	1
散		微	2
		美	1

續　表

字		詞	頻　　次
危	厃	危	1
唯	售	唯唯諾	3
惟	雟	惟	1
韋		違	1
爲		爲	170(含重文1)
		僞	2
逡	叠	化	3
	蟲	化	1
僞	愚	僞	5
		化	3(含重文1)
		爲	1
愳		詭	2
緯	絆	違	1
未		未	31
		味	4
		眛	1
菁		喟	1
味	杏	味	1
畏	塁	畏	3
		威	1
	愄	畏	6
		威	2
		夒	1
胃		謂	65
位		蒞	2
衛	霍	衛	1

字		詞	頻　　次
温	恩	温	3(含重文1)
聞	昏	聞	11(含重文1)
	䎽	聞	6
文		文	8
我	我	我	24(含重文1)
		義	3
	峩	義	1
吳		虞	6
無		無	8
		璑	1
武		武	3
五		五	10(含合文1)
舞	迡	舞	2(含重文1)
侮	悉	侮	1
戉		牡	2
勿		勿	2
		物	52
毋	毋	毋	17
		母	1
	毋	毋	1
X			
昔	昔	昔	4
西		西	1
谿	溪	溪	1
席	箈	席	1
習	習	習	5

字		詞	頻　次	字		詞	頻　次
習	習	習	2	罼	遻	巷	1
	纆	鋏	1	向		向	4
喜	憙	喜	10			鄉	4
	壴	矣	15	象		象	2
偨	遟	差	1	小		小	2(含合文2)
戲		嚇	1	孝		孝	16
虤	虘	林	6(含重文3)	笑	芺	笑	4
柙	庴	狎	1	衺	紒	邪	1
	橪	柙	1	忻	忢	忻	1
	盩	狎	1			近	2
下		下	70(含重文1)	新	斳	親	29(含重文4)
夏	昰	夏	2		新	親	3
		雅	1	心		心	56(含重文2、合文1)
	顕	夏	2	信	訐	信	39
		雅	3		秳	信	15
晛		夏	1	興		興	7
先		先	19(含合文1)	型	型	形	23(含重文5)
銛	鏥	銛	1			刑	11
鮮		鮮	1			存疑	1
咸		咸	2		坓	型	1
害		害	1			形	1
相	相	相	19			刑	14
	榎	相	1	巰		形	1
睘		襄	1	行		行	96(含重文2)
		讓	3	兄		兄	4(含合文1)
		壤	1	嵆		卹	1

字		詞	頻　次	字		詞	頻　次
雄	骹	雄	3	牙	盍	牙	1
采		由	2	亞		惡_{美惡}	31（含重文 2）
		繇	1			惡_{疑問代詞}	2
臭		臭	2	嚴	嚴	嚴	4（含重文 1）
鼆	嘦	嗅	1	言		言	77（含重文 1）
虛		虛	2			焉	3
須		須	1	胥		延	1
畜	畜	畜	2	顏	㡾	顏	1（含合文 1）
玄		玄	2	弅	穿	淹	1
楥	諼	2				掩	2
削	鈔	削	1	雁	鳶	雁	1
逍		存疑	2	晏	晏	罕	2
學		學	10（含合文 1）	猒		厭	1
		教	2	諺	詹	諺	1
空		困	1	央		殃	1
靐		脆	1	易		陽	5（含重文 1）
血		血	3			揚	1
潯	尋	尋	1	羊		羊	1
燖		簎	1	養	敓	養	9
訓	訓	順	3	羕		羕	3
	訂	訓	1			養	4
黔	衿	1			詠	2（含重文 1）
愻	遜	1	夭		夭	1
Y				堯	尭	堯	1
牙	牙	與	26		垚	堯	1

字		詞	頻　次
堯	堥	堯	8
昝	誅	謠	1
繇	繇	由	14
	繇	因	1
	繇	説	1
	猷	由	2
遙	遜	由	11
	墅	由	3
舀	番	陶(鬱陶)	3
墨		要	1
野	埜	野	1
也		也	604
夜	夌	豫	1
一	一	一	20(含合文2)
	弌	一	7
噫	悫	噫	1
依		依	1
衣		衣	4
		依	1
逗		熙	1
遺	遝	遺	3
怡	怘	怡	1
總		遂	1
矣		喜	1
		矣	2
疑	悆	疑	3
疑	悆	疑	5
逐		移	1
宜		宜	3
		義	23
迱		地	2
		他	1
㠯		以	214
		已	1
矣	矣	矣	21
	矣	擬	1
	悆	矣	14
	歆	矣	4
殹	肷	嬰	1
斁	愳	斁	1
弋	弋	弋	2
	弋	式(法)	2
	弋	式(虛詞)	2
	弋	代	1
	弋	飭	1
	弋	忒	1
	弋	置	1
	杙	弋	1
易		易	12
惕		易	2
異		異	5
嗌	蒜	益	14

續　表

字		詞	頻　次
嗌	膌	益	1
睪		繹	2
		擇	1
役	没	役	1
譯		繹	1
誼	⿱我心	義	7
		儀	1
亦		亦	23
		赦	2
啻		意	1
義		義	27
		儀	7
		我	1
		存疑	1
益	賷	益	1
翼	⿱羽能	一	6
	能	一	1
肴		肆	2
霒	侌	陰	6(含重文1)
因		因	5
音		音	6(含重文1)
吟	⿰言念	吟	1
淫	淫	淫	2
	潯	淫	1
	⿱㸒心	淫	1
酓		含	1

字		詞	頻　次
尹		尹	4
隱	⿱乚心	隱	1
	⿱⺮⿱工心	隱	1
纓	縈	榮	4
盈	浧	盈	7
		呈	1
蠅	⿱丷酉	尊	1
⿱宫心		榮	1
墉	⿰土⿱亯用	融	1
踊	通	踊	2(含重文1)
	迵	踊	2
甬		用	16
勇	⿰甬戈	勇	4
	恿	勇	2
用		用	4
⿱頁心	⿱頁心	憂	5
		嚘	1
	⿱百心	憂	10(含重文1)
學		幽	2
攸		修	9
由		由	1
游	遊	遊	8
猷	猷	猷	2
		猶	12
		摇	2(含重文1)
	猷	猶	2

字		詞	頻次
有		有	4
友	友	友	3
	旮	友	5
	旮	友	1
	旮	友	2
卣		攸	1
右		右	3
		佑	1
囿	困	國	1
又		又	2
		有	232(含重文3)
蚤		郵	1
于		于	5
		雩	1
堣	塈	遇	11
禺		偶	1
		隅	1
余		餘	2
		舍	2
		豫	1
		除	1
敘		除	1
俞		渝	1
		喻	1
逾	逾	逾	2
		揄	1

字		詞	頻次
於		於	158
敁	戜	敬	1
雨		雨	2
禹	璽	禹	6
語	語	禦	1
	硈	語	1
羽	翠	羽	1
玉		玉	11(含重文3)
弁	丹	覺	1
胬		鬱	2
譽	譽	譽	1
	罃	譽	1
	悇	譽	1
御	御	御	1
	馭	御	2
鉛		喻	2(含重文1)
愈	愈	瑜	1
	息	愈	1
		渝	1
欲	欲	欲	5
	忿	欲	2
	忩	欲	6
獄	峇	獄	5
豫	餿	豫	1
淵	困	淵	1
原	湶	源	1

續　表

字		詞	頻　次
原	湶	源	1
員	鼎	雲	2(含重文 1)
		損	10(含重文 1)
		云	32
遠	遠	遠	6
	遠	遠	2
	逨	遠	3
	遳	遠	2
肙	鵵	宛	1
怨	悬	怨	5
曰		曰	58
約		約	1
籥		籥	1
説	説	悦	1
	敚	説	1
		悦	4
	敓	悦	2
	逆	悦	1
樂	樂	樂	55(含重文 1)
	嶽	樂	5(含重文 2)
	譽	樂	3(含重文 1)
雲	云	云	1
允	允	允	2
	身	允	2
慍	恩	慍	5

字		詞	頻　次
Z			
載	耷	載	1
再		再	2
牂		臧	1
		莊	1
早	褱	早	4
	曶	早	1
喿		噪	1
		燥	1
		躁	1
		肖	1
吾		造	1
燥	澡	燥	4(含重文 1)
責		責	1
則	鼎力	則	92
	鼎	則	63
臭		擇	1
澤	澤	澤	1
	溴	澤	1
	滓	澤	1(含合文 1)
昃		側	1
賊	恩	賊	2
	惥	賊	2
迮	迮	作	1
	乍	作	1
叡	虘	且	3

字		詞	頻　次	字		詞	頻　次
岸	岸	作	1	折	棑	折	1
	乍	作	9			者	249
	恧	宅	3	者		諸	19(含重文 1)
宅	厇	宅	4			存疑	2
絅	絷	著	1	貞		貞	5
鷹		存	3	針	Ｉ	遜	1
		胺	1	軫		軫	1
瞻	賧	瞻	1	診		軫	1
詹	谷	存疑	1	震	昬	振	2
	詀	厭	1	陙	迪	陳	2
遭	迡	遭	4		戋	陣	1
	徂	遭	1	爭	婧	爭	1
	斬	斬	2	證	謹	證	1
戰	戰	戰	2	正	正	正	10
	戳	戰	1			政	12
	章	彰	6			征	1
彰		章	1		歪	正	1
張		張	1			征	2
丈		杖	1	政	政	政	1
昭	習	昭	1	枝	枳	枝	1
朝	朝	朝	2			肢	1
	芲	兆	1	只		技	1
召	卲	韶	2	脂		脂	1
折	斳	折	1	之		之代詞	264(含重文 1、合文 1)
		制	4			之助詞	319(含重文 1、合文 13)
	斷	制	1			治	1

字	詞	頻 次	字	詞	頻 次
之	志	1	智	智	存疑	1
	時	1	治	旻	治	3
	存疑	1		娿	治	3
執	剶	執	6		綱	治	6
植	菓	直	3			始	1
	檔	置	1		翕	治	2
直		德	4		翏	治	6
戠		職	5		忌	治	2
指	餂	指	1	中	中	中	2
止	止	止停止	5		串	中	9(含重文1)
	㞢	止停止	7(含重文1)			沖	1
		止容止	2		审	中	11(含重文2)
		止語氣詞	3		忠	中	1
		存疑	1	忠	忠	忠	24
旨	旨	嗜	1		忠	忠	13
		者	1	終	宑	終	18
		示	1		窆	終	1
	餂	稽	1	衆		衆	10(含重文1)
志	志	志	18(含合文3)	重	重	重	2
	㥏	志	1		坙	重	5
至		至	40	舟		舟	1
		致	1	周		周	2
智	䋈	智	28(含重文2)	匋	迿	周	1
		知	73(含重文6)	肘		重	1
	智	智	11	誅	敚	誅	3
		知	35(含重文4)		戜	誅	1

字		詞	頻　次	字		詞	頻　次
潴	渚	潴	1	兹		緇	1
竺		孰	2	丝		慈	1
厰	劏	祝	1			兹	1
宝	主	主	6	绎		字	1
杉		圖	3	子		子	140(含重文 6、合文 18)
轉	連	轉	2(含重文 1)	自		自	25
	逦	轉	1	宗		宗	3
叭		順	1	足		足足部	3
莊	牂	莊	1			足足夠	35(含重文 1)
	妝	莊	1	卒	卒	卒	1
	憖	莊	1		釆	卒	2
壯		狀	1	族	族	族	3
		莊	2		足足夠		1
狀	牁	狀	1	皋		罪	7
		莊	1	算	尊	尊	4
佳	佳	唯虛詞	5		酋	尊	3
		誰	1	隓	隓	尊	1
	售	唯虛詞	16		隓	尊	11(含重文 1)
		雖	18	左	右	左	3
捉		捉	1	作	俊	作	1
仳		拙	1		复	作	6
濁		濁	2			阼	1

附錄二　郭店楚簡詞字關係表

詞	字	頻　次	詞	字	頻　次
A			包	坅	1
哀	哀	5	保	保	5
	忝	8	暴	暴	2
	惥	1	悲	悲	8
愛	悉	24(含重文2)	北	北	1
	懇	8	悟	意	2
安	安	14(含重文4)	備	備	2
	女	6(含重文1)		葡	1
B			倍	伓	7
八	八	7(含合文7)		北	1
拔	杲	3	本	杏	8
白	白	2		蠢	1
百	百	17(含合文3)	鼻	鼻	1
	白	1		畀	1
敗	歔	11	比	比	3
	伐	1	彼	皮	1
拜	稃	1	閉	閟	3
板	板	3(含重文1)	敝	尚	3
邦	邦	4	獘	逓	1
	畔	11	幣	尚	1
傍	立	1		緢	1

詞	字	頻　次	詞	字	頻　次
必	必	41	泊	泊	1
	圸	5	卜	卜	1
	圠	2	補	杦	1
嬖	卑	2	不	不	452(含重文 22)
避	閟	1	布	布	1
鞭	板	1	C		
辯	夋	2	材	材	6
辨	羑	2	采	采	1
	夋	1	藏	賛	2
	卞	2		寙	1
	誸	1	草	艸	2(含合文 2)
變	畀	4		屮	1
標	卯	1	策	遬	1
表	菓	1	側	昊	1
賓	寏	1	差	遲	1
	方	2	察	講	5(含重文 1)
兵	兵	5		嚳	3
秉	秉	1		慫	4
病	肪	1		戁	1
並	竝	1(含合文 1)	茝	芑	1
播	晢	1	蠆	蠤	1(含合文 1)
薄	専	3	長	長	15
	楠	7		倀	9(含重文 1)
博	専	5	倡	昌	2
伯	白	2	常	崇	6
帛	帛	1	嘗	嘗	2

續 表

詞	字	頻　次	詞	字	頻　次
嘗	尚	2	蟲	虫	1(含合文 1)
車	車	2	崇	崇	1
轍	敾	2	寵	態	4
臣	臣	35(含重文 3)	疇	䣓	1
塵	訢	1	仇	戟	3(含重文 1)
陳	申	1		梂	1
	迪	2		逑	1
稱	爯	4	讎	戥	1
城	成	1	初	初	1
成	成	2	出	出	24
	威	36	除	余	1
呈	涅	1		敘	1
程	緹	2	楚	楚	1
莛	莛	1	處	尻	9
持	貴	1	揣	湍	1
	朱	2	川	川	2
池	沱	1	傳	連	2
恥	恥	2		徝	2
	恳	1	箠	格	1
齒	齒	2	春	旾	3
赤	赤	1	淳	湻	1
飭	放	1	純	屯	1
	弋	1	輟	乚	1
啻	帝	1	惙	叕	2(含重文 1)
忡	宓	2(含重文 1)	雌	䧳	1
沖	中	1	詞	訇	5

詞	字	頻　次	詞	字	頻　次
詞	伺	2	代	弋	1
慈	孲	2	怠	詒	1
	丝	1	單	畧	1
此	此	62	殫	崖	1
次	即	5	憚	畧	1
聰	聰	5(含重文1)	瘅	貏	1
	聥	1	淡	淡	1
從	從	30	當	壴	2
	从	1	黨	堂	1
	宒	1		尚	1
蠶	戕	1	導	道	4
脆	雪	1		遉	2
存	才	2	道	道	80(含重文4)
	鴈	3		遉	4
措	道	1		衟	1
D				衍	35(含合文2)
達	迻	7	盜	跳	2
	遣	1	德	惪	74(含重文3)
大	大	75(含重文1、合文2)		直	4
	天	1	得	旻	33(含重文1)
待	坒	3	登	升	2
逮	逮	1	等	坒	1
	隶	2	迪	迪	3
戴	志	1	地	墜	23(含重文2、合文1)
殆	詒	1		迲	2
	怠	1	帝	帝	5

詞	字	頻　次	詞	字	頻　次
弟	弟	8(含合文 1)	沌	坉	1
砧	砧	2	多	多	24
簟	簟	1	奪	兑	2
奠	眞	2	惰	陸	1
経	袤	1	墮	墮	1
	瓬	1	陊	宅	2
	實	2	E		
丁	丁	1	譌	譽	3
定	定	1		訛	1
東	東	1	亞美惡	惡	2
冬	舀	2		亞	31(含重文 2)
動	敏	1	遏	桨	1
	敫	4	恩	紉	2
	遑	2	而	而	314
	迮	1	耳耳朵	耳	5
	僮	1	耳語氣詞	耳	1
	童	1	邇	徼	1
獨	蜀	7	餌	餌	1
篤	管	5	尔代詞	尔	7
端	耑	2	尔語氣詞	尔	8
短	耑	1	二	二	3
斷	剚	5		弍	1
	幽	1	貳	戉	1
兑	逆	3	F		
敦	惇	1	發	雙	1
頓	屯	1	罰	罰	4

詞	字	頻　次	詞	字	頻　次
伐	伐	1	分	貧	1
	戔	1	紛	紛	1
瀘	壆	1	奮	畬	1
	繄	5		杏	2(含重文1)
	壢	2		意	1
凡	凡	35	忿	忿	1
繁	皃	1	豐	奉	1
	宴	1		窂	1
	每	1	逢	遣	1
煩	纈	1	奉	奉	1
反	反	8		霏	1
	忎	1	夫 成年男子	夫	18(含重文2、合文2)
	返	2	夫 語氣詞	夫	14
返	返	1	夫 代詞	夫	11
	反	6	膚	膚	1
犯	犿	1	伏	匐	1
芳	芳	1	孚	孚	2
方	方	25	服	葡	1
	紡	1		備	9
非	非	39	福	稟	3
廢	雙	1	弗	弗	82
	肇	1	緋	緯	1
	壢	1	輔	尃	1
	繄	1		補	1
費	賫	1	撫	灾	2(含重文1)
分	分	4	傅	吕	1

詞	字	頻 次	詞	字	頻 次
復	复	1	誥	亯	3
	逯	19	歌	訶	2
父	父	29(含重文3)	戈	戈	1
	古	1	割	割	2(含重文1)
負	弖	1	革	革	1
富	稟	5(含重文1)	槅	橪	1
	賈	2	格	各	1
	稟	1		坴	1
婦	婦	12(含重文2)		迳	2
	敀	1	葛	蓋	1
縛	縛	1	各	各	5
G				客	2
改	改	6	根	董	1
蓋	害	6	耕	畊	2
	戠	1	工	工	1
甘	甘	1	恭	共	9(含重文1)
敢	敢	10		恭	1
剛	剛	2		龔	1
	弫	2	攻	攻	2
	劳	2		戎	1
	彊	2	功	工	3
	弃	1		杠	3
瓶	航	1		攻	1
皋	咎	1	躬	窮	1(含合文1)
高	高	2	公	公	4
告	告	1	宮	宮	2

詞	字	頻　次	詞	字	頻　次
蚤	螽	1	圭	珪	1
共	共	3	龜	龟	2
鉤	鉤	1	歸	遉	4
苟	句	14	詭	陒	2
	軮	1	軌	匓	2
覯	詢	1	貴	貴	32(含重文 1)
瞀	宆	2	悃	惡	1
古	古	14(含重文 1)	國	彧	1
骨	骨	1		郂	1
谷	浴	2		郾	2(含重文 1)
	湪	3		囩	1
股	股	1	果	果	10(含重文 1)
故	古	77(含重文 1)	過	過	2
	敳	1		迲	4
固	固	2		徎	1
	古	2		恁	7
顧	募	1		悊	1
	購	1		H		
寡	募	3	孩	亥	1
	霣	1	醢	酳	1
觀	雚	6	海	泗	1
	雚	4		洇	3
官	官	2	害	害	5
管	弅	1		叔	1
光	光	1		憲	3
廣	坒	3(含重文 1)		割	1

詞	字	頻　次	詞	字	頻　次
害	萬	1	肱	忕	1
	蠚	1	侯	医	5(含重文1)
	寙	1	厚	厔	10
含	含	1		萄	1
	念	1		敏	1
	貪	1		區	1
	畬	1	后	后	1
寒	寒	4(含重文1)		句	2
	寨	1	後	逡	14
	襄	1		后	1
罕	曷	2		句	30
號	虘	1	呼	虎	2
好	好	9		膚	1
	孜	2	乎介詞	虎	11
	孝	18		膚	7
	玗	4		虗	3
蘁	蕫	1	乎語氣詞	虎	1
呵	可	1		膚	10
和	和	17	湖	沽	1
何	可	9	戶	宋	1
合	畬	4	華	話	1
河	河	1		吁	1
赫	膚	6(含重文3)		旱	1
恆	死	11		嘩	2
	贊	1	化	曡	3
	悉	1		蟲	1

詞	字	頻　次	詞	字	頻　次
化	愚	3(含重文 1)	惑	惑	3
話	話	1		賊	3
懷	罞	1	貨	貨	3
	壞	1		賢	1
壞	㙮	1	禍	化	1
桓	逗	1		㡥	1
緩	寋	2	J		
患	患	4	基	㞢	1
渙	臝	1	積	碵	3
虺	蟲	1	稽	餰	1
悔	悬	1		秙	1
毀	敀	1	幾 幾微	戔	2
	皇	1	吉	吉	1
慧	忢	3	極	亟	1
惠	惠	1		死	3(含重文 1)
	重	1		坕	1
	寋	1	棘	莝	2
會	會	7	集	集	1
誨	忢	1		寨	1
悟	慝	1	急	遄	2
昏	昏	1		級	2
	緍	2	及	及	9(含重文 1)
緍	緍	1		茻	3
火	火	1		返	2
或	或	7	疾	疾	7
	國	20		愳	2

詞	字	頻　次	詞	字	頻　次
即	節	1	加	加	1
嘔	歾	3		矤	1
	怸	1	叚	睯	1
緝	眔	1	假	叚	1
己	己	2	嫁	豢	1
	啚	17(含重文 1)	監	監	3
	异	2	堅	臤	1
	忌	1	間	閖	2
	丌	1		列	1
幾幾何	戔	1	兼	兼	2
驥	戴	1	簡	柬	18(含重文 8)
技	只	1	儉	贛	1
悸	諄	1	賤	戔	5
稷	禝	3(含合文 1)		賓	1
季	季	1	見	見	17
祭	祭	2	諫	練	1
	晉	1	建	畫	3
濟	淒	3	將	牂	11
既	既	12		牁	1
忌	忈	2	江	江	3
	惥	1	疆	彊	1
紀	紀	1	降	降	1
繼	浦	2		陞	1
家	家	1	驕	鬲	6
	豢	5	教	教	1
	豪	1		敫	2(含合文 1)

詞	字	頻　次	詞	字	頻　次
教	季	8	謹	蕙	2
	效	8	禁	欽	1
	菾	25(含重文 1)	進	進	11
	敨	1		聿	3
	學	2	近	近	11
交	交	14		丘	1
較	夆	1		忘	2
皆	皆	12	浸	淲	1
	虘	6		浧	2
	虘	1		㲋	1
	虘	3		憲	1
節	即	6	盡	聿	9
	迎	2(含重文 1)	旌	旟	1
桀	傑	4	精	精	1
結	結	3		稟	1
解	解	1	經	經	1
巾	蕙	1	靜	青	2(含合文 1)
筋	菫	1		靑	1
金	金	6		束	2
今	今	1	敬	敬	25(含重文 1)
	含	2	俓	巠	1
津	潷	1	靖	惪	1
	潷	1	競	勥	1
矜	稦	1	啾	誓	1
瑾	菫	1	韭	韭	1
僅	菫	1	久	舊	3

詞	字	頻　　次	詞	字	頻　　次
久	售	1	絶	幽	7
九	九	4(含合文 3)		㚲	3
舊	舊	1	屈竭盡	屒	2
咎	咎	3		詘	1
	从	1	均	均	1
就	臱	3		坰	1
拘	竘	1	軍	軍	3
居	居	11		妈	1
	屌	2	衿	黔	1
舉	與	1	君	君	131(含重文 4、合文 17)
	牙	1	K		
	塱	2	侃	彞	1
	至	3	康	康	1
聚	聚	1		㡣	1
	聚	1	考	考	1
巨	巨	1	可	可	105
懼	瞿	2	克	克	3(含重文 1)
俱	具	1	客	客	5
倦	勝	1	口	口	5
蓻	藞	2	扣	扣	1
厥	圼	1	哭	哭	2
攫	攫	1	苦	古	1
覺	丼	1	快	忎	1
爵	雀	3	誑	皇	1
	雀	1	況	皇	1
	簹	2	夒	愳	1

詞	字	頻　次	詞	字	頻　次
喟	菁	1	立	立	10(含合文 1)
昆	𥄂	3	力	力	5
困	空	1	廉	兼	1
L			斂	會	1
來	垃	4		斂	1
賴	購	1	戀	緣	4(含重文 2)
賚	垃	2	良	臰	1
勞	袋	4	糧	彙	1
	褩	1	梁	沏	1
老	老	2	兩	兩	1
類	頪	9	諒	京	1
纇	續	1	列	隶	1
黎	称	1	烈	剌	3
離	丽	2	躐	徹	1
理	里	6	臨	臨	1
	堇	3		臮	1
里	里	3	鄰	戈	2
禮	豊	49(含重文 2)	吝	戈	1
蒞	立	1	靈	至	1
	位	2	零	霝	2
厲	萬	2	陵	陞	1
歷	爾	1	令	命	2
利	利	2	留	审	1
	𥝠	2	流	潕	7
	称	2	六	六	21(含重文 1、合文 5)
	称	16	籠	龍	2

詞	字	頻　次	詞	字	頻　次
魯	魯	1	慢	縵	1
璐	茖	1		訽	1
露	零	1	茅	茅	2(含合文2)
路	逄	1		邜	1
禄	彔	3	懋	孟	1
	录	1	冒	髟	1
戮	翏	1	帽	冒	2
	翏	1	貌	佼	1
亂	躖	9		軏	1
輪	輪	1		宙	2
倫	侖	6		届	1
	鯑	3	梅	母	1
論	侖	3	美	岂	1
落	膚	2(含重文1)		顡	2
呂	呂	2		娪	4
	邵	2		敚	2
屢	婁	1		媘	1
縷	婁	1		散	1
慮	慮	5	昧	未	1
	慮	1		孛	1
	慮	1	門	門	8
M			蒙	罞	1
麻	林	1	猛	芺	1
馬	馬	3(含重文1)		猒	1
埋	奎	1	迷	迷	1
蠻	緣	1	彌	爾	1

詞	字	頻　次	詞	字	頻　次
靡	林	1	末	末	6
密	睿	1	莫	莫	24(含重文 1)
冕	襪	1	没	叟	1
免	免	1	謀	惎	8
	仒	1		惎	3
	孚	1		惎	1
勉	免	1	牡	弋	2
	孚	1	母	母	4
面	面	2		毋	1
杪	茉	1	木	木	2
廟	漳	1	目	目	4
妙	屒	1		官	1
蔑	葳	1	穆	穆	4(含重文 1)
	曼	1		縶	1
滅	威	1	牧	牧	1
民	民	145(含重文 1)		斀	1
関	叜	2		N	
忞	沬	1	納	内	2
明	明	25(含重文 4)	乃	乃	7
	亡	1	難	難	7
名	名	1		雦	1
	昌	23(含重文 1)		蘁	2
命	命	28(含重文 1)		戁	3
	會	1		戁	1
摹	莫	1		蕙	1
磨	礚	1		雖	1

詞	字	頻　次	詞	字	頻　次
南	南	2	諾	峇	2
男	甹	2	O		
戀	戀	1	偶	禺	1
内	内	19	P		
能	能	60	拍	笡	1
	而	1	判	畨	1
娩	兒	1	叛	畨	1
擬	矣	1	旁	方	1
匿	匿	1		仿	1
睧	匿	6(含重文1)	配	仰	1
	蔽	5(含重文1)	朋	朋	1
	汇	1		倗	3
逆	逆	5		併	1
年	年	3		塱	1
廿	廿	1	丕	不	1
鳥	鳥	1	否	怀	1
梟	駃	1	匹	匹	1
寧	盗	1		必	1
牛	牛	3		駜	2
女	女	2	僻	避	1
忢	忢	2	譬	辟	1
虐	唐	1		卑	1
	牆	1	偏	夋	1
農	戎	1		卞	1
怒	怣	3		倖	1
	惹	3	牝	牝	1

續 表

詞	字	頻次
貧	貧	2
平	坪	3
破	皮	1
仆	菐	1
樸	樤	1
	菐	1
	儯	1
	蘷	1
	菐	1
浦	匜	1
Q		
期	昇	4
	亓	1
	郊	1
欺	丞	1
	忑	1
戚	亶	6(含重文 2)
	邅	1
	慼	2(含重文 1)
	蕨	1
七	七	10(含合文 9)
妻	妻	3
騏	驥	1
耆	旨	1
其	其	1
	囟	7

詞	字	頻次
其	丌	130(含重文 1)
	亓	143
	丞	1
奇	敧	1
	戓	1
齊	齊	14(含重文 2)
旗	羿	2
起	记	1
	逭	1
豈	剴	2
啟	啟	1
器	器	3
氣	既	1
	燹	8
	嬰	1
棄	弃	3
泣	滐	1
遷	罨	1
蚈	茧	1
千	千	1
愆	侃	1
僉	會	1
牽	孯	1
前	歬	3
淺	濊	2
	澤	1(含合文 1)

詞	字	頻　　次	詞	字	頻　　次
牆	牄	1	窮	窮	1
強	弞	7		窮	1
	䶫	5		窮	1
	勥	1		穿	5
	勥	2	秋	秌	3
喬	槀	1	求	求	14
巧	攷	4		忎	1
且	虞	3		沫	1
竊	攲	2	囚	繇	1
親	睪	19	詘彎曲	詘	2(含重文1)
新	睪	19		屆	1
	斬	29(含重文4)	劬	慐	1
	新	3	取	取	14
秦	槮	1		耴	2
琴	釜	1	曲	曲	1
寢	帚	1	去	去	5
輕	巠	2		迲	2
	翠	5(含重文1)		篆	1
卿	卿	2	缺	块	1
清	清	6(含重文1、合文1)		夬	2
	㬌	2	權	鑺	1
	青	1		蘿	1
情	恵	6	勸	蘿	4
	青	20(含重文1)	群	羣	4
	宵	1	R		
請	青	1	然	肰	28
慶	慶	2		虔	7

詞	字	頻　次	詞	字	頻　次
壤	毀	1	如像	妿	6
讓	毀	3		女	26
	惷	1	如如果	女	3
	朢	1	如如何	女	1
熱	然	5(含重文 1)	如形容詞詞尾	女	12
仁	忢	6	如比得過	女	4
	忎	5	辱	辱	1
	息	59(含重文 2)		夏	4
人	人	157(含重文 3、合文 7)	汝	女	1
忍	忍	1	入	内	12
任	妊	1	鋭	籲	1
	貢	3	濬	濬	1
刃	刃	1	若比得過	若	4
日	日	11	若如何	若	1
融	蟲	1	若像	若	19
	壎	1	若這樣	若	2
榮	蘽	4	弱	孱	3
	恩	1		尿	2
容	容	7		勺	1
	頌	6	S		
	伀	1	卅	卅	1
柔	柔	5	三	三	13(含合文 2)
	柔	1		參	1
	葇	1		厽	9
	蹂	2	散	後	1
如像	否	1	喪	喪	2

詞	字	頻　次	詞	字	頻　次
喪	霥	4	尚	上	2
瑟	玕	1	韶	卲	2
嗇	畬	2	少	少	2
	䰠	1	蛇	它	1
色	色	7(含重文2、合文1)	舌	肻	1
	頤	1	舍	余	2
	絶	1		弅	1
	頗	1	赦	亦	2
塞	賽	2		㗊	1
	賨	2		愍	1
殺	敓	7	攝	㚔	2(含重文1)
	布	3	懾	殢	1
	黎	1	設	毅	4
山	山	5	涉	涉	1
善	善	40(含重文1)	社	社	1(含合文1)
	膳	9	誰	佳	1
禪	徟	10	申	繻	1
	逈	2	身	身	34(含合文1)
傷	剔	3		年	1
	戵	1	深	深	1
賞	賫	1		㴱	5
	賞	2		銾	1
上	上	45(含重文1)		宋	2
	㞷	4	神	神	5(含重文1)
尚	尚	1	審	羃	1
	叠	1		攷	1

詞	字	頻　次	詞	字	頻　次
甚	咠	14	施	堅	2
	戝	1		攺	3
慎	訢	8		它	2
	訢	6	濕	淫	4(含重文 1)
	訫	1	十	十	20(含合文 16)
	訫	1	石	石	2
	峕	1	時	晊	4(含重文 1)
聲	聖	18		晊	2
生	生	137		旹	10
聖	聖	41(含重文 1、合文 1)		之	1
	睾	7	食	飤	3
	耵	1	實	實	2
	眢	1	使	史	16
盛	盛	1		囟	1
勝	桼	1	始	詞	4
	桼	5		佀	6
	桼	4		㠯	2
	竊	1		絧	1
失	迭	9	式法	弋	2
師	帀	4	式虛詞	弋	2
詩	誌	1	示	旲	4
	昅	1		旨	1
	昅	2	士	士	12
	攴	19		事	1
	垈	1	世	世	3
施	陞	2		殜	4

詞	字	頻　次	詞	字	頻　次
事	事	41	受	受	2
事	史	1	叔	尗	1
勢	埶	7	鮛	茎	1
奭	奭	3	淑	妟	1
逝	道	1	淑	尗	3
逝	噬	2(含重文1)	書	箸	3
是	是	65	疏	疋	2
是	氏	2	疏	絑	2
嗜	旨	1	孰	箸	5
噬	歃	1	孰	竺	2
噬	噬	1	暑	昏	1
筮	箮	1	樹	桓	1
筮	杏	1	樹	敆	1
釋	睪	3	束	弁	1
釋	怨	2	束	遫	1
飾	紽	1	數	斝	1
飾	紸	1	數	婁	2
飾	飤	2	術	述	4
室	室	2	庶	庶	1
視	見	13(含重文1)	庶	徝	1
手	𢭃	1	恕	訑	1
守	守	2	衰	肩	3
守	狩	5	衰	悥	1
首	首	1	衰	菁	1
授	受	5	率	衝	4
獸	獸	1	率	退	2

詞	字	頻　　次	詞	字	頻　　次
水	水	7(含重文 2)	速	避	4
順	巡	1	雖	售	18
	川	5(含重文 1)	歲	散	2
	訓	3	隨	陵	1
	㐁	1		陸	1
舜	銮	11	遂	述	4
斯	弅	17		總	1
	斯	5	邃	述	1
思	思	28(含重文 1)	孫	孫	4(含合文 1)
司	司	1	損	鼎	10(含重文 1)
	緻	5	索	索	1
	緻	1		疋	1
私	厶	2	所	所	80(含合文 11)
絲	絲	1	T		
死	死	9	他	迨	1
	炙	1	臺	塋	1
肆	遙	4(含重文 1)	泰	大	1
	希	2	太	大	7
嗣	巳	1	貪	念	1
四	四	15(含重文 1、合文 1)		念	1
	三	1	錟	纏	1
祀	祀	2	談	談	1
訟	窨	2	醓	溚	1
宋	宋	1	袒	艮	1
瞍	寶	2	歎	戀	3(含重文 1)
素	索	1	湯	湯	2

續　表

詞	字	頻　次	詞	字	頻　次
唐	湯	2	槖	田	1
慆	慇	2(含重文 1)		**W**	
謟	宭	2	外	外	10
陶陶器	宭	1	宛	鮸	1
陶鬱陶	慇	2(含重文 1)	萬	萬	7
逃	逃	1		蠆	4
忒	弋	1		分	1
體	體	4	王	王	22
	膿	1	亡	亡	99(含重文 3)
	豊	1		朵	1
悌	弟	7		貢	2
涕	涕	1		芒	3
天	天	100(含重文 2)		望	1
聽	聖	5		室	1
廷	廷	1	枉	椹	1
通	迵	5	往	徍	1
同	同	14(含重文 2)		遉	2
	迵	1		椹	1
	杲	1	妄	遉	1
圖	悬	1		忘	2
	杉	3	望	望	1
屠	青	1		踵	1
土	土	5(含合文 1)		室	1
退	退	4	忘	亡	4(含重文 2)
	遐	2		亢	1
脫	兑	1	威	戁	1

續　表

詞	字	頻　次	詞	字	頻　次
威	塈	1	溫	恩	3(含重文1)
威	愳	2	聞	昏	12
微	敚	2	聞	聳	11(含重文1)
微	非	1	聞	䎽	6
危	凸	1	文	文	8
惟	售	1	文	㬻	18
違	韋	1	問	昏	3
違	絆	1	我	我	24(含重文1)
唯_{唯諾}	售	3	我	義	1
唯_{虛詞}	售	16	惡_{疑問代詞}	亞	2
唯_{虛詞}	隹	5	珮	無	1
爲	爲	170(含重文1)	吾	虐	12
爲	愳	1	無	無	8
偽	愳	5	武	武	3
偽	爲	2	五	五	10(含合文1)
鮪	酭	1	舞	迋	2(含重文1)
未	未	31	侮	癸	1
味	杏	1	侮	悉	1
味	未	4	伯	敀	1
畏	畏	2	戉	戉	1
畏	塈	3	物	勿	52
畏	愳	6	勿	勿	2
位	立	10	務	癸	3
衛	䘙	1	毋	毋	17
謂	胃	65	毋	母	1

詞	字	頻　次	詞	字	頻　次
毋	母	3	鮮	鮮	1
	X			臤	1
昔	昔	4	賢	臤	16（含重文1）
熙	迊	1		又	10
西	西	1	咸	咸	2
希	鬵	1	相	相	19
溪	溪	1		槻	1
兮	可	1	襄	叞	1
席	笿	1	鄉	向	4
襲	棄	1	享	卿	1
習	習	5	巷	逆	1
	習	2	向	向	4
喜	憙	10	小	小	2（含合文2）
	旲	1		少	29（含合文2）
枭	腷	1	象	象	2
嚱	戲	1	孝	孝	16
細	妻	1	肖	梟	1
柙	榉	1	笑	芺	4
狎	麈	1	些	此	2
	鹽	1	邪	纱	1
下	下	70（含重文1）	懈	解	1
夏	虽	2		叞	1
	顓	2	褻	毀	3
先	先	19（含合文1）	忻	忥	1
銛	鐂	1	新	新	29（含重文4）
嫩	會	1		新	3

詞	字	頻　次	詞	字	頻　次
心	心	56(含重文 2、合文 1)	削	鈔	1
信	訫	39	學	學	10(含合文 1)
	㐰	15		教	2
興	興	7	血	血	3
刑	型	11	徇	均	1
	埜	14	尋	尋	1
型	埜	1	諼	楥	2
形	型	23(含重文 5)		寏	1
	埜	1	訓	孫	1
	㓞	1		訓	1
行	行	96(含重文 2)	遜	愻	1
性	眚	45		孫	1
姓	眚	5		⏐	1
兄	兄	4(含合文 1)		Y	
雄	䏿	3	牙	㐱	1
修	攸	9	雅	虽	1
嗅	嗅	1		頲	3
臭	臭	2	焉	女	29
虛	虛	2		安	4
須	須	1		言	3
胥	疋	1	淹	穿	1
徐	舍	2	嚴	嚴	4(含重文 1)
敘	舍	2		厰	2
畜	嘼	2		敢	1
玄	玄	2	言	言	77(含重文 1)
削	雀	1	延	晉	1

詞	字	頻　次	詞	字	頻　次
顏	庿	1(含合文1)	業	巤	1
儼	敔	1		巤	3
掩	穿	2	一	一	20(含合文2)
衍	簹	1		弌	7
雁	鳶	1		能	1
厭	猒	1		罷	6
	詀	1	嬰	阺	1
諺	唐	1	揖	舁	1
殃	央	1	噫	悆	1
揚	昜	1	依	依	1
羊	羊	1		衣	1
陽	昜	5(含重文1)	衣	衣	4
養	敚	9	夷	辺	1
	兼	4		支	1
兼	兼	3	怡	怠	1
夭	夭	1	遺	遳	3
堯	先	1	移	迻	1
	桡	1	儀	義	7
	坴	8		悉	1
搖	猷	2(含重文1)	疑	惢	3
繇	采	1		悉	5
謡	誅	1	宜	宜	3
要	交	3	已	巳	14
	堊	1		目	1
野	坴	1	矣	矣	21
也	也	604		悉	14

詞	字	頻　次	詞	字	頻　次
矣	壴	15	陰	侌	6(含重文1)
	歖	4	吟	訡	1
	㠯	2	淫	淫	2
以	㠯	214		㳚	1
藝	埶	3		淂	1
弋	弋	2	尹	尹	4
	杙	1	隱	笶	2
易	易	12		忈	1
	惖	2		㥲	1
異	異	5	盈	浧	7
斁	㥊	1		呈	1
役	㣲	1	踊	通	2(含重文1)
亦	亦	23		迵	2
意	畜	1	詠	羕	2(含重文1)
義	義	27	勇	戜	4
	我	3		惥	2
	悉	7	用	用	4
	宐	1		甬	16
	宜	23	憂	惥	5
益	𦵩	14		惪	10(含重文1)
	䏶	1	嘎	惪	1
	賹	1	攸	卣	1
繹	睪	2	悠	條	1
	譯	1	幽	㘱	2
因	因	5	由	由	1
音	音	6(含重文1)		采	2

詞	字	頻　次	詞	字	頻　次
由	繇	14	歟	與	2
	猷	2		㠯	1
	遊	11	逾	逜	2
	壓	3	餘	余	2
	鬃	2		舍	1
郵	蚤	1	於	於	158
猶	猷	12	渝	俞	1
	獸	2		愈	1
遊	遊	8	隅	禺	1
猷	猷	2	敔	或	1
有	有	4	雨	雨	2
	又	232(含重文 3)	與	與	19
友	友	3		牙	3
	衉	5		牙	26
	衉	1	禹	壘	6
	督	2	語	琂	1
右	右	3	羽	翠	1
佑	右	1	玉	玉	11(含重文 3)
又	又	2	鬱	胷	2
	或	3	遇	壘	11
	國	4	喻	俞	1
于	于	5		鉛	2(含重文 1)
瑜	愈	1	譽	譽	1
揄	迶	1		罟	1
雩	于	1		悇	1
虞	吳	6	御	御	1

詞	字	頻　　次	詞	字	頻　　次
御	馭	2	約	約	1
	叝	1		馰	1
禦	語	1	悦	兑	19(含重文 2)
愈	愴	1		説	1
欲	欲	5		敓	4
	愹	2		殺	2
	忩	6		逆	1
	谷	30	説	敓	1
獄	峇	5		兑	1
鸄	遃	1		繇	1
豫	余	1	樂	樂	55(含重文 1)
	餘	1		樂	5(含重文 2)
	夌	1		䁖	3(含重文 1)
淵	囦	1	云	云	1
源	湶	1		鼎	32
	㴍	1	雲	鼎	2(含重文 1)
遠	遠	6	允	允	2
	遠	2		身	2
	遬	3	慍	恩	5
	遄	2		恩	3(含重文 1)
	賭	1		Z	
願	崇	1	哉	才	4
怨	悬	5	載	重	1
	纍	1	再	再	2
曰	曰	58	在	才	23
籥	籥	1	臧	牪	1

續　表

詞	字	頻　次	詞	字	頻　次
早	𣉻	4	展	廛	1
	𣅊	1	戰	戰	2
躁	喿	1		戳	1
噪	喿	1	章	彰	1
造	戕	1	彰	章	6
	舌	1	粻	倀	1
燥	澡	4(含重文 1)	張	張	1
	喿	1	杖	丈	1
責	責	1	朝	𦩍	2
擇	睪	1	昭	㫐	1
	臭	1	兆	𦬹	1
則	𠟭	92	折	新	1
	鼎	63		梯	1
澤	澤	1	者	者	249
	溴	1	臻	晉	1
	涬	1(含合文 1)	貞	貞	5
賊	𢜔	2	箴	煬	1
	𢞂	2	軫	軫	1
宅	厇	4		診	1
	𢘑	3		眘	1
瞻	贍	1	振	晨	2
譫	㣇	1	陣	軙	1
邅	迌	4	征	正	1
	𢓁	1		㱏	2
旃	亶	1	證	諻	1
斬	斬	2	爭	稈	1

詞	字	頻　次	詞	字	頻　次
爭	靜	6	志	恈	1
	鯖	1		箼	1
	婧	1		㠱	1
正	正	10		陵	1
	㞷	1		之	1
	定	1	至	至	40
政	正	12	致	至	1
	政	1	置	檣	1
鄭	酊	1		弋	1
枝	枳	1	智	䌈	28(含重文2)
知	䌈	73(含重文6)		智	11
	智	35(含重文4)	制	斳	4
肢	枳	1		斳	1
脂	脂	1	實	宵	1
之代詞	之	264(含重文1、合文1)	滯	讞	1
之助詞	之	319(含重文1、合文13)	治	訂	9
執	穀	6		台	1
職	戠	5		㤕	2
直	㯱	3		曼	3
	悳	2		剄	3
指	鮨	1		綱	6
止停止	止	5		翁	2
	㞪	7(含重文1)		翁	6
止容止	㞪	2		之	1
止語氣詞	㞪	3	中	中	2
志	志	18(含合文3)		串	9(含重文1)

詞	字	頻 次	詞	字	頻 次
中	宷	11（含重文 2）	轉	連	2（含重文 1）
	忞	1		逋	1
忠	忠	24	莊	戕	1
	忠	13		羘	1
終	冬	18		牂	1
	纂	1		妝	1
	窨	2		戕	1
衆	衆	10（含重文 1）		牊	1
重	重	2		壯	2
	至	5	壯	墊	1
	童	2	狀	牊	1
	坙	1		壯	1
舟	舟	1	墜	述	1
周	周	2	捉	捉	1
	迪	1	拙	仳	1
紂	受	1	濁	濁	2
諸	者	19（含重文 1）	兹	丝	1
誅	攷	3		才	1
	戜	1	滋	慈	3
潴	渚	1	緇	兹	1
囑	豆	1	子	子	140（含重文 6、合文 18）
主	宔	6	自	自	25
著	煮	2	字	态	2
	絫	1		牂	1
築	箮	1	宗	宗	3
祝	劀	1	縱	從	2

續 表

詞	字	頻次
足足部	足	3
足足夠	足	35(含重文 1)
	族	1
卒	卒	1
	䘚	2
族	族	3
祖	且	1
朘	鳫	1
罪	辠	7
尊	𢍜	4
	𡚸	3
	𨽍	1
尊	𨼆	11(含重文 1)
	䣝	1
左	右	3
佐	𢀜	2
作	𠈌	1
	迮	1
	乍	1
	𠭊	6
	岝	1
	乍	9
阼	𠭊	1

附録三　釋　文　A

老子(甲本)

　　絶智棄辯,民利百倍。絶巧棄利,盜賊亡有。絶爲棄慮,民復季子。三言以 **1** 爲使不足,或命之或呼囑。視素保樸,少私寡欲。

　　江海所以爲百谷王,以其 **2** 能爲百谷下,是以能爲百谷王。聖人之在民前也,以身後之。其在民上也,以 **3** 言下之。其在民上也,民弗厚也。其在民前也,民弗害也。天下樂進而弗厭。**4** 以其不爭也,故天下莫能與之爭。罪莫重乎甚欲,咎莫僉乎欲得,**5** 禍莫大乎不知足。知足之爲足,此恆足矣。以道佐人主者,不欲以兵強 **6** 於天下。善者果而已,不以取強。果而弗伐,果而弗驕,果而弗矜,是謂果而不強。其 **7** 事好長。

　　古之善爲士者,必微妙玄達,深不可志。是以爲之容:豫乎〔其〕如冬涉川,猶乎其 **8** 如畏四鄰,儼乎其如客,渙乎其如釋,純乎其如樸,沌乎其如濁。孰能濁以靜 **9** 者,將徐清。孰能𣉳以動者,將徐生。保此道者不欲尚盈。

　　爲之者敗之,執之者遠 **10** 之。是以聖人亡爲故亡敗,亡執故亡失。臨事之紀,慎終如始,此亡敗事矣。聖人欲 **11** 不欲,不貴難得之貨。教不教,復衆之所過。是故聖人能輔萬物之自然,而弗 **12** 能爲。道恆亡爲也,侯王能守之,而萬物將自化。化而欲作,將貞之以亡名之樸。夫 **13** 亦將知足。知足以靜,萬物將自定。

　　爲亡爲,事亡事,味亡味,大小之多易必多難。是以聖人 **14** 猶難之,故終亡難。

　　天下皆知美之爲美也,惡已。皆知善,此其不善已。有亡之相生也,**15** 難易之相成也,長短之相形也,高下之相呈也,音聲之相和也,先後之相隨也。是 **16** 以聖人居亡爲之事,行不言之教。萬物作而弗始也,爲而弗志也,成而弗居。夫唯 **17** 弗居也,是以弗去也。

　　道恆亡名。樸雖細,天地弗敢臣,侯王如能 **18** 守之,萬物將自實。天地相合也,以逾甘露,民莫之命而自均焉。始制有名。名 **19** 亦既有,夫亦將知止,知止所以不殆。譬道之在天下也,猶小谷之與江海。**20**

　　有狀融成,先天地生,逆穆,獨立不孩,可以爲天下母。未知其名,字之曰道,吾 **21** 強爲之名曰大。大曰逝,逝曰轉,轉曰返。天大,地大,道大,王亦大。國中有四大焉,王處一焉。人 **22** 灋地,地灋天,天灋道,道灋自然。

天地之間，其猶橐籥歟！虛而不屈，動而愈出。**23**

至虛，恆也。守中，篤也。萬物旁作，居以須復也。天道雲雲，各復其根。**24**

其安也，易持也。其未兆也，易謀也。其脆也，易判也。其幾也，易散也。爲之於其 **25** 亡有也，治之於其未亂。合〔抱之木生於毫〕末，九成之臺作〔於壘土，千里之行始於〕**26** 足下。知之者弗言，言之者弗知。閉其兌，塞其門，和其光，同其塵，祝其銳，解其紛。**27** 是謂玄同。故不可得而親，亦不可得而疏。不可得而利，亦不可得而害。**28** 不可得而貴，亦〔可〕不可得而賤。故爲天下貴。以正治邦，以奇用兵，以亡事 **29** 取天下。吾何以知其然也？夫天多期違而民彌叛，民多利器而邦滋昏，人多 **30** 智而奇物滋起，灋物滋彰，盜賊多有。是以聖人之言曰：我無事而民自富，**31** 我亡爲而民自化，我好靜而民自正，我欲不欲而民自樸。**32**

含德之厚者，比於赤子。虺蠆蟲蛇弗蠚，攫鳥猛獸弗扣，骨弱筋柔而捉 **33** 固。未知牝牡之合朘怒，精之至也。終日號而不嚘，和之至也。和曰同，知和曰明。**34** 益生曰羕，心使氣曰強。物壯則老，是謂不道。

名與身孰親？身與貨 **35** 孰多？持與亡孰病？甚愛必大費，厚藏必多亡。故知足不辱，知止不殆，可 **36** 以長久。反也者，道〔之〕動也。弱也者，道之用也。天下之物生於有，有生於亡。

持而盈 **37** 之，不〔不〕若已。揣而群之，不可長保也。金玉盈室，莫能守也。貴富驕，自遺咎 **38** 也。功遂身退，天之道也。**39**

老子(乙本)

治人事天，莫若嗇。夫唯嗇，是以早〔是以早〕服，是謂〔重積德。重積德則亡〕**1** 不克，〔亡〕不克則莫知其極。莫知其極，可以有國。有國之母，可以長〔久。是謂深根固柢之灋〕，**2** 長生久視之道也。

學者日益，爲道者日損。損之又損，以至亡爲 **3** 也，亡爲而亡不爲。絕學亡憂。唯與呵，相去幾何？美與惡，相去何若？**4** 人之所畏，亦不可以不畏。

人寵辱若榮，貴大患若身。何謂寵 **5** 辱？寵爲下也，得之若榮，失之若榮，是謂寵辱榮。〔何謂貴大患〕**6** 若身？吾所以有大患者，爲吾有身。及吾亡身，又何〔患焉？故貴以身〕**7** 爲天下，若可以宅天下矣。愛以身爲天下，若可以去天下矣。**8**

上士聞道，僅能行於其中。中士聞道，若聞若亡。下士聞道，大笑之。弗大 **9** 笑，不足以爲道矣。是以建言有之：明道如昧，夷道 **10** 如纇，〔進〕殘 **20** 道若退。上德如谷，大白如辱，廣德如不足，建德如〔偷，質〕貞如渝。**11** 大方亡隅，大器蔑成，大音希聲，大象亡形。道〔始亡名，善始善成〕。**12**

閉其門，塞其兌，終身不懋。啟其兌，塞其事，終身不仇。大成若 **13** 缺，其用不敝。大盈若沖，其用不窮。大巧若拙，大成若屈，大直 **14** 若詘。燥勝寒，清勝熱，清靜爲天下正。

善建者不拔，善保者 **15** 不脱，子孫以其祭祀不輟。修之身，其德乃貞。修之家，其德有餘。修 **16** 之鄉，其德乃長。修之邦，其德乃豐。修之天下，〔其德乃溥。以家觀〕**17** 家，以鄉觀鄉，以邦觀邦，以天下觀天下。吾何以知天〔下然哉？以此〕。**18**

老子（丙本）

太上下知有之，其次親譽之，其次畏之，其次侮之。信不足，焉 **1** 有不信。猶乎其貴言也。成事遂功，而百姓曰我自然也。故大 **2** 道廢，焉有仁義。六親不和，焉有孝慈。邦家昏亂，焉有正臣。**3**

設大象，天下往。往而不害，安平泰。樂與餌，過客止。故道〔之出言〕，**4** 淡兮其無味也。視之不足見，聽之不足聞，而不可既也。**5**

君子居則貴左，用兵則貴右。故曰兵者〔非君子之器，不〕**6** 得已而用之。銛鎊爲上，弗美也。美之，是樂殺人。夫樂〔殺，不可〕**7** 以得志於天下。故吉事尚左，喪事尚右。是以偏將 **8** 軍居左，上將軍居右，言以喪禮居之也。故殺〔人衆〕，**9** 則以哀悲莅之。戰勝，則以喪禮居之。**10**

爲之者敗之，執之者失之。聖人無爲，故無敗也。無執，故〔無失也〕。**11** 慎終若始，則無敗事矣。人之敗也，恆於其且成也敗之。是以〔聖〕**12** 人欲不欲，不貴難得之貨。教不教，復衆之所過。是以能輔萬物 **13** 之自然，而弗敢爲。**14**

太一生水

太一生水。水反薄太一，是以成天。天反薄太一，是以成地。天地〔復相薄〕**1** 也，是以成神明。神明復相薄也，是以成陰陽。陰陽復相薄也，是以成四時。四時 **2** 復〔相〕薄也，是以成寒熱。寒熱復相薄也，是以成濕燥。濕燥復相薄也，成歲 **3** 而止。故歲者，濕燥之所生也。濕燥者，寒熱之所生也。寒熱者，四時〔之所生也。四時〕**4** 者，陰陽之所生〔也〕。陰陽者，神明之所生也。神明者，天地之所生也。天地 **5** 者，太一之所生也。是故太一藏於水，行於時。周而又〔始，以己爲〕**6** 萬物母。一缺一盈，以己爲萬物經。此天之所不能殺，地之所 **7** 不能埋，陰陽之所不能成。君子知此之謂□□□□□。**8**

天道貴弱，削成者以益生者。伐於強，責於□□□□□。**9** 下，土也，而謂之地。上，氣也，而謂之天。道亦其字也，請問其名。以 **10** 道從事者，必宅其名，故事成而身長。聖人之從事也，亦宅其 **11** 名，故功成而身不傷。天地名字並立，故過其方，不使相當。〔天不足〕**12** 於西北，其下高以強。地不足於東南，其上〔高以強。不足於上〕**13** 者，有餘於下。不足於下者，有餘於上。**14**

緇 衣

夫子曰：好美如好緇衣，惡惡如惡巷伯，則民咸飭而刑不頓。《詩》**1** 云："儀型文王，萬邦作孚。"

子曰：有國者彰好彰惡，以示民厚，則民 **2** 情不飾。《詩》云："靖恭尔位，好是貞直。"

子曰：爲上可望而知也，爲下 **3** 可類而志也，則君不疑其臣，臣不惑於君。《詩》云："淑人君子，其儀不 **4** 忒。"《尹誥》云："唯尹允及湯，咸有一德。"

子曰：上人疑則百姓惑，下難 **5** 知則君長勞。故君民者彰好以示民欲，謹惡以遏民淫，則民不惑。臣事君，**6** 言其所不能，不詞其所能，則君不勞。《大雅》云："上帝板板，下民卒癉。"《小雅》云："非其 **7** 止之恭，唯王恭。"

子曰：民以君爲心，君以民爲體。心好則體安之，君好則民欲 **8** 之。故心以體廢，君以民亡。《詩》云："誰秉國成，不自爲貞，卒勞百姓。"《君牙》云："日暑雨，小 **9** 民唯日怨。臻冬耆寒，小民亦唯日怨。"

子曰：上好仁，則下之爲 **10** 仁也爭先。故長民者彰志以昭百姓，則民至行己以悅上。**11** 《詩》云："有覺德行，四方順之。"

子曰：禹立三年，百姓以仁導，豈必 **12** 盡仁？《詩》云："成王之孚，下土之式。"《呂刑》云："一人有慶，萬民賴 **13** 之。"

子曰：下之事上也，不從其所以命，而從其所行。上好此物也，**14** 下必有甚焉者矣。故上之好惡不可不慎也，民之表也。《詩》**15** 云："赫赫師尹，民俱尔瞻。"

子曰：長民者衣服不改，從容有常，則民德 **16** 一。《詩》云："其容不改，出言有逊，黎民所訓。"

子曰：大人不親其所賢，而 **17** 信其所賤，教此以失，民此以煩。《詩》云："彼求我，則如不我得。執我 **18** 仇仇，亦不我力。"《君陳》云："未見聖，如其弗克見我。既見我，弗迪聖。"

子 **19** 曰：大臣之不親也，則忠敬不足而富貴已過也。邦家之不寧 **20** 也，則大臣不治而褻臣宅也。此以大臣不可不敬，民之蕝也。故 **21** 君不與小謀大，則大臣不怨。《祭公之顧命》云："毋以小謀敗大 **22** 圖，毋以嬖御疾莊后，毋以嬖士疾大夫、卿士。"

子曰：長民者教之 **23** 以德，齊之以禮，則民有勸心。教之以政，齊之以刑，則民有免心。**24** 故慈以愛之，則民有親。信以結之，則民不倍。恭以蒞之，則民 **25** 有遜心。《詩》云："吾大夫恭且儉，靡人不斂。"《呂刑》云："非用靈，制以刑，**26** 唯作五虐之刑曰灋。"

子曰：政之不行，教之不成也，則刑罰不 **27** 足恥而爵不足勸也。故上不可以褻刑而輕爵。《康誥》云："敬 **28** 明乃罰。"《呂刑》云："播刑之迪。"

子曰：王言如絲，其出如緍。王言如索，**29** 其出如綍。故大人不倡流。《詩》云："慎尔出話，敬尔威儀。”

子曰：可言 **30** 不可行，君子弗言。可行不可言，君子弗行。則民言不詭行，行不詭 **31** 言。《詩》云：“淑慎尔止，不愆于儀。”

子曰：君子導人以言，而極以行。故言 **32** 則慮其所終，行則稽其所敝，則民慎於言而謹於行。《詩》云：“穆穆 **33** 文王，於緝熙敬止。”

子曰：言從行之，則行不可匿。故君子顧言而 **34** 行，以成其信，則民不能大其美而小其惡。《大雅》云：“白珪之玷，尚可 **35** 磨也。此言之玷，不可爲也。”《小雅》云：“允也君子，展也大成。”《君奭》云：**36** “昔在上帝，蓋申觀文王德，其集大命于厥身。”

子曰：君子言有物，行有 **37** 格。此以生不可奪志，死不可奪名。故君子多聞，齊而守之。多志，齊而 **38** 親之。精知，格而行之。《詩》云：“淑人君子，其儀一也。”《君陳》云：“出入自尔師，雫 **39** 庶言同。”

子曰：苟有車，必見其轍。苟有衣，必見其敝。人 **40** 正上苟有言，必聞其聲。**40** 背苟有行，必見其成。**40** 正下《詩》云：“服之亡斁。”

子曰：私惠不懷德，君子不自留焉。《詩》云：“人之好我，**41** 示我周行。”

子曰：唯君子能好其匹，小人豈能好其匹？故君子之友也 **42** 有向，其惡有方。此以邇者不惑而遠者不疑。《詩》云：“君子好仇。”

子曰：**43** 輕絶貧賤而重絶富貴，則好仁不堅而惡惡不著也。人雖曰不利，吾弗信 **44** 之矣。《詩》云：“朋友攸攝，攝以威儀。”

子曰：宋人有言曰：人而亡恆，不可爲 **45** 卜筮也。其古之遺言歟？龜筮猶弗知，而況於人乎？《詩》云：“我龜既厭，**46** 不我告猶。”

二十又三。**47**

魯穆公問子思

魯穆公問於子思曰：“何如而可謂忠臣？”子思曰：“亟稱 **1** 其君之惡者，可謂忠臣矣。”公不悦，揖而退之。成孫弋見。**2** 公曰：“向者吾問忠臣於子思。子思曰：‘亟稱其君之惡者，可謂忠 **3** 臣矣。’寡人惑焉，而未之得也。”成孫弋曰：“噫！善哉，言乎！**4** 夫爲其君之故殺其身者，嘗有之矣。亟稱其君之惡者，**5** 未之有也。夫爲其君之故殺其身者，要禄爵者也。亟 **6**〔稱其君〕之惡〔者，遠〕禄爵者也。〔爲〕義而遠禄爵，非 **7** 子思，吾惡聞之矣？”**8**

窮達以時

有天有人，天人有分。察天人之分，而知所行矣。有其人，亡其 **1** 世，雖賢弗行矣。苟有其世，何難之有哉？舜耕於歷山，陶拍 2 於河浦，立而爲天子，遇堯也。傅説衣枲葛，帽絰蒙巾，3 釋板築而佐天子，遇武丁也。吕望爲臧棘津，戰監門 4 棘地，行年七十而屠牛於朝歌，興而爲天子師，遇周文也。5 管夷吾拘囚束縛，釋弋柙而爲諸侯相，遇齊桓也。6 孫叔三舍期思少司馬，出而爲令尹，遇楚莊也。8 百里遭鬻五羊，爲伯牧牛，釋鞭箠而爲尊卿，遇秦穆〔也〕。7

善否己也，窮達以時。德行一也，譽毁在旁，聽之置〔之〕。梅{之}伯 14 初醢醢，後名揚，非其德加。子胥前多功，後戮死，非其智 9 衰也。驥約張山，騏困於負楄，非亡體狀也。窮四海，至千 10 里，遇造父也。遇不遇，天也。動非爲達也，故窮而不 11〔怨〕。隱非〔爲〕名也，故莫之知而不閔。芷〔蘭生於幽谷〕，12〔不爲無人〕嗅而不芳。珷璐瑾瑜包山石，不爲〔無人佩而〕13 不理。窮達以時，幽明不再。故君子敦於反己。15

五　行

五行：仁形於内謂之德之行，不形於内謂之行。義形於内謂之德之 1 行，不形於内謂之行。禮形於内謂之德之行，不形於内謂之 2〔行。智形〕於内謂之德之行，不形於内謂之行。聖形於内謂之德 3 之行，不形於内謂之{德之}行。

德之行，五和謂之德，四行和謂之善。善，人 4 道也。德，天道也。君子亡中心之憂則亡中心之智，亡中心之智則亡中心 5〔之悦〕，亡中心〔之悦則不〕安，〔不〕安則不樂，不樂則亡德。

五行皆形于内而時行 6 之，謂之君〔子〕。士有志於君子道，謂之志士。善弗爲亡近，德弗 7 志不成，智弗思不得。思不清不察，思不長不形，不形不安，不安不樂，不樂 8 亡德。

不仁，思不能清。不智，思不能長。不仁不智，未見君子，憂心 9 不能惙惙。既見君子，心不能悦。"亦既見止，亦既覯止，我心則 10〔悦〕。"此之謂〔也。不〕仁，思不能清。不聖，思不能輕。不仁不聖，11 未見君子，憂心不能忡忡。既見君子，心不能降。

仁之思也清。清 12 則察，察則安，安則温，温則悦，悦則戚，戚則親，親則愛，愛則玉色，玉色則形，形則仁。13

智之思也長。長則得，得則不忘，不忘則明，明則視賢人，視賢人則玉色，玉色則形，形 14 則智。

聖之思也輕。輕則形，形則不忘，不忘則聰，聰則聞君子道，聞君子道則玉音，玉音則形，形 15 則聖。

"淑人君子，其儀一也。"能爲一，然後能爲君子。君子慎其獨也。16

"〔瞻望弗〕及，泣涕如雨。"能差池其羽，然後能至哀。君子慎其 17〔獨也〕。

〔君〕子之爲善也，有與始，有與終。君子之爲德也，18〔有與〕始，亡殘 21〔與〕終也。金聲而玉振之，有德者也。

金聲，善也。玉音，聖也。善，人 19 道也。德，天道〔也〕。唯有德者，然後能金聲而玉振之。

不聰不明，不聖不 20 智，不智不仁，不仁不安，不安不樂，不樂亡德。

不變不悦，不悦不戚，不戚不親，不親不愛，不愛不仁。

不直不肆，不肆不果，不果 **21** 不簡，不簡不行，不行不義。

不遠不敬，不敬不嚴，不嚴不尊，不尊不恭，不恭亡禮。

未嘗 **22** 聞君子道，謂之不聰。未嘗視賢人，謂之不明。聞君子道而不知 **23** 其君子道也，謂之不聖。視賢人而不知其有德也，謂之不智。**24**

視而知之，智也。聞而知之，聖也。明明，智也。赫赫，聖也。"明明在下，赫赫 **25** 在上"，此之謂也。

聞君子道，聰。聞而知之，聖也。聖人知天 **26** 道也。知而行之，義也。行之而時，德也。視賢人，明也。視而知之，**27** 智也。知而安之，仁也。安而敬之，禮也。聖智，禮樂之所由生也，五 **28**〔行之所和〕也。和則樂，樂則有德，有德則邦家舉。文王之視也如此。"文 **29**〔王在上，於昭〕于天"，此之謂也。

視而知之，智也。知而安之，仁也。安 **30** 而行之，義也。行而敬之，禮也。仁義，禮所由生也，四行之所和也。和 **31** 則同，同則善。

顔色容貌温，變也。以其中心與人交，悦也。中心悦遊，遷 **32** 於兄弟，戚也。戚而信之，親。親而篤之，愛也。愛父，其稽愛人，仁也。

中心 **33** 辨然而正行之，直也。直而遂之，肆也。肆而不畏強禦，果也。不 **34** 以小道害大道，簡也。有大罪而大誅之，行。貴貴，其等尊賢，義也。**35**

以其外心與人交，遠也。遠而莊之，敬也。敬而不懈，嚴也。嚴而畏 **36** 正之，尊也。尊而不驕，恭也。恭而博交，禮也。

不簡，不行。不匿，不辨 **37** 於道。有大罪而大誅之，簡也。有小罪而赦之，匿也。有大罪而弗大 **38** 誅也，不行也。有小罪而弗赦也，不辨於道也。

簡之爲言猶諫 **39** 也，大而罕者也。匿之爲言也猶匿匿也，小而軫者也。簡，義之方也。匿，**40** 仁之方也。剛，義之方。柔，仁之方也。"不競不絿，不剛不柔"，此之謂 **41** 也。

君子集大成。能進之爲君子，弗能進也，各止於其里。大而 **42** 罕者，能有取焉。小而軫者，能有取焉。索落落達諸君子道，謂之賢。君 **43** 子知而舉之，謂之尊賢。知而事之，謂之尊賢者也。後，士之尊賢者也。**44**

耳目鼻口手足六者，心之役也。心曰唯，莫敢不唯。諾，莫敢不諾。**45** 進，莫敢不進。後，莫敢不後。深，莫敢不深。淺，莫敢不淺。和則同，同則善。**46**

目而知之，謂之進之。喻而知之，謂之進之。譬而知之，謂之進。**47** 幾而知之，天也。"上帝臨汝，毋貳尔心"，此之謂也。

大施諸其人，天也。其 **48** 人施諸人，狎也。

聞道而悦者，好仁者也。聞道而畏者，好 **49** 義者也。聞道而恭者，好禮者也。聞道而樂者，好德者也。**50**

唐虞之道

　　唐虞之道,禪而不傳。堯舜之王,利天下而弗利也。禪而不傳,聖之 **1** 盛也。利天下而弗利也,仁之至也。古昔賢仁聖者如此。躬身不徇,没 **2** 身不代。君民而不驕,卒王天下而不喜。方在下位,不以匹夫爲 **18** 輕。及其有天下也,不以天下爲重。有天下弗能益,亡天下弗能損。極仁 **19** 之至,利天下而弗利也。禪也者,上德授賢之謂也。上德,則天下有君而 **20** 世明。授賢,則民興教而化乎道。不禪而能化民者,自生民未之有也。**21**

　　傍於大時,神明將從,天地佑之。縱仁聖可與,時弗可及矣。夫古者 **15** 舜居於草茅之中而不憂,登爲天子而不驕。居草茅之中而不憂,知命 **16** 也。登爲天子而不驕,不繼也。求乎大人之興,微也。今之式於德者,昧 **17** 也。

　　夫聖人上事天,教民有尊也。下事地,教民有親也。時事山川,教民 **4** 有敬也。親事祖廟,教民孝也。太學之中,天子親齒,教民悌也。先聖 **5** 與後聖,考後而歸先,教民大順之道也。

　　堯舜之行,愛親尊賢。愛 **6** 親,故孝。尊賢,故禪。孝之殺,愛天下之民。禪之繼,世亡隱德。孝,仁之冕也。**7** 禪,義之至也。六帝興於古,皆由此也。愛親忘賢,仁而未義也。尊賢 **8** 遺親,義而未仁也。古者虞舜篤事瞽瞍,乃式其孝。忠事帝堯,乃式其臣。**9** 愛親尊賢,虞舜其人也。禹治水,益治火,后稷治土,足民養〔也〕。□ **10** □禮,夔守樂,訓民教也。皋繇入用五刑,出飭兵革,罪淫暴〔也〕。虞 **12** 用威,夏用戈,征不服也。愛而征之,虞夏之治也。禪而不傳,義恆□□ **13** 治也。

　　古者堯生於天子而有天下,聖以遇命,仁以逢時,未嘗遇□□。**14** 順乎脂膚血氣之情,養性命之正,安命而弗夭,養生而弗傷。知〔性命〕 **11** 之正者,能以天下禪矣。古者堯之舉舜也,聞舜孝,知其能養天下 **22** 之老也。聞舜悌,知其能治天下之長也。聞舜慈乎弟,〔知其能□□□〕 **23** 爲民主也。故其爲瞽瞍子也,甚孝。及其爲堯臣也,甚忠。堯禪天下 **24** 而授之,南面而王天下而甚君。故堯之禪乎舜也,如此也。

　　古者聖人廿而 **25** 帽,卅而有家,五十而治天下,七十而致政。四肢倦惰,耳目聰明衰,禪天下而 **26** 授賢,退而養其生。此以知其弗利也。《虞志》曰:“大明不出,萬物皆伏。聖 **27** 者不在上,天下必壞。”治之至,養不肖。亂之至,滅賢。仁者爲此進 **28** 而弗利,窮仁矣。必正其身,然後正世,聖道備矣。故唐虞之興〔也〕,**3** 如此也。**29**

忠信之道

　　不譁不諂,忠之至也。不欺弗知,信之至也。忠積,則可親也。信積,則可信也。忠 **1** 信積而民弗親信者,未之有也。至忠如土,化物而不廢。至信如時,必至而不結。忠人亡 **2** 譁,信人不倍,君子如此。故不誣生,不倍死也。大久而不渝,忠之至也。譁而者詹,信 **3** 之至也。至忠亡謂，至信不倍，夫此之謂些。大忠不奪，大信不期。不奪而足養者，地也。不期 **4** 而可要者，天也。配天地也者，忠信之謂些。口惠而實弗從，君子弗言尔。心疏〔而貌〕**5** 親，君子弗陳尔。故行而爭悅民，君子弗由也。三者，忠人弗作，信人弗爲 **6** 道也，百工不苦而人養皆足。信之爲道也，群物皆成而百善皆立。君子其施也 **7** 忠，故蠻親薄也。其言尔信，故邅而可授也。忠，仁之實也。信，義之期也。是故古之所 **8** 以行乎閔嘍者，如此也。**9**

成之聞之

君子之於教也，其導民也不浸，則其淳也弗深矣。是故亡乎其身而 **4** 存乎其詞，雖厚其命，民弗從之矣。是故威服刑罰之屢行也，**5** 由上之弗身也。昔者君子有言曰：戰與刑人，君子之墜德也。是故 **6** 上苟身服之，則民必有甚焉者。君袀冕而立於阼，一宮之人不勝 **7** 其敬。君衰絰而處位，一宮之人不勝〔其哀。君冠冑帶甲而立於軍〕，**8** 一軍之人不勝其勇。上苟倡之，則民鮮不從矣。雖然，其存也不厚，**9** 其重也弗多矣。是故君子之求諸己也深。不求諸其本而攻諸其 **10** 末，弗得矣。是〔故〕君子之於言也，非從末流者之貴，窮源返本者之貴。**11** 苟不從其由，不返其本，未有可得也者。君上享成不唯本，功〔弗成矣〕。**12** 農夫務食不強耕，糧弗足矣。士成言不行，名弗得矣。是故君子 **13** 之於言也，非從末流者之貴，窮源返本者之貴。苟不從其由，**14** 不返其本，雖強之，弗入矣。

上不以其道，民之從之也難。是以民可 **15** 敬導也，而不可掩也。可御也，而不可牽也。故君子不貴庶物，而貴與 **16** 民有同也。智而比次，則民欲其智之遬也。富而分賤，則民欲其 **17** 富之大也。貴而一讓，則民欲其貴之上也。反此道也，民必因此重也 **18** 以復之。可不慎乎？故君子所復之不多，所求之不遠，察反諸己而可以 **19** 知人。是故欲人之愛己也，則必先愛人。欲人之敬己也，則必先敬人。**20** 君子簟席之上讓而受幽，朝廷之位讓而處賤，所宅不遠矣。小人 **34** 不程人於刃，君子不程人於禮。津梁爭舟，其先也不若其後也。言 **35** 語較之，其勝也不若其已也。

君子曰："從允釋過，則先者豫，來者信。"**36**《君奭》曰："襄我二人，毋有合在音。"蓋道不悅之詞也。

君子曰："雖有其恆而 **29** 行之不疾，未有能深之者也。"勉之遂也，強之功也。墮之淹也，怠之功也。**23** 是以智而求之不疾，其去人弗遠矣。勇而行之不果，其疑也弗往矣。**21** 是故凡物在疾之。《君奭》曰："唯冒丕單稱德。"蓋言疾也。

君子曰："疾之 **22** 可能，終之爲難。""喬木三年，不必爲邦旗。"蓋言寶也。是以君子貴 **30** 成之。

聞之曰：古之用民者，求之於己爲恆。行不信則命不從，**1** 信不著則言不樂。民不從上之命，不信其言，而能含德者，未之 **2** 有也。故君子之蒞民也，身服善以先之，敬慎以重之，其所在者入矣。**3** 民孰弗從？形於中，發於色，其審也固矣。民孰弗信？是以上之恆 **24** 務在信於衆。

《命》曰：“允師濟德。”此言也，言信於衆之可以 **25** 濟德也。

聖人之性與中人之性，其生而未有非之。即於能也，**26** 則猶是也。雖其於善道也，亦非有繹縷以多也。及其博長而厚 **27** 大也，則聖人不可由與殫之。此以民皆有性，而聖人不可摹也。**28**

天格大常，以理人倫，制爲君臣之義，著爲父子之親，分 **31** 爲夫婦之辨。是故小人亂天常以逆大道，君子治人倫以順 **32** 天德。《大禹》曰：“舍茲宅天心。”蓋此言也，言舍之此而宅於天心也。是故 **33** 唯君子道可近求而可遠措也。昔者君子有言曰：“聖人天德。”蓋 **37** 言慎求之於己而可以至順天常矣。《康誥》曰：“不率大戛，文王作罰，**38** 刑茲亡赦。”蓋此言也，言不奉大常者，文王之刑莫重焉。是 **39** 故君子慎六位，以嗣天常。**40**

八十一 **4** 背

八十 **5** 背

七十九 **6** 背

七十六 **9** 背

七十四 **11** 背

七十三 **12** 背

七十一 **14** 背

六十九 **16** 背

六十八 **17** 背

六十七 **18** 背

尊德義

尊德義，明乎民倫，可以爲君。去忿怨，改忌勝，爲人上者之務也。**1**

賞與刑，禍福之旗也，或延之者矣。爵位，所以信其然也。政禁，所以 **2** 攻□也。刑罰，所以 赦也。殺戮，所以除害也。不由其道，不行。

仁爲可親 **3** 也，義爲可尊也，忠爲可信也，學爲可益也，教爲可類也。

教非改道也，教之也。**4** 學非改倫也，學己也。禹以人道治其民，桀以人道亂其民。桀不易 **5** 禹民而後亂之，湯不易桀民而後治之。聖人之治民，民之道也。禹 **6** 之行水，水之道也。造父之御馬，馬{也}之道也。后稷之藝地，地之道也。莫 **7** 不有道焉，人道爲近。是以君子人道之取先。察諸此所以知 **8** 己，知己所以知人，知人所以知命，知命而後知道，知道而後知行。由禮知 **9** 樂，由樂知哀。有知己而不知命者，亡知命而不知己者。有 **10** 知禮而不知樂者，亡知樂而不知禮者。善取，人能從之，上也。**11** 行矣而亡惟，養心於子良，忠信日益而不自知也。

民可使導 **21** 之，而不可使知之。民可導也，而不可強也。桀不謂其民必亂，而民有 **22** 爲亂矣。紂不 **23** 上迪其民，而民不可止也。尊仁，親忠，敬莊，歸禮。**20** 下凡動民必順民心，民心有恆，求其義。重義襲理，言此彰也，**39** 行此文也，然後可逾也。因恆則固，察曀則亡僻，不黨則亡 **17** 怨，上思則□□。

　　夫生而有職事者也，非教所及也。教其政，**18** 不教其人，政弗行矣。故共是物也而有深焉者，可學也而不可擬也，**19** 可教也而不可 **20** 上若也，可從也而不可及也。君民者，治民復禮，民除害知 **23** 下爲。故率民向方者，唯德可。德之流，速乎置郵而傳 **28** 命。其載也亡重焉，交矣而弗知也。明德者，且莫大乎禮樂。**29** 故爲政者，或論之，或養之，或由中出，或設之外，論列其類 **30** 焉。治樂和哀，民不可敬也。反之，此安矣。

　　刑不逮於君子，禮不 **31** 逮於小人。攻□往者復，依惠則民材足，不時則亡勸也。

　　不 **32** 愛則不親，不緩則弗懷，不理則亡畏，不忠則不信，弗勇則 **33** 亡復。咎則民淫，正則民不閔，恭則民不怨。均不足以平政，緩 **34** 不足以安民，勇不足以忿衆，博不足以知善，慧不足以知倫，殺 **35** 不足以勝民。下之事上也，不從其所命，而從其所行。上好是物也，**36** 下必有甚焉者。夫唯是，故德可易而施可邅也。有是施小 **37** 有利，邅而大有害者，有之。有是施小有害，邅而大有利者，有之。**38**

　　劬勞之，軌也。爲邦而不以禮，猶御之亡策也。非禮而民悅 **24** 戴，此小人矣。非倫而民服懼，此亂矣。治民非率生而已也，**25** 不以嗜欲害其儀軌。

　　民，愛則子也，弗愛則讎也。民，五之方格，**26** 十之方爭，百之而後服。善者民必富，富未必和，不和不安，不安不樂。**27** 善者民必衆，衆未必治，不治不順，不順不平。是以爲政者教道 **12** 之取先。教以禮，則民果以輕。教以樂，則民㣺德清㼈。教 **13** 以辯説，則民褻陵長貴以妄。教以藝，則民野以爭。教以技，**14** 則民小以吝。教以言，則民華以寡信。教以事，則民力嗇以面利。**15** 教以權謀，則民淫惃遠禮亡親仁。先之以德，則民進善焉。**16**

　　百九 **10** 背
　　百三 **13** 背
　　百 **16** 背
　　八十八 **24** 背
　　八十七 **25** 背
　　百六 **26** 背
　　八十□ **29** 背

性自命出

上

　　凡人雖有性，心亡奠志，待物而後作，待悅而後行，待習而後 **1** 奠。喜怒哀悲之氣，性也。

及其見於外，則物取之也。性自命出，命 2 自天降。道始於情，情生於性。始者近情，終者近義。知〔情者能〕3 出之，知義者能入之。好惡，性也。所好所惡，物也。善不〔善，性也〕。4 所善所不善，勢也。

凡性爲主，物取之也。金石之有聲〔也，弗扣〕5〔不鳴。人〕雖有性，心弗取不出。

凡心有志也，亡與不〔可。人之不可〕6 獨行，猶口之不可獨言也。牛生而糧，雁生而陣，其性〔使然。人生〕7 而學，或使之也。

凡物亡不異也者。剛之樹也，剛取之也。柔之 8 約，柔取之也。四海之内，其性一也，其用心各異，教使然也。

凡性，9 或動之，或逆之，或要之，或屬之，或出之，或養之，或長之。

凡動性 10 者，物也。逆性者，悅也。要性者，故也。屬性者，義也。出性者，勢也。養性 11 者，習也。長性者，道也。

凡見者之謂物，快於己者之謂悅，物 12 之勢者之謂勢，有爲也者之謂故。義也者，群善之蕝也。習也 13 者，有以習其性也。道者，群物之道。

凡道，心術爲主。道四術，唯 14 人道爲可道也。其三術者，道之而已。《詩》、《書》、《禮》、《樂》，其始出，皆生 15 於人。《詩》，有爲爲之也。《書》，有爲言之也。《禮》、《樂》，有爲舉之也。聖人比其 16 類而論會之，觀其先後而逆順之，體其義而節文之，理 17 其情而出入之，然後復以教。教，所以生德于中者也。禮作於情，18 或興之也，當事因方而制之。其先後之敘，則宜道也。或敘爲 19 之節，則文也。至容貌，所以文節也。君子美其情，貴〔其義〕，20 善其節，好其容，樂其道，悅其教，是以敬焉。拜，所以〔爲敬也〕，21 其數文也。幣帛，所以爲信與證也，其詞宜道也。笑，喜之淺澤也。22 樂，喜之深澤也。

凡聲，其出於情也信，然後其入拔人之心也厚。23 聞笑聲，則侃如也斯喜。聞歌謠，則陶如也斯奮。聽琴瑟之聲，24 則悸如也斯嘆。觀《賚》、《武》，則齊如也斯作。觀《韶》、《夏》，則勉如也 25 斯斂。詠思而動心，喟如也。其居次也久，其返善復始也 26 慎，其出入也順，始其德也。鄭衛之樂，則非其聲而縱之也。27

凡古樂籠心，益樂籠指，皆教其人者也。《賚》、《武》樂取，《韶》、《夏》樂情。28

凡至樂必悲，哭亦悲，皆至其情也。哀、樂，其性相近也，是故其心 29 不遠。哭之動心也浸殺，其烈戀戀如也，慼然以終。樂之動心也 30 濬深鬱陶，其烈則流如也以悲，悠然以思。

凡憂思而後悲，31 凡樂思而後忻。凡思之用，心爲甚。歎，思之方也。其聲變，則〔心從之〕。32 其心變，則其聲亦然。吟遊哀也，噪遊樂也，啾遊聲〔也〕，嘁遊心也。33 喜斯陶，陶斯奮，奮斯詠，詠斯搖，搖斯舞。舞，喜之終也。愠斯憂，憂斯慼，慼 34 斯歎，歎斯撫，撫斯踊。踊，愠之終也。35

下

凡學者求其心爲難。從其所爲，近得之矣，不如以樂之速也。36 雖能其事，不能其心，不貴。求其心有偽也,弗得之矣。人之不能以偽也,**37** 可知也。〔不〕過十舉,其心必在焉。察其見者,情焉失哉? 恕,義之方也。**38** 義,敬之方也。敬,物之節也。篤,仁之方也。仁,性之方也。性或生之。忠,信 **39** 之方也。信,情之方也。情出於性。愛類七,唯性愛爲近仁。智類五,唯 **40** 義道爲近忠。惡類三,唯惡不仁爲近義。所爲道者四,唯人道爲 **41** 可道也。

凡用心之躁者,思爲甚。用智之疾者,患爲甚。用情之 **42** 至者,哀樂爲甚。用身之繁者,悦爲甚。用力之盡者,利爲甚。目之好 **43** 色,耳之樂聲,鬱陶之氣也,人不難爲之死。有其爲人之節節如也,**44** 不有夫簡簡之心則采。有其爲人之簡簡如也,不有夫恆怡之志則慢。人之巧 **45** 言利詞者,不有夫詘詘之心則流。人之悦然可與和安者,不有夫奮 **46** 猛之情則侮。有其爲人之慧如也,弗牧不可。有其爲人之愿如也,**47** 弗補不足。

凡人偽爲可惡也。偽斯隱矣,隱斯慮矣,慮斯莫與之 **48** 結矣。慎,仁之方也,然而其過不惡。速,謀之方也,有過則咎。人不慎斯有過,信矣。**49**

凡人情爲可悦也。苟以其情,雖過不惡。不以其情,雖難不貴。**50** 苟有其情,雖未之爲,斯人信之矣。未言而信,有美情者也。未教 **51** 而民極,性善者也。未賞而民勸,含福者也。未刑而民畏,有 **52** 心畏者也。賤而民貴之,有德者也。貧而民聚焉,有道者也。**53** 獨處而樂,有内業者也。惡之而不可非者,達於義者也。非之 **54** 而不可惡者,篤於仁者也。行之不過,知道者也。聞道反上,上交者也。**55** 聞道反下,下交者也。聞道反己,修身者也。上交近事君,下交得 **56** 衆近從政,修身近至仁。同方而交,以道者也。不同方而〔交,以故者也〕。**57** 同悦而交,以德者也。不同悦而交,以猷者也。門内之治,欲其 **58** 宛也。門外之治,欲其折也。

凡悦人勿隱也,身必從之,言及則 **59** 明舉之而毋偽。

凡交毋烈,必使有末。

凡於路,毋畏,毋獨言。獨 **60** 處則習。父兄之所樂,苟毋大害,小枉,納之可也,已則勿復言也。**61**

凡憂患之事欲任,樂事欲後。身欲静而毋滯,慮欲淵而毋偽,**62** 行欲勇而必至,貌欲莊而毋拔,〔心〕欲柔齊而泊,喜欲知而亡末,**63** 樂欲繹而有志,憂欲斂而毋惛,怒欲盈而毋暴,進欲遜而毋巧,**64** 退欲尋而毋徑,欲皆文而毋偽。君子執志必有夫廣廣之心,出言必有 **65** 夫簡簡之信,賓客之禮必有夫齊齊之容,祭祀之禮必有夫齊齊之敬,**66** 居喪必有夫戀戀之哀。君子身以爲主心。**67**

六　德

君子如欲求人道,□□ **6** □人民,小者以修其身。爲道者必由 **47** □〔不〕由其道,雖堯求之,弗得也。生民 **7**〔斯必有夫婦、父子、君臣,此〕六位也。有率人者,有從人者,**8** 有使人者,有事人〔者,有〕教者,有學者,此六職也。既有 **9** 夫六位也,以任此〔六職〕也。六職既分,以裒六德。六德者…10 此。何謂六德？聖、智也，仁、義也，忠、信也。聖與智就矣，1 仁與義就矣，忠與信就〔矣〕。作禮樂，制刑瀍，教此民尒使 2 之有向也，非聖智者莫之能也。親父子，和大臣，寢四鄰 3 之殃虐，非仁義者莫之能也。聚人民，任土地，足此民尒 4 生死之用，非忠信者莫之能也。

君子不偏如人道。人之 5 雖在草茅之中，苟賢囗 12 囗而上有囗殘 24 囗賞慶焉，知其以有所歸也。材 11 此親戚遠近，唯其人所在。得其人則舉焉，不得其人則止也。48 囗〔任〕諸父兄，任諸子弟。大材設諸 13 大官，小材設諸小官，因而施禄焉。使之足以生，足以死，謂 14 之君，以義使人多。義者，君德也。非我血氣之親，畜我如其 15 子弟。故曰苟濟夫人之善也，勞其股肱之力弗敢憚也，16 危其死弗敢愛也，謂之〔臣〕，以忠事人多。忠者，臣德也。知可 17 爲者，知不可爲者，知行者，知不行者，謂之夫，以智率人多。18 智也者，夫德也。一與之齊，終身弗改之矣。是故夫死有主，終 19 身不嫁，謂之婦，以信從人多也。信也者，婦德也。既生畜之，20 又從而教誨之，謂之聖。聖也者，父德也。子也者，會融長材 21 以事上，謂之義。上共下之義，以奉社稷，謂之孝。故人則爲 22〔人也，謂之〕仁。仁者，子德也。

故夫夫、婦婦、父父、子子、君君、臣臣，六者各 23 行其職，而獄訟亡由作也。觀諸《詩》、《書》，則亦在矣。觀諸 24《禮》、《樂》，則亦在矣。觀諸《易》、《春秋》，則亦在矣。親此多也，密此多〔也〕，25 美此多也。人道亡止。

仁，内也。義，外也。禮、樂，共也。内位，父、子、26 夫也。外位，君、臣、婦也。疏斬布、絰、杖，爲父也，爲君亦然。疏衰、27 齊、牡麻絰，爲昆弟也，爲妻亦然。袒免，爲宗族也，爲朋友 28 亦然。爲父絶君，不爲君絶父。爲昆弟絶妻，不爲妻絶昆弟。爲 29 宗族離朋友，不爲朋友離宗族。人有六德，三親不斷。門内 30 之治恩掩義，門外之治義斬恩。仁類柔而束，義類剛 31 而斷。仁柔而暱，義剛而簡。暱之爲言也猶暱暱也，小而 32 軫多也。豫其志，求養親之志，害亡不已也，是以暱也。

男女 33 辨生焉，父子親生焉，君臣義生焉。父聖，子仁，夫智，婦信，君義，34 臣忠。聖生仁，智率信，義使忠。故夫夫、婦婦、父父、子子、君君、臣臣，此六者各 35 行其職，而獄訟蔑由作也。君子言信言尒，言箴言尒，故外 36 内皆得也。其反，夫不夫，婦不婦，父不父，子不子，君不君，37 臣不臣，昏所由作也。君子不啻明乎民微而已，又以知 38 其一矣。男女不辨，父子不親。父子不親，君臣亡義。是故先王之 39 教民也，始於孝悌，君子於此一業者亡所廢。是故先 40 王之教民也，不使此民也憂其身，失其業。孝，本也。下修其 41 本，可以斷獄。生民斯必有夫婦、父子、君臣。君子明乎此 42 六者，然後可以斷獄。道不可躐也，能守一曲焉，可以違 43 其惡，是以其斷獄速。

凡君子所以立身大瀍三，其繹之也 44 六，其衍十又二。三者通，言行皆通。三者不通，非言行也。45 三者皆通，然後是也。三者，君子所生與之立，死與之斃也。46

…生。故曰：民之父母親民易，使民相親也難。49

語叢一

凡物由亡生。**1**

有天有命，有物有名。**2**

天生倫，人生卯。**3**

有命有文有名，而後 **4** 有倫。**5**

有地有形有盡，而後 **6** 有厚。**7**

有生有智，而後好惡 **8** 生。**9**

有物有由有遂，而後 **10** 諺生。**11**

凡物由亡生。**104**

有天有命，有地有形。**12** 有物有容，有𦒷有名。**13**

有物有容，有盡有厚，**14** 有美有善。**15**

有仁有智，有義有禮，**16** 有聖有善。**17**

天生百物，人爲貴。人 **18** 物各止於其所。我行 **105** 求者，亡有自來也。**99**

亡物不物，皆至焉，而 **71** 亡非己取之者。**72**

⋯之道也，或由中出，或 **19** 由外入。**20**

由中出者，仁、忠、信。由 **21**〔外入者，禮〕。

仁生於人，義生於道。**22** 或生於内，或生於外。**23**

知己而後知人，知人而後 **26** 知禮，知禮而後知行。**27**

其智博，然後知命。**28**

知天所爲，知人所爲，**29** 然後知道，知道然後知命。**30**

知禮，然後知刑。**63**

禮，因人之情而爲之 **31** 節文者也。**97**

善理而後樂生。**32**

禮生於莊，樂生於諒。**33** 禮繁樂零則㥻，樂繁 **34** 禮零則慢。**35**

《詩》，所以會古今之志 **38** 也者。**39**

〔《書》〕▢者也。**44**

《禮》，交之行術也。**42**

《樂》，或生或教者也。**43**

《易》，所以會天道人道 **36** 也。**37**

《春秋》，所以會古今之 **40** 事也。**41**

凡有血氣者，皆有喜 **45** 有怒，有慎有莊。其體 **46** 有容有色，有聲有臭 **47** 有味，有氣有志。

凡物 **48** 有本有標，有終有始。**49**

容色，目司也。聲，耳司 **50** 也。臭，鼻司也。味，口司 **51** 也。氣，容司也。志，心司〔也〕。**52**

義亡能爲也。**53**

賢者能理之。**54**

父子，至上下也。**69**

兄弟，至先後也。**70**

爲孝，此非孝也。爲悌，**55** 此非悌也。不可爲也，**56** 而不可不爲也。爲之，**57** 此非也。弗爲，此非也。**58**

政其然而行，治焉尔也。**59** 政不達文，生乎不達 **60** 其然也。教，學己也。**61**

其生也亡爲乎？其刑 **62** 生德，德生禮，禮生樂。由樂 **24** 知刑。**25**

刑非嚴也。**64**

上下皆得其所之謂信。**65**

信，非至齊也。**66**

政其然而行，治焉。**67**

察天道以化民氣。**68**

悲作其所也，亡非是。**73**

…之弗也。**74**

■迩■不逮，從一道。**75**

□□者義，然不然。**76**

仁，人也。義，〔道也〕。殘 8〔厚於〕仁，薄殘 22 於義，親而 **77** 不尊。厚於義，薄於仁，**82** 尊而不親。**79**

□□父，有親有尊。**78**

長悌，親道也。友君臣，**80** 毋親也。**81**

人亡能爲。**83**

有察善，亡爲善。**84**

察所知，察所不知。**85**

勢與聲，爲可察也。**86**

君臣朋友，其擇者也。**87**

賓客，情貌之文也。**88**

多好者，亡好者也。**89**

數，不盡也。**90**

缺生乎未得也。**91**

愛善之謂仁。**92**

仁義爲之梟。**93**

備之謂聖。**94**

詩由敬作。**95**

有生乎名。**96**

喪,仁之端也。**98**

盈聽之謂聖。**100**

權,可去可歸。**101**

凡同者通。**102**

禮不同,不豐,不殺。**103**

皆有之。**106**

慧與信,器也,各以譫**107**詞毀也。**108**

唐與容與夫,其行者。**109**

食與色與疾。**110**

止之。**111**

樂政。**112**

語叢二

情生於性,禮生於情,**1**嚴生於禮,敬生於嚴,**2**讓生於敬,恥生於讓,**3**利生於恥,廉生於利。**4**

文生於禮,博生於文。**5**

大生於□**6**

愠生於憂。□**7**

愛生於性,親生於愛,**8**忠生於親。**9**

欲生於性,慮生於欲,**10**悟生於慮,爭生於悟,**11**黨生於爭。**12**

貪生於欲,倍生於貪,**13**由生於倍。**14**

諉生於欲,華生於諉,**15**妄生於華。**16**

浸生於欲,惡生於浸,**17**逃生於惡。**18**

急生於欲,偏生於急。**19**

智生於性,卯生於智,**20**悅生於卯,好生於悅,**21**從生於好。**22**

子生於性,易生於子,**23**肆生於易,容生於肆。**24**

惡生於性,怒生於惡,**25**勝生於怒,忌生於勝,**26**賊生於忌。**27**

喜生於性，樂生於喜，**28** 悲生於樂。**29**

慍生於性，憂生於慍，**30** 哀生於憂。**31**

懼生於性，監生於懼，**32** 望生於監。☐ **33**

強生於性，立生於強，**34** 斷生於立。**35**

弱生於性，疑生於弱，**36** 倍生於疑。**37**

凡謀，已道者也。**38**

凡必，有不行者也。**39**

凡過，正一以失其他 **40** 者也。**41**

凡悅，作於譽者也。**42**

華，自榮也。賊，退人也。**43**

名，數也，由鼻倫生。**44**

未有善事人而不返者。**45**

未有華而忠者。**46**

知命者亡必。**47**

有德者不移。**48**

疑取再。**49**

毋失吾圖，此圖得矣。**50**

小不忍，敗大圖。**51**

其所之同，其行者異。**52** 有行而不由，有由而 **53** 不行。**54**

語叢三

父亡惡。君猶父也。其弗惡 **1** 也，猶三軍之旌也，正也。所 **2** 以異於父，君臣不相存也，**3** 則可已。不悅，可去也。不 **4** 義而加諸己，弗受也。**5**

友，君臣之道也。長悌，孝 **6** 之方也。**7**

父孝子愛，非有為也。**8**

與為義者遊，益。與莊 **9** 者處，益。起習文章，益。**10** 與諛者處，損。與不好 **11** 學者遊，損。處而亡業 **12** 習也，損。自示其所能，損。**13** 自示其所不足，益。遊 **14** 蕙，益。崇志，益。存心，益。**15** 所不行，益。必行，損。**16** 從所小好與所小樂，損。**遺簡**

天刑成，人與物斯理。**17**

☐物以日，物有理，而☐ **18**

地能含之生之者，在早。**19**

春秋，亡不以其生也亡 **20** 耳。**21**

仁,厚之□ **22**

〔喪,仁〕之端也。**23**

義,德之盡也。**24**

義,善之方也。**25**

德至厚者,治者至亡 **26** 間。**27**

未有其至則仁,治者 **28** 至亡間則成名。**29**

愛治者親。**30**

智治者寡悔。**31**

…治者卯。**32**

卯則難犯也。**45**

兼行則治者中。**33**

交行則□□ **34**

喪,仁也。義,宜也。愛,仁 **35** 也。義,處之也。禮,行之 **36** 也。**37**

不善擇,不爲智。**38**

物不備,不成仁。**39**

愛親,則其殺愛人。**40**

踊,哀也。三踊,文也。**41**

文依物,以情行之者。**44**

或由其避,或由其不 **42** 進,或由其可。**43**

剛之樹也,剛取之也。**46**

莫得善其所。**47**

思亡疆,思亡期,思亡邪,思 **48** 亡不由我者。**49**

志於道,狎於德,仄於 **50** 仁,遊於藝。**51**

善日過我,我日過善。賢 **52** 者唯其止也以異。**53**

樂,服德者之所樂也。**54**

賓客之用幣也,非征 **55** 納貨也。禮必兼。**60**

盡飾之道,此飾作焉。**56**

人之性非歟? 止乎其 **57** 孝。**61**

有性有生,呼生。有逍…**58**

得者樂,失者哀。**59**

行盡,此友矣。**62**

忠則會。**63**

亡意,亡固,**64** 上亡我,亡必。**65** 上

亡亡由也者。**66 上**

名二,物三。**67 上**

有天有命,有⋯**68 上**

⋯生。**70 上**

命與文與⋯**71 上**

⋯乎物。**72 上**

亡物不物,**64 下**皆至焉。**65 下**

亡非樂者。**66 下**

生爲貴。**67 下**

有性有生,呼 **68 下**名。**69**

爲其型。**70 下**

有性有生 **71 下**者。**72 下**

語叢四

言以詞,情以舊。非言不醻,非德亡復。言 **1** 而苟,牆有耳。往言傷人,來言傷己。**2** 口不慎而户之閉,惡言復己而死無日。**4**

凡説之道,急者爲首。既得其急,言必有及。及 **5** 之而弗惡,必盡其故。盡之而疑,必審 **15** 喻之。喻之而不可,必文以諝,毋令知我。

破邦亡 **6** 家,事乃有假。三雄一雌,三瓿一莡,一王母 **26** 保三嬰婗。**27** 正上亡及也已。**27 背上**

聽君而會,視貌而入。**27** 正中入之又入之,至之又至之。**27 背下**時至而 **27** 正下藏,流澤而行。**7**

竊鉤者誅,竊邦者爲諸侯。諸侯之門,義士 **8** 之所存。**9**

車轍之鮹鮪,不見江湖之水。匹婦偶夫,**10** 不知其鄉之小人、君子。食韭惡知終其杪。**11** 早與賢人,是謂浸行。賢人不在側,是 **12** 謂迷惑。不與智謀,是謂自欺。早與智謀,是 **13** 謂重基。邦有巨雄,必先與之以爲朋,雖難 **14** 其興。如將有敗,雄是爲害。利木陰者,不折 **16** 其枝。利其潃者,不塞其溪。善使其下,若 **17** 蚑蚩之足,衆而不割,割而不仆。善事其上 **18** 者,若齒之事舌,而終弗噬。善□□□**19** 者,若兩輪之相轉,而終不相敗。善使 **20** 其民者,若四時一逝一來,而民弗害也。**21**

山亡随則阤,城無衰則阤,士亡友不可。君有 **22** 謀臣,則壤地不削。士有謀友,則言談不 **23** 弱。雖勇力聞於邦不如材,金玉盈室不 **24** 如謀,衆強甚多不如時,故謀爲可貴。一 **25** 言之善,足以終世。三世之福,不足以出亡。**3**

殘　簡

☐哉！夫其勢☐ **1**

盡其飾道☐ **2**

智行人之☐ **3**

生爲貴。☐ **4**

剛柔皆☐☐ **5**

有哀之哀☐ **6**

義天道☐ **7**

☐性，有逆性☐ **9**

☐☐亡不由☐ **10**

☐☐逍蜜☐☐ **11**

☐此其☐ **12**

☐生。☐ **13**

☐仁。☐ **14**

☐遠☐☐ **15**

☐者。☐ **16**

☐則☐☐ **17**

☐文 **18**

☐丌☐ **19**

☐天下☐☐ **23**

☐名☐ **25**

☐眚☐ **26**

☐☐絫紹☐ **27**

附録四　釋　文　B

老子(甲本)

　　㔃(絶)智(智)弃(棄)㥜(辯),民㭓(利)百伓(倍)。㔃(絶)攷(巧)弃(棄)利(利),覜(盗)惻(賊)亡又(有)。㔃(絶)㥞(僞)弃(棄)慮,民复(復)季子。三言㠯(以)1爲史(使)不足,或命之或(或)唐(呼)豆(屬)。㒳(視)索(素)保蕅(樸),少厶(私)須〈募(寡)〉欲。

　　江沽(海)所㠯(以)爲百㣊(谷)王,㠯(以)元(其)2能爲百㣊(谷)下,是㠯(以)能爲百㣊(谷)王。聖人之才(在)民㒱(前)也,㠯(以)身後(後)之。亓(其)才(在)民上也,㠯(以)3言下之。亓(其)才(在)民上也,民弗厓(厚)也。亓(其)才(在)民㒱(前)也,民弗害(害)也。天下樂進而弗詀(厭)。4㠯(以)丌(其)不静(爭)也,古(故)天下莫能㠯(與)之静(爭)。皐(罪)莫𤯝(重)唐(乎)㠯(甚)欲,咎莫僉(憯)唐(乎)谷(欲)㝵(得),5化(禍)莫大唐(乎)不矯(知)足。矯(知)足之爲足,此㔰(恆)足矣。㠯(以)術(道)㮒(佐)人宔(主)者,不谷(欲)㠯(以)兵㝵(強)6於天下。善者果而巳(已),不㠯(以)取㝵(強)。果而弗㦷(伐),果而弗高(驕),果而弗稀(矜),是胃(謂)果而不㝵(強)。丌(其)7事好長。

　　古之善爲士者,必非(微)溺(妙)玄逢(達),深(深)不可志。是㠯(以)爲之頌(容):㐹(豫)唐(乎)〔其〕㛱(如)㝵(冬)涉川,猷(猶)唐(乎)丌(其)8㛱(如)惌(畏)四㝵(鄰),敨(儼)唐(乎)丌(其)㛱(如)客,瀌(涣)唐(乎)丌(其)㛱(如)㦿(釋),屯(純)唐(乎)丌(其)㛱(如)㩫(樸),㙥(沌)唐(乎)亓(其)㛱(如)濁。竺(孰)能濁㠯(以)束(静)9者,牆(將)舍(徐)㮣(清)。竺(孰)能㡲㠯(以)迬(動)者,牆(將)舍(徐)生。保此術(道)者不谷(欲)尚(尚)呈(盈)。

　　爲之者敗(敗)之,㸹(執)之者遠10之。是㠯(以)聖人亡爲古(故)亡敗(敗),亡㸹(執)古(故)亡迭(失)。臨事之紀,訢(慎)㝵(終)女(如)㐾(始),此亡敗(敗)事矣。聖人谷(欲)11不谷(欲),不貴難㝵(得)之貨。㥾(教)不㥾(教),逡(復)㒸(衆)之所{=}㐰(過)。是古(故)聖人能尃(輔)萬勿(物)之自肰(然),而弗12能爲。術(道)㔰(恆)亡爲也,庆(侯)王能守之,而萬勿(物)牆(將)自愳=(化。化)而雒〈欲〉㦿(作),牆(將)貞之㠯(以)亡㠯(名)之㯥(樸)。夫13亦牆(將)矯=足〔=〕(知足。知足)㠯(以)束(静),萬勿(物)牆(將)自定。

　　爲亡爲,事亡事,未(味)亡未(味),大少(小)之多惖(易)必多㜸(難)。是㠯(以)聖人14猷(猶)㜸(難)之,古(故)宨(終)亡㜸(難)。

天下皆𣤆(知)敆(美)之爲敆(美)也，亞(惡)巳(已)。皆𣤆(知)善，此丌(其)不善巳(已)。又(有)亡之相生也，15 戁(難)惥(易)之相𢘁(成)也，長耑(短)之相型(形)也，高下之相涅(呈)也，音聖(聲)之相和也，先遚(後)之相墮(隨)也。是 16 目(以)聖人居亡爲之事，行不言之孝(教)。萬勿(物)俵(作)而弗刢(始)也，爲而弗志也，𢘁(成)而弗居。天〈夫〉售(唯)17 弗居也，是目(以)弗去也。

道(道)疋(恆)亡目(名)。儌(樸)售(雖)妻(細)，天𡏕(地)弗敢(敢)臣，戾(侯)王女(如)能 18 獸(守)之，萬勿(物)酒(將)自賓(賓)。天𡏕(地)相倉(合)也，目(以)逾(揄)甘雺(露)，民莫之命天〈而〉自均女(焉)。訋(始)𣂪(制)又(有)目＝(名。名)19 亦既又(有)，夫亦酒(將)智＝(知止，知止)所目(以)不訽(殆)。卑(譬)道(道)之才(在)天下也，猷(猶)少(小)浴(谷)之牙(與)江沬(海)。20

又(有)脜(狀)蟲(融)𢘁(成)，先天𡏕(地)生，敓(邈)𦥑(穆)，蜀(獨)立不亥(孩)，可目(以)爲天下母。未智(知)丌(其)目(名)，绎(字)之曰道(道)，虘(吾)21 㢓(強)爲之目(名)曰大＝(大。大)曰䜌＝(逝，逝)曰遠(轉，轉)曰反(返)。天大，𡏕(地)大，道(道)大，王亦大。囝(國)中又(有)四大女(焉)，王尻(處)一女(焉)。人 22 䗥(灋)𡏕＝(地，地)䗥(灋)天＝(天，天)䗥(灋)道＝(道，道)䗥(灋)自肰(然)。

天𡏕(地)之列(間)，丌(其)猷(猶)囝(橐)籥與(歟)！虛而不屈(屈)，達(動)而愈(愈)出。23

至虛，疋(恆)也。獸(守)中，篤(篤)也。萬勿(物)方(旁)复(作)，居目(以)須遈(復)也。天道(道)䨓＝(雲雲)，各遈(復)丌(其)董(根)。24

丌(其)安也，易枼(持)也。丌(其)未㫳(兆)也，易思(謀)也。丌(其)酇(脆)也，易畬(判)也。丌(其)幾(幾)也，易後(散)也。爲之於丌(其)25 亡又(有)也，綢(治)之於丌(其)未亂(亂)。倉(合)〔抱之木生於毫〕末，九𢘁(成)之臺(臺)甲〈乍(作)〉〔於壘土，千里之行始於〕26 足下。智(知)之者弗言＝(言，言)之者弗智(知)。閟(閉)丌(其)逆(兌)，賽(塞)丌(其)門，和丌(其)光，逈(同)丌(其)斳{＝}(塵)，剉(挫)丌(其)𦥑(鋭)，解丌(其)紛。27 是胃(謂)玄同。古(故)不可㝵(得)天〈而〉斳(親)，亦不可㝵(得)而疋(疏)。不可㝵(得)而利，亦不可㝵(得)而㲉(害)。28 不可㝵(得)而貴，亦{可}不可㝵(得)而戋(賤)。古(故)爲天下貴。目(以)正之(治)畔(邦)，目(以)截(奇)甬(用)兵，目(以)亡事 29 敓(取)天下。虘(吾)可(何)目(以)智(知)丌(其)肰(然)也？夫天多异(期)韋(違)而民爾(彌)畬(叛)，民多利器而畔(邦)慈(滋)昏，人多 30 智(智)天〈而〉哦(奇)勿(物)慈(滋)記(起)，䗥(灋)勿(物)慈(滋)章(彰)，覜(盜)惥(賊)多又(有)。是目(以)聖人之言曰：我無事而民自𣣸(富)，31 我亡爲而民自蟲(化)，我季(好)青(靜)而民自正，我谷(欲)不谷(欲)而民自㯭(樸)。32

畬(含)惪(德)之屋(厚)者，比於赤子。蟲(虺)蠆＝(蠆蟲)它(蛇)弗螫(螫)，攫鳥猒(猛)獸(獸)弗扣，骨㝵(弱)董(筋)柔(柔)而捉 33 固。未智(知)牝戊(牡)之倉(合)膚(朘)惹(怒)，㯱

（精）之至也。宇（終）日虖（號）而不惪（嚘），和之至也。和曰景（同），智（知）和曰明。**34** 賹（益）生曰羕，心史（使）燹（氣）曰弲（強）。勿（物）壁（壯）鼎（則）老，是胃（謂）不道（道）。

昌（名）與身箸（孰）斬（親）？身與貨 **35** 箸（孰）多？賞（得）與貢（亡）箸（孰）肪（病）？甚（甚）惡（愛）必大賷（費），臽（厚）贄（藏）必多貢（亡）。古（故）智（知）足不辱（辱），智（知）坓（止）不忌（殆），可 **36** 昌（以）長舊（久）。返（反）也者，道（道）〔之僮（動）也。屫（弱）也者，道（道）之甬（用）也。天下之勿（物）生於又〔二〕（有，有）生於亡。

枲（持）而浧（盈）**37** 之，不〔不〕若巳（已）。湍（揣）而羣（群）之，不可長保也。金玉浧（盈）室，莫能獸（守）也。貴畠（富）喬（驕），自迻（遺）咎 **38** 也。攻（功）述（遂）身退（退），天之道（道）也。**39**

老子（乙本）

絅〈綗（治）〉人事天，莫若嗇（嗇）。夫售（唯）嗇（嗇），是昌（以）曩（早）{是昌（以）曩（早）}備（服），是胃（謂）〔重積德。重積德則亡=〕**1** 不=克_（〔亡〕不克，〔亡〕不克鼎（則）莫=矯_丌_死_（莫知其極。莫知其極），可昌（以）又_邦_（有國。有國）之母，可昌（以）長〔久。是謂深根固柢之瀘〕，**2** 長生售（久）貝（視）之道（道）也。

學者日蒜（益），爲道（道）者日鼎=（損。損）之或（又）鼎（損），昌（以）至亡爲 **3** 也，亡爲而亡不爲。幽（絕）學亡惪（憂），售（唯）與可（呵），相去戔（幾）可（何）？岂（美）牙（與）亞（惡），相去可（何）若？**4** 人莽=（之所）愄（畏），亦不可昌（以）不愄（畏）。

人蒠（寵）辱（辱）若纓（榮），貴大患若身。可（何）胃（謂）蒠（寵）**5** 辱（辱）？蒠（寵）爲下也，旻（得）之若纓（榮），迭（失）之若纓（榮），是胃（謂）蒠（寵）辱（辱）纓（榮）。〔何謂貴大患〕**6** 若身？虗（吾）所昌（以）又（有）大患者，爲虗（吾）又（有）身。返（及）虗（吾）亡身，或（又）可（何）〔患焉？故貴以身〕**7** 爲天下，若可昌（以）厇（宅）天下矣。惡（愛）昌（以）身爲天下，若可昌（以）达（去）天下矣。**8**

上士昏（聞）道（道），董（僅）能行於丌（其）中=（中。中）士昏（聞）道（道），若昏（聞）若亡。下士昏（聞）道（道），大芙（笑）之。弗大 **9** 芙（笑），不足昌（以）爲道（道）矣。是昌（以）聿（建）言又（有）之：明道（道）女（如）孛（昧），辻（夷）道（道）**10** 女（如）纇（纇），〔進〕殘 20 道（道）若退。上惪（德）女（如）浴（谷），大白女（如）辱（辱），坒（廣）惪（德）女（如）不足，聿（建）惪（德）女（如）〔偷，質〕貞女（如）愈（渝）。**11** 大方亡禺（隅），大器曼（蔑）咸（成），大音腎（希）聖（聲），天（大）象亡坓（形）。道（道）〔始亡名，善始善成〕。**12**

閟（閉）丌（其）門，寶（塞）丌（其）迭（兌），宇（終）身不孞（懋）。啟丌（其）迭（兌），寶（塞）丌（其）事，宇（終）身不萃（仇）。大戉（成）若 13 夬（缺），丌（其）甬（用）不𪉖（敝）。大浧（盈）若中（沖），丌（其）甬（用）不𥦗（窮）。大攷（巧）若仳（拙），大戉（成）若詘（屈），大桌（直）**14** 若屈

（詘）。皋（燥）勶（勝）蒬（寒），青（清）勶（勝）然（熱），清＝（清靜）爲天下定（正）。

善畫（建）者不果（拔），善保者 **15** 不兑（脱），孫＝（子孫）㠯（以）亓（其）祭（祭）祀不乚（輟）。攸（修）之身，亓（其）悳（德）乃貞。攸（修）之豪（家），亓（其）悳（德）又（有）舍（餘）。攸（修）**16** 之向（鄉），亓（其）悳（德）乃長。攸（修）之畔（邦），亓（其）悳（德）乃奉（豐）。攸（修）之天下，〔其〕德乃溥。以家觀〕**17** 豪（家），㠯（以）向（鄉）矔（觀）向（鄉），㠯（以）畔（邦）矔（觀）畔（邦），㠯（以）天下矔（觀）天下。虐（吾）可（何）㠯（以）智（知）天〔下然哉？以此〕。**18**

老子（丙本）

大（太）上下緍（知）又（有）之，亓（其）即（次）新（親）譽之，亓（其）既〈即（次）〉惥（畏）之，亓（其）即（次）炙（侮）之。訐（信）不足，女（焉）**1** 又（有）不訐（信）。猷（猶）唇（乎）亓（其）貴言也。咸（成）事述（遂）㓛（功），而百眚（姓）曰我自肰（然）也。古（故）大 **2** 道（道）雙（廢），女（焉）又（有）惥（仁）義。六新（親）不和，女（焉）又（有）孝孳（慈）。畔（邦）豪（家）緍（昏）䛊（亂），女（焉）又（有）正臣。**3**

䴒（設）大象，天下徃＝（往。往）而不害，女（安）坖（平）大（泰）。樂與餌，愆（過）客坒（止）。古（故）道（道）〔之出言〕，**4** 淡可（兮）亓（其）無杏（味）也。貝（視）之不足見，聖（聽）之不足䎽（聞），而不可既也。**5**

君子居勮（則）貴右（左），甬（用）兵勮（則）貴右。古（故）曰兵者〔非君子之器，不〕**6** 旻（得）巳（已）而甬（用）之。鎬（銛）纗（鎩）爲上，弗㪔（美）也。娧（美）之，是樂鈫（殺）人。夫樂〔殺，不可〕**7** 㠯（以）旻（得）志於天下。古（故）吉事上（尚）右（左），燓（喪）事上（尚）右。是㠯（以）夌（偏）牂（將）**8** 軍居右（左），上牂（將）軍居右，言㠯（以）燓（喪）豊（禮）居之也。古（故）鈫（殺）〔人衆〕，**9** 勮（則）㠯（以）衣（哀）悲位（莅）之。戲（戰）勶（勝），勮（則）㠯（以）燓（喪）豊（禮）居之。**10**

爲之者敗（敗）之，鈯（執）之者迻（失）之。聖人無爲，古（故）無敗（敗）也。無鈯（執），古（故）〔無失也〕。**11** 新（慎）卒（終）若訐（始），勮（則）無敗（敗）事㝵（矣）。人之敗（敗）也，死（恆）於亓（其）虞（且）咸（成）也敗（敗）之。是㠯（以）〔聖〕**12** 人欲不欲，不貴戁（難）旻（得）之貨。學（教）不學（教），遆（復）眾峕＝（之所）迻（過）。是㠯（以）能椨（輔）蘁（萬）勿（物）**13** 之自肰（然），而弗敓（敢）爲。**14**

太一生水

大（太）一生水＝（水。水）反椨（薄）大（太）一，是㠯（以）咸（成）天＝（天。天）反椨（薄）大（太）一，是㠯（以）咸（成）埅（地）。天埅（地）〔復相薄〕**1** 也，是㠯（以）咸（成）神＝明＝（神明。神明）遆（復）相椨（薄）也，是㠯（以）咸（成）佥＝昜＝（陰陽。陰陽）遆（復）相椨（薄）也，是㠯（以）咸

(成)四=㫖=(四時。四時)**2** 復(復)〔相〕補(薄)也,是目(以)㳄(成)寒=然=(寒熱。寒熱)復(復)相補(薄)也,是目(以)㳄(成)溼=澡=(濕燥。濕燥)復(復)相補(薄)也,㳄(成)戢(歲)**3** 而𡳿(止)。古(故)戢(歲)者,溼(濕)澡(燥)之=(之所)生也。溼(濕)澡(燥)者,寒(寒)然(熱)之=(之所)生也。寒(寒)然(熱)者,四㫖(時)〔之所生也。四時〕**4** 者,侌(陰)昜(陽)之=(之所)生〔也〕。侌(陰)昜(陽)者,神明之=(之所)生也。神明者,天埅(地)之=(之所)生也。天埅(地)**5** 者,大(太)一之=(之所)生也。是古(故)大(太)一贀(藏)於水,行於㫖(時)。迵(周)而或(又)〔始,以己爲〕**6** 厲(萬)勿(物)母。罷(一)块(缺)罷(一)浧(盈),目(以)𢀩(己)爲厲(萬)勿(物)經。此天之=(之所)不能殺(殺),埅(地)之=(之所)**7** 不能耋(埋),侌(陰)昜(陽)之=(之所)不能㳄(成)。君子𥎊(知)此之胃(謂)□□□□□□。**8**

天道(道)貴𡕹(弱),雀(削)㳄(成)者目(以)𢌿(益)生者。伐於㢾(強),責於□□□□□□。**9** 下,土也,而胃(謂)之埅(地)。上,燹(氣)也,而胃(謂)之天。道(道)亦丌(其)㝹(字)也,青(請)昏(問)丌(其)𠮷(名)。目(以)**10** 道(道)從事者,必𡪄(宅)丌(其)𠮷(名),古(故)事㳄(成)而身長。聖人之從事也,亦𡪄(宅)丌(其)**11** 𠮷(名),古(故)社(功)㳄(成)而身不剔(傷)。天埅(地)𠮷(名)㝹(字)竝=(並立),古(故)怂(過)丌(其)方,不囟(使)相堂(當)。〔天不足〕**12** 於西北,丌(其)下高目(以)㢾(強)。埅(地)不足於東南,丌(其)上〔高以強。不足於上〕**13** 者,又(有)余(餘)於下。不足於下者,又(有)余(餘)於上。**14**

緇　衣

夫子曰:𡚸(好)𡟰(美)女(如)𡚸(好)兹(緇)衣,亞=(惡惡)女(如)亞(惡)逹(巷)白(伯),𠟭(則)民咸放(飭)而𦉍(刑)不屯(頓)。《寺(詩)》**1** 員(云):"悉(儀)𦉍(型)文王,萬𨛜(邦)乍(作)孚。"

子曰:又(有)郕(國)者章(彰)𡚸(好)章(彰)亞(惡),目(以)貝(示)民𠪚(厚),鼎(則)民 **2** 青(情)不紅(飾)。《寺(詩)》員(云):"𢝫(靖)共(恭)尔立(位),𡚸(好)氏(是)貞𥁕(直)。"

子曰:爲上可𥈖(望)而𥎊(知)也,爲下 **3** 可頪(類)而𥳑(志)也,鼎(則)君不𢇍(疑)亓(其)臣=(臣,臣)不惑於君。《寺(詩)》員(云):"𠭥(淑)人君子,亓(其)義(儀)不 **4** 弋(忒)。"《尹𧧑(誥)》員(云):"隹(唯)尹身(允)及湯,咸又(有)一𢛳(德)。"

子曰:上人𢇍(疑)鼎(則)百眚(姓)賊(惑),下難 **5** 𥎊(知)鼎(則)君倀(長)𢡂(勞)。古(故)君民者章(彰)𡚸(好)目(以)貝(示)民𢓊(欲),𧃙(謹)亞(惡)目(以)𤉛(遏)民淫,鼎(則)民不賊(惑)。臣事君,**6** 言亓(其)所不能,不訇(詞)亓(其)所能,鼎(則)君不𢡂(勞)。《大𡦹(雅)》員(云):"上帝板=(板板),下民㕲(卒)𤺺(癉)。"《少(小)𡦹(雅)》員(云):"非亓(其)**7** 𡳿(止)之共(恭),售(唯)王𢘊(恭)。"

子曰:民目(以)君爲心,君目(以)民爲體。心𡚸(好)鼎(則)體安之,君𡚸(好)鼎(則)民𢓊

（欲）**8** 之。古（故）心目（以）體塄（廢），君目（以）民芒（亡）。《支（詩）》鼎（云）：“佳（誰）秉戉（國）咸（成），不自爲貞，釆（卒）裝（勞）百眚（姓）。”《君菡（牙）》鼎（云）：“日脣（暑）雨，少（小）**9** 民佳（唯）日息（怨）。晉（臻）窨（冬）旨（耆）賽（寒），小民亦佳（唯）日息（怨）。”

子曰：上孞（好）息（仁），鼎（則）下之爲 **10** 息（仁）也秮（爭）先。古（故）倀（長）民者章（彰）志目（以）習（昭）百眚（姓），鼎（則）民至行异（己）目（以）敓（悅）上。**11**《支（詩）》鼎（云）：“又（有）昇（覺）惪（德）行，四方㣎（順）之。”

子曰：毘（禹）立三年，百眚（姓）目（以）息（仁）道（導），剴（豈）必 **12** 聿（盡）息（仁）？《支（詩）》鼎（云）：“咸（成）王之孚，下土之弋（式）。”《邵（呂）坓（刑）》鼎（云）：“一人又（有）慶，蘁（萬）民購（賴）**13** 之。”

子曰：下之事上也，不從丌（其）所目（以）命，而從丌（其）所行。上孞（好）此勿（物）也，**14** 下必又（有）咠（甚）女（焉）者矣。古（故）上之孞（好）亞（惡）不可不釿（慎）也，民之菓（表）也。《支（詩）》**15** 鼎（云）：“虜=（赫赫）帀（師）尹，民具（俱）尔贍（瞻）。”

子曰：倀（長）民者衣備（服）不改（改），宧（從）頌（容）又（有）棠（常），鼎（則）民惪（德）**16** 弌（一）。《支（詩）》鼎（云）：“亓（其）頌（容）不改（改），出言又（有）丨（遜），秒（黎）民所訓（訓）。”

子曰：大人不釿（親）亓（其）所既（賢），而 **17** 訐（信）亓（其）所戔（賤），膏（教）此目（以）迭（失），民此目（以）纏（煩）。《支（詩）》鼎（云）：“皮（彼）求我，鼎（則）女（如）不我旻（得）。毄（執）我 **18** 䚾=（仇仇），亦不我力。”《君迪（陳）》鼎（云）：“未見聖，咅（如）亓（其）弗克見我。既見我，弗迪聖。”

子 **19** 曰：大臣之不釿（親）也，鼎（則）忠敬不足而賣（富）貴巳（已）迊（過）也。畔（邦）豢（家）之不窫（寧）**20** 也，鼎（則）大臣不台（治）而毀（褻）臣乇（宅）也。此目（以）大臣不可不敬，民之藍（蕰）也。古（故）**21** 君不與少（小）愻（謀）大，鼎（則）大臣不息（怨）。《晉（祭）公之募（顧）命》鼎（云）：“毋（毋）目（以）少（小）愻（謀）敗（敗）大 **22** 煮（圖），毋目（以）卑（嬖）御慁（疾）妝（莊）句（后），毋目（以）卑（嬖）士慁（疾）夫=（大夫）、卿事（士）。”

子曰：倀（長）民者膏（教）之 **23** 目（以）惪（德），齊之目（以）豊（禮），鼎（則）民又（有）蘁（勸）心。膏（教）之目（以）正（政），齊之目（以）坓（刑），鼎（則）民又（有）孛（免）心。**24** 古（故）孳（慈）目（以）悉（愛）之，鼎（則）民又（有）新（親）。訐（信）目（以）結之，鼎（則）民不怀（倍）。共（恭）目（以）位（蒞）之，鼎（則）民 **25** 又（有）愻（遜）心。《支（詩）》鼎（云）：“虔（吾）夫=（大夫）共（恭）虘（且）儉（儉），林（靡）人不斂（斂）。”《吕坓（刑）》鼎（云）：“非甬（用）䣛（靈），斳（制）目（以）坓（刑），**26** 佳（唯）乍（作）五牆（虐）之坓（刑）曰瀀（灋）。”

子曰：正（政）之不行，孝（教）之不咸（成）也，鼎（則）坓（刑）罰不 **27** 足恥而雀（爵）不足蘁（勸）也。古（故）上不可目（以）毀（褻）坓（刑）而翌（輕）雀（爵）。《康䶅（誥）》鼎（云）：“敬 **28** 明乃罰。”《吕坓（刑）》鼎（云）：“䓝（播）坓（刑）之迪。”

子曰：王言女（如）絲，亓（其）出女（如）緡。王言女（如）索，**29** 亓（其）出女（如）綍（紼）。古

（故）大人不昌（倡）渿（流）。《攴（詩）》鼎（云）："訢（慎）尔出話，敬尔惌（威）義（儀）。"

子曰：可言 **30** 不可行，君子弗言。可行不可言，君子弗行。鼎（則）民言不隊（詭）行〔=〕（行，行）不隊（詭）**31** 言。《攴（詩）》鼎（云）："㫃（淑）訢（慎）尔茋（止），不侃（愆）于義（儀）。"

子曰：君子道（導）人目（以）言，而坙（極）目（以）行。古（故）言 **32** 鼎（則）慮（慮）亓（其）所宎（終），行鼎（則）餰（稽）亓（其）所肰（敝），鼎（則）民訢（慎）於言而蕙（謹）於行。《攴（詩）》鼎（云）："穆=（穆穆）**33** 文王，於𦣞（緝）遁（熙）敬茋（止）。"

子曰：言從行之，鼎（則）行不可匿。古（故）君子䁱（顧）言而 **34** 行，目（以）成其訐（信），鼎（則）民不能大茊（其）娂（美）而少（小）茊（其）亞（惡）。《大虘（雅）》云："白珪之石〈砧（玷）〉，尚可 **35** 礐（磨）也。此言之砧（玷），不可爲也。"《少（小）顗（雅）》鼎（云）："㫃（允）也君子，屪（展）也大咸（成）。"《君奭》鼎（云）：**36** "㫃（昔）在上帝，戴（蓋）繟（申）𧆝（觀）文王悳（德），茊（其）集大命于乎（厥）身。"

子曰：君子言又（有）勿（物），行又（有）**37** 迌（格）。此目（以）生不可敓（奪）志，死不可敓（奪）名。古（故）君子多韻（聞），齊而猷（守）之。多志，齊而 **38** 新（親）之。精媢（知），迌（格）而行之。《攴（詩）》鼎（云）："㫃（淑）人君子，茊（其）義（儀）弍（一）也。"《君迪（陳）》鼎（云）："出內（入）自尔帀（師），于（雩）**39** 庶言同。"

子曰：句（苟）又（有）車，必見茊（其）皷（轍）。句（苟）又（有）衣，必見亓（其）肰（敝）。人 **40** 正上句（苟）又（有）言，必韻（聞）丌（其）聖（聲）。**40** 背句（苟）又（有）行，必見茊（其）咸（成）。**40** 正下《攴（詩）》鼎（云）："備（服）之亡悬（斁）。"

子曰：厶（私）惠不壞（懷）悳（德），君子不自窗（留）女〈女（焉）〉。《攴（詩）》鼎（云）："人之孛（好）我，**41** 旨（示）我周行。"

子曰：售（唯）君子能孛（好）茊（其）馺（匹），少{=}（小）人剴（豈）能孛（好）亓（其）馺（匹）？古（故）君子之吝（友）也 **42** 又（有）向，亓（其）亞（惡）又（有）方。此目（以）㯭（邇）者不贼（惑）而述（遠）者不惢（疑）。《攴（詩）》鼎（云）："君子孛（好）載（仇）。"

子曰：**43** 翌（輕）幽（絕）貧戋（賤）而𦰩（重）幽（絕）貫（富）貴，鼎（則）孛（好）息（仁）不礐（堅）而亞=（惡惡）不累（著）也。人售（雖）曰不稱（利），虗（吾）弗訐（信）**44** 之矣。《攴（詩）》鼎（云）："偂（朋）吝（友）卣（攸）㹞=（攝，攝）目（以）惌（威）義（儀）。"

子曰：宋人又（有）言曰：人而亡𧪞（恆），不可爲 **45** 卜箮（筮）也。亓（其）古之遄（遺）言㬰（歟）？龜（龜）舎（筮）猷（猶）弗媢（知），而皇（況）於人唐（乎）？《攴（詩）》鼎（云）："我龜（龜）既猒（厭），**46** 不我告猷。"

二十又三。**47**

魯穆公問子思

魯穆公昏（問）於子思曰："可（何）女（如）而可胃（謂）忠臣？"子思曰："悆（恆）叏（稱）**1** 亓

(其)君之亞(惡)者,可胃(謂)忠臣矣。”公不敓(悦),咠(揖)而退之。戚(成)孫弋見。2 公曰:“向者虐(吾)昏(問)忠臣於子=思=(子思。子思)曰:‘𠦪(亟)爯(稱)亓(其)君之亞(惡)者,可胃(謂)忠 3 臣矣。’寡(寡)人惑女(焉),而未之𠭁(得)也。”戚(成)孫弋曰:“㦤(噫)! 善才(哉),言虐(乎)! 4 夫爲亓(其)君之古(故)殺(殺)亓(其)身者,嘗又(有)之矣。𠦪(亟)爯(稱)亓(其)君之亞(惡)者,5 未之又(有)也。夫爲亓(其)君之古(故)殺(殺)亓(其)身者,交(要)彔(禄)雀(爵)者也。𠦪(亟)6〔稱其君〕之亞(惡)〔者,遠〕彔(禄)簹(爵)者也。〔爲〕義而遠彔(禄)簹(爵),非 7 子思,虐(吾)亞(惡)昏(聞)之矣?”8

窮達以時

又(有)天又(有)人,天人又(有)分。詧(察)天人之分,而𥎊(知)所行矣。又(有)亓(其)人,亡亓(其)1 殜(世),售(雖)臤(賢)弗行矣。句(苟)又(有)亓(其)殜(世),可(何)𦰡(難)之又(有)才(哉)? 叜(舜)畊(耕)於鬲(歷)山,匋(陶)笞(拍)2 於河匿(浦),立而爲天子,堣(遇)尭(堯)也。𠳽(傅)説(説)衣胎(枲)蓋(葛),冒(帽)衽(絰)𡨄(蒙)𦰡(巾),3 斁(釋)板筥(築)而𠑊(佐)天子,堣(遇)武丁也。郘(吕)室(望)爲牂(臧)𣡦(棘)澫(津),戰監門 4 𣡦(棘)陛(地),行年𠦃=(七十)而胥(屠)牛於朝(朝)訶(歌),興而爲天子帀(師),堣(遇)周文也。5 𥫗(管)𡿩(夷)虐(吾)𡧊(拘)繇(囚)㯥(束)縛,斁(釋)杙(弋)㯽(柙)而爲者(諸)厌(侯)梘(相),堣(遇)齊逗(桓)也。6 孫𠬪(叔)三弞(舍)郪(期)思少司馬,出而爲命(令)尹,堣(遇)楚臧(莊)也。8 白(百)里迡(邅)遣(鬻)五羊,爲敀(伯)斀(牧)牛,斁(釋)板(鞭)柽(箠)而爲䜊(尊)卿,堣(遇)秦(秦)穆〔也〕。7

善伓(否)吕(己)也,穿(窮)逩(達)目(以)峕(時)。悳(德)行弌(一)也,譽(譽)皇(毁)才(在)仿(旁),聖(聽)之弋(置)〔之〕。母(梅){之}白(伯)14 初湝(醯)酭(醢),遂(後)目(名)昜(揚),非亓(其)悳(德)加。子疋(胥)𣥺(前)多社(功),遂(後)翏(戮)死,非亓(其)𥎊(智)9 𧙗(衰)也。𩣡(驥)馰(約)張山,騹(騏)空(困)於𠳽(負)𣡦(棡),非亡體(體)壯(狀)也。穿(窮)四母(海),至千 10 里,堣(遇)𠰈(造)古(父)也。堣(遇)不堣(遇),天也。童(動)非爲逩(達)也,古(故)穿(窮)而不 11〔怨。隱非〕爲目(名)也,古(故)莫之𥎊(知)而不𡘋(閔)。芑(茝)〔蘭生於幽谷〕,12〔不爲無人〕嗅(嗅)而不芳。無(璑)茖(璐)堇(瑾)愈(瑜)坾(包)山石,不爲〔無人佩而〕13 不𨤲(理)。穿(窮)逩(達)目(以)峕(時),𢤱(幽)明不再。古(故)君子惇(敦)於𢦏(反)吕(己)。15

五　行

五行:𢽉(仁)型(形)於内胃(謂)之悳(德)之行,不型(形)於内胃(謂)之行。義型(形)於内胃（謂）之惪（德）之 **1** 行，不型（形）於内胃（謂）之行。豊（禮）型（形）於内胃（謂）之惪（德）之行，不型（形）於内胃（謂）之 **2**〔行〕。智形〕於内胃（謂）之惪（德）之行，不型（形）於内胃（謂）之行。聖型（形）於内胃（謂）之惪（德）**3** 之行，不型（形）於内胃（謂）之〔惪（德）之〕行。

惪（德）之行，五和胃（謂）之惪（德），四行和胃（謂）之善_（善。善，）人 **4** 遈（道）也。惪（德），天遈（道）也。君子亡审（中）心之惪（憂）勦（則）亡_审_心_之_矯（亡中心之智，亡中心之智）勦（則）亡_审_心_**5**〔之_説_〕（亡中心〔之悦〕，亡中心〔之悦〕）〔則不_〕安_（〔不〕安，〔不安〕勦（則）不_樂_（不樂，不樂）勦（則）亡惪（德）。

五行皆型（形）于内而陇（時）行 **6** 之，胃（謂）之君〔子〕。士又（有）志於君子道（道），胃（謂）之陇（志）士。善弗爲亡近，惪（德）弗 **7** 之（志）不戌（成），矯（智）弗思不旻（得）。思不清不諓（察），思不倀（長）不_型_（不形，不形）不_安_（不安，不安）不_樂_（不樂，不樂）**8** 亡惪（德）。

不悬（仁），思不能清。不矯（智），思不能倀（長）。不悬（仁）不矯（智），未見君子，惪（憂）心 **9** 不能惢=（惙惙）。既見君子，心不能兑（悦）。"亦既見坒（止），亦既詢（覯）坒（止），我心勦（則）**10**〔悦〕。"此之胃（謂）〔也。不〕悬（仁），思不能清。不聖，思不能翌（輕）。不悬（仁）不聖，**11** 未見君子，惪（憂）心不能惌_（仲仲）。既見君子，心不能隍（降）。

悬（仁）之思也清_（清。清）**12** 勦（則）諓_（察，察）勦（則）安_（安，安）勦（則）恩〈恩〉_（温，温）勦（則）兑_（悦，悦）勦（則）臱_（戚，戚）勦（則）斳_（親，親）勦（則）悉_（愛，愛）勦（則）玉_色_（玉色，玉色）勦（則）型_（形，形）勦（則）悬（仁）。**13**

矯（智）之思也倀_（長。長）勦（則）旻_（得，得）勦（則）不_亡_（不忘，不忘）勦（則）明_（明，明）勦（則）見〈貝〉_臤_人_（視賢人，視賢人）勦（則）玉_色_（玉色，玉色）勦（則）型（形，形）**14** 勦（則）矯（智）。

聖之思也翌_（輕。輕）勦（則）型_（形，形）勦（則）不_亡_（不忘，不忘）勦（則）聦_（聰，聰）勦（則）聋_君_子_道_（聞君子道，聞君子道）鼎（則）玉_音_（玉音，玉音）勦（則）型_（形，形）**15** 勦（則）聖。

"叟（淑）人君子，亓（其）義（儀）罷（一）也。"能爲罷（一），肰（然）句（後）能爲君〔二〕子〔二〕（君子。君子）愍（慎）亓（其）蜀（獨）也。**16**

"〔瞻望弗〕迟（及），深（泣）涕女（如）雨。"能遟（差）沱（池）亓（其）翚（羽），肰（然）句（後）能至哀。君子愍（慎）亓（其）**17**〔獨也〕。

〔君〕子之爲善也，又（有）與飼（始），又（有）與窃（終）也。君子之爲惪（德）也，**18**〔有與〕訋（始），亡殘 **21**〔與〕宎（終）也。金聖（聲）而玉晉（振）之，又（有）惪（德）者也。

金聖（聲），善也。玉音，聖也。善，人 **19** 道（道）也。惪（德），天道（道）〔也〕。售（唯）又（有）惪（德）者，肰（然）句（後）能金聖（聲）而玉晉（振）之。

不聦（聰）不明，不聖不_**20** 矯_（不智，智）不_悬_（不仁，不仁）不_安_（不安，不安）不_樂_（不樂，不樂）亡惪（德）。

不畀（變）不_兑_（不悦，不悦）不_嚞_（不戚，不戚）不_斬_（不親，不親）不_㤅_（不愛，不愛）不悬（仁）。

不惪（直）不_遶_（不肆，不肆）不_果_（不果，不果）21 不_柬_（不簡，不簡）不_行_（不行，不行）不義。

不㥷（遠）不_敬_（不敬，不敬）不_嚴_（不嚴，不嚴）不_隓_（不尊，不尊）不_共_（不恭，不恭）亡豊（禮）。

未尚（嘗）22 耺（聞）君子道（道），胃（謂）之不聰（聰）。未尚（嘗）貝（視）㕚（賢）人，胃（謂）之不明。耺（聞）君子道（道）而不玭（知）23 亓（其）君子道（道）也，胃（謂）之不聖。貝（視）㕚（賢）人而不玭（知）亓（其）又（有）惪（德）也，胃（謂）之不玭（智）。24

貝（視）而玭（知）之，玭（智）也。耺（聞）而玭（知）之，聖也。明_（明明），玭（智）也。虗_（赫赫），聖也。"明_（明明）才（在）下，虗_（赫赫）25 才（在）上"，此之胃（謂）也。

耺（聞）君子道（道），聰（聰）也。耺（聞）而玭（知）之，聖也。聖人玭（知）天 26 道（道）也。玭（知）而行之，義也。行之而眡（時），惪（德）也。貝（視）㕚（賢）人，明也。貝（視）而玭（知）之，27 玭（智）也。玭（知）而安之，悬（仁）也。安而敬之，豊（禮）也。聖玭（智），豊（禮）藥（樂）之所藝（由）生也，五 28〔行之所和〕也。和𦙞（則）𣌛_（樂，樂）𦙞（則）又_惪_（有德，有德）𦙞（則）畍（邦）豪（家）𢍰（舉）。文王之貝（視）也女（如）此。"文 29〔王在上，於昭〕于天"，此之胃（謂）也。

貝（視）而玭（知）之，玭（智）也。玭（知）而安之，悬（仁）也。安 30 而行之，義也。行而敬之，豊（禮）也。悬（仁）義，豊（禮）所藝（由）生也，四行之所和也。和 31 𦙞（則）同_（同，同）𦙞（則）善。

庿_（顏色）㑥（容）㑏（貌）㥶〈恩（溫）〉，畀（變）也。目（以）亓（其）审（中）心與人交，兑（悦）也。审（中）心兑（悦）㫦（施）𢍰（遷）32 於弟_（兄弟），嚞（戚）也。嚞（戚）而訐（信）之，斬_（親，親）而篤（篤）之，㤅（愛）也。㤅（愛）父，亓（其）枀（稽）㤅（愛）人，悬（仁）也。

审（中）心 33 訟（辨）狀（然）而正行之，𧺰（直）也。惪（直）而述（遂）之，遶（肆）也。遶（肆）34 而不畏（畏）勥（強）語（禦），果也。不 34 目（以）少（小）道（道）𧍷（害）大道（道），柬（簡）也。又（有）大辠（罪）而大敁（誅）之，行也。貴_（貴貴），亓（其）峜（等）隓（尊）㕚（賢），義也。35

目（以）亓（其）外心與人交，遠（遠）也。遠（遠）而眡（莊）之，敬也。敬而不懈〈解 36 㤎〉（懈），嚴（嚴）也。嚴（嚴）而畏（畏）36 正之，隓（尊）也。隓（尊）而不喬（驕），共（恭）也。共（恭）而尃（博）交，豊（禮）也。

不柬〈柬（簡）〉，不行。不匿（暱），不𦬼（辨）37 於道（道）。又（有）大辠（罪）而大敁（誅）之，柬〈柬（簡）〉也。又（有）少（小）辠（罪）而亦（赦）之，匿（暱）也。又（有）大辠（罪）而弗大 38 敁（誅）也，不行也。又（有）少（小）辠（罪）而弗亦（赦）也，不𦬼（辨）於道（道）也。

柬〈柬（簡）〉之爲言猷（猶）練（諫）39 也，大而晏（罕）者也。匿（暱）之爲言也猷（猶）匿_（暱暚)也,少(小)而訪〈診(軫)〉者也。東〈朿(簡)〉,義之方也。匿(暚),**40** 悬(仁)之方也。努(剛),義之方。矛(柔),悬(仁)之方也。"不劈(競)不杕(仇),不努(剛)不矛(柔)",此之胃(謂)**41** 也。

君子寑(集)大戚(成)。能進之爲君子,弗能進也,各坒(止)於亓(其)里。大而 **42** 曻(罕)者,能又(有)取安(焉)。少(小)而軫者,能又(有)取安(焉)。疋(索)膚_(落落)迻(達)者(諸)君子道(道),胃(謂)之畝(賢)。君 **43** 子矯(知)而與(舉)之,胃(謂)之隋(尊)畝(賢)。矯(知)而事之,胃(謂)之隋(尊)畝(賢)者也。逡(後),士之隋(尊)畝(賢)者也。**44**

耳官(目)鼻口乎(手)足六者,心之设(役)也。心曰售(唯),莫敓(敢)不售(唯)。吝(諾),莫敓(敢)不吝(諾)。**45** 進,莫敓(敢)不進。逡(後),莫敓(敢)不逡(後)。宋(深),莫敓(敢)不宋(深)。潊(淺),莫敓(敢)不潊(淺)。和鼎(則)同_(同,同)鼎(則)善。**46**

目而矯(知)之,胃(謂)之進。俞(喻)而矯(知)之,胃(謂)之進之。辟(譬)而矯(知)之,胃(謂)之進之。**47** 戔(幾)而矯(知)之,天也。"上帝鼜(臨)女(汝),毋戒(貳)尔心",此之胃(謂)也。

大陞(施)者(諸)亓(其)人,天也。丌(其)**48** 人陞(施)者(諸)人,盭(狎)也。

耆(聞)道(道)而兑(悅)者,好悬(仁)者也。耆(聞)道(道)而塁(畏)者,好 **49** 義者也。耆(聞)道(道)而共(恭)者,好豊(禮)者也。耆(聞)道(道)而麞(樂)者,好悳(德)者也。**50**

唐虞之道

湯(唐)吳(虞)之道(道),徨(禪)而不徙(傳)。埜(堯)叅(舜)之王,秎(利)天下而弗秎(利)也。徨(禪)而不徙(傳),嚳(聖)之 **1** 盛也。秎(利)天下而弗秎(利)也,忎(仁)之至也。古茜(昔)又(賢)忎(仁)嚳(聖)者女(如)此。窮=(躳身)不坾(徇),旻(没)**2** 年(身)不弋(代)。君民而不高(驕),卒王天下而不巻(喜)。方才(在)下立(位),不目(以)匹夫爲 **18** 坙(輕)。萕(及)丌(其)又(有)天下也,不目(以)天下爲重。又(有)天下弗能莽(益),亡天下弗能鼎(損)。亟(極)忎(仁)**19** 之至,秎(利)天下而弗秎(利)也。逈(禪)也者,上直(德)受(授)又(賢)之胃(謂)也。上直(德),鼎(則)天下又(有)君而 **20** 世明。受(授)又(賢),鼎(則)民興效(教)而疊(化)虎(乎)道(道)。不逈(禪)而能疊(化)民者,自生民未之又(有)也。**21**

竝(傍)於大旹(時),神明䀠(將)從,天陞(地)右(佑)之。從(縱)念(仁)嚳(聖)可牙(與),旹(時)弗可萕(及)歅(矣)。夫古者 **15** 叅(舜)伵〈凥(居)〉於茅=(草茅)之中而不惪(憂),升(登)爲天子而不高(驕)。伵〈凥(居)〉茅=(草茅)之中而不惪(憂),矯(知)命 **16** 也。升(登)爲天子而不高(驕),不湍(繼)也。沬(求)虎(乎)大人之興,散(微)也。今之弋(式)於直(德)者,未(昧)**17** 也。

夫嚳(聖)人上事天,效(教)民又(有)尊(尊)也。下事陞(地),效(教)民又(有)新(親)也。

旹(時)事山川,效(教)民 **4** 又(有)敬也。新(親)事且(祖)滜(廟),效(教)民孝也。大(太)教(學)之中,天子晜(親)齔(齒),效(教)民弟(悌)也。先罟(聖) **5** 牙(與)逡(後)即(聖),考逡(後)而逴(歸)先,效(教)民大川(順)之道(道)也。

埜(堯)鋚(舜)之行,惡(愛)晜(親)陣(尊)又(賢)。惡(愛) **6** 晜(親),古(故)孝。尊(尊)又(賢),古(故)徸(禪)。孝之布(殺),惡(愛)天下之民。徸(禪)之滺(繼),世亡忘(隱)直(德)。孝,忐(仁)之免(冕)也。**7** 徸(禪),義之至也。六帝興於古,䖒(皆)采(由)此也。惡(愛)晜(親)亢(忘)又(賢),忐(仁)而未義也。尊(尊)又(賢)**8** 逽(遺)晜(親),我(義)而未忐(仁)也。古者吳(虞)鋚(舜)篤(篤)事宗(瞽)窅(瞍),乃弋(式)丌(其)孝。忠事帝埜(堯),乃弋(式)丌(其)臣。**9** 惡(愛)晜(親)尊(尊)又(賢),吳(虞)鋚(舜)丌(其)人也。墅(禹)翁(治)水,腾(益)翁(治)火,后稷(稷)翁(治)土,足民救(養)〔也。□〕**10** 〔□〕豊(禮),惪(夔)守樂,孫(訓)民效(教)也。咎(皋)采(繇)内(入)用五型(刑),出弋(飭)兵革,皋(罪)淫暴〔也。虞〕**12** 用戟(威),虽(夏)用戈,壬(征)不備(服)也。惡(愛)而壬(征)之,吳(虞)虽(夏)之翁(治)也。徸(禪)而不連(傳),義殅(恆)□□ **13** 翁(治)也。

古者埜(堯)生於天子而又(有)天下,罟(聖)目(以)墅(遇)命,忐(仁)目(以)逽(逢)旹(時),未嘗墅(遇)□□。**14** 叱(順)虎(乎)脂膚血勞(氣)之青(情),救(養)眚(性)命之正,女(安)命而弗夭,救(養)生而弗戠(傷)。智(知)〔性命〕**11** 之正者,能目(以)天下徸(禪)歆(矣)。古者埜(堯)之舉(舉)鋚(舜)也,昏(聞)鋚(舜)孝,智(知)丌(其)能救(養)天下 **22** 之老也。昏(聞)鋚(舜)弟(悌),智(知)丌(其)能翁(治)天下之長也。昏(聞)鋚(舜)丝(慈)虎(乎)弟,〔知其能□□□〕**23** 爲民宝(主)也。古(故)丌(其)爲宗(瞽)窅(瞍)子也,屈(甚)孝。萧(及)丌(其)爲埜(堯)臣也,屈(甚)忠。埜(堯)徸(禪)天下 **24** 而受(授)之,南面而王天下而屈(甚)君。古(故)埜(堯)之徸(禪)虎(乎)鋚(舜)也,女(如)此也。

古者晢(聖)人廿而 **25** 冒(帽),卅而又(有)家,芊=(五十)而翁(治)天下,卋=(七十)而至(致)正(政)。三(四)枳(肢)勝(倦)陸(惰),耳目聊(聰)明膏(衰),徸(禪)天下而 **26** 受(授)又(賢),退而救(養)丌(其)生。此目(以)智(知)丌(其)弗秈(利)也。《吳(虞)陵(志)》曰:"大明不出,分(萬)勿(物)䖒(皆)旬(伏)。罟(聖)**27** 者不才(在)上,天下壮(必)壞(壞)。"翁(治)之至,救(養)不槀(肖)。蹈(亂)之至,威(滅)又(賢)。忐(仁)者爲此進 **28** 而弗秈(利),窮(窮)忐(仁)歆(矣)。壮(必)壬(正)丌(其)身,肰(然)后(後)正世,聖道(道)備歆(矣)。古(故)湯(唐)吳(虞)之興〔也〕,**3** 女(如)此也。**29**

忠信之道

不𧨥(譌)不𡟱(謟),忠之至也。不忞(欺)弗智(知),㐰(信)之至也。忠硪(積),鼎(則)可晜(親)也。㐰(信)硪(積),鼎(則)可㐰(信)也。忠 **1** 㐰(信)硪(積)而民弗晜(親)㐰(信)者,未之又（有）也。至忠女（如）土，盈（化）勿（物）而不肇（廢）。至訫（信）女（如）旹（時），北（必）至而不結。忠人亡2譽（讇），訫（信）人不伓（偝），孠（君子）女（如）此。古（故）不皇（誑）生，不伓（偝）戔（死）也。大舊（久）而不俞（渝），忠之至也。宔（謟）而者谷（詹），訫（信）3之至也。至忠亡譽（讇），至訫（信）不伓（偝），夫此之胃（謂）此（些）。大忠不兌（奪），大訫（信）不昇（期）。不兌（奪）而足救（養）者，墬（地）也。不昇（期）4而可罩（要）者，天也。仉（配）天墬（地）也者，忠訫（信）之胃（謂）此（些）。口重（惠）而實弗从（從），孠（君子）弗言尔。心疋（疏）〔而貌〕5皋（親），孠（君子）弗申（陳）尔。古（故）行而鯖（爭）兌（悅）民，孠（君子）弗采（由）也。三者，忠人弗乍（作），訫（信）人弗爲也。忠之爲6術（道）也，百工不古（苦）而人救（養）虘（皆）足。訫（信）之爲術（道）也，羣（群）勿（物）皆成而百善虘（皆）立。孠（君子）亓（其）它（施）也7忠，古（故）纗（蠻）皋（親）尃（薄）也。亓（其）言尔訫（信），古（故）徂（遵）而可受（授）也。忠，忞（仁）之實也。訫（信），睯（義）之昇（期）也。氏（是）古＿（故古）之所8目（以）行虎（乎）閏嘍者，女（如）此也。9

成之聞之

　　君子之於菿（教）也，亓（其）遑（導）民也不憙（浸），勜（則）亓（其）漳（淳）也弗深（深）悆（矣）。是古（故）亡虗（乎）亓（其）身而4鴈（存）虘（乎）亓（其）訡（詞），售（雖）厔（厚）亓（其）命，民弗從之悆（矣）。是古（故）墾（威）備（服）型（刑）罰之婁（屢）行也，5緜（由）走（上）之弗身也。昔（昔）者君子有言曰：戰與型（刑）人，君子之述（墜）惪（德）也。是古（故）6走（上）句（苟）身備（服）之，勜（則）民必有甚（甚）女（焉）者。君黔（紟）褖（冕）而立於复（阼），一宮之人不努（勝）7亓（其）敬。君裛（衰）纑（絰）而尻（處）立（位），一宮之人不努（勝）〔其哀。君冠胄帶甲而立於軍〕，8一軍之人不努（勝）亓（其）戥（勇）。走（上）句（苟）昌（倡）之，勜（則）民鮮不從悆（矣）。售（雖）狀（然），亓（其）鴈（存）也不厔（厚），9亓（其）重也弗多悆（矣）。是古（故）君子之求者（諸）呂（己）也深（深）。不求者（諸）亓（其）杏（本）而戓（攻）者（諸）亓（其）10末，弗旻（得）悆（矣）。是〔故〕君子之於言也，非從末潗（流）者之貴，篖（窮）濛（源）反（返）杏（本）者之貴。11句（苟）不從亓（其）緜（由），不反（返）亓（其）杏（本），未有可旻（得）也者。君上卿（享）墾（成）不售（唯）杏（本），工（功）〔弗成矣〕。12戎（農）夫炃（務）飤（食）不弜（強）畊（耕），糧（糧）弗足悆（矣）。士墾（成）言不行，昌（名）弗旻（得）悆（矣）。是古（故）孠＝（君子）13之於言也，非從末潗（流）者之貴，篖（窮）渌（源）反（返）杏（本）者之貴。句（苟）不從亓（其）緜（由），14不反（返）亓（其）杏（本），售（雖）弜（強）之，弗内（入）悆（矣）。

　　上不目（以）亓（其）道（道），民之從之也難。是目（以）民可15敬遑（導）也，而不可穿（掩）也。可馭（御）也，而不可掔（牽）也。古（故）孠＝（君子）不貴徳（庶）勿（物），而貴與16民又（有）同也。矯（智）而比即（次），勜（則）民谷（欲）亓（其）矯（智）之述（遂）也。稟（富）而貧（分）薋（賤），勜（則）民谷（欲）亓（其）17稟（富）之大也。貴而罷（一）毆（讓），勜（則）民谷（欲）亓（其）

貴之上也。反此退（道）也，民必因此至（重）也 **18** 目（以）退（復）之。可不斳（慎）虗（乎）？古（故）君子所退（復）之不多，所求之不遠，瞽（察）反者（諸）昌（己）而可目（以）**19** 矯（知）人。是古（故）谷（欲）人之惡（愛）昌（己）也，勸（則）必先惡（愛）人。谷（欲）人之敬昌（己）也，勸（則）必先敬人。**20** 羣＝（君子）籙（簞）筥（席）之上嬰（讓）而受孯（幽），剿（朝）廷之立（位）嬰（讓）而尻（處）戔（賤），所厇（宅）不遠悉（矣）。分〈少（小）〉人 **34** 不經（程）人於刃，君子不經（程）人於豊（禮）。鵻（津）沴（梁）婧（爭）舟，丌（其）先也不若丌（其）逡（後）也。言 **35** 琂（語）羍（較）之，丌（其）窫（勝）也不若丌（其）巳（已）也。

君子曰："從允愚（釋）悊（過），勸（則）先者余（豫），坴（來）者訐（信）。"**36**《君奭》曰："嬰（襄）我二人，毋又（有）畬（合）才（在）音。"害（蓋）退（道）不説（悅）之饲（詞）也。

羣＝（君子）曰："售（雖）又（有）丌（其）巠（恆）而 **29** 行之不疾，未又（有）能深（深）之者也。"孕（勉）之述（遂）也，弪（強）之工（功）也。隉（墮）之窄（淹）也，詍（怠）之工（功）也。**23** 是目（以）矯（智）而求之不疾，丌（其）迖（去）人弗遠悉（矣）。馘（勇）而行之不果，丌（其）悉（疑）也弗桎（往）悉（矣）。**21** 是古（故）凡勿（物）才（在）疾之。《君奭》曰："售（唯）髟（冒）不（丕）嬰（單）叟（稱）惪（德）。"害（蓋）言疾也。

君子曰："疾之 **22** 可能，帘（終）之爲難。""桑（喬）木三年，不必爲畊（邦）羿（旗）。"害（蓋）言宿之也。是目（以）羣＝（君子）貴 **30** 咸（成）之。

舗（聞）之曰：古之甬（用）民者，求之於昌（己）爲巠（恆）。行不訐（信）勸（則）命不從，**1** 訐（信）不惷（著）勸（則）言不樂。民不從上之命，不訐（信）丌（其）言，而能怠（含）惪（德）者，未之 **2** 又（有）也。古（故）羣＝（君子）之立（涖）民也，身備（服）善目（以）先之，敬斳（慎）目（以）坓（重）之，丌（其）所才（在）者内（入）悉（矣）。**3** 民箸（孰）弗從？型（形）於审（中），䜌（發）於色，丌（其）繀（審）也固悉（矣）。民箸（孰）弗訐（信）？是目（以）上之巠（恆）**24** 癹（務）才（在）訐（信）於衆。《永命》曰："允币（師）淒（濟）惪（德）。"此言也，言訐（信）於衆之可目（以）**25** 淒（濟）惪（德）也。

聖人之眚（性）與中人之眚（性），丌（其）生而未又（有）非之。節（即）於而（能）也，**26** 勸（則）猷（猶）是也。售（雖）丌（其）於善道（道）也，亦非又（有）譯（繹）婁（縷）目（以）多也。及丌（其）尃（博）長而坕（厚）**27** 大也，勸（則）聖人不可由與罪（殫）之。此目（以）民皆又（有）眚（性），而聖人不可莫（慕）也。**28**

天夋（格）大裳（常），目（以）里（理）人龠（倫），斳（制）爲君臣之義，惷（著）爲父子之斳（親），分 **31** 爲夫敆（婦）之辵（辨）。是古（故）尖＝（小人）鷝（亂）天裳（常）目（以）逆大道（道），君子訐（治）人龠（倫）目（以）川（順）**32** 天惪（德）。《大堲（禹）》曰："余（舍）才（兹）厇（宅）天心。"害（蓋）此言也，言余（舍）之此而厇（宅）於天心也。是古（故）**33** 售（唯）君子道（道）可近求而可遠遣（措）也。苗（昔）者羣＝（君子）有言曰："聖人天惪（德）。"害（蓋）**37** 言斳（慎）求之於昌（己）而可目（以）至川（順）天裳（常）悉（矣）。《橐（康）旱（誥）》曰："不退（率）大暊（戛），文王叏（作）

罰，**38** 型（刑）丝（兹）亡懇（赦）。"害（蓋）此言也，言不霹（奉）大棠（常）者，文王之型（刑）莫至（重）女（焉）。是 **39** 古（故）君子靳（慎）六立（位），㠯（以）巳（嗣）天棠（常）。**40**

全（八十一）**4**背

仐（八十）**5**背

羌（七十九）**6**背

羕（七十六）**9**背

舌（七十四）**11**背

圭（七十三）**12**背

圭（七十一）**14**背

穼（六十九）**16**背

突（六十八）**17**背

乇（六十七）**18**背

尊德義

畲（尊）悳（德）義，明啻（乎）民侖（倫），可㠯（以）爲君。篡（去）忿蠤（怨），改（改）忌努（勝），爲人上者之㸒（務）也。**1**

賞（賞）與埜（刑），牶（禍）臝（福）之羿（旗）也，或（或）胥（延）之者矣。雀（爵）立（位），所㠯（以）訐（信）亓（其）肰（然）也。正（政）欽（禁），所㠯（以）**2** 攻□〔也〕。埜（刑）罰，所㠯（以）𣂼 𥼒（赦）也。敠（殺）䉛（戮），所㠯（以）敊（除）害也。不絲（由）亓（其）道（道），不行。

悬（仁）爲可靳（親）**3**也，義爲可畲（尊）也，忠（忠）爲可訐（信）也，學爲可蒜（益）也，耇（教）爲可頪（類）也。

耇（教）非改（改）道（道）也，敊（教）之也。**4**學非改（改）侖（倫）也，學呉（己）也。墨（禹）㠯（以）人道（道）訇（治）亓（其）民，傑（桀）㠯（以）人道（道）鬬（亂）亓（其）民。傑（桀）不易 **5** 墨（禹）民而句（後）鬬（亂）之，湯不易傑（桀）民而句（後）訇（治）之。聖=（聖人）之訇（治）民=（民，民）之道（道）也。墨（禹）**6**之行水=（水，水）之道（道）也。牕（造）父之馭（御）馬=（馬，馬）〔也〕之道（道）也。句（后）稷（稷）之殺（藝）陞=（地，地）之道（道）也。莫 **7** 不又（有）道（道）女（焉），人道（道）爲近。是㠯（以）君子人道（道）之取先。譬（察）者（諸）出〈此〉所㠯（以）矯 **8** 呂=（知己，知己）所㠯（以）矯=人=（知人，知人）所㠯（以）矯_命_（知命，知命）而句（後）矯_道_（知道，知道）而句（後）矯（知）行。訧（由）豊（禮）矯（知）**9**樂，訧（由）樂矯（知）忞（哀）。又（有）矯（知）呂（己）而不矯（知）命者，亡矯（知）命而不矯（知）呂（己）者。又（有）**10**矯（知）豊（禮）而不矯（知）樂者，亡矯（知）樂而不矯（知）豊（禮）者。善取，人能從之，上也。**11**行矣而亡慁（惟），兼（養）心於子臭（良），忠（忠）訐（信）日蒜（益）而不自矯（知）也。

民可史(使)道(導)**21**之,而不可史(使)𣉻(知)之。民可道(導)也,而不可勥(強)也。傑(桀)不胃(謂)亓(其)民必𤔔(亂),而民又(有)**22**爲𤔔(亂)矣。受(紂)不**23上**迪亓(其)民,而民不可㞢(止)也。𡕍(尊)𢗋(仁),新(親)宔(忠),敬壯(莊),逯(歸)豊(禮)。**20下**凡𨑘(動)民必訓(順)民心,民心又(有)𢛳(恆),求亓(其)羕。童(重)義𢄒(襲)𨤲(理),言此章(彰)也,**39**行此𡕦(文)也,肰(然)句(後)可逾(逾)也。因𠄨(恆)𠟭(則)古(固),𧦝(察)𨑒(暱)𠟭(則)亡避(僻),不堂(黨)𠟭(則)亡**17**悁(怨),走(上)思𠟭(則)□□。

夫生而又(有)戠(職)事者也,非𡮊(教)所及也。𡮊(教)亓(其)正(政),**18**不𡮊(教)亓(其)人,正(政)弗行矣。古(故)共是勿(物)也而又(有)㴱(深)女(焉)者,可學也而不可矣(擬)也,**19**可𡮊(教)也而不可**20上**若也,可從也而不可及也。君民者,詞(治)民復(復)豊(禮),民余(除)𡩜(害)𣉻(知)**23下**爲。古(故)衒(率)民向方者,售(唯)悳(德)可。悳(德)之𣶒(流),遫(速)虐(乎)楷(置)蚤(郵)而連(傳)**28**命。亓(其)𨌲(載)也亡𨒾(重)女(焉),交矣而弗𣉻(知)也。亡(明)悳(德)者,虘(且)莫大虐(乎)豊(禮)樂。**29**古(故)爲正(政)者,或(或)侖(論)之,或(或)羕(養)之,或(或)繇(由)宔(中)出,或(或)𢒼(設)之外,侖(論)隶(列)亓(其)頪(類)**30**女(焉)。詞(治)樂和㤅(哀),民不可𢦏(敵)也。反之,此𨒥(妄)矣。

𡉚(刑)不隶(逮)於君子,豊(禮)不**31**隶(逮)於尖_(小人)。攻□𨒥(往)者復(復),依𢡺(惠)𠟭(則)民材足,不旹(時)𠟭(則)亡𧃍(勸)也。

不**32**𢙣(愛)𠟭(則)不新(親),不𡩡(緩)𠟭(則)弗𦋺(懷),不𨤲(理)𠟭(則)亡𢟸(畏),不宔(忠)𠟭(則)不訐(信),弗𢟱(勇)𠟭(則)**33**亡復(復)。𡜲(咎)𠟭(則)民𡚧(淫),正𠟭(則)民不𥫗(閔),龏(恭)𠟭(則)民不悁(怨)。均(均)不足㠯(以)坪(平)正(政),𡩡(緩)**34**不足㠯(以)女(安)民,𢦲(勇)不足㠯(以)沬(悉)衆,尃(博)不足㠯(以)𣉻(知)善,𢝊(慧)不足㠯(以)𣉻(知)侖(倫),𣪠(殺)**35**不足㠯(以)𠓵(勝)民。下之事上也,不從亓(其)所命,而從亓(其)所行。上好是勿(物)也,**36**下必又(有)𣅀(甚)女(焉)者。夫售(唯)是,古(故)悳(德)可易而攺(施)可𨒡(邅)也。又(有)是攺(施)少(小)**37**又(有)秎(利),𨒡(邅)而大又(有)𡩜(害)者,又(有)之。又(有)是攺(施)少(小)又(有)𡩜(害),𨒡(邅)而大又(有)秎(利)者,又(有)之。**38**

𢛭(劬)𡚬(勞)之,𠣖(軌)也。爲𨛦(邦)而不㠯(以)豊(禮),猷(猶)𢓝(御)之亡𨖁(策)也。非豊(禮)而民兑(悅)**24**𢦎(戴),此尖_(小人)矣。非侖(倫)而民備(服)殜(懾),此𤔔(亂)矣。詞(治)民非𨓚(率)生而巳(已)也,**25**不㠯(以)旨(嗜)谷(欲)𡩜(害)亓(其)義(儀)𠣖(軌)。

民,𢙣(愛)𠟭(則)子也,弗𢙣(愛)𠟭(則)𢧐(讎)也。民,五之方各(格),**26**十之方静(爭),百之而句(後)葡(服)。善者民必𡩢_(富,富)未必和,不和不_女_(不安,不安)不樂。**27**善者民必衆_(衆,衆)未必詞(治),不詞(治)不_川_(不順,不順)不坪(平)。是㠯(以)爲正(政)者𡮊(教)道(道)**12**之䏊(取)先。𡮊(教)㠯(以)豊(禮),𠟭(則)民果㠯(以)𢀛(輕)。𡮊(教)㠯(以)樂,𠟭(則)民悳(德)𡨦(清)𨡜。𡮊(教)**13**㠯(以)𨗨(辯)兑(說),𠟭(則)民𢒼(褻)陵(陵)𢓊〈倀(長)〉貴㠯(以)忘(妄)。𡮊(教)㠯(以)𢒼(藝),𠟭(則)民埜(野)㠯(以)静(爭)。𡮊

（教）目（以）只（技），14 勴（則）民少（小）目（以）笑（斉）。耆（教）目（以）言，勴（則）民話（華）目（以）寡（寡）訐（信）。耆（教）目（以）事，勴（則）民力瘂（嗇）目（以）面稱（利）。15 耆（教）目（以）蘿（權）惎（謀），勴（則）民澤（淫）惡（悃）遠（遠）豊（禮）亡斳（親）惎（仁）。先_（先之）目（以）惪（德），勴（則）民進善女（焉）。16

覓（百九）10 背

亘（百三）13 背

百 16 背

夬（八十八）24 背

乇（八十七）25 背

冥（百六）26 背

舍（八十□）29 背

性自命出

上

凡人雔（雖）又（有）眚（性），心亡貤（奠）志，坒（待）勿（物）而句（後）复（作），坒（待）兌（悦）而句（後）行，坒（待）習（習）而句（後）1 貤（奠）。惪（喜）蒸（怒）忞（哀）悲之熨（氣），眚（性）也。及亓（其）見於外，鼎（則）勿（物）取之也。眚（性）自命出，命 2 自天降。衍（道）祠（始）於青_（情，情）生於眚（性）。祠（始）者近青（情），旻（終）者近義。嗣（知）〔情者能〕3 出之，嗣（知）宜（義）者能内（入）之。好亞（惡），眚（性）也。所好所亞（惡），勿（物）也。善不〔善，性也〕。4 所善所不善，埶（勢）也。

凡眚（性）爲宔（主），勿（物）取之也。金石之又（有）聖（聲）〔也，弗扣〕5〔不鳴。人〕雔（雖）又（有）眚（性），心弗取不出。

凡心又（有）志也，亡牙（與）不〔可。人之不可〕6 蜀（獨）行，獣（猶）口之不可蜀（獨）言也。牛生而倀（粮），鳶（雁）生而戕（陣），亓（其）眚（性）〔使然。人生〕7 而學，或（或）史（使）之也。

凡勿（物）亡不異也者。剛之桓（樹）也，剛取之也。柔之 8 約，柔取之也。四泹（海）之内，亓（其）眚（性）弌（一）也，亓（其）甬（用）心各異，耆（教）史（使）狀（然）也。

凡眚（性），9 或（或）敕（動）之，或（或）逆之，或（或）交（要）之，或（或）萬（厲）之，或（或）出之，或（或）兼（養）之，或（或）長之。

凡敕（動）眚（性）10 者，勿（物）也。逆眚（性）者，兌（悦）也。交（要）眚（性）者，古（故）也。萬（厲）眚（性）者，宜（義）也。出眚（性）者，埶（勢）也。兼（養）眚（性）11 者，習（習）也。長眚（性）者，衍（道）也。

凡見者之胃（謂）勿（物），㤜（快）於弖（己）者之胃（謂）兑（悦），勿（物）**12** 之㪍（勢）者之胃（謂）㪍（勢），又（有）爲也者之胃（謂）古（故）。義也者，羣（群）善之蘁（蘁）也。習（習）也 **13** 者，又（有）目（以）習（習）亓（其）眚（性）也。衍（道）者，羣（群）勿（物）之衍（道）。

凡衍（道），心述（術）爲宔（主）。衍（道）四述（術），售（唯）**14** 人術（道）爲可衍（道）也。亓（其）厽（三）述（術）者，衍（道）之而已（已）。《昳（詩）》、《箸（書）》、《豊（禮）》、《樂》，亓（其）祠（始）出，皆生 **15** 於人。《昳（詩）》，又（有）爲＿（爲爲）之也。《箸（書）》，又（有）爲言之也。《豊（禮）》、《樂》，又（有）爲歪（舉）之也。聖人比亓（其）**16** 頪（類）而侖（論）會之，蓳（觀）亓（其）之〈先迻〈逡（後）〉而逆訓（順）之，體亓（其）宜（義）而即（節）夏（文）之，里（理）**17** 亓（其）青（情）而出内（入）之，肰（然）句（後）逯（復）目（以）嗇＿（教、教），所目（以）生惪（德）于审（中）者也。豊（禮）复（作）於青（情），**18** 區（或）興之也，堂（當）事因方而斳（制）之。亓（其）先迻〈逡（後）〉之舍（敘），鼎（則）宜衍（道）也。區（或）舍（敘）爲 **19** 之即（節），鼎（則）夏（文）也。至頌（容）𡨄（貌），所目（以）夏（文）即（節）也。孞＿（君子）娍（美）亓（其）青（情），貴〔其義〕，**20** 善亓（其）即（節），好亓（其）頌（容），樂亓（其）衍（道），兑（悦）亓（其）嗇（教），是目（以）敬女（焉）。𩫋（拜），所目（以）〔爲敬也〕，**21** 亓（其）𢿙（數）夏（文）也。㡀（幣）帛，所目（以）爲訐（信）牙（與）𧪳（證）也，亓（其）詞（詞）宜道（道）也。芺（笑），惪（喜）之淺＿（淺淺）也。**22** 樂，惪（喜）之深澤也。

凡聖（聲），亓（其）出於惪（情）也訐（信），肰（然）句（後）亓（其）内（入）杲（拔）人之心也敏（厚）。**23** 餌（聞）芺（笑）聖（聲），鼎（則）鱻（侃）女（如）也訢（斯）惪（喜）。昏（聞）訶（歌）詠（謠），鼎（則）番（陶）女（如）也訢（斯）畲（奮）。聖（聽）𡘓（琴）牙（瑟）之聖（聲），**24** 鼎（則）諼（悸）女（如）也訢（斯）戁。蓳（觀）《杢（賚）》、《武》，鼎（則）齊女（如）也异（斯）复（作）。蓳（觀）《卲（韶）》、《顕（夏）》，鼎（則）免（勉）女（如）也 **25** 异（斯）會（嬐）。羕思而敳（動）心，菖（唱）女（如）也。亓（其）居即（次）也舊（久），丌（其）反（返）善遑（復）訽（始）也 **26** 斳（慎），亓（其）出内（入）也訓（順），祠（始）亓（其）惪（德）也。賈（鄭）㙜（衛）之樂，鼎（則）非亓（其）聖（聲）而從（縱）之也。**27**

凡古樂龍（籠）心，蒶（益）樂龍（籠）鮨（指），皆嗇（教）亓（其）人者也。《杢（賚）》、《武》樂取，《卲（韶）》、《顕（夏）》樂惪（情）。**28**

凡至樂必悲，哭亦悲，皆至丌（其）惪（情）也。㤒（哀）、樂，丌（其）眚（性）相近也，是古（故）丌（其）心 **29** 不迖（遠）。哭之敳（動）心也慗（浸）縠（殺），丌（其）剌（烈）縿＿（戀戀）女（如）也，㦇（戚）肰（然）目（以）㝮（終）。樂之敳（動）心也 **30** 濬深（深）脊（鬱）番（陶），丌（其）剌（烈）鼎（則）泹（流）女（如）也目（以）悲，條（悠）肰（然）目（以）思。

凡惪（憂）思而句（後）悲，**31** 凡樂思而句（後）㤶（忻）。凡思之甬（用），心爲㠶（甚）。戁（歎），思之方也。丌（其）聖（聲）卑（變），鼎（則）〔心從之〕。**32** 丌（其）心卑（變），鼎（則）丌（其）聖（聲）亦肰（然）。慗（吟）遊㤒（哀）也，枭（噪）遊樂也，哲（啾）遊聖（聲）〔也〕，戲（戲）遊心也。**33** 惪（喜）异（斯）慐＿（陶，陶）异（斯）畲＿（奮，奮）异（斯）羕＿（詠，詠）异（斯）猷＿（摇，摇）异

（斯）迱_（舞。舞），憙（喜）之牟（終）也。恩（慍）异（斯）慐_（憂，憂）异（斯）慼_（戚，戚）**34** 异（斯）戁_（歎，歎）异（斯）亣_（撫，撫）异（斯）通_（踊。踊），恩（慍）之牟（終）也。**35**

下

凡學者隶〈求〉丌（其）心爲難。從丌（其）所爲，歪（近）旻（得）之壴（矣），不女（如）㠯（以）樂之遬（速）也。**36** 雔（雖）能丌（其）事，不能丌（其）心，不貴。求丌（其）心又（有）爲（僞）也，弗旻（得）之壴（矣）。人之不能㠯（以）爲（僞）也，**37** 可朁（知）也。〔不〕迖（過）十㞦（舉），丌（其）心必才（在）女（焉）。戜（察）丌（其）見者，青（情）女（焉）迭（失）才（哉）？故（恕），宜（義）之方也。**38** 宜（義），敬之方也。敬，勿（物）之即（節）也。箺（篤），㤅（仁）之方也。㤅（仁），眚（性）之方也。眚（性）或（或）生之。忠（忠），訫（信）**39** 之方也。訫（信），青（情）之方也。青（情）出於眚（性）。㤅（愛）頪（類）七，雔（唯）眚（性）㤅（愛）爲近㤅（仁）。朁（智）頪（類）五，雔（唯）**40** 宜（義）衍（道）爲忎（近）忠（忠）。亞（惡）頪（類）厽（三），雔（唯）亞（惡）不㤅（仁）爲忎（近）宜（義）。所爲衍（道）者四，雔（唯）人衍（道）爲**41** 可衍（道）也。

凡甬（用）心之喿（躁）者，思爲戝（甚）。甬（用）朁（智）之疾者，患爲昆（甚）。甬（用）青（情）**42** 之至者，忞（哀）樂爲昆（甚）。甬（用）身之兊（繁）者，兊（悅）爲昆（甚）。甬（用）力之聿（盡）者，秭（利）爲昆（甚）。目之孛（好）**43** 色，耳之樂聖（聲），脅（鬱）畨（陶）之燹（氣）也，人不難爲之死。又（有）亓（其）爲人之迎_（節節）女（如）也，**44** 不又（有）夫柬_（簡簡）之心鼎（則）采。又（有）亓（其）爲人之柬_（簡簡）女（如）也，不又（有）夫丞（恆）㤅（怡）志_（之志）鼎（則）縵（慢）。人之致（巧）**45** 言秭（利）䛑（詞）者，不又（有）夫詘_（詘詘）之心鼎（則）滺（流）。人之说（悅）肰（然）可牙（與）和女（安）者，不又（有）夫意（奮）**46** 㝂（猛）之青（情）鼎（則）㥦（侮）。又（有）丌（其）爲人之悊（慧）女（如）也，弗牧不可。又（有）丌（其）爲人之㦖（願）女（如）也，**47** 弗权（補）不足。

凡人愚（僞）爲可亞（惡）也。愚（僞）异（斯）芠（隱）壴（矣），芠（隱）异（斯）慮壴（矣），慮异（斯）莫牙（與）之**48** 結壴（矣）。訢（慎），㤅（仁）之方也，肰（然）而丌（其）怣（過）不亞（惡）。遬（速），悊（謀）之方也，又（有）怣（過）鼎（則）咎。人不訢（慎）异（斯）又（有）怣（過），訫（信）壴（矣）。**49**

凡人青（情）爲可兊（悅）也。句（苟）㠯（以）亓（其）青（情），雔（雖）怣（過）不亞（惡）。不㠯（以）丌（其）青（情），雔（雖）難不貴。**50** 句（苟）又（有）亓（其）青（情），雔（雖）未之爲，异（斯）人訫（信）之壴（矣）。未言而訫（信），又（有）娧（美）青（情）者也。未羕（教）**51** 而民亙（極），眚（性）善者也。未賞而民蘲（勸），含臬（福）者也。未型（刑）而民愄（畏），又（有）**52** 心愄（畏）者也。戔（賤）而民貴之，又（有）悳（德）者也。貧而民聚（聚）女（焉），又（有）衍（道）者。**53** 蜀（獨）尻（處）而樂，又（有）內鑊（業）者也。亞（惡）之而不可非者，逄（達）於義者也。非之**54** 而不可亞（惡）者，箺（篤）於㤅（仁）者也。行之不怣（過），朁（知）道（道）者也。昏（聞）道（道）反上_（上，上）交者也。**55** 昏（聞）術（道）反下_（下，下）交者也。昏（聞）道（道）反昌（己），攸（修）身者也。上交近事君，下交昃（得）**56** 衆近從正（政），攸（修）身近至悬（仁）。同方而交，目（以）道（道）者也。不同方而〔交，以故者也〕。**57** 同兌（悦）而交，目（以）惪（德）者也。不同兌（悦）而交，目（以）猷者也。門内之綱（治），谷（欲）亓（其）**58** 觲（宛）也。門外之綱（治），谷（欲）亓（其）榬（折）也。

　　凡兌（悦）人勿悆（隱）也，身必從之，言及鼎（則）**59** 明巠（舉）之而毋愚（僞）。

　　凡交毋剌（烈），必史（使）又（有）末。

　　凡於迣（路），毋悬（畏），毋蜀（獨）言。蜀（獨）**60** 凥（處）鼎（則）習（習）。父兄之所樂，句（苟）毋大害，少（小）桎（枉），内（納）之可也，巳（已）鼎（則）勿逡（復）言也。**61**

　　凡悬（憂）患之事谷（欲）迁（任），樂事谷（欲）逡（後）。身谷（欲）青（靜）而毋訦〈歆（滯）〉，慮（慮）谷（欲）困（淵）而毋愚（僞），**62** 行谷（欲）悳（勇）而必至，畗（貌）谷（欲）壯（莊）而毋果（拔），〔心〕谷（欲）柔齊而泊，悬（喜）谷（欲）繝（知）而亡末，**63** 樂谷（欲）罫（繹）而又（有）志，悬（憂）谷（欲）旹（斂）而毋惛（惛），悬（怒）谷（欲）涅（盈）而毋暴，進谷（欲）孫（遜）而毋攷（巧），**64** 退谷（欲）尋而毋巠（徑），谷（欲）皆叟（文）而毋愚（僞）。矛_（君子）輆（執）志必又（有）夫生_（廣廣）之心，出言必又（有）**65** 夫柬_（簡簡）之訐（信），宥（賓）客之豊（禮）必又（有）夫齊_（齊齊）之頌（容），絮（祭）祀之豊（禮）必又（有）夫齊_（齊齊）之敬，**66** 居喪（喪）必又（有）夫纞_（戀戀）之悆（哀）。矛_（君子）身目（以）爲宝（主）心。**67**

<h1 style="text-align:center">六　德</h1>

　　君子女（如）谷（欲）求人術（道），□□ **6** □人民，少（小）者目（以）攸（修）亓（其）身。爲術（道）者必絲（由）**47** □〔不〕絲（由）亓（其）術（道），售（雖）尭（堯）求之，弗昃（得）也。生民 **7** 〔斯〕必有夫婦、父子、君臣，此六立（位）也。又（有）衒（率）人者，又（有）從人者，**8** 又（有）史（使）人者，又（有）事人〔者〕，有 教者，又（有）學者，此六哉（職）也。既又（有）**9** 夫六立（位）也，目（以）貢（任）此〔六職〕也。六哉（職）既分，目（以）宜六_惪_（六德。六德）者…**10** 此。可（何）胃（謂）六惪（德）？聖、繝（智）也，悬（仁）、宜（義）也，忠（忠）、訐（信）也。聖牙（與）繝（智）豪（就）叀（矣），**1** 悬（仁）牙（與）宜（義）豪（就）叀（矣），忠（忠）牙（與）訐（信）豪（就）〔矣〕。乍（作）豊（禮）樂，新（制）荆（刑）灋（灋），孝（教）此民尔史（使）**2** 之又（有）向也，非聖繝（智）者莫之能也。斳（親）父子，和大臣，帰（寢）四笀（鄰）**3** 之夬（狭）虐（虐），非悬（仁）宜（義）者莫之能也。聚人民，貢（任）堕_（土地），足此民尔 **4** 生死之甬（用），非忠（忠）訐（信）者莫之能也。

　　君子不下（偏）女（如）衒_（人道）。人之 **5** 售（雖）才（在）中（草）邵（茅）之审（中），句（苟）畋（賢）□ **12** □而上又（有）□殘 **24** □賞（賞）慶女（焉），繝（知）亓（其）目（以）又（有）所遑（歸）也。材 **11** 此斳（親）遠（戚）造（遠）近，售（唯）亓（其）人所才（在）。昃（得）亓（其）人鼎（則）巠（舉）女

（焉），不旻（得）亓（其）人鼎（則）止也。48 □〔任〕者（諸）父兄，貢（任）者（諸）子弟。大材椉（設）者（諸）13 大官，少（小）材椉（設）者（諸）少（小）官，因而它（施）录（禄）女（焉）。史（使）之足目（以）生，足目（以）死，胃（謂）14 之君，目（以）宜（義）史（使）人多。宜（義）者，君悳（德）也。非我血既（氣）之斳（親），畜（畜）我女（如）亓（其）15 子弟。古（故）曰句（苟）淒（濟）夫人之善也，慫（勞）亓（其）股忿〈肳（肳）〉之力弗敢（敢）嘼（憚）也，16 厃（危）亓（其）死弗敢（敢）悉（愛）也，胃（謂）之〔臣〕，目（以）忠（忠）史（事）人多。忠（忠）者，臣悳（德）也。矯（知）可 17 爲者，矯（知）不可爲者，矯（知）行者，矯（知）不行者，胃（謂）之夫，目（以）矯（智）衛（率）人多。18 矯（智）也者，夫悳（德）也。能（一）牙（與）之齊，宓（終）身弗改（改）之壴（矣）。是古（故）夫死又（有）宔（主），宓（終）19 身不嫠（嫁），胃（謂）之婦，目（以）訐（信）從人多也。訐（信）也者，婦悳（德）也。既生畜（畜）之，20 或（又）從而孝（教）悊（誨）之，胃（謂）之聖_（聖）。聖也者，父悳（德）也。子也者，會壎（融）長材 21 目（以）事上，胃（謂）之宜（義）。上共下之宜（義），目（以）奉襗_（社稷），胃（謂）之孝。古（故）人鼎（則）爲 22〔人也，謂〕之悬_（仁。仁）者，子悳（德）也。

　　古（故）夫_（夫夫）、婦_（婦婦）、父_（父父）、子_（子子）、君_（君君）、臣_（臣臣），六者客（各）23 行亓（其）戠（職），而呇（獄）𧪩（訟）亡絲（由）迮（作）也。雚（觀）者（諸）《唙（詩）》、《箸（書）》，鼎（則）亦才（在）壴（矣）。雚（觀）者（諸）24《豊（禮）》、《樂》，鼎（則）亦才（在）壴（矣）。雚（觀）者（諸）《易》、《旹（春）秌（秋）》，鼎（則）亦才（在）壴（矣）。斳（親）此多也，睿（密）此多也〔也〕，25 頮（美）此多也。衍_（人道）宋（亡）止。

　　悬（仁），内也。宜（義），外也。豊（禮）、樂，共也。内立（位），父、子、26 夫也。外立（位），君、臣、婦也。緃（疏）斬布、實（經）、丈（杖），爲父也，爲君亦肰（然）。緃（疏）肯（衰）、27 齊、戊（牡）枺（麻）實（經），爲𪓐（昆）弟也，爲妻亦肰（然）。晨（祖）㝐（免），爲宗族也，爲侔（朋）畲（友）28 亦肰（然）。爲父㡿（絶）君，不爲君㡿（絶）父。爲𪓐（昆）弟㡿（絶）妻，不爲妻㡿（絶）𪓐（昆）弟。爲 29 宗族而（離）侸（朋）𢶏（友），不爲侸（朋）𢶏（友）而（離）宗族。人又（有）六悳（德），厽（三）斳（親）不韌（斷）。門内 30 之絅（治）𧗸（恩）穿（掩）宜（義），門外之絅（治）宜（義）斬𧗸（恩）。悬（仁）頪（類）藪（柔）而避（束），宜（義）頪（類）弅（剛）31 而㡿（斷）。悬（仁）藪（柔）而㪿（暱），宜（義）弪（剛）而柬（簡）。㪿（暱）之爲言也猷（猶）㪿_（暱暱）也，少（小）而 32 眘（軫）多也。鎌（豫）亓（其）志，求羕（養）斳（親）志_（之志），害亡目（已）也，是目（以）㪿（暱）也。

　　助（男）女 33 卞（辨）生言（焉），父子斳（親）生言（焉），君臣宜（義）生言（焉）。父聖，子悬（仁），夫矯（智），婦訐（信），君宜（義），34 臣宜（忠）〉。聖生悬（仁），矯（智）衛（率）訐（信），宜（義）史（使）忠（忠）。古（故）夫_（夫夫）、婦_（婦婦）、父_（父父）、子_（子子）、君_（君君）、臣_（臣臣），此六者客（各）35 行亓（其）戠（職），而呇（獄）𧪩（訟）蔑（蔑）絲（由）亡乍（作）〉也。君子言訐（信）言尒，言煟（箴）言尒，敦（故）外 36 内皆旻（得）也。亓（其）返（反），夫不夫，婦不婦，父不父，子不子，君不君，37 臣不臣，緍（昏）所絲（由）𡉈（作）也。𦏰_（君子）不帝（啻）明虗（乎）民敱（微）而已（已），或（又）目（以）矯（知）38 亓（其）式（一）壴（矣）。助（男）女不卞（辨），父=子=不=斬=（父子不親。父子不親），君臣亡宜（義）。是古（故）先王之 **39** 耆（教）民也，訽（始）於孝弟（悌），君子於此式（一）畝（業）者亡所攟（廢）。是古（故）先 **40** 王之孝（教）民也，不史（使）此民也悥（憂）兀（其）身，迭（失）兀（其）畝（業）。孝，杏（本）也。下攸（修）忈（其） **41** 杏（本），可目（以）軔（斷）咨（獄）。生民斯（斯）必又（有）夫婦、父子、君臣。孖=（君子）明虘（乎）此 **42** 六者，肰（然）句（後）可目（以）軔（斷）咨（獄）。衍（道）不可徹（蹠）也，能歔（守）式（一）曲女（焉），可目（以）緯（違） **43** 兀（其）亞（惡），是目（以）兀（其）軔（斷）咨（獄）遱（速）。

凡君子所目（以）立身大攄（灋）亾（三），兀（其）䍿（繹）之也 **44** 六，兀（其）篡（衍）十又二。亾（三）者迵（通），言行皆迵（通）。亾（三）者不迵（通），非言行也。**45** 亾（三）者皆迵（通），肰（然）句（後）是也。亾（三）者，君子所生牙（與）之立，死牙（與）之遃（斃）也。**46**

…生。古（故）曰：民之父毋（母）斬（親）民易，史（使）民相斬（親）也戁（難）。**49**

語叢一

凡勿（物）繇（由）室（亡）生。**1**

又（有）天又（有）會（命），又（有）勿（物）又（有）目（名）。**2**

天生鯀（倫），人生卯。**3**

又（有）命又（有）曼（文）又（有）目（名），而句（後）**4** 又（有）鯀（倫）。**5**

又（有）迡（地）又（有）型（形）又（有）聿（盡），而句（後）**6** 又（有）垕（厚）。**7**

又（有）生又（有）智（智），而句（後）孝（好）亞（惡）**8** 生。**9**

又（有）勿（物）又（有）繇（由）又（有）緫（遂），而句（後）**10** 䝿（諓）生。**11**

凡勿（物）墅（由）望（亡）生。**104**

又（有）天又（有）命，又（有）迡（地）又（有）型（形）。**12** 又（有）勿（物）又（有）公（容），又（有）**13** 又（有）目（名）。

又（有）勿（物）又（有）公（容），又（有）聿（盡）又（有）垕（厚），**14** 又（有）頯（美）又（有）膳（善）。**15**

又（有）息（仁）又（有）智（智），又（有）義又（有）豊（禮），**16** 又（有）聖又（有）善。**17**

夫〈天〉生百勿（物），人爲貴。人 **18** 勿（物）各止於亓（其）所。我行 **105** 忢（求）者，亡又（有）自坴（來）也。**99**

亡勿（物）不勿（物），麿（皆）至女（焉），而 **71** 亡非昌（己）取之者。**72**

…之道（道）也，或遾（由）中出，或 **19** 遾（由）外内（入）。**20**

墅（由）中出者，息（仁）、忠、訐（信）。墅（由）**21**〔外入者，禮〕。

息（仁）生於人，我（義）生於道（道）。**22** 或生於内，或生於外。**23**

智(知)忌(己)而句(後)智_人_(知人,知人)而句(後)**26** 智=豊=(知禮,知禮)而句(後)智(知)行。**27**

丌(其)智(智)尃(博),肰(然)句(後)智(知)命。**28**

智(知)天所爲,智(知)人所爲,**29** 肰(然)句(後)智_道_(知道,知道)肰(然)句(後)智(知)命。**30**

智(知)豊(禮),肰(然)句(後)䊷(知)型(刑)。**63**

豊(禮),因人之意(情)而爲之 **31** 即(節)𡕓(文)者也。**97**

善里(理)而句(後)樂生。**32**

豊(禮)生於牂(莊),樂生於京(諒)。**33** 豊(禮)妻(繁)樂𩃬(零)勳(則)戚(蹙),樂每(繁)**34** 豊(禮)𩃬(零)勳(則)訡(慢)。**35**

《詩(詩)》,所㠯(以)會古含(今)之恃(志)**38** 也者。**39**

〔《書》〕☐者也。**44**

《豊(禮)》,交之行述(術)也。**42**

《樂》,或生或敎(教)者也。**43**

《易》,所㠯(以)會天衍(道)人衍(道)**36** 也。**37**

《旾(春)秌(秋)》,所㠯(以)會古含(今)之 **40** 事也。**41**

凡又(有)血燹(氣)者,虐(皆)又(有)憙(喜)**45** 又(有)忞(怒),又(有)沓(慎)又(有)憵(莊)。亓(其)豊(體)**46** 又(有)宎(容)又(有)頞(色),又(有)聖(聲)又(有)臭 **47** 又(有)未(味),又(有)燹(氣)又(有)志。凡勿(物)**48** 又(有)螽(本)又(有)卯(標),又(有)窾(終)又(有)絧(始)。**49**

宎(容)頞(色),目䚍(司)也。聖(聲),耳䚍(司)**50** 也。臭,畀(鼻)䚍(司)也。未(味),口䚍(司)**51** 也。燹(氣),宎(容)䚍(司)也。志_(志,心)䚍(司)〔也〕。**52**

義亡能爲也。**53**

臤(賢)者能里(理)之。**54**

父子,至上下也。**69**

兄弟,至先遂(後)也。**70**

爲孝,此非孝也。爲弟(悌),**55** 此非弟(悌)也。不可爲也,**56** 而不可不爲也。爲之,**57** 此非也。弗爲,此非也。**58**

正(政)亓(其)肰(然)而行,忌(治)安(焉)尔也。**59** 正(政)不迻(達)𡕓(文),生虎(乎)不迻(達)**60** 亓(其)肰(然)也。斆=(教,學)丌(己)也。**61**

丌(其)生也亡爲虎(乎)? 丌(其)型(刑)**62** 生悳=(德,德)生豊_(禮,禮)生樂。遙(由)樂 **24** 智(知)型(刑)。**25**

型(刑)非敔(嚴)也。**64**

上下䗉（皆）旻（得）亓（其）所之胃（謂）訐（信）。**65**

訐（信）非至齊也。**66**

政（政）亓（其）虡（然）而行，怠（治）女（焉）。**67**

謙（察）天道（道）目（以）愚（化）民燹（氣）。**68**

悲屵（作）丌（其）所也，亡非是。**73**

…之弗也。**74**

![image]谥![image]不逮，從一衍（道）。**75**

□□者悉（義），肰（然）不肰（然）。**76**

怠（仁），人也。義，〔道也〕。殘 **8**〔厚於〕怠（仁），專（薄）殘 **22** 於義，旱（親）而 **77** 不隋（尊）。屋（厚）於義，專（薄）於怠（仁），**82** 隋（尊）而不旱（親）。**79**

□□父，又（有）旱（親）又（有）隋（尊）。**78**

長弟（悌），旱（親）道（道）也。㫄（友）君臣，**80** 母（毋）旱（親）也。**81**

人亡能爲。**83**

又（有）慫（察）膳（善），亡爲膳（善）。**84**

慫（察）所智（知），慫（察）所不智（知）。**85**

敔（勢）牙（與）聖（聲），爲可慫（察）也。**86**

君臣朋㫄（友），丌（其）臭（擇）者也。**87**

宁（賓）客，青（情）寐（貌）之曼（文）也。**88**

多玗（好）者，亡玗（好）者也。**89**

婁（數），不聿（盡）也。**90**

夬（缺）生虎（乎）未旻（得）也。**91**

惡（愛）膳（善）之胃（謂）怠（仁）。**92**

怠（仁）悉（義）爲之駯（梟）。**93**

備之胃（謂）聖。**94**

坺（詩）遊（由）敬乍（作）。**95**

又（有）生虎（乎）目（名）。**96**

喪，怠（仁）之耑（端）也。**98**

涅（盈）聖（聽）之胃（謂）聖。**100**

鐘（權），可去可逼（歸）。**101**

凡同者逈（通）。**102**

豊（禮）不同，不寁（豐），不布（殺）。**103**

䗉（皆）又（有）之。**106**

㤼（慧）牙（與）訐（信），器也，各目（以）㒷（譱）**107** 詾（詞）戝（毀）也。**108**

虐牙（與）公（容）牙（與）夫，丌（其）行者。**109**

飤（食）牙（與）頛（色）牙（與）疾。**110**

些（止）之。**111**

樂殹。**112**

語叢二

悥（情）生於眚（性），豊（禮）生於悥（情），**1** 厰（嚴）生於豊（禮），敬生於厰（嚴），**2** 里（讓）生於敬，恥生於里（讓），**3** 秅（利）生於恥（恥），兼（廉）生於秅（利）。**4**

旻（文）生於豊（禮），尃（博）生於旻（文）。**5**

大生於☐ **6**

㤅（慍）生於悥（憂）。☐ **7**

惡（愛）生於眚（性），暈（親）生於惡（愛），**8** 忠生於暈（親）。**9**

佘（欲）生於眚（性），慮生於佘（欲），**10** 意（悟）生於慮，靜（爭）生於意（悟），**11** 尚（黨）生於靜（爭）。**12**

念（貪）生於佘（欲），怀（倍）生於念（貪），**13** 殺（由）生於怀（倍）。**14**

爰（諼）生於佘（欲），旱（華）生於爰（諼），**15** 忘（妄）生於吁（華）。**16**

涃（浸）生於佘（欲），惡生於涃（浸），**17** 逃生於惡。**18**

遄（急）生於佘（欲），倖（偏）生於遄（急）。**19**

智（智）生於眚（性），卯生於智（智），**20** 殽（悅）生於卯，玗（好）生於敟（悅），**21** 從生於玗（好）。**22**

子生於眚（性），易生於子，**23** 希（肆）生於易，公（容）生於希（肆）。**24**

惡生於眚（性），忩（怒）生於惡，**25** 莢（勝）生於忩（怒），忌（忌）生於龞（勝），**26** 恩（賊）生於忌（忌）。**27**

惪（喜）生於眚（性），樂生於惪（喜），**28** 悲生於樂。**29**

㤅（慍）生於眚（性），悥（憂）生於㤅（慍），**30** 裵（哀）生於悥（憂）。**31**

瞿（懼）生於眚（性），監生於瞿（懼），**32** 望生於監。☐ **33**

彊（強）生於眚（性），立生於彊（強），**34** 軔（斷）生於立。**35**

尿（弱）生於眚（性），惫（疑）生於尿（弱），**36** 北（倍）生於惫（疑）。**37**

凡悉（謀），巳（已）銜（道）者也。**38**

凡忇（必），又（有）不行者也。**39**

凡迲（過），正一旨（以）迭（失）丌（其）迻（他）**40** 者也。**41**

凡殽（悅），乍（作）於瑟（譽）者也。**42**

嘩(華)，自曓(榮)也。慂(賊)，遝(退)人也。**43**

目(名)，婁(數)也，遊(由)鼻鰥(倫)生。**44**

未又(有)善事人而不返者。**45**

未又(有)嘩(華)而忠者。**46**

智(知)命者亡才(必)。**47**

又(有)悳(德)者不遂(移)。**48**

惢(疑)取再。**49**

母(毋)迭(失)虐(吾)㣎(圖)，此㣎(圖)旻(得)㠯(矣)。**50**

少(小)不忍，伐(敗)大㣎(圖)。**51**

亓(其)所之同，兀(其)行者異。**52** 又(有)行而不遊(由)，又(有)遊(由)而 **53** 不行。**54**

語叢三

父亡亞(惡)。君猷(猶)父也。亓(其)弗亞(惡)**1** 也，猷(猶)三勼(軍)之旝(旌)也，正也。所 **2** 目(以)異於父，君臣不相才(存)也，**3** 勮(則)可巳(已)。不敓(悦)，可去也。不 **4** 我(義)而殙(加)者(諸)己，弗受也。**5**

奢(友)，君臣之衍(道)也。長弟(悌)，孝 **6** 之紡(方)也。**7**

父孝子㤅(愛)，非又(有)爲也。**8**

牙(與)爲悲(義)者遊，蒜(益)。牙(與)摤(莊)**9** 者尻(處)，蒜(益)。遚(起)習(習)叟(文)彰(章)，蒜(益)。**10** 牙(與)竷(諛)者尻(處)，鼎(損)。牙(與)不孜(好)**11** 教(學)者遊，鼎(損)。尻(處)而亡歊(業)**12** 習(習)也，鼎(損)。自貝(示)兀(其)所能，鼎(損)。**13** 自貝(示)亓(其)所不族(足)，蒜(益)。遊 **14** 蒽，蒜(益)。喬(崇)志，蒜(益)。才(存)心，蒜(益)。**15** 所不行，蒜(益)。北(必)行，鼎(損)。**16** 從所少(小)孜(好)牙(與)所少(小)樂，鼎(損)。**遺簡**

天型(刑)咸(成)，人牙(與)勿(物)斯(斯)里(理)。**17**

☐勿(物)目(以)日，勿(物)又(有)里(理)，而☐ **18**

埅(地)能貪(含)之生之者，才(在)曓(早)。**19**

旹(春)穋〈秌(秋)〉，亡不目(以)兀(其)生也亡 **20** 耳。**21**

㤹(仁)，厔(厚)之☐ **22**

〔喪，仁〕之耑(端)也。**23**

悲(義)，悳(德)之聿(盡)也。**24**

悲(義)，膳(善)之方也。**25**

悳(德)至區(厚)者，旻(治)者至亡 **26** 閒(間)。**27**

未又(有)亓(其)至勮(則)㤹(仁)，曼(治)者 **28** 至亡閔(間)勮(則)咸(成)目(名)。**29**

惡(愛)燮(治)者昜(親)。**30**

智(智)燮(治)者霣(寡)怣(悔)。**31**

…旻(治)者卯。**32**

卯勴(則)雖(難)堅(犯)也。**45**

兼行勴(則)旻(治)者中。**33**

交行勴(則)□☒ **34**

喪,怠(仁)也。悆(義),宜也。惡(愛),怠(仁)**35**也。悆(義),凥(處)之也。豊(禮),行

之**36**也。**37**

不膳(善)罩(擇),不爲智(智)。**38**

勿(物)不菄(備),不戚(成)怠(仁)。**39**

惡(愛)昜(親),勴(則)亓(其)布(殺)惡(愛)人。**40**

迵(踊),哀也。三迵(踊),曼(文)也。**41**

曼(文)衣(依)勿(物),旵(以)青(情)行之者。**44**

國(或)遊(由)亓(其)閦(避),國(或)遊(由)亓(其)不**42**聿(進),國(或)遊(由)丌(其)

可。**43**

彊(剛)之敊(樹)也,彊(剛)取之也。**46**

莫旻(得)膳(善)亓(其)所。**47**

思亡彊(疆),思亡亓(期),思亡玴(邪),思**48**亡不遊(由)我者。**49**

志於衍(道),麿(狎)於惪(德),⿴於**50**怠(仁),遊於殺(藝)。**51**

膳(善)日過我‗(我,我)日過膳(善)。臥(賢)**52**者佳(唯)亓(其)止也旵(以)異。**53**

樂,備(服)惪(德)者之所樂也。**54**

宁(賓)客之用繎(幣)也,非正(征)**55**内(納)臂(貨)也。豊(禮)朼(必)兼。**60**

聿(盡)飤(飾)之衍(道),此飤(飾)乍(作)安(焉)。**56**

人之啬(性)非與(歟)? 止虎(乎)亓(其)**57**孝。**61**

又(有)啬(性)又(有)生,虎(呼)生。又(有)逍…**58**

旻(得)者樂,迭(失)者哀。**59**

行聿(盡),此友朵(矣)。**62**

忠勴(則)會。**63**

亡畜(意),亡古(固),**64**上亡義(我),亡朼。**65**上

亡‗(亡亡)緣(由)也者。**66**上

旵(名)式(二),勿(物)參(三)。**67**上

又(有)天又(有)命,又(有)…**68**上

…生。**70**上

命牙（與）曼（文）牙（與）…**71 上**

…虎（乎）勿（物）。**72 上**

亡勿（物）不勿（物），**64 下**膚（皆）至女（焉）。**65 下**

亡非樂者。**66 下**

生爲貴。**67 下**

又（有）眚（性）又（有）生，虎（呼）**68 下**目（名）。**69**

爲丌（其）型。**70 下**

又（有）眚（性）又（有）生 **71 下**者。**72 下**

語叢四

言昌（以）飼（詞），膏（情）目（以）舊。非言不賭（醻），非惪（德）亡遉（復）。言 **1** 而狄（苟），癏（牆）又（有）耳。逞（往）言剔（傷）人，坴（來）言剔（傷）吕（己）。**2** 口不斲（慎）而尿（戶）之閟（閉），亞（惡）言遉（復）己而死無日。**4**

凡敫（說）之道（道），級（急）者爲首。既旻（得）丌（其）級（急），言必又（有）及＝（及。及）**5** 之而弗亞（惡），必聿（盡）丌（其）古（故）。聿（盡）之而悆（疑），必攼（審）鉛＝（喻之。喻）**15** 之而不可，必曼（文）目（以）訛（謁），母（毋）命（令）智（知）我。

皮（破）邦芒（亡）**6** 豪（家），事乃又（有）劁（假）。三魤（雄）一魥（雌），三魟（瓶）一萁，一王母 **26** 保三肢（嬰）兒（婟）。**27 正上**亡及也巳（已）。**27 背上**

聖（聽）君而會，貝（視）屆（貌）而内（人）。**27 正中**内（人）之或（又）内（人）之，至之或（又）至之。**27 背下**之（時）至而 **27 正下**窬（藏），湴（流）溴（澤）而行。**7**

敤（竊）鉤者戜（誅），敤（竊）邦者爲者＝厌＝（諸侯。諸侯）之門，義士 **8** 之所鳸（存）。**9**

車敼（轍）之萋（鮅）酳（鮪），不見江沽（湖）之水。佖（匹）婦禺（偶）夫，**10** 不糒（知）丌（其）向（鄉）之炏＝（小人）、君子。飮（食）韭亞（惡）智（知）丌（其）終丌（其）茶（杪）。**11** 曇（早）與畋（賢）人，是胃（謂）涽（浸）行。畋（賢）人不才（在）吳（側），是 **12** 胃（謂）迷惑。不與智（智）思（謀），是胃（謂）自忢（欺）。畨（早）與智（智）思（謀），是 **13** 胃（謂）童（重）亙（基）。邦又（有）巨魤（雄），必先與之目（以）爲塑（朋），售（雖）戁（難）**14** 丌（其）興。女（如）酒（將）又（有）敗（敗），魤（雄）是爲割（害）。秒（利）木仌（陰）者，不斱（折）**16** 丌（其）枳（枝）。秒（利）丌（其）渚（潴）者，不賽（塞）丌（其）溪（溪）。善史（使）丌（其）下，若 **17** 蚩（蚑）蟲（蜀）之足，衆而不割＝（割，割）而不蕢（仆）。善事丌（其）上 **18** 者，若齒（齒）之事肎（舌），而弁（終）弗齓（齬）。善□□□**19** 者，若兩輪（輪）之相逈（轉），而弁（終）不相敗（敗）。善史（使）**20** 丌（其）民者，若四旹（時）一迢（逝）一坴（來），而民弗害也。**21**

山亡陵（隨）勪（則）宔（墜），威（城）無菁（衰）勪（則）宔（墜），士亡友不可。君又（有）**22** 思

（謀）臣，勳（則）殹（壞）陞（地）不鈔（削）。士又（有）愳（謀）友，勳（則）言談不 **23** 勻（弱）。售（雖）戙（勇）力鬭（聞）於邦不女（如）材，金玉湦（盈）室不 **24** 女（如）愳（謀），衆弜（強）昆（其）多不女（如）甞（時），古（故）愳（謀）爲可貴。罷（一）**25** 言之善，足㠯（以）异（終）殜（世）。厸（三）殜（世）之臮（福），不足㠯（以）出芒（亡）。**3**

殘　簡

才（哉）！夫亓（其）殺（勢）☐ **1**

聿（盡）亓（其）紋（飾）衍（道）☐ **2**

智（智）行人之☐ **3**

生爲貴。**4**

弜（剛）蒬（柔）膚（皆）〔圖〕☐ **5**

又（有）哀之哀☐ **6**

義天道（道）☐ **7**

☐告（性），又（有）逆告（性）☐ **9**

☐〔圖〕亡不緐（由）☐ **10**

☐☐逍睿（蜜）☐☐ **11**

☐此亓（其）☐ **12**

☐生。☐ **13**

☐悬（仁）。☐ **14**

☐造（遠）☐☐ **15**

☐者。☐ **16**

☐勳（則）☐☐ **17**

☐昰（文）☐ **18**

☐亓☐ **19**

☐天下〔圖〕☐ **23**

☐㠯（名）☐ **25**

☐告☐ **26**

☐☐絽（紹）☐ **27**

主要參考文獻

說明：主要參考文獻中已經收録或引用的一些單篇論文不再一一列出。

B

白於藍：《簡帛古書通假字大系》，福建人民出版社，2017 年。

白於藍：《拾遺録：出土文獻研究》，科學出版社，2017 年。

北京大學《儒藏》編纂中心：《儒藏（精華編二八二）》，北京大學出版社，2020 年。

C

陳　劍：《甲骨金文考釋論集》，綫裝書局，2007 年。

陳　劍：《戰國竹書論集》，上海古籍出版社，2013 年。

陳　劍：《説〈性自命出〉的"牛生而伥"及相關問題》，陳慧主編《新發現中國古代文獻》（*Reading Through Recovered Ancient Chinese Manuscripts*），澳大利亞悉尼大學出版社，2020 年。

陳斯鵬：《卓盧古文字學叢稿》，中西書局，2018 年。

陳　偉：《郭店竹書別釋》，武漢教育出版社，2003 年。

D

鄧少平：《郭店儒家簡的整理與研究》，清華大學博士學位論文，2013 年。

F

馮勝君：《郭店簡與上博簡對比研究》，綫裝書局，2007 年。

G

顧史考：《郭店楚簡先秦儒書宏微觀》，上海古籍出版社，2012 年。

郭永秉：《古文字與古文獻論集》，上海古籍出版社，2011 年。

H

黃德寬、何琳儀、徐在國：《新出楚簡文字考》，安徽大學出版社，2007 年。

黄　　傑：《據清華簡〈繫年〉釋讀楚簡二則》,簡帛網,2011 年 12 月 27 日,http://www.bsm.org.
　　　　cn/?chujian/5796.html。

黄　　傑：《〈忠信之道〉"此"與〈招魂〉"些"》,《光明日報(國學版)》2014 年 5 月 27 日。

J

賈連翔：《論"標"字本義與字形的關係——兼釋戰國竹書中的"標"字》,《簡帛》第 21 輯,上海
　　　　古籍出版社,2020 年。

荆門市博物館編:《郭店楚墓竹簡》,文物出版社,1998 年。

L

賴怡旋：《〈楚地出土戰國簡册[十四種]〉校訂》,花木蘭出版社,2012 年。

李芳梅、劉洪濤：《郭店竹簡〈唐虞之道〉"㴲"字考釋——兼論上博簡〈凡物流形〉和天星觀卜筮
　　　　簡的"繫"字》,《簡帛》第 25 輯,上海古籍出版社,2022 年。

李芳梅：《郭店楚墓竹簡字詞新釋》,江蘇師範大學碩士學位論文,2023 年。

李　　零：《郭店楚簡校讀記(增訂本)》,中國人民大學出版社,2007 年。

李家浩：《著名中年語言學家自選集·李家浩卷》,安徽教育出版社,2002 年。

李家浩：《安徽大學漢語言文字學叢書·李家浩卷》,安徽大學出版社,2013 年。

李家浩：《關於〈窮達以時〉中舊釋爲"旮緜"和"旮垒"的釋讀》,《中國文字學報》第 12 輯,商務
　　　　印書館,2022 年。

李家浩：《甲骨卜辭"夆"與戰國文字"逄"》,《戰國文字研究》第 5 輯,安徽大學出版社,2022 年。

李松儒：《郭店楚墓竹簡字跡研究》,吉林大學碩士學位論文,2006 年。

李天虹：《郭店竹簡〈性自命出〉研究》,武漢教育出版社,2003 年。

劉傳賓：《郭店竹簡文本研究綜論》,上海古籍出版社,2017 年。

劉洪濤：《楚系古文字中的"䳡(蠅)"字》,《簡帛研究》2018 春夏卷,廣西師範大學出版社,
　　　　2018 年。

劉洪濤：《形體特點對古文字考釋重要性研究》,商務印書館,2019 年。

劉洪濤：《郭店〈窮達以時〉所載百里奚史事考》,《簡帛》第 19 輯,上海古籍出版社,2019 年。

劉洪濤：《先秦楚國的須敄複氏》,《文史》2021 年第 3 期。

劉洪濤：《郭店楚簡〈老子〉"融成"補義——兼説戰國楚系古文字中的"蟲"字》,《出土文獻研
　　　　究》第 21 輯,中西書局,2022 年。

劉洪濤：《楚系簡帛文獻中的"程"》,《語言學論叢》,待刊。

劉信芳：《楚系簡帛釋例》,安徽大學出版社,2011 年。

劉信芳：《簡帛〈五行〉研究》,高等教育出版社,2016 年。

劉　釗：《郭店楚簡校釋》,福建人民出版社,2005 年。

劉志基主編：《中國出土簡帛文獻引得綜録(郭店楚簡卷)》,上海人民出版社,2012 年。

O

歐　波：《郭店楚簡〈唐虞之道〉研究》,華南師範大學碩士學位論文,2012 年。

P

彭裕商、吴毅强：《郭店楚簡老子集釋》,巴蜀書社,2011 年。

Q

齊　妙：《郭店楚簡〈太一生水〉字詞集釋》,陝西師範大學碩士學位論文,2019 年。

裘錫圭：《裘錫圭學術文集》,復旦大學出版社,2012 年。

S

單育辰：《郭店簡〈尊德義〉〈成之聞之〉〈六德〉三篇整理與研究》,科學出版社,2015 年。

石小力：《清華簡〈五紀〉的"壇"與郭店簡〈唐虞之道〉的"禪"》,《出土文獻》2021 年第 4 期。

石小力：《戰國"琼"字初文構形補説》,《中國文字學報》第 13 輯,商務印書館,2023 年。

石小力：《説戰國楚文字中用爲"一"的"翼"字》,《中國語文》2022 年第 1 期。

S

孫慧敏：《郭店楚墓竹簡〈語叢(一～三)〉集釋》,哈爾濱師範大學碩士學位論文,2021 年。

孫超傑：《傳抄古文札記一則》,《出土文獻》2021 年第 3 期。

蘇建洲：《説"忿連"》,《簡帛》第 20 輯,上海古籍出版社,2020 年。

W

王坤鵬：《郭店楚簡〈忠信之道〉補釋》,《古代文明》2015 年第 1 期。

鄔可晶：《戰國秦漢文字與文獻論稿》,上海古籍出版社,2020 年。

武漢大學簡帛研究中心、荆門市博物館：《楚地出土戰國簡册合集(一)郭店楚墓竹書》,文物出版社,2011 年。

X

徐希文：《郭店楚簡〈五行〉集釋》,華東師範大學碩士學位論文,2012 年。

徐新新：《郭店竹簡〈唐虞之道〉〈忠信之道〉〈魯穆公問子思〉〈窮達以時〉集釋——兼論竹簡的

歷史背景和古書經傳情況》,華東師範大學碩士學位論文,2014 年。

徐在國、程燕、張振謙編著:《戰國文字字形表》,上海古籍出版社,2017 年。

Y

楊澤生:《釋"怒"》,《中山大學學報(社會科學版)》2010 年第 6 期。

Z

曾憲通、陳偉武主編:《出土戰國文獻字詞集釋》,中華書局,2018 年。

張富海:《古文字與上古音論稿》,上海古籍出版社,2021 年。

張光裕主編,袁國華合編,陳志堅、洪娟、余拱璧助編:《郭店楚簡研究·文字編》,藝文印書館,
　　2006 年。

張顯成主編:《楚簡帛逐字索引》,四川大學出版社,2013 年。

張守中、孫小滄、郝建文撰集:《郭店楚簡文字編》,文物出版社,2000 年。

趙平安:《新出簡帛與古文字古文獻論集》,商務印書館,2009 年。

趙平安:《新出簡帛與古文字古文獻續集》,商務印書館,2018 年。

周鳳五:《朋齋學術文集:戰國竹書卷》,臺大出版中心,2016 年。

朱惠琦:《郭店〈語叢四〉集釋》,吉林大學碩士學位論文,2015 年。

筆畫檢字表

一畫					五畫
【一】	又 83	及 92	木 186	化 252	**【一】**
一 1	**三畫**	**【、】**	五 419	仰 353	弍 399
【丨】	**【一】**	亡 388	帀 208	反 92	玉 10
丨 411	三 9	之 193	卅 64	从 252	未 434
【乛】	于 168	**【乛】**	不 329	父 90	末 187
乚 388	工 162	己 422	友 94	今 177	正 35
二畫	土 401	巳 428	匹 392	分 18	先 407
【一】	士 11	子 423	巨 162	公 19	去 173
二 399	才 192	中 13	牙 56	氏 384	支 99
十 64	下 6	也 365	屯 12	勿 276	甘 162
丁 422	丌 153	女 351	戈 384	**【、】**	世 64
七 420	大 294	刃 151	比 252	卞 77	古 61
【丨】	丈 64	叉 21	**【丨】**	六 420	可 164
卜 106	弋 364	**四畫**	止 32	文 269	北 193
【丿】	**【丨】**	**【一】**	少 17	方 259	石 275
人 241	上 4	丰 418	日 222	火 294	右 90
九 420	口 21	王 9	曰 162	心 302	布 239
【乛】	山 274	亓 157	中 12	**【乛】**	尼 232
力 408	**【丿】**	天 1	内 178	尹 91	戊 422
乃 164	千 64	夫 299	水 318	夬 91	扚 193
厶 274	川 323	云 326	**【丿】**	允 260	**【丨】**
	勾 411	弍 1	牛 21	毋 356	北 254
	凡 400	廿 64	升 415	邜 271	
			夭 297		

目	108	必	19	攺	104	先	262	羊	130	歪	35
且	412	【一】		臣	98	廷	52	江	318	攻(功)	409
申	436	司	269	而	290	怀	250	守	234	攻(攻)	103
由	408	尻	411	再	137	伐	251	方	218	赤	294
只	59	民	357	束	229	佼	261	安	233	孝	257
央	181	弗	362	西	343	松	267	【一】		均	403
史	94	疋	58	牙	388	仿	250	异	423	志	304
兄	261	出	208	百	126	自	111	吕	422	块	179
昌	429	女	355	有	226	血	174	记	31	芺	152
四	418	夊	353	而	278	向	232	孜	354	芳	13
【丿】		加	410	布	99	凶	301	芒	13	克	229
生	209	右	161	死	139	后	269	吝(如)	354	材	188
乍	391	皮	101	成	422	行	52	吝(諾)	67	杕	365
白	240	台	29	攷	103	舟	259	好	353	忐	316
分	20	忘	417	至	342	态	245	孝	354	忐(戴)	76
今	427	母	353	迋	48	畢	384	妊	250	求	257
用	106	医	395	【丨】		旨	168	放	410	李	209
句	59			此	33	名	23	厽	225	車	416
尔	18	六畫		光	294	各	29	毌	357	豆	170
吕	30	【一】		吁	213	多	227	纵	239	戌	400
凸	275	邦	220	旱	213	返	92	丝	137	忍	266
卯	428	戎	384	曲	392	色	271			庆	179
列	151	吉	29	吕	237	【、】		七畫		杏	291
外	227	扣	350	同	238	亦	296	【一】		丞	400
处	251	考	257	因	215	交	298	臣	392	牞	350
【、】		老	257	屵	130	衣	256	至	403	坙	323
立	300	耳	344	囙	214	弃	76	埜	404	【丨】	
玄	138	共	76	【丿】		亢	324	孚	427	走	6
宎	391	芭	13	年	230	亥	437	坤	406	卤	164
它	399	団	153	牝	21	迂	183	戎	103	炙	139

字	頁	字	頁	字	頁	字	頁	字	頁	字	頁
呈	29	夋	77	豇	408	武	385	歪	350	初	145
异	226	佮	19	初	145	青	174	㫮	15	季	427
貝	263	忚	316	祀	9	杏	23	戋	385	竺	400
吳	297	谷	324	【一】		㦀	103	忿	311	秉	92
見	262	孛	104	君	24	忌(忌)	313	【丨】		兒	260
里	407	孚	77	即	175	忚(欺)	266	非	327	侃	324
㕙	162	含	22	㘩	354	長	275	虎	172	㑉	40
足	57	含(今)	177	尼	259	者	112	尚	19	㤆	40
助	408	昌	23	尿	269	达	174	具	76	佳	127
弄	75	龟	399	咠	252	亞	418	果	187	依	249
困	321	免	239	妟	248	其	153	迟	48	臭	299
囸	93	矣	252	改	101	取	93	哎	100	帛	240
【丿】		迓	99	忌	313	若	13	迪	102	卑	94
复	249	【丶】		陵	417	直	388	昌	224	舌	30
告	21	言	64	壯	11	枺	231	門	343	㸚	43
我	386	宋	188	妝	13	板	191	明	226	忿	310
利	145	突	290	态	313	板(鞭)	77	易	288	怚	49
忐	246	室	391	卲	28	校	192	昊	223	術	47
每	397	弃	137	忍	316	述	39	串	12	所	412
兵	75	忘	355	甬	228	述(術)	55	畀	160	忥	93
攸	102	㝉	396	矣	179	東	192	迪	41	舍	177
逝	39	兑	260	圣	142	重	138	固	216	金	411
位	249	尚	240	㐱	319	或	384	忠	308	命	27
必	392	弟	184	炙	269	臤	97	邵	221	效	104
身	255	沙	191	妠	256	事	95	囷	215	忿	265
伸	252	海	320	巡	267	兩	239	【丿】		采	191
近	43	宋	236			雨	326	迭	350	受	138
迋	52	审	12	八畫		杳	94	迮	41	会	326
返	42	宋	319	【一】		㠏	403	牧	103	念	218
余	20	公	234	奉	75	妻	352	和	28	忿	313

肰	143	迲	48	幽(絶)	395	咸	404	恩(慍)	314	【、】	
朋	131	宔	236	幽(斷)	414	恚	316	恩(溫)	318	亯	256
股	142	床	343	**九畫**		邾	221	骨	140	哀	30
周	29	【一】				皆	111	【丿】		麥	227
昏	223	录	229	【一】		【丨】		徍	41	羑	150
卯	13	隶	97	型	403	韭	232	秒	145	音	74
昝	251	迡	42	垺	406	貞	106	秏	213	帝	6
訏	67	居	258	政	101	覍	261	重	254	畜	408
【、】		恝(快)	310	壴	169	是	36	复	183	迷	43
迋	410	恝(慧)	310	埍	406	昳	222	异	161	首	268
京	181	弡	393	均	403	旻	51	併	248	逆	41
卒	257	弦	179	耵	347	易	278	保	245	兹	13
於	132	望	252	苗	224	晨	256	俊	249	室	232
沓	308	陸	417	革	77	戩	102	絭	9	宮	237
沬	322	舫	238	苀	15	畐	29	倖	250	窑	179
沽	321	枲	349	苔	13	冒	239	皇	10	畝	101
河	318	屮	32	萧	92	禺	273	敀	101	客	235
泊	322	屮(止)	32	戜	385	曷	223	厔	182	神	8
沱	322	屮(待)	50	茉	187	胃	140	怱	40	臭	252
洀	320	岢	222	南	209	思	301	逌	272	軍	416
怸	305	崖	15	杉	268	迥(通)	41	俞	259	【一】	
宗	236	習	223	相	108	迥(踊)	58	逃	43	聿	96
定	233	降	417	枳	187	迥(同)	239	采	230	退	50
官	108	蚤	398	迬	48	殉	185	邠	410	既	175
宜	234	幻	316	刾	214	曼	319	狀	290	昏	224
官	417	柔	274	臤	97	息(殆)	139	敏	103	追	31
宛	237	癸	221	柬	214	息(怡)	310	匍	272	韋	184
空	406	希	288	咸	29	息(治)	320	訇	72	陵	417
室	417	悔(誨)	67	戩	386	峕	231	逐	42	殴	99
宕	61	悔(謀)	68	面	268	敄	131	逢	58	崞	213

字	頁	字	頁	字	頁	字	頁	字	頁	字	頁
娨	130	慙	315	哭	31	【、】		羣	130	道	349
罕	127	遰	221	恳	316	鼻	70	迎	48	埜	408
羿	225	菁	107	逞	49	訏	69	忌	313	梂	186
身	260	莫	16	敊	249	訓	67	㾈	393	補	191
柔	188	遜	48	剛	150	詉	310	羜	130	桓	186
羑	137	蒘	314	【丿】		高	181	孫	394	杳	186
愳(謀)	67	軎	416	售	109	疾	238	逍	48	梘	109
愳(悔)	314	桎	152	舫	393	㿿	129	㾺	400	桎	187
逡	50	索	209	耖	387	恣	30	陉	417	㤵	316
紃	239	專	100	肓	59	烝	185	㾓	401	斬	416
約	396	軔	414	信	70	烰	409	婧	138	連(傳)	250
級	395	郪	215	倀	276	立	220	娼	131	連(轉)	416
紀	395	覀	161	皇	254	貢	225	絜	395	區	392
紉	397	威	322	瞀	52	旃	176	通	58	㻡	67
絴	193	道	44	條	187	敉	231	能(能)	291	彧	72
紑	311	砧	10	臭	290	説	48	能(翼)	327	敊	72
十畫		髙	297	晏	21	説(説)	71	飼	270	殹	99
【一】		㽄	182	徍	49	逃	290	習	127	募	267
珪	406	至	255	厬	414	泳	323	翁	319	㤜	315
匭	392	悪	315	逳	42	涉	323	悫	68	硈	230
國	214	屆	274	敘	99	涅	173	紛	397	縲	397
髟	269	奢	94	㑹	177	浴	325	紡	395	㞚	188
馬	289	袞	397	逾	40	涕	322	**十一畫**		悉(恆)	400
捉	349	晉	223	徐	319	害	236	【一】		悉(悉)	316
㧖	407	【丨】		喬	75	宧	237	遣	41	盛	173
速	44	㿷	32	㝈	48	家	232	責	218	悉	71
耽	93	虐	172	飤	176	宦	234	教	104	【丨】	
聅	347	㝈	261	脂	143	穿	238	教	104	造	44
恥	315	唛	67	卿	271	【ㄱ】		菫	407	戲	33
		虽	183	釡	52	畫	52			虛	254

虗 30
虗(嘑) 29
虗(唬) 30
虗(乎) 168
虗(虐) 172
雀 128
𣅁 222
剔 251
𡲣 239
婁 355
閔 344
曼 91
夆 191
𢧀 385
異 76
𣈣 9
猒 162
㤿 313
𠷎 126
患 315
畊 221
敂 104
過 39

【丿】

貢 250
毳 71
悡 316
𥫱 239
𥭉 152
巢 350

貨 217
售(唯) 28
售(隹) 127
進 40
鳥 131
息 246
卑 261
徝 250
術 55
後 50
從 252
𤕇 347
悆 317
會 28
谷 265
欲 265
𢚩 325
𥝢 105
𠳾 408
𧶂 137
酓 436
貪 218
念(貪) 218
念(念) 310
貧 218
貧(分) 18
塱 131
象 288
㤅 427
彖 227

【丶】

訛 72
詞 270
𦎫 406
逌 355
庶 274
康 230
畣 129
新 415
章 74
族 225
望 391
宮 326
宨 314
羕 324
敓 102
敓(說) 70
𣪠 71
清 321
渚 323
淒 320
湨 321
淫 321
淡 322
深 318
淂 320
𡨟 237
害 237
𡧼 274
𡧍 215

宔(中) 12
宔(忠) 309
穿 75
啟 101

【乛】

逮 42
逯 32
𢽽 353
勡 11
𡱈 268
張 393
臧 385
𤖬 436
𤖗 290
𧴢 349
𢘙 317
容 308
𢝔 317
婦 352
𢙐 251
𦐇 127
𨠵 410
恿 410
㤅(噫) 23
㤅(矣) 180
㤅(疑) 427
肈 33
參 225
遙 276
紱 58

十二畫

【一】

蚩 398
𡗗 321
𢜔(靖) 301
𢜔(情) 304
鄙 215
𡋟 388
𦓤 259
煮 214
惡 314
聖 347
𦗿 347
𦬸 15
𦭞 14
萬 420
𦮼 15
敬 272
𦯬 15
喿 188
惪 305
蓮 92
喪 31
𤱈 182
𣗳 15
軫 416
惠 138
脊 144
惑 312

𡦹 428
𡌽 406
猷 290
𠩵 428
道 46
𢧢 385
𡉚 33
𣈗 94
𥐻 343

【丨】

悲 314
䖤 112
𧇍 112
𠷎 152
賞 218
退 48
𣅠 264
鼎 148
墨 402
𨷿 344
𢟲 317
貴 219
剴 144
學 428

【丿】

無 392
智 124
復 49
備 248
俌 248

傑 248
集 131
悆（釋）21
悆（歎）102
墅 421
衆 254
御 52
須 268
鈔 144
欽 265
畲 177
惢 321
爲 78
棌 257
傝 321
惎 313
然 294
【、】
詅 67
訶 265
詁 73
詃 73
診 72
詢 72
詘 72
矞 409
童 75
戠 385
啻 67
意 316

遊 225
剴 412
善 73
普 347
尊 436
湔 397
湯 322
湍 320
淙 324
寒 236
割 150
毄 236
富 237
寏 318
【乛】
尋 100
敧 138
屟 259
骨 348
巽 72
隃 417
雁 100
猒 13
萬 421
帰 235
墜 402
斲 14
遒 219
隆 417
習 127

黍 188
惉 417
惡 314
結 396
絕 395
絓 397
絳 395
絲 398

十三畫
【一】
剻 317
駒 289
遠 43
惷 169
塻 406
楚 407
聖 344
蓋 13
恭 310
朝 224
楚 192
楥 188
碊 275
靳 308
㹏 290
逦 416
遠 48
酟 436
戞 428

惥 314
厰 275
碟 139
【丨】
虞 92
裳 9
堂 301
頋 224
愍 384
戢 251
眺 265
嘩 213
閔 344
遏 50
瑓 230
睜 151
豊 170
梟 58
罩 298
蜀 398
【丿】
敦 409
稦 151
節 152
與 349
敠 406
斯 414
遄 43
皐 423
鬼 273

愚 273
衙 38
鉤 61
愈 317
會 177
頌 267
遄 38
絶 271
觥 151
祭 8
【、】
話 213
話 71
嗇 274
惷 30
廡 71
窣 289
意 396
義 316
習 387
猒 20
慈 291
淫 311
深 322
溓 322
溓 325
滄 322
寘 220
寘 218
【乛】
熒 11

愬 312
辟 271
陸 417
臺 343
翠 416
孫 416
經 395
經 230

十四畫
【一】
壹 231
馼 52
載 251
㙜 251
聚 254
菫 15
蓍 398
蒜 22
蓉 183
菜 187
毂 83
穀 99
稟 8
監 255
磬 98
遘（速）41
遘（束）213
雺 326
厭 274

罍 71	黕 161	曡 326	櫬 191	**十九畫**	纁 344
憩 317	憲 138	魡 129	**【丨】**	**【一】**	**【丨】**
嶞 55	罷 327	戲 353	釐 75	壞 406	雙 33
甃 351	總 397	徼 43	瞿 131	殼 228	矑 302
餒 288	縋 239	鮨 348	曡 231	難 131	蠹 75
憑 250	縛 396	會 176	斀 103	輪 416	**【丿】**
番 231	絅 319	體 140	賭 436	雪 326	籌 153
膳 142	**十七畫**	鮮 327	賜 267	**【丨】**	競 153
魩 144	**【一】**	縩 68	噁 316	慮 302	譽 71
頴 271	戴 76	**【、】**	蟲 399	購 218	儺 75
【、】	雖 132	亳 181	戳 31	戰 384	鏥 411
謀 68	薹 129	竄 185	**【丿】**	斀 103	矗 312
龍 327	舊 129	鳶 129	徽 58	**【丿】**	**【、】**
敦 409	藍 13	濟 326	疊 42	嶺 18	譁 68
獣 291	盉 399	濛 324	膡 22	贇 217	譯 72
� 294	檣 188	賽 220	鯀 327	譽 72	巆 234
澡 294	臨 255	稟 233	繇 394	鯖 327	**【一】**
澤 321	霣 235	豪 232	**【、】**	**【、】**	彊 393
濁 319	**【丨】**	**【一】**	羴 131	懲 29	癢 183
淳 322	戲 384	憲 317	麤 410	龏 76	**二十一畫**
澽 321	戮 151	羃 385	窈 238	寶 237	**【一】**
憚 310	斀 231	戳 289	窈 237	**【一】**	驅 289
寨 236	賽 108	縵 396	**【一】**	贇 218	贔 173
窳 238	顆 183	縪 397	贊 15	繒 397	蘒(權) 186
寰 398	曙 399	**十八畫**	勞 393	歠 104	蘒(勸) 409
窩 237	**【丿】**	**【一】**	隳 417	**二十畫**	權 188
【一】	斁(赦) 102	鵝 290	嶪 191	**【一】**	霛 317
蕶 320	斁(舉) 350	蕶 317	謐 308	壗 406	**【丨】**
避 42	懇 102	葳 130	續 395	纍 344	齷 191
彊 393	闊 77	鼇 31	斷 414		矕 68

虀	188	**二十二畫**		斞	348	【丿】		【一】		**二十九畫**
臟	108	【一】		【丶】		籥	152	纏	398	
齱	421	壤	289	鬃	289	**二十四畫**		**二十六畫**		【丶】
【丿】		雙	132	禱	20	【丨】		【一】		灥 22
嚳	101	雙	132	**二十三畫**		矔	264	戁	132	**三十畫**
蠱	398	【丨】		【一】		【丿】		【丶】		【丨】
斂	102	體	140	攫	350	蟲	42	懿	22	纞 396
豲	232	【丿】		戁	310	**二十五畫**		**二十八畫**		
【丶】		穄	397	戁（難）	132	【丿】		【丶】		
邍	181	籔	152	戁（歎）	266	钁	186	韇	74	
譽	191									

音 序 檢 字 表

⿱尚龍 185
緹 230

chí

⿱艹是 14
⿱止木 349
⿱止貝 349
沱 322
迡 42

chǐ

耻 315
⿱耳心 315
齒 56

chì

赤 294
放 410

chōng

⿱宀忠 314

chóng

蟲 399

chǒng

⿱龍心 234

chóu

⿹戈壴 251
⿱艹差 251
⿰貝冒 436
戲 67

chū

出 208
初 145

chú

敘 104

chǔ

楚 192
凥 411

chù

要 248

chuān

川 323

chuán

⿺辶叀(傳) 250
⿰彳叀 250

chuáng

牂 130

chuí

⿰木垂 152

chūn

旾 15

chún

淳 322

chuò

⿱叕心 314

cí

⿰馬此 129
詞 270
慈 311
⿱丝子 311

cǐ

此 33

cì

朿 229
⿺辶朿 48

cōng

聆 347
⿰耳兑 347

cóng

從 252
从 252
⿱宀丕 237

cuò

逪 349

D

dá

⿺辶倉 42
⿺辶吉 42
⿰糸𩏑 398

dà

大 294

dài

忎(戴) 76
⿱㠯心(殆) 139
逮 42
⿱止土(待) 50

dān

⿰丹旦 351
⿱吅田 31

dàn

⿱攸火 321
淡 322

dǎng

⿱尚里 408

dào

道 44
⿺辶頁 46
衜 47
⿴行人 47

dé

悳 305
㝵 51

děng

⿱竹寺 152

dí

馰 289
迪 41

dǐ

⿱氐月 348

dì

帝 6
弟 184
墜 402
⿰阝至 401

diàn

奠 161
砧 10
⿱竹敢 152

dié

殜 139
⿱羊乑 397
⿱丰衣 397

diào

吊 252

dīng

丁 422

dìng

定 233

dōng

東 192
⿱宀冬 326

dòng

⿰重攵 409
迬 410
⿰童攵 409
⿺辶童 409

dòu

豆 170

dǔ

⿱竹言 181

duān

耑 231

duàn

⿰叀刀 414
㡭(斷) 414

duì

兑 260
⿺辶兑 48

dūn

惇 310

duō

多 227

duó

敓 102

duò

⿱宀主 417

E

é

⿱爲言 72
訛 72

è

惡 314

ér

而 278
兒 260

ěr

耳 344
爾 107
⿰彳爾 43
餌 77
尔 18
⿱尔貝 18

èr

二 399
弍 399
⿹戈二 400

F

fá

罰 151
伐 251

fǎ

⿺走虍 290

纝	289	沓	129	稟	233	夅	52	谷	324	**guó**	
鬠	289	畚	129	敁	353	**gè**		浗	325	國	214
fān		薏	129	婦	352	各	29	逤	48	膕	215
畨	20	**fēng**		縛	396	**gēng**		股	142	郭	215
fán		霏	326			畊	151	浴	325	幗	215
每	397	**féng**		**G**		稉	151	**gù**		**guǒ**	
凡	400	逢	41	**gǎi**		**gōng**		歒	101	果	187
緐	397	**fèng**		改	101	工	162	募	267	**guò**	
fǎn		奉	75	**gān**		戎	103	賱	267	過	39
反	92	峯	237	甘	162	攻（功）	409	皋	191	徎	40
返	42	**fǒu**		**gǎn**		攻	103	固	216	恠	40
忎	92	垺	406	敢	138	恭	310	**guā**		迲	39
fàn		**fū**		**gāng**		公	19	宂	237	慫	40
牶	290	夫	299	剛	150	龏	76	**guǎ**		**gǔn**	
fāng		補	191	魧	393	宮	237	霚	235	惡	316
芳	13	柭	192	**gāo**		玒	408	**guài**		鯀	327
方	259	専	100	高	181	**gǒng**		夬	91	**H**	
fǎng		膚	140	**gào**		蠱	398	**guān**		**hǎi**	
仿	250	**fú**		告	21	**gong**		藿	129	酼	436
紡	395	稟	8	辜	70	共	76	驩	264	泋	320
fēi		孚	77	**gē**		**gōu**		官	417	洘	320
非	327	召	30	戈	384	鉤	61	**guāng**		**hài**	
仰	353	旬	72	訶	265	**gǒu**		光	294	亯	421
fèi		弗	362	戠	150	狀	290	**guī**		亹	421
賹	218	緤	397	割	150	**gòu**		珪	406	憲	317
fēn		**fù**		**gé**		訽	72	龜	399	害	236
分	18	賈	233	蓋	13	**gǔ**		逛	32	懇	236
貧（分）	18	复	183	革	77	臦	392	**guǐ**		亥	437
紛	397	復	49	茖	13	古	61	槀	273	**hán**	
fèn		父	90	迲	52	骨	140	**guì**		含	22
忿	313							貴	219		

含(今)	177	逡	50	**huáng**		惑	312	噁	400	**jiān**	
寒	236	**hū**		皇	10	賊	313	棄	15	監	255
蹇	236	虖(乎)	168	**huī**		絭	9	級	395	礐	98
寨	236	虖(嘑)	29	陞	417	貨	217	**jǐ**		戔	385
háo		**hú**		陸	417	彙	322	己	422	閔	344
虖(唬)	30	沽	321	隓	417	賹	217	异	423	列	151
hǎo		**hǔ**		陵	417			昌	422	兼	231
玨	354	虍	172	陵	417			戣	137	**jiǎn**	
孜	354	虎	172	**huǐ**		**J**		**jì**		柬	214
好	353	虖	30	皇	254			忌(忌)	313	**jiàn**	
孝	354	**hù**		敳	406	**jī**		季	427	蕑	218
hē		床	343	蠱	398	至	403	祭	8	見	262
蠚	398	**huá**		悬(悔)	314	其	153	諓	312	競	153
hé		吁	213	**huì**		甘	153	褼	230	徚	50
和	28	旱	213	重	138	嗀	99	澅	397	畫	52
會	177	嘩	213	惠	138	硤	230	淒	320	**jiāng**	
河	318	話	213	會	177	稘	213	既	175	江	318
héng		**huà**		沫	322	戣	137	忌	313	疆	100
巠	400	化	252	态(慧)	310	**jí**		忌	313	**jiàng**	
賷	220	話	71	嵀	138	吉	29	戲	289	降	417
悉	316	**huái**		續	395	萡	92	紀	395	隆	417
悉(恆)	400	惡	311	悬(誨)	67	蓮	92	**jiā**		牐	436
hóng		**huài**		**hūn**		壐	33	加	410	**jiāo**	
忱	316	壞	406	昏	223	坕	188	豭	232	交	298
hóu		壞	406	慐	313	集	131	霧	232	**jiào**	
庆	179	**huǎn**		緍(昏)	224	愳	317	猣	410	教	104
hòu		寋	398	緍	397	及	92	家	232	斆	104
旨	182	**huàn**		**huǒ**		返	92	豢	232	效	104
后	269	患	315	火	294	疾	238	**jiǎ**		喬	105
厔	182	**huāng**		**huò**		禀	131	賈	220	斁	106
		亢	324	或	384	即	175				
						迎	48				

翏	127	**màn**		**mì**		旻	93	**nǎn**		**nù**
		曼	91	睿	399	**móu**		戁（戁）	310	荙	314
lóng		褷	9	**miǎn**		愁（謀）	68	**náo**		忿	313
龍	327	縵	396	孚	427	愁（謀）	67	蕘	183	**nuò**	
lóu		**máng**		予	427	愁	68	蘮	183	吾（諾）	67
嘍	355	芒	13	免	239	**mǔ**		**nèi**		**nǔ**
婁	355	宋	188	**miàn**		曼	348	内	178	女	351
lǔ		**máo**		面	268	母	353	畝	104	**nǜ**
魯	112	邚	13	**miào**		**mù**		**néng**		恧	315
lù		孟	274	屆	274	木	186	能	291	**nüè**
雺	326	炙	269	宙	274	目	108	**nì**		唬（虐）	172
逯	58	**mǎo**		欽	274	斁	103	匿	392	瘧	238
彔	227	卯	428	漳	274	牧	103	汇	48	
录	229	**mào**		**miè**		穆	229	逆	41	**P**
緑	385	冒	239	威	322	縶	397	**nián**		
luàn		侳	201	蔑	130	官	108	年	230	**pài**
蹓	421	**měi**		**mín**				**niàn**		林	231
lún		岂	130	民	357	**N**		廿	64	**pàn**
輪	416	頮	130	**míng**		**nǎi**		念（念）	310	畚	408
侖	177	歕	131	明	226	乃	164	**niǎo**		**péng**
lǔ		媚	131	名	23	**nán**		鳥	131	併	248
吕	237	娓	130	昌	23	雖	132	**niè**		侸	248
邵	221	**mén**		**mìng**		蕙（難）	132	躱	189	朋	131
lǜ		門	343	命	27	難	131	**níng**		塑	131
慮	302	**méng**		會	28	雙	132	嬰	30	**pí**
𢚩	302	尨	239	**mó**		雙	132	寍	233	皮	101
慮	302	**měng**		磬	275	戁	132	**niú**		**pǐ**
		猒	290	**mò**		戁（難）	132	牛	21	駆	392
M		猺	290	末	187	南	209	**nú**		匹	392
mǎ		**mí**		莫	16	助	408	妾	353	佖	392
馬	289	迷	43							**pì**
										闢	344

辟 271	驊 289	**qiāng**	霄 237	达 174	**rěn**
piān	敤 385	臧 385	翠 414	**quán**	忍 316
倖 250	哦 385	墼 406	**qíng**	蘿(權) 186	**rèn**
pín	兀 153	**qiáng**	意(情) 304	鑵 186	貢 250
貧 218	齊 229	彊 393	**qìng**	崇 324	刃 151
pìn	羿 225	彊 393	慶 311	**quàn**	妊 250
牝 21	**qǐ**	勥 393	**qióng**	蘿(勸) 409	紉 397
píng	啟 101	弜 393	贕 108	**quē**	**rì**
坙 403	迄 31	弱 393	贕 108	块 179	日 222
pò	記 31	欀 183	穿 238	**què**	**róng**
敂 101	**qì**	**qiáo**	窮 238	蓼 228	戎 384
pú	耳 29	高 297	窾 238	雀 128	公 234
檏 188	器 59	槀 187	韇 237	雀 129	**róu**
虆 75	弃 137	**qiě**	**qiū**	簹 153	柔 188
虆 188	爂 322	且 412	疒 230	**qún**	柔 188
虆 75	燚 11	**qiè**	**qiú**	羣 130	**rú**
儓 75	劈 11	敠 231	梂 186		各(如) 354
Q	**qiān**	**qīn**	求 257	**R**	**rǔ**
	蝵 398	晕 264	淶 323		夏 428
qī	臤 97	**qín**	惎 316	**rán**	夏 428
忞(欺) 266	臤 97	檾 230	**qū**	虐 144	**ruì**
忍 266	孼 428	釜 388	區 392	胅 143	寙 139
感 317	鼟 42	**qǐn**	曲 392	然 294	濬 326
蕆 317	千 64	帰 235	詘 72	**ràng**	**ruò**
戚 386	會 176	**qīng**	屬 259	望 252	若 13
邨 221	贛 74	青 174	**qǔ**	譩 72	尿 269
七 420	又 21	菁 321	取 93	**rén**	屦 268
妻 352	**qián**	鯖 327	取 93	忈 246	**S**
昇 226	夀 32	卿 271	**qù**	惥 246	
qí	**qiǎn**	清 321	去 173	人 241	**sà**
亓 157	潫 321			态 245	卅 64

sì		**T**		**tiān**		**W**		**wéi**		**wǔ**

三	418			天	1			韋	184	武	385

以下为按拼音分组的检字内容：

sì
三 418
夆 99
坴 406
唛 100
四 418
飤 176
祀 9
巳 428
陵 417
遂 276

sōng
嵩 274

sòng
仏 267
頌 267
宋 236
窨 72

sù
遬（速）41

suì
毃 33

sūn
孫 394

suō
菁 15

suǒ
索 209
所 412
厏 414

T

tā
它 399

tái
臺 343
胎 144
台 29

tān
貪 218
念（貪）218
念 218

tán
談 67
壇 406

tǎn
晸 256

tàn
戁（歎）266

tāng
湯 322

tāo
慆 312

táo
逃 43
窑 179

tǐ
體 140
體 140

tì
涕 322

tiān
天 1

tiáo
條 187

tíng
廷 52

tōng
迵（通）41

tóng
同 238
臦 9
迵（同）239
僮 245
童 75

tú
肴 259
煮 214

tǔ
土 401
杉 268

tuān
湍 320

tuì
邐 50
退 50

tún
坉 406
屯 12

tuó
阤 214

W

wài
外 227

wàn
萬 420
蠆 421
分 20
訜 73

wáng
王 9
亡 388
弃 76
貢 220

wǎng
桎 187
迋 49
徍 49

wàng
躳 391
室 391
冘 391
望 391
忘 355

wēi
敳 249
蝨 42
蠱 42
戳 353
屳 275

wéi
韋 184
爲 78
售（唯）28
慧 311

wěi
懇 250
陵 317
緯 395

wèi
未 434
杏 23
胃 15
胃 140
位 249
鬼 273
愧 273
宧 55

wén
文 269
閽 347
聱 347

wǒ
我 386
恭 387

wū
於 132

wú
吳 297
無 392

wǔ
武 385
五 419
辷 183
悉 251

wù
戊 422
勿 276
毋 356
母 357

X

xī
苗 224
西 343
溪 325

xí
箸 239
習 127
習 127

xǐ
壴 169
憙 169
遲 41

xì
戲 384
虡 173

xiá
橪 191
麾 191

盬 191	心 302	**xuàn**	脤 52	**yě**	賛 173
xià	**xìn**	楥 188	**yǎn**	埜 408	彀 83
下 6	信 70	**xuē**	穽 75	也 365	杙 365
昡 224	囟 301	鈔 144	**yàn**	**yè**	弋 364
量 183	訐 69	逍 48	晏 223	夌 227	易 288
顕 183	**xīng**	**xué**	猒 162	**yī**	悬 317
xiān	興 76	學 106	鳶 129	一 1	異 76
先 262	**xíng**	空 406	厃 71	弌 1	罢 298
鎬 411	坓 404	**xuě**	**yāng**	殿 99	悬（斁）102
鮮 327	型 403	雪 326	央 181	依 249	悲 71
xián	剻 317	**xuè**	**yáng**	衣 256	朕 22
咸 29	行 52	血 174	易 278	悬（噫）23	殳 99
xiàn	**xiōng**	**xún**	羊 130	**yí**	譯 72
盖 237	兄 261	尋 100	**yǎng**	遅 48	亦 296
xiāng	崈 317	爝 294	敕 176	悬 310	奋 67
相 108	**xióng**	**xùn**	羕 326	遷 43	義 387
棩 109	駍 129	訓 67	**yāo**	矣 252	罷 327
xiàng	**xiù**	訓 67	夭 297	悬 427	能（翼）327
遞 221	嗅 126	黔 161	**yáo**	遂 42	希 288
向 232	臭 290	愻 311	先 407	宜 234	**yīn**
象 288	采 230		枤 407	迀 48	因 215
xiào	**xuán**	**Y**	楚 407	悬（疑）427	会 326
孝 257	玄 138		壂 406	縂 397	音 74
芺 152	**xū**	**yá**	觙 394	**yǐ**	**yín**
xié	虛 253	牙 56	絲 394	歆 181	悬 321
纐 256	須 268	盉 57	壁 39	㠯 429	戀 29
xīn	**xù**	**yà**	遬 38	矣 179	淫 321
靳 414	育 408	亞 418	諑 70	悬（矣）180	涛 321
忎 310	**xuān**	**yán**	**yǎo**	**yì**	**yǐn**
新 415	逭 48	戁 31	潘 231	恭 22	酓 436
		言 64			

圖書在版編目（CIP）數據

楚系簡帛字形合編系列五種. 郭店楚簡字形合編 /
俞紹宏主編；劉洪濤，李芳梅編著. —上海：上海古籍出版
社，2024.1
　ISBN 978-7-5732-0906-1

　Ⅰ.①楚… Ⅱ.①俞… ②劉… ③李… Ⅲ.①竹簡文
—字形—研究—中國—楚國（?-前 223） Ⅳ.①K877.54

中國國家版本館 CIP 數據核字（2023）第 200982 號

楚系簡帛字形合編系列五種

郭店楚簡字形合編

俞紹宏　主編

劉洪濤　李芳梅　編著

上海古籍出版社出版發行

（上海市閔行區號景路 159 弄 1-5 號 A 座 5F　郵政編碼 201101）

（1）網址：www.guji.com.cn

（2）E-mail：guji1@guji.com.cn

（3）易文網網址：www.ewen.co

上海中華印刷有限公司印刷

開本 787×1092　1/16　印張 37.75　插頁 5　字數 797,000

2024 年 1 月第 1 版　2024 年 1 月第 1 次印刷

印數：1—1,300

ISBN 978-7-5732-0906-1

H·267　定價：298.00 元

如有質量問題，請與承印公司聯繫